Zu diesem Buch

Spontan leben heißt nicht: In jedem x-beliebigen Augenblick impulsiv und unüberlegt das zu tun, was man gerade tun möchte. Spontan leben heißt, besser, intensiver, mit mehr Gewinn zu leben, heißt, das eigene Selbst zu verwirklichen, frei, bewußt und eigenverantwortlich.
Spontan leben läßt sich üben und lernen. Das vorliegende Buch zeigt, wie man sein Erwachsenen-Ich verwirklichen kann, indem man sein Eltern- und Kindheits-Ich als die eigene persönliche Geschichte begreift und akzeptiert. Es zeigt, welche Mittel und Wege es gibt, optimistisch «das Leben zu umarmen», statt immer wieder die vergebliche Frage nach dem «was-wäre-wenn» zu stellen.

Muriel James / Dorothy Jongeward

Spontan leben

Übungen zur Selbstverwirklichung

Deutsch von
Irmela Brender

rororo

Rowohlt

Die Originalausgabe erschien unter dem Titel «Born to Win: Transactional Analysis with Gestalt Experiments» im Verlag Addison-Wesley Publishing Company, Reading, Massachusetts.
Umschlagentwurf Werner Rebhuhn

Veröffentlicht im Rowohlt Taschenbuch Verlag GmbH,
Reinbek bei Hamburg, November 1986

Gesamtherstellung Clausen & Bosse, Leck
Printed in Germany
980-ISBN 3 499 18301 3

Gewidmet
in herzlichem Gedenken
unserem Freund und Lehrer
Dr. Eric Berne

Inhalt

Vorwort 14

Einleitung 15

1 Gewinner und Verlierer 17

Gewinner 18
Verlierer 20
Möglichkeiten, sich zu ändern 23
Frederick Perls und die Gestalttherapie 23
Eric Berne und die Transaktions-Analyse 27
Zusammenfassung 29
Experimente und Übungen 30
Gewinner/Verlierer-Kontrolliste · Gewinner/Verlierer-Skala · Innerer Dialog als Rollenspiel

2 Ein Überblick über die Transaktions-Analyse 33

Einführung in die Struktur-Analyse 33
Entwicklung der Ich-Zustände 38
Einführung in die Transaktions-Analyse 40
Komplementär-Transaktionen · Überkreuz-Transaktionen · Verdeckte Transaktionen
Die Spiele der Erwachsenen 52
Tage der Entscheidung 55
Die vier Lebensanschauungen 57
Sexualität und Lebensanschauungen 59
Einführung in die Rollenbuch-Analyse 60
Zusammenfassung 61
Experimente und Übungen 62
Lernen Sie Ihre Ich-Zustände kennen · Ihre Ich-Zustände und Gefühle · Analyse einer Transaktion
Ihre Lebensanschauung · Ihre sexuelle Grundeinstellung

3 Der Hunger des Menschen nach Streicheln und nach Strukturierung der Zeit 67

Der Hunger nach Streicheln 67
Positives Streicheln 70
Mißachtung und negatives Streicheln 74
Der Hunger nach strukturierter Zeit 80
Sich-Zurückziehen · Rituale · Zeitvertreib · Spiele
Aktivitäten · Intimität
Zusammenfassung 86

Experimente und Übungen 87
Berührung · Anerkennung · Strukturierung der Zeit
Fähigkeit zur Intimität

4 Rollenbücher des Lebens 93
Rollenbücher 94
Das Rollenbuch der Kultur 95
Das Rollenbuch der Subkultur 100
Das Rollenbuch der Familie 101
Das psychologische Rollenbuch des Menschen 105
Wie Rollenbücher entstehen 106
Rollenbücher mit einem Fluch 108
Gegen-Rollenbücher 111
Rollen und Themen des Lebensdramas 111
Rollenbuch-Themen 117
Rollen und Themen von Rollenbüchern in der Mythologie 118
Themen von Rollenbüchern in Kindergeschichten 120
Zusammenfassung 123
Experimente und Übungen 125
Das Rollenbuch der Kultur und Familie
Das individuelle Rollenbuch

5 Elternschaft und Eltern-Ich 129
Das Eltern-Ich 129
Ich-Zustände des Eltern-Ich
Äußere Wirkung des Eltern-Ich 132
Innerer Einfluß des Eltern-Ich 133
Widerstreitender innerer Dialog 136
Das fürsorgliche Eltern-Ich 138
Das voreingenommene Eltern-Ich 139
Das unvollständige Eltern-Ich 141
Neuprogrammierung des Eltern-Ich 144
Zusammenfassung 145
Experimente und Übungen 146
Die Eltern als Menschen · Die Einstellung der Eltern
Ähnlichkeit mit den Eltern · Der innere Dialog
Ihre Eltern-Ich-Zustände · Die Naikan-Therapie

6 Kindheit und Kindheits-Ich 157
Das Kindheits-Ich 157
Das natürliche Kindheits-Ich 158
Der ‹Kleine Professor› 162
Das angepaßte Kindheits-Ich 166

Wechsel zwischen natürlichem und angepaßtem Kindheits-Ich 172
Aktivierung des Kindheits-Ich 173
Zusammenfassung 176
Experimente und Übungen 177
Das Zuhause Ihrer Kindheit · Kontakt mit der Kindheit · Ihr jetziges Kindheits-Ich · Phantasiebewußtsein Ihre Erziehung zur Anpassung · Verlust eines Elternteils · Ihr ‹Kleiner Professor› · Ihr natürliches Kindheits-Ich

7 Persönliche und sexuelle Identität 187
Name und Identität 187
Identität durch Spiele 192
Psychologische Spiele und Rollenidentität in der Kindheit 195
Sexuelle Identität 196
Sexuelle Ausdrucksmöglichkeiten 201
Zusammenfassung 206
Experimente und Übungen 207
Name und Identität · Ihr Spiel in der Kindheit
Ihr heutiges Spiel · Ihre psychologischen Spiele
Ihre sexuelle Identität und Ausdrucksmöglichkeit
Ihre heutigen sexuellen Gefühle und Verhaltensweisen

8 Psychologische Spiele 217
Psychologische Rabattmarken 218
Die Einlösung 225
Das Schild auf der Brust 228
Spiele des Kindheits-Ich 230
Das «Ja, aber»-Spiel 232
Das Spiel «Macht den Sieger unter euch aus» 233
Das Spiel «Sieh bloß, was du angerichtet hast» 233
Das «Tumult»-Spiel 234
Das Spiel «Gerichtssaal» 234
Das Spiel «Räuber und Gendarm» 236
Wie gibt man Spiele auf? 236
Zusammenfassung 238
Experimente und Übungen 238
Ihre Markensammlung · Eingliederung alter Gefühle
Alten Gefühlen nachspüren · Ihr Schild auf der Brust
Kontrolliste zum Rollenbuch

9 Das Erwachsenen-Ich 253
Das Gummizellen-Phänomen 253
Das Erwachsenen-Ich 254
Grenzen der Ich-Zustände 257
Durchlässige Ich-Grenzen 258
Starre Ich-Grenzen 259
Das konstante Eltern-Ich · Das konstante Erwachsenen-Ich · Das konstante Kindheits-Ich
Das getrübte Erwachsenen-Ich 263
Trübung durch das Eltern-Ich · Trübung durch das Kindheits-Ich
Beschädigte Ich-Grenzen 267
Das Erwachsenen-Ich als Exekutive der Persönlichkeit 267
Beschwichtigung des Eltern-Ich 272
Beglückung des Kindheits-Ich 273
Aktivierung und Stärkung des Erwachsenen-Ich 275
Bildung · Verträge · Die richtigen Fragen stellen · Aus Projektionen lernen · Aus Träumen lernen
Tage der Verzweiflung 282
Zusammenfassung 283
Experimente und Übungen 285
Auf dem Totenbett · Ihre letzte Stunde · Ausbruch aus der Gummizelle · Konstantes Eltern-Ich, konstantes Erwachsenen-Ich, konstantes Kindheits-Ich · Das Porträt Ihrer Ich-Zustände · Aufhebung der Trübung Ihres Erwachsenen-Ich · Lernen Sie aus Ihren Projektionen Lernen Sie aus Ihren Träumen · Methode zur Problemlösung

10 Autonomie und Ethik des Erwachsenen-Ich 297
Bewußtheit 298
Spontaneität 299
Intimität 301
Das integrierte Erwachsenen-Ich 302
Gefühle des Erwachsenen-Ich 305
Ethik des Erwachsenen-Ich 306
Epilog 309
Experimente und Übungen 309
Die Ethik Ihres Erwachsenen-Ich
Fragen des Erwachsenen-Ich an Ihr Leben

Anhang 313
Anmerkungen 315
Register 325

Vorwort

Man hat behauptet, die Aufgabe des Psychotherapeuten sei, sich selber arbeitslos zu machen. Forschung und Lehre auf diesem Gebiet verfolgten das Ziel, die Patienten schneller, müheloser, ökonomischer und dauerhafter zu heilen. Das Ideal der Therapie sei die Heilung durch eine einzige Behandlungsstunde, das Ideal der Lehre die Heilung durch ein einziges Buch. In der psychologischen Literatur sei so vieles unverständlich wie die Hieroglyphen auf dem Stein von Rosette, daß ein Jean-François Champollion für die Entzifferung und Anwendung vonnöten wäre.

Spontan leben umgeht dieses Vermittlersystem und bietet psychologische Erkenntnisse auf eine unmittelbar verständliche Weise. Das Buch entspricht der Tendenz der siebziger Jahre, Informationen den Menschen leichter zugänglich zu machen und im ‹Zeitalter des Wassermanns› Informationen aus der Sphäre des Bewußten und des Unbewußten zusammenzubringen. Der human denkende Mensch, der größere persönliche Reife und höhere Bewußtseinsstufen erreichen will, kann jetzt intelligent mit Informationen umgehen, die er zuvor nur intellektuell verarbeiten konnte.

Spontan leben hat nichts von verschlüsselten ‹Spielen der Autoren›. Die Geduld, Gründlichkeit, Klarheit und Kommunikationsbereitschaft, die sich im Stil des Buches ausdrücken, sind auf diesem Gebiet einmalig. Hier werden die Bedürfnisse des Lesers nicht übergangen, sondern erfüllt. Die zahlreichen Beispiele werden jedem Leser einleuchten, der auch nur das geringste Verständnis für dergleichen zeigt, denn ich habe in keinem anderen Buch je so klare und nützliche Beispiele gefunden. Für mich ist dieses Buch ein Meilenstein in der psychologischen Literatur.

Dr. med. Stephen B. Karpman, Assistant Clinical Professor of Psychiatry, University of California Medical Center, San Francisco, Juli 1971.

«Ich glaube, man muß schließlich das eigene Leben in die Arme nehmen.»
Arthur Miller, *Nach dem Sündenfall* (1. Akt)

Einleitung

Das Interesse am ‹Wie› und ‹Warum› des menschlichen Verhaltens und die Suche des Menschen nach dem Sinn seiner Existenz sind in unserer Zeit neu erwacht. Chefs lernen den Umgang mit ihren Mitarbeitern, Eltern informieren sich in Kursen über Kindererziehung, Eheleute lernen, miteinander zu reden und ‹fair zu streiten›, Lehrer lernen, mit emotionalen Störungen ihrer Schüler und den Auswirkungen der Deprivation fertig zu werden.

Viele interessieren sich nicht allein für materielle Güter und den technischen Fortschritt, sie fragen auch, was es eigentlich bedeutet, ein Mensch zu sein. Ein junger leitender Angestellter einer großen Firma drückte das so aus: «Ich bin Betriebswirt. Als ich in diese Firma eintrat, glaubte ich, es mit betriebswirtschaftlichen Problemen zu tun zu haben. Ich habe mich geirrt. Es sind menschliche Probleme.»

Zwei neue Wege, Menschen zu verstehen, sind die Transaktions-Analyse, wie sie Dr. Eric Berne entwickelt hat, und die Gestalttherapie in der Interpretation von Dr. Frederick Perls. Dieses Buch befaßt sich hauptsächlich mit unserer Auslegung der Transaktionsanalyse und ihrer Anwendung auf den Alltag des Durchschnittsmenschen. Gestaltpsychologisch orientierte Experimente ergänzen die Theorie der Transaktions-Analyse. Die Fallbeispiele stammen aus unseren Erfahrungen als Lehrer und Berater.

Die Transaktions-Analyse liefert uns eine rationale Methode für die Analyse und das Verständnis von Verhalten; die Gestalttherapie liefert uns eine nützliche Methode, die zersplitterten Teile unserer Persönlichkeit zu erkennen, sie zusammenzufügen und so neues Selbstvertrauen zu entwickeln. Bei beiden Methoden geht es darum, Bewußtheit, Selbstverantwortlichkeit und Wahrhaftigkeit zu entdecken und zu fördern. Bei beiden Methoden geht es um das, was *hier und heute* geschieht.

Allen, die sich für Persönlichkeitstheorie und zwischenmenschliche Beziehungen interessieren, kann dieses Buch – so meinen wir – als Einführung und als Leitfaden dienen. Es ist für alle im Bereich der seelischen Gesundheit Tätigen, für alle Sozialtherapeuten, Sozialpsychologen und Sozialarbeiter, aber auch für alle Manager und Erzieher ebenso gedacht wie für den Laien und Privatmann, der neue Möglichkeiten zum Verständnis seiner selbst und anderer kennenlernen will. Auf keinen Fall soll es etwa die professionelle Psychotherapie ersetzen. Wer ernsthafte Verhaltensstörungen zeigt, gebraucht Hilfe von außen und muß zugleich den bedingungslosen eigenen Willen haben, gesund werden zu wollen.

Wir sind davon überzeugt, daß der Mensch weder völlig durch seine Veranlagung noch durch seine Umwelt geprägt wird. Beides kann er ändern. Wir hoffen, daß dem einzelnen durch dieses Buch die Macht bewußt wird, die er hat, sein eigenes Leben zu leben, richtige Entscheidungen zu treffen, ein ihm eigenes ethisches System zu entwickeln, das Leben anderer zu bereichern und zu verstehen, daß er geboren ist, zu gewinnen und nicht zu verlieren.

Unser aufrichtiger Dank gilt allen, die uns beeinflußt und uns geholfen haben. Wir können sie alle unmöglich namentlich aufführen. Dr. Eric Berne und Dr. Frederick Perls danken wir besonders für ihren Unterricht und ihre Veröffentlichungen, ebenso der International Transactional Analysis Association und ihrem Präsidenten Dr. Kenneth Everts.

Ganz besonders aber danken wir unseren Studenten und Klienten für ihr Vertrauen und für das, was wir voneinander gelernt haben. Und wir danken unseren Ehemännern und Kindern für ihre Geduld, Liebe und Ermutigung.

Muriel James, Lafayette/California

Dorothy Jongeward, Pleasant Hill/California

Mai 1971

I
Gewinner und Verlierer

Man kann einen Menschen nichts lehren.
Man kann ihm nur helfen, es in sich selbst zu entdecken.

Galilei

Jeder Mensch wird als etwas Neues, Niedagewesenes geboren. Er ist mit allem ausgestattet, was er braucht, um im Leben zu gewinnen. Jeder Mensch kann auf seine Weise sehen, hören, fühlen, schmecken und denken. Jeder hat sein eigenes, einmaliges Potential – seine Fähigkeiten und seine Grenzen. Jeder kann auf seine Weise ein bedeutender, denkender, bewußter und kreativ tätiger Mensch werden – ein Gewinner.
Die Worte ‹Gewinner› und ‹Verlierer› haben viele Bedeutungen. Wenn wir jemanden als Gewinner bezeichnen, dann meinen wir damit nicht, daß er gewinnt, indem er einen anderen besiegt und ihn verlieren läßt. Für uns ist ein Gewinner ein Mensch, der sowohl als Individuum wie als Mitglied der Gesellschaft wahrhaft glaubwürdig, vertrauenswürdig, einfühlsam und ehrlich reagiert. Ein Verlierer ist jemand, der nicht wahrhaftig zu reagieren vermag. Martin Buber illustriert diesen Gedanken durch die alte Geschichte vom Rabbi, der auf seinem Totenbett erkennt, daß er ein Verlierer war. Im Jenseits, so klagt der Rabbi, wird man ihn nicht fragen, warum er nicht Moses gewesen ist; man wird ihn fragen, warum er nicht er selbst gewesen ist.[1]
Es gibt wenige Menschen, die hundertprozentige Gewinner oder hundertprozentige Verlierer sind. Das ist eine Frage der Abstufungen. Doch wenn ein Mensch erst einmal auf dem Weg ist, ein Gewinner zu werden, hat er Aussichten, immer besser zu gewinnen. Dieses Buch soll ihm dabei helfen.

Gewinner

Gewinner haben ein vielfältiges Potential. Nicht Leistung ist das Wichtigste, sondern Wahrhaftigkeit. Der wahrhaftige Mensch erfährt seine eigene Wirklichkeit dadurch, daß er sich selbst kennt, er selbst ist und eine glaubwürdige, reaktionsfähige Persönlichkeit wird. Er verwirklicht seine ihm allein gehörige Einmaligkeit und respektiert die Einmaligkeit anderer.

Er widmet sein Leben nicht einer Vorstellung dessen, was er sein *sollte*, sondern er *ist* er selbst und verschwendet seine Energie nicht darauf, sich ins rechte Licht zu setzen, zu heucheln und andere in seine Spiele hineinzuziehen. Ein Gewinner kann sich selbst offenbaren, statt Bilder zu projizieren, die andere erfreuen, provozieren oder verführen. Er ist sich bewußt, daß es einen Unterschied gibt zwischen Lieben und liebevollem Verhalten, zwischen Dummheit und dummem Verhalten, zwischen Verständnis und verständnisvollem Verhalten. Er hat es nicht nötig, sich hinter einer Maske zu verstecken. Er schüttelt sein eigenes unrealistisches Image der Minderwertigkeit oder Überlegenheit ab. Autonomie schreckt einen Gewinner nicht.

Jeder kennt und hat sie – wenn auch nur vorübergehend –, die Augenblicke der Autonomie. Ein Gewinner jedoch kann seine Autonomie über immer längere Zeiträume aufrechterhalten. Er mag gelegentlich unsicher werden, sogar verlieren. Doch trotz aller Rückschläge bewahrt sich ein Gewinner den festen Glauben an sich selbst.

Ein Gewinner fürchtet sich nicht, selbständig zu denken und seine Kenntnisse auch anzuwenden. Er kann Tatsachen von Meinungen trennen und gibt nicht vor, auf alles eine passende Antwort zu haben. Er hört anderen zu, wägt ihre Argumente ab, kommt aber dann zu seinen eigenen Folgerungen. Er kann zwar andere Menschen bewundern und respektieren, aber er läßt sich von ihnen nicht völlig bestimmen oder gar ruinieren, verpflichten oder einschüchtern.

Ein Gewinner stellt sich nicht hilflos, er spielt auch nicht das Spiel «Ihr seid schuld». Statt dessen übernimmt er allein die Verantwortung für sein eigenes Leben und räumt keinem eine falsche Macht über sich ein. Er ist sein eigener Chef und weiß es auch.

Ein Gewinner tut das Richtige zur richtigen Zeit. Er reagiert angemessen auf jede Situation, indem er ihr die richtige Bedeutung beimißt und Wert, Wohlergehen und Würde der beteiligten Menschen respektiert. Er weiß, daß alles seine Zeit hat.

Eine Zeit für Aggressivität und eine Zeit für Passivität,
eine Zeit für Gemeinsamkeit und eine Zeit für Einsamkeit,
eine Zeit zum Kämpfen und eine Zeit zum Lieben,
eine Zeit zum Arbeiten und eine Zeit zum Spielen,
eine Zeit zum Lachen und eine Zeit zum Weinen,
eine Zeit für die Auseinandersetzung und eine Zeit für den Rückzug,
eine Zeit zum Reden und eine Zeit zum Schweigen,
eine Zeit zum Eilen und eine Zeit zum Warten.

Für einen Gewinner ist Zeit kostbar. Er schlägt sie nicht tot. Er lebt hier und jetzt. Daß er dem Augenblick lebt, heißt nicht, daß er töricht seine Vergangenheit verleugnet oder es versäumt, für die Zukunft zu sorgen. Er kennt seine Vergangenheit, lebt bewußt in der Gegenwart und blickt ohne Furcht in die Zukunft.
Ein Gewinner lernt seine Gefühle und seine Grenzen kennen und fürchtet sie nicht. Widersprüchliche und ambivalente Gefühle hindern ihn nicht. Er weiß, wann er ärgerlich ist, und kann zuhören, wenn andere auf ihn ärgerlich sind. Er kann Zuneigung geben und empfangen. Er kann lieben und sich lieben lassen.
Ein Gewinner lebt spontan. Er reagiert nicht starr und vorgeschrieben. Er kann seine Pläne ändern, wenn die Situation es erfordert.
Ein Gewinner hat Freude am Leben. Er genießt die Arbeit, das Spiel, gutes Essen, andere Menschen, Sex und das Leben der Natur. Ohne Schuldgefühle genießt er seine eigenen Erfolge. Ohne Neid genießt er die Erfolge anderer.
Trotz dieser Fähigkeit zum unbelasteten Genuß kann ein Gewinner das Vergnügen zurückstellen nach der Devise: Erst die Arbeit, dann das Spiel. Er scheut sich nicht, das zu tun, was er möchte, aber er tut das auf eine angemessene Weise. Er erhält seine Sicherheit nicht durch die Herrschaft über andere. Er setzt sich nicht dem Verlieren aus.
Ein Gewinner kümmert sich um die Welt und ihre Menschen. Er lebt nicht isoliert von den Problemen der Gesellschaft. Er engagiert sich für die Verbesserung der Lebensqualität. Selbst angesichts nationaler und internationaler Feindseligkeiten kommt er sich nicht völlig machtlos vor. Er tut, was er kann, um die Erde zu einem immer besseren Platz für die Menschen zu machen.

Verlierer

Obwohl die Menschen zum Gewinnen geboren sind, sind sie bei ihrer Geburt hilflos und völlig von ihrer Umwelt abhängig. Gewinner bewältigen erfolgreich den Übergang von der totalen Hilflosigkeit zur Unabhängigkeit und dann zur wechselseitigen Abhängigkeit, der Interdependenz. Verlierer schaffen das nicht. Irgendwann im Laufe dieses Prozesses fangen sie an, die Selbstverantwortlichkeit zu scheuen.

Wir haben festgestellt, daß nur wenige Menschen vollkommene Gewinner oder Verlierer sind. Die meisten sind in einigen Lebensbereichen Gewinner, in anderen Verlierer. Gewinnen oder Verlieren aber werden durch Kindheitserlebnisse beeinflußt.

Mangelndes Eingehen auf das Anlehnungsbedürfnis, schlechte Ernährung, Brutalität, gestörte Beziehungen, Krankheit, fortwährende Enttäuschungen, unzureichende körperliche Pflege und traumatische Ereignisse gehören zu den vielen Erlebnissen, die dazu beitragen, aus Menschen Verlierer zu machen. Solche Erfahrungen unterbrechen, verzögern oder verhindern die normale Entwicklung zu Autonomie und Selbstverwirklichung. Um mit solchen negativen Erlebnissen fertig zu werden, lernt ein Kind, sich und andere zu manipulieren. Diese Manipulationstechniken lassen sich im späteren Leben nur schwer aufgeben und werden häufig zu festen Mustern. Ein Gewinner bemüht sich, sie abzubauen. Ein Verlierer klammert sich an sie.

Manche Verlierer bezeichnen sich selbst als erfolgreich, aber ängstlich, erfolgreich, aber festgefahren oder erfolgreich, aber unglücklich. Andere fühlen sich völlig geschlagen, ohne Ziel, unfähig, einen Schritt zu tun, halb tot oder zu Tode gelangweilt. Meist erkennt ein Verlierer nicht, daß er es zum größten Teil selbst ist, der sich seinen eigenen Käfig baut, sein eigenes Grab gräbt und sich selbst eine Last ist.

Ein Verlierer lebt selten in der Gegenwart. Er zerstört sie, indem er sich mit vergangenen Erinnerungen oder zukünftigen Erwartungen beschäftigt.

Lebt der Verlierer in der Vergangenheit, so verweilt er gern bei den guten alten Tagen oder bei seinem einstigen Mißgeschick. Sehnsüchtig hängt er entweder an dem, was einmal war, oder er beklagt sein Unglück. Er tut sich selbst leid und macht andere für sein unbefriedigendes Leben verantwortlich. Oft gehört es zu seinen Spielen, anderen die Schuld zu geben und sich selbst zu entschuldigen. Ein Verlierer, der in der Vergangenheit lebt, kennt nur eine Klage: *Wenn ich nur ...*

Wenn ich nur jemand anderen geheiratet hätte...
Wenn ich nur einen anderen Job hätte...
Wenn ich nur die Schule abgeschlossen hätte ...
Wenn ich nur besser aussehen würde...
Wenn nur mein Ehepartner aufgehört hätte zu trinken...
Wenn ich nur reich auf die Welt gekommen wäre...
Wenn ich nur bessere Eltern gehabt hätte...

Lebt ein Mensch in der Zukunft, so träumt er von irgendeinem Wunder, so daß er «glücklich leben kann bis zu seinem Tode». Statt sein eigenes Leben zu gestalten, wartet er und wartet er – auf die Erlösung wie im Märchen. Wie herrlich wird das Leben erst sein, *wenn ...*

Wenn die Schule vorbei ist...
Wenn der schöne Prinz oder die ideale Frau endlich kommt...
Wenn die Kinder groß sind...
Wenn ich den neuen Job bekomme...
Wenn der Chef tot ist...
Wenn mein Schiff einläuft...

Im Gegensatz zu jenen, die sich der Hoffnung einer wunderbaren Rettung hingeben, leben manche Verlierer ständig in der Angst vor einer drohenden Katastrophe. Sie beschwören die Zukunft herauf, indem sie angstvoll fragen: *Was wird, wenn...*

Was wird, wenn ich meinen Job verliere...
Was wird, wenn ich den Verstand verliere...
Was wird, wenn mir etwas auf den Kopf fällt...
Was wird, wenn ich mir ein Bein breche...
Was wird, wenn man mich nicht mag...
Was wird, wenn ich einen Fehler mache...

Den Blick ständig in die Zukunft gerichtet, ängstigt sich der Mensch in der Gegenwart. Er hat Angst vor dem, was ihn erwartet – entweder in der Realität oder in seiner Einbildung: Prüfungen, Rechnungen, eine Liebesaffäre, Krisen, Krankheit, Pensionierung, das Wetter usw. Ein Mensch aber, der dauernd mit seinen Vorstellungen be-

schäftigt ist, läßt die tatsächlichen Möglichkeiten des Augenblicks vorübergehen. Er ist von Dingen in Anspruch genommen, die für die aktuelle Situation bedeutungslos sind. Seine Angst schaltet die gegenwärtige Realität aus. Folglich ist er unfähig, selbst zu sehen, zu hören, zu fühlen, zu schmecken, zu berühren oder selbst zu denken.
Weil er nicht das ganze Potential seiner Sinne in die unmittelbare Situation einbringen kann, sind die Wahrnehmungen eines Verlierers unrichtig oder unvollständig. Er sieht sich und andere verzerrt. Seine Fähigkeit, sich aktiv mit der Realität auseinanderzusetzen, ist beeinträchtigt.
Ein Verlierer zieht dauernd eine Show ab. Dauernd spielt er irgendwelche Rollen, manipuliert und agiert fortwährend in den alten Rollen seiner Kindheit. Er verbraucht seine Energie damit, seine Maske zu wahren oder eine falsche Fassade aufzubauen. Karen Horney schreibt: «Der Aufbau des unechten Selbst geht stets auf Kosten des realen Selbst, wobei letzteres mit Geringschätzung, bestenfalls wie eine arme Verwandte behandelt wird.»[2] Häufig ist dem schauspielernden Verlierer sein Rollenspiel wichtiger als seine Realität.
Ein Verlierer unterdrückt die Fähigkeit, spontan und angemessen die ganze Skala seines Verhaltens anzuwenden. Wenn er sich für einen Weg entscheidet, der nirgendwohin führt, ist er sich anderer Wahlmöglichkeiten oft gar nicht bewußt. Er fürchtet sich vor allem Neuen. Er hält an seinem eigenen Status quo fest. Er ist der ewige Wiederholer. Er wiederholt nicht nur seine eigenen Fehler, sondern häufig auch die seiner Familie und der Gesellschaft, in der er lebt.
Einem Verlierer fällt es schwer, Zuneigung zu geben und Zuneigung zu empfangen. Er knüpft keine engen, aufrichtigen, direkten Beziehungen zu anderen an. Statt dessen versucht er, sie so zu manipulieren, daß sie seinen eigenen Erwartungen entsprechen, und setzt seine Energien dafür ein, selbst ihren Erwartungen zu entsprechen.
Wenn jemand ein Verlierer ist, gebraucht er seinen Intellekt falsch. Er mißbraucht ihn durch Rationalisieren und Intellektualisieren. Rationalisierend findet er Entschuldigungen, die seine Handlungen plausibel erscheinen lassen, intellektualisierend versucht er, andere durch sein Gerede einzuwickeln. Folglich bleibt viel von seinem Potential verschüttet, unverwirklicht und unerkannt. Wie der Froschkönig im Märchen ist er verwunschen und lebt sein Leben als jemand, der er gar nicht ist.

Möglichkeiten, sich zu ändern

Wer seine «Pechsträhne» erkennen und verändern will, wer dem Gewinner ähnlicher werden will, zu dem er geboren wurde, findet in der Gestalttherapie und in der Transaktions-Analyse zwei Möglichkeiten, sich zu ändern. Es handelt sich dabei um zwei neue, aufregende psychologische Formen, menschliche Probleme in den Griff zu bekommen. Die Gestalttherapie wurde von Dr. Frederick Perls neu geformt, die Transaktions-Analyse hat Dr. Eric Berne entwikkelt.

Perls wurde 1893 in Deutschland geboren und verließ seine Heimat, als Hitler an die Macht gelangte. Berne kam 1910 in Montreal zur Welt. Beide wurden als Psychoanalytiker in der Freudschen Tradition ausgebildet, beide lösten sich von der orthodoxen Psychoanalyse, und beide erlebten in den USA ihre größten Erfolge. Wir haben bei beiden studiert und schätzen ihre Methoden, weil sie funktionieren.

In diesem Buch wollen wir zeigen, wie die Theorie der Transaktions-Analyse, *ergänzt* durch Experimente, die wir selbst entwikkelt haben oder die von der Gestalttherapie abgeleitet wurden, zur Förderung und Stärkung einer «Glückssträhne» genutzt werden kann. Denn wir glauben, daß jeder – zumindest in irgendeiner Phase seiner menschlichen Entwicklung – das Potential hat, ein Gewinner zu sein: ein realer Mensch, ein lebendiger Mensch, ein bewußter Mensch.

Frederick Perls und die Gestalttherapie

Die Gestalttherapie ist nicht neu. Ihre gegenwärtig rasch wachsende Popularität ist jedoch vor allem Dr. Frederick Perls zu verdanken, der ihr einen neuen Impetus und eine neue Richtung gegeben hat. Unter ‹Gestalt› versteht man eine geordnete, sinnvolle Ganzheit.

Perls ist der Ansicht, daß vielen Menschen die Ganzheit fehlt, daß sie zersplittert sind. Er behauptet, Menschen erlebten bewußt oft nur Teile ihrer selbst und sich selbst nicht als Ganzes. Zum Beispiel weiß eine Frau vielleicht nicht – oder will es nicht zugeben –, daß sie sich manchmal wie ihre Mutter verhält, und ein Mann weiß nicht – oder will es nicht zugeben–, daß er manchmal weinen möchte wie ein Baby.

Das Ziel der Gestalttherapie ist es, zur Ganzheit zu verhelfen – dem Menschen zu helfen, sich seiner zersplitterten Teile bewußt zu werden, sie zu akzeptieren, sie in Anspruch zu nehmen und sie zu integrieren. Die Integration ermöglicht den Übergang von Abhängigkeit zu Unabhängigkeit, vom übermächtigen äußeren Halt zum eigenen inneren Halt.[3] Konkret bedeutet das: Wer inneren Halt hat, kann auf seinen eigenen Füßen stehen. Er braucht sich nicht mehr auf äußere Unterstützung zu verlassen – auf den Ehepartner, den akademischen Grad, die berufliche Karriere, den Therapeuten, das Bankkonto und so weiter –, auf alles das, was ihn aufrechthält. Statt dessen entdeckt er die Fähigkeiten, die er braucht, in sich selbst und merkt, daß er sich auf sie verlassen kann. Nach Perls ist ein Mensch, der dazu nicht bereit ist, neurotisch.

Ich nenne jeden neurotisch, der sein Potential dazu benutzt, andere zu manipulieren, statt selbst erwachsen zu werden. Er übt Kontrolle aus, wird machtgierig und mobilisiert Freunde und Verwandte überall dort, wo er unfähig ist, seine eigenen Kräfte anzuwenden. Er tut das, weil er die Spannungen und Frustrationen nicht ertragen kann, die das Erwachsenwerden begleiten. Außerdem hält er es für riskant, Risiken einzugehen, allein der Gedanke ängstigt ihn.[4]

Zu den Methoden der Gestalttherapie gehören Rollenspiel, Übertreibung von Symptomen oder Verhalten, Gebrauch der Phantasie und das Prinzip, am unmittelbaren Augenblick, der die Erfahrung vermittelt, festzuhalten, «im Jetzt zu sein». Typisch sind außerdem der Gebrauch des Wortes «ich» statt «es» als Mittel, Verantwortung für das Verhalten zu übernehmen, *mit* statt *zu* jemandem zu reden, sich der körperlichen Sinne bewußt zu werden und zu lernen, «am Gefühl festzuhalten», bis es verstanden und integriert ist.[5]
Am schwierigsten ist für viele Perls' spezialisierte Form des Rollenspiels zu verstehen. Das Rollenspiel ist in der psychologischen Praxis nicht neu. Bereits 1908 arbeitete Dr. Jacob Moreno mit dieser Methode, aus der viele Formen der Gruppenarbeit und -therapie entstanden sind.[6] 1919 prägte er den Ausdruck ‹Psychodrama›, um deutlich zu machen, wie er seine Klienten anleitete, die Identität anderer anzunehmen und ihre Probleme von verschiedenen Standpunkten aus durchzuspielen.
Im Gegensatz zu Moreno setzt Perls selten andere Leute zum Rollenspiel mit seinem Patienten ein. Er ist der Ansicht, diese Mitspieler würden «*ihre eigenen* Phantasien, *ihre eigenen* Probleme ins Spiel bringen»[7]. Perls verlangt deshalb vom Patienten, daß er sich

selbst alle Rollen vorstellt und alle durchspielt. Er konzentriert sich darauf, *wie* der Patient *jetzt* spielt, und nicht auf das *Warum* seines Verhaltens.

Während bei dieser Art von Rollenspiel die verschiedensten Arrangements möglich sind, hat Perls die ‹Stuhltechnik› bevorzugt. Seine Requisiten sind: 1. der ‹elektrische Stuhl›, der Stuhl für den Patienten, der «arbeiten» will, 2. ein leerer Stuhl dem Patienten gegenüber, auf den er seine vielen Selbst projiziert, und 3. Papiertaschentücher für laufende Nasen und nasse Augen.

Die Methode des ‹elektrischen Stuhls› wurde bei einer Lehrerin angewendet, die sich selbst als freundlich und hilfsbereit bezeichnete und einfach nicht verstehen konnte, warum sie keine Freunde hatte. Obwohl sie bestritt, irgendwelche aggressiven Gefühle zu haben, gebrauchte sie häufig Redewendungen wie: «Das wird Ihnen noch leid tun», und «Mir tut jeder leid, der ist wie Sie», aus denen andere Drohung und Feindseligkeit heraushörten.

Als diese Frau im Rollenspiel diese beiden Seiten ihres Selbst darstellte, spielte sie ihr ‹freundliches Selbst› auf dem elektrischen Stuhl und stellte sich ihr ‹zorniges Selbst› auf dem anderen Stuhl vor. Sie wechselte die Stühle, wenn sie die Rollen wechselte, und langsam entstand folgender Dialog:

Elektrischer Stuhl:	Ich weiß nicht, warum ich hier bin. Ich bin immer freundlich und hilfsbereit.
Anderer Stuhl:	Du weißt genau, warum du hier bist. Du hast keine Freunde.
Elektrischer Stuhl:	Das kann ich nicht verstehen. Ich bin immer für andere da.
Anderer Stuhl:	Daran liegt es. Du bist dauernd ‹die Güte selbst›. Du zwingst jeden, dir dankbar zu sein.

Nach kurzer Zeit wurde die Stimme der Lehrerin schrill und laut. Als sie auf dem elektrischen Stuhl saß, wurde sie ganz zornig über das Argument, die Güte selbst zu sein. Von ihrer eigenen Aggressivität verblüfft, meinte sie ungläubig: «Ich wußte gar nicht, daß ich so wütend werden kann.» Obwohl andere diesen Aspekt ihrer Persönlichkeit häufig wahrgenommen hatten, bekannte sie sich zum erstenmal zu diesem Gegensatz von Zorn und Hilfsbereitschaft – ihren beiden Polen.

Manchmal ist sich ein Mensch, wie diese Lehrerin, nur *eines* Pols bewußt. Manchmal weiß jemand um beide Pole und sagt: «Ich bin entweder himmelhoch jauchzend oder zu Tode betrübt», oder «ich bin entweder böse und aggressiv oder ängstlich und voller Zweifel».

Ein Mensch, dessen Persönlichkeit durch gegensätzliches Verhalten gespalten ist, verhält sich auf eine Entweder-Oder-Weise – er ist entweder arrogant oder unterwürfig, hilflos oder tyrannisch, niederträchtig oder rechtschaffen. Wenn er zwischen seine widerstreitenden Kräfte gerät, kommt er mit sich selbst in Konflikt. Perls' Rollenspieltechnik ermöglicht es diesen widerstreitenden Kräften, sich auseinanderzusetzen, einander zu verzeihen, zu einem Kompromiß zu kommen oder sich zumindest kennenzulernen.

In dieser Situation kann sich der Mensch seiner beiden Seiten bewußt werden. Er entdeckt sie, indem er den Dialog mit sich selbst beginnt, verschiedene Rollen durchspielt und mit den Rollen die Stühle wechselt. Er mag einen Menschen spielen – sich selbst als Kind, sich selbst jetzt, seine Mutter, seinen Vater, den Ehepartner oder Chef, er mag ein körperliches Symptom spielen – ein Magengeschwür, Kopfweh, Rückenschmerzen, feuchte Hände, Herzklopfen – oder er mag sogar ein Objekt spielen, das ihm im Traum begegnet – ein Möbelstück, ein Tier, ein Fenster.

Das Rollenspiel mit dem elektrischen Stuhl kann auch zur Klärung der Beziehungen zwischen bestimmten Menschen benutzt werden. Dabei stellt sich derjenige, der auf dem elektrischen Stuhl sitzt, den anderen auf dem gegenüberstehenden Stuhl vor. Er spricht mit ihm und sagt ihm, was wirklich in ihm vorgeht. Dann wird er der andere und antwortet. Dabei kommen häufig unausgesprochene Abneigungen oder Sympathien an die Oberfläche, so daß sie verstanden und geklärt werden können.

Auch verschiedene Teile eines Traums können im Rollenspiel zur Gewinnung von Selbst-Bewußtheit behandelt werden. Nach Perls ist der Traum «der mühelose Weg zur Integration»[8].

> ... All die verschiedenen Teile eines Traums sind Fragmente unserer Persönlichkeit. Da es unser Ziel ist, aus jedem von uns einen ganzen Menschen zu machen, und das bedeutet einen Menschen ohne Konflikte, müssen wir die verschiedenen Fragmente des Traums zusammensetzen. Wir müssen diese projizierten, zersplitterten Teile unserer Persönlichkeit erneut in Besitz nehmen und damit das verborgene Potential erneut in Besitz nehmen, das im Traum erscheint.[9]

Oder anders ausgedrückt: Der ganze Traum ist der Träumer. Jeder Mensch und jedes Ding im Traum ist irgendein Aspekt des Träumers. Wenn die Menschen und Gegenstände des Traums oder auch nur ein Traumfragment im Rollenspiel dargestellt werden, läßt sich die wesentliche Aussage des Traums entschlüsseln, und zwar nicht durch die Analyse, sondern durch das Wiedererleben.

Ein Mann hatte zum Beispiel einen immer wiederkehrenden Traum, in dem stets ein Schreibtisch vorkam. Als er aufgefordert wurde, in die Rolle dieses Möbelstücks zu schlüpfen, protestierte er: «Wie dumm, ich bin doch kein Schreibtisch.» Mit einigem Zuspruch überwand er sein Lampenfieber und begann mit dem Spiel: «Ich bin ein großer Schreibtisch. Ich bin vollgestopft mit den Sachen anderer Leute. Sie stapeln Kram auf mir, schreiben auf mir, stechen mich mit ihren Federn. Sie benützen mich einfach, und ich kann mich nicht rühren...» Später sagte er: «Das bin ich tatsächlich! Genau wie ein Schreibtisch lasse ich mich von allen benutzen, und ich stehe einfach da!»

Bei der Gestalttherapie gewinnen die Patienten sowohl emotionale wie intellektuelle Einsichten, doch der Fokus der Methode zielt allein auf den emotionalen Bereich. Emotionale Bewußtheit ist der Augenblick der Selbst-Entdeckung, in dem ein Mensch sagt: «Aha!» Perls beschreibt das «Aha»-Erlebnis als das, «...das immer dann geschieht, wenn etwas klickt, wenn der Groschen fällt. Jedesmal, wenn eine Gestalt sich vollendet, gibt es diesen ‹Aha›-Klick, den Schock der Erkenntnis»[10]. Die intellektuelle Einsicht entsteht durch das Sammeln von Daten.

Eric Berne und die Transaktions-Analyse

Bei der Transaktions-Analyse gewinnen die Patienten ebenfalls emotionale wie intellektuelle Einsichten, doch der Fokus der Methode zielt allein auf den intellektuellen Bereich. Es handelt sich um einen Denkprozeß, der oft analytisch ist und in dessen Verlauf der Mensch häufig zu dem Schluß kommt: «So ist das also!»

Nach Dr. Berne entstanden seine Theorien aus der Beobachtung von Verhaltensänderungen, die dann bei einem Patienten auftraten, wenn ein neuer Stimulus wie etwa ein Wort, eine Geste oder ein Geräusch seine Aufmerksamkeit auf sich zog. Diese Veränderungen betrafen Gesichtsausdruck, Wortmodulation, Satzbau, Körperbewegungen, Gesten, Körperhaltung und Auftreten. Es war, als bestünde das Individuum aus verschiedenen Menschen, von denen zu-

weilen der eine oder der andere die gesamte Persönlichkeit beherrschte.
Berne beobachtete, daß diese verschiedenen ‹Selbst› mit anderen Menschen unterschiedliche Transaktionen vollzogen und daß diese Transaktionen analysiert werden konnten. Er stellte fest, daß manche Transaktionen äußere Motive hatten und vom Individuum dazu benutzt wurden, andere zu psychologischen Spielen zu manipulieren.* Er beobachtete außerdem, daß sich die Leute wie nach Vorschrift verhielten, daß sie spielten, als stünden sie auf der Bühne und würden ihre Rolle aus dem Textbuch lesen. Diese Beobachtungen führten Berne zur Entwicklung seiner einmaligen Theorie, der Transaktions-Analyse.
Ursprünglich wurde die Transaktions-Analyse als eine psychotherapeutische Methode entwickelt. Sie wird vorzugsweise in der Gruppentherapie angewandt (genau wie die Gestalttherapie). Die Gruppe schafft eine Situation, in der sich die Menschen ihrer selbst, der Struktur ihrer individuellen Persönlichkeit, ihrer Transaktionen mit anderen, ihrer Spiele und ihrer Rollen bewußter werden können. Diese Bewußtheit hilft ihnen, sich selbst klarer zu sehen und das zu verändern und zu fördern, was sie verändern und fördern wollen.
Die Veränderung beginnt mit einem Vertrag zwischen Therapeut und Patient. Gegenstand eines solchen Vertrags kann etwa die Linderung von Symptomen wie Erröten, Frigidität oder Kopfschmerzen sein, oder es wird abgemacht, ein Verhalten wie übermäßiges Trinken, Mißhandlung von Kindern oder Versagen in der Schule unter Kontrolle zu bekommen. Der Vertrag kann sich auch auf Kindheitserlebnisse konzentrieren, die gegenwärtigen spezifischen Symptomen und Verhalten zugrunde liegen, Erlebnisse, in denen das Kind gedemütigt, verlassen, übermäßig verwöhnt, ignoriert oder mißhandelt wurde[12]. Durch einen solchen Vertrag bleibt die Autonomie des Patienten erhalten, außerdem kann der Patient dadurch feststellen, ob er erreicht hat, was er erreichen wollte.
Die Transaktions-Analyse ist nicht nur eine nützliche Methode innerhalb der Psychotherapie, sie vermittelt auch tiefe Einsichten in menschliches Verhalten und kann von den meisten Menschen verstanden und genutzt werden. Statt eines wissenschaftlichen Fachjargons verwendet sie Wörter, die einfach und direkt sind und häufig aus der Umgangssprache kommen. Die wichtigen Seiten einer

* Die Spiel-Analyse wurde durch Bernes Bestseller *Spiele der Erwachsenen*[11] weithin bekannt.

Persönlichkeit heißen zum Beispiel *Eltern-Ich, Erwachsenen-Ich* und *Kindheits-Ich.*

Die Transaktions-Analyse ist eine rationale Methode zum Verständnis von Verhalten und beruht auf der Annahme, daß jedes Individuum lernen kann, sich selbst zu vertrauen, selbständig zu denken, seine eigenen Entscheidungen zu treffen und seine Gefühle auszudrücken. Ihre Prinzipien können am Arbeitsplatz, zu Hause, im Klassenzimmer und in der Nachbarschaft angewendet werden – überall da, wo Menschen mit Menschen zu tun haben.

Berne bezeichnet es als wichtiges Ziel der Transaktions-Analyse, «zwischen den affektiven und intellektuellen Komponenten der Persönlichkeit eine Kommunikation herzustellen, die so aufrichtig und wahrhaftig wie nur möglich ist»[13]. Wenn das geschieht, kann der Mensch sowohl seine Emotionen wie seinen Intellekt gebrauchen, nicht nur eins von beiden auf Kosten des anderen. Durch Techniken der Gestalttherapie wird dieser Prozeß vor allem auf der Ebene der Gefühle beschleunigt.

Jedes Kapitel dieses Buches enthält Übungen und Experimente, die dem Leser helfen sollen, die Theorie persönlich anzuwenden. Wir schlagen vor, nach der Lektüre eines jeden Kapitels die entsprechenden Experimente und Übungen durchzulesen und zunächst das zu tun, was möglich und für ihn interessant ist. Später kann man dann vervollständigen, was für einen selbst wichtig ist.

Zusammenfassung

Ein Mensch, der sich seiner Handlungen und Gefühle nicht bewußt ist, verarmt. Ohne Selbstvertrauen schwankt er zwischen seinen widerstreitenden inneren Kräften hin und her. Er ist nicht ‹ganz›, weil er sich Teilen seiner selbst entfremdet hat. Er kann seinem Intellekt, seinen Emotionen, seiner Kreativität, seinem Körpergefühl oder seinem Verhalten entfremdet sein. Bewußtheit und das Zurückfinden zur Gesamtpersönlichkeit bereichern ihn.

Einem Menschen, der sich entschließt, ein Gewinner und nicht ein Verlierer zu werden, leuchten diese Zusammenhänge ein. Durch sie entdeckt er, daß er sich immer mehr auf seine eigene Fähigkeit, zu begreifen und zu entscheiden, verlassen kann. Immer mehr entdeckt er sich selbst und fühlt sich wie neugeboren. Für ihn besteht das Leben nicht darin, mehr zu erreichen, sondern mehr zu sein. Ein Gewinner freut sich, daß er lebt!

Experimente und Übungen

1. Gewinner/Verlierer-Kontrolliste

Arbeiten Sie rasch die folgende Kontrolliste durch. Markieren Sie mit einem Kreis (o) die Aussagen, die Ihrer Vorstellung von sich selbst entsprechen, mit einem Kreuz (x) die unzutreffenden und mit einem Fragezeichen (?) diejenigen, über die Sie sich nicht sicher sind.

___ Ich mag mich
___ Andere ängstigen oder verletzen mich
___ Man kann mir vertrauen
___ Ich verstehe es, einen guten Eindruck zu machen
___ Ich sage gewöhnlich das Richtige
___ Ich bin unzufrieden mit mir
___ Ich habe Angst vor der Zukunft
___ Ich habe keine eigenen Einfälle
___ Ich vergeude meine Zeit
___ Ich gebrauche meine Fähigkeiten
___ Ich denke selbständig
___ Ich kenne meine Gefühle
___ Ich verstehe mich selbst nicht
___ Ich bin nicht gern ein Mann (eine Frau)
___ Ich bin vom Leben entmutigt
___ Ich bin nicht gern unter Menschen
___ Ich habe meine Fähigkeiten nicht entwickelt
___ Ich bin froh, daß ich ein Mann (eine Frau) bin
___ Ich mache oft etwas falsch
___ Ich engagiere mich für die Lösung kommunaler Probleme
___ Die Leute fühlen sich in meiner Gesellschaft wohl
___ Ich bin tüchtig in meinem Beruf
___ Die Leute gehen mir aus dem Weg
___ Ich interessiere mich nicht für kommunale Probleme
___ Ich arbeite gern
___ Ich liebe die Natur
___ Ich fühle mich behindert
___ Ich nutze die Zeit
___ Ich verliere jeden Job
___ Ich vertraue mir
___ Ich sage gewöhnlich das Falsche

___ Ich arbeite nicht gern
___ Ich beherrsche mich
___ Ich genieße das Leben
___ Ich habe Schwierigkeiten, mich zu beherrschen
___ Ich mag mich nicht
___ Ich bin gern mit Menschen zusammen

Betrachten Sie jetzt die Aussagen, die Sie angestrichen haben.

- Läßt sich ein Muster erkennen?
- Handelt es sich um die Aussagen eines Gewinners, eines Verlierers oder um eine Mischung aus beiden?
- Welche Einstellungen würden Sie gern ändern?

Nehmen Sie sich bei der weiteren Lektüre immer wieder diese Kontrolliste vor. Überprüfen Sie die angestrichenen Aussagen und nehmen Sie die Veränderungen vor, zu denen Sie sich entschlossen haben.

2. Gewinner/Verlierer-Skala

Denken Sie über Ihre eigene Einstellung sich selbst gegenüber nach, über Ihre Erfolge im Leben und über Ihre Beziehungen zu anderen und tragen Sie dementsprechend Ihren Standort auf der folgenden Skala ein. Stellen Sie sich an dem einen Ende der Skala einen tragischen Verlierer und am anderen einen rundum erfolgreichen Gewinner vor.

- Wie sehen Sie sich selbst?

Verlierer ______________________________ Gewinner

- Wie bewerten Sie Ihre Erfolge im Leben?

Verlierer ______________________________ Gewinner

- Wie sehen Sie sich in Ihren Beziehungen zu anderen?

Verlierer ______________________________ Gewinner

- Sind Sie mit Ihrem Standort auf der Skala zufrieden?
- Wenn nicht, was würden Sie gern ändern?

3. Innerer Dialog als Rollenspiel

Wenn Sie das nächste Mal nicht schlafen können, sich nicht konzentrieren können, nicht zuhören können, weil Ihnen dauernd ein Dialog im Kopf herumgeht, sollten Sie versuchen, diesem Gespräch auf den Grund zu gehen.

- Hören Sie zu. Wer spricht in Ihrem Kopf? Sprechen Sie mit einem bestimmten Menschen?
- Realisieren Sie dieses Gespräch. Stellen Sie zwei Stühle einander gegenüber und sprechen Sie nach Perls' Rollenspielmethode den Dialog laut. Wechseln Sie die Stühle, wenn es der Dialog verlangt.
- Versuchen Sie, diesen Dialog zu irgendeinem Abschluß zu bringen.

2
Ein Überblick über die Transaktions-Analyse

Der Verrückte sagt: «Ich bin Abraham Lincoln»,
der Neurotiker sagt: «Ich wollte, ich wäre Abraham Lincoln»,
der Gesunde sagt: «Ich bin ich, und du bist du.»

Frederick Perls[1]

Jeder Mensch gelangt irgendwann in seinem Leben an einen Punkt, an dem er gezwungen wird, sich selbst klarzuwerden, wer er eigentlich ist. Dafür bietet die Transaktions-Analyse den richtigen Bezugsrahmen, den jeder verstehen und auf sein Leben anwenden kann. Dieses Kapitel soll zunächst einen kurzen Überblick über die Theorie der Transaktions-Analyse und ihre Anwendungsmöglichkeiten geben. Die folgenden Kapitel werden dann die einzelnen Phasen näher erläutern.
Die Transaktions-Analyse umfaßt vier Arten der Analyse:

Struktur-Analyse:	die Analyse der individuellen Persönlichkeit
Transaktions-Analyse:	die Analyse dessen, was Menschen miteinander reden und tun
Spiel-Analyse:	die Analyse äußerer Transaktionen, die zu einem Nutzeffekt führen
Rollenbuch-Analyse:	die Analyse spezifischer Lebensdramen, die Menschen zwanghaft darstellen

Einführung in die Struktur-Analyse

Die Struktur-Analyse bietet eine Möglichkeit zur Beantwortung der Fragen: Wer bin ich? Warum handle ich so? Wie bin ich so geworden? Von den Phänomenen der Ich-Zustände ausgehend, analysiert sie Gedanken, Gefühle und Verhalten eines Menschen.[2]
Man stelle sich eine Mutter vor, die heftig mit ihren quengeligen Kindern schimpft. Ihr Gesicht ist verzerrt, ihre Stimme ist schrill. Ihren Arm hält sie verkrampft hoch in der Luft. Plötzlich klingelt das Telefon, und sie hört die Stimme einer Freundin. Haltung, Ton

und Gesichtsausdruck der Mutter beginnen sich zu verändern. Ihre Stimme wird wohlklingend. Ihr gerade noch verkrampfter Arm liegt ruhig in ihrem Schoß.
Man stelle sich zwei Fabrikarbeiter vor, die sich wütend über ein Arbeitsproblem streiten. Ihre Auseinandersetzung ist lebhaft, heftig. Sie sehen aus wie zwei Kinder, die sich um ein Bonbon streiten. Plötzlich hören sie Eisen krachen, gleich darauf einen Schmerzensschrei. Ihr ganzes Verhalten ändert sich. Der Streit ist vergessen. Ihr zorniger Ausdruck weicht der Besorgnis. Einer läuft weg, um zu sehen, was passiert ist, der andere ruft einen Krankenwagen. Nach der Theorie der Struktur-Analyse haben die Arbeiter genau wie die Mutter ihre Ich-Zustände gewechselt.
Berne definiert einen Ich-Zustand als «ein zusammenhängendes Muster von Gefühl und Erfahrung, das in direkter Verbindung steht mit einem entsprechenden zusammenhängenden Verhaltensmuster»[3]. Die Entdeckungen des Neurochirugen Dr. Wilder Penfield bestätigen diese Definition. Penfield stellte fest, daß eine Elektrode, die er auf verschiedene Gehirnteile ansetzte, Erinnerungen und Gefühle hervorrief, die der Patient längst vergessen hatte.[4] Berne schreibt:

... in dieser Hinsicht funktioniert das Gehirn wie ein Tonbandgerät, das ganze Erlebnisse in Fortsetzungen aufnimmt und sie als erkennbare «Ich-Zustände» aufbewahrt – was darauf hindeutet, daß Ich-Zustände das natürliche Erleben und die Aufzeichnung von Erlebnissen in ihrer Gesamtheit enthalten. Gleichzeitig werden natürlich Erlebnisse in Fragmenten aufgezeichnet ...[5]

Das heißt: Was ein Mensch erlebt, wird in seinem Gehirn und dem Nervengewebe aufgezeichnet, und zwar alles, was er in seiner Kindheit erfährt, alles, was er von seinen Eltern übernommen hat, seine Wahrnehmung von Ereignissen, seine Gefühle, die mit diesen Ereignissen zusammenhängen, und das veränderte Gesicht seiner Erinnerungen. Diese Aufzeichnungen werden wie auf einem Magnetbildband aufbewahrt. Sie können wieder abgespielt werden, das Ereignis läßt sich zurückholen und sogar neu erleben.
Jeder Mensch besitzt drei Ich-Zustände, die deutlich getrennte Quellen des Verhaltens darstellen: den Eltern-Ich-Zustand, den Erwachsenen-Ich-Zustand und den Kindheits-Ich-Zustand. Alle drei sind keine abstrakten Konzepte, sondern Realitäten. «Eltern-Ich, Erwachsenen-Ich und Kindheits-Ich repräsentieren reale Menschen, die existieren oder einmal existiert haben, die legale Namen tragen und bürgerliche Identitäten haben.»[6]

In Abbildung 1 ist die Persönlichkeit in einem Struktur-Diagramm dargestellt:

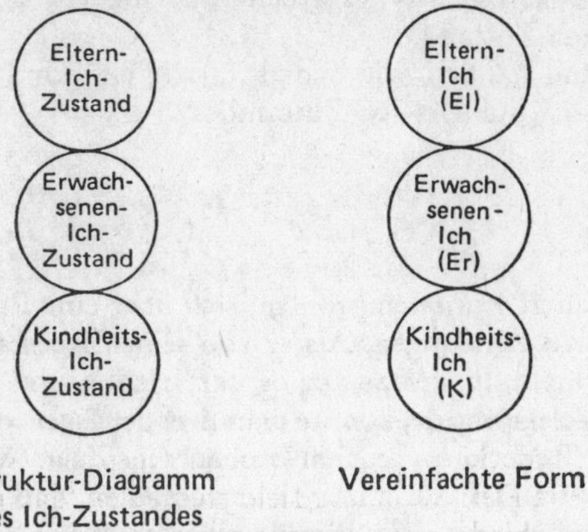

Abbildung 1

In der Umgangssprache bezeichnet man die Ich-Zustände als Eltern-Ich, Erwachsenen-Ich und Kindheits-Ich. Die Abkürzungen El, Er und K beziehen sich also auf Ich-Zustände, nicht auf tatsächliche Eltern, Erwachsene oder Kinder.

Die drei Ich-Zustände werden folgendermaßen definiert:

Das *Eltern-Ich* enthält Einstellungen und Verhaltensweisen, die von äußeren Vorbildern, vor allem von den Eltern, übernommen wurden. Nach außen zeigt es sich häufig in voreingenommenem, kritischem oder fürsorglichem Verhalten gegenüber anderen. Innerlich wird es als alte Botschaften des Eltern-Ich erlebt, die immer noch das innere Kindheits-Ich beeinflussen.

Das *Erwachsenen-Ich* hat nichts mit dem Alter eines Menschen zu tun. Es ist auf die gegenwärtige Realität und das objektive Sammeln von Informationen gerichtet, ist geordnet, anpassungsfähig und intelligent. Es überprüft die Realität, schätzt Wahrscheinlichkeiten ein und verarbeitet alles leidenschaftslos.

Das *Kindheits-Ich* umfaßt alle Impulse, die ein Kind von Natur aus hat. Es enthält außerdem die Aufzeichnungen seiner frühen Erfahrungen, seiner Reaktion darauf und die Grundanschauungen über sich und andere. Das Kindheits-Ich zeigt das ‹alte› (archaische) Verhalten aus der Kindheit.

Wer denkt, handelt und fühlt, wie er es an seinen Eltern beobachtet hat, befindet sich in seinem Eltern-Ich-Zustand.
Wer sich mit der gegenwärtigen Realität auseinandersetzt, Tatsachen sammelt und sie objektiv verarbeitet, befindet sich in seinem Erwachsenen-Ich-Zustand.
Wer fühlt und handelt wie damals, als er ein Kind war, befindet sich in seinem Kindheits-Ich-Zustand.

Fallbeispiel

Einem Patienten wurde empfohlen, sich über eine Privatschule für seinen Sohn zu erkundigen. Als er von seinen Recherchen über die Schule berichtete, in der zwanglos unterrichtet und viel Wert auf Kreativität gelegt wurde, konnte man drei deutlich voneinander unterschiedene Reaktionen an ihm beobachten. Zuerst runzelte er die Stirn und sagte: «Ich kann mir nicht vorstellen, wie jemand in dieser Schule etwas lernt. Die Böden sind schmutzig!» Dann lehnte er sich in seinem Stuhl zurück, und seine Stirn glättete sich, als er überlegte: «Bevor ich mich entscheide, sollte ich mich nach dem pädagogischen Renommee der Schule erkundigen und mit einigen Eltern sprechen.» Gleich darauf grinste er und sagte: «Mensch, in eine solche Schule wäre ich für mein Leben gern gegangen!»

Auf die Frage nach seinen Reaktionen analysierte der Patient die erste sofort als die Art und Weise, in der sein Vater reagiert haben würde. Die zweite war sein Erwachsenen-Ich, das mehr Informationen verlangte. Die dritte war sein Kindheits-Ich, das sich an seine eigene nicht gerade glückliche Schulerfahrung erinnerte und sich den Spaß vorstellte, den es an dieser anderen Schule hätte haben können.
Bevor er eine endgültige Entscheidung traf, ging er den Fragen seines Erwachsenen-Ich nach. Daraufhin trat sein Sohn in diese Schule ein, der sehr gern dort hingeht und bessere Leistungen als früher aufweist.
Nach der Struktur-Analyse kann jeder Mensch auf einen spezifischen Reiz völlig unterschiedlich mit jedem seiner Ich-Zustände reagieren, so daß sie manchmal miteinander übereinstimmen, manchmal sich widersprechen. Betrachten wir die folgenden Beispiele:

Auf ein modernes Kunstwerk

Eltern-Ich: Du meine Güte! Was soll denn das sein!

Erwachsenen-Ich: Nach dem Preisschild kostet das 350 Dollar.

Kindheits-Ich: Oh, was für hübsche Farben!

Wenn im Büro um einen Bericht gebeten wird

Eltern-Ich: Mr. Brown ist zum Vorgesetzten nicht geeignet.

Erwachsenen-Ich: Ich weiß, daß Mr. Brown diese Unterlagen bis 17 Uhr braucht.

Kindheits-Ich: Was ich auch tue, ich kann Mr. Brown nicht zufriedenstellen.

Bei einem Überfall auf der Straße

Eltern-Ich: Geschieht dem Mädchen recht, wenn es so spät noch draußen ist.

Erwachsenen-Ich: Ich hole wohl besser die Polizei.

Kindheits-Ich: Ist das aufregend!

Wenn einem während einer Diät ein Stück Schokoladentorte angeboten wird

Eltern-Ich: Greif zu, Liebling, das stärkt deine Energie.

Erwachsenen-Ich: Dieses Tortenstück hat mindestens 400 Kalorien. Ich glaube, ich verzichte darauf.

Kindheits-Ich: Hm, lecker! Ich könnte die ganze Torte aufessen.

Auf laute Rock-Musik

Eltern-Ich: Schrecklich, was sich die Kinder heutzutage anhören!

Erwachsenen-Ich: Ich kann kaum denken oder reden, wenn die Musik so laut ist.

Kindheits-Ich: Wenn ich das höre, würde ich am liebsten tanzen.

Wenn eine junge Sekretärin zu spät kommt

Eltern-Ich: Das arme Ding sieht aus, als hätte es kein Auge zugetan.

Erwachsenen-Ich: Wenn sie die Zeit nicht nachholt, werden ihre Kolleginnen unzufrieden werden.

Kindheits-Ich: Ich wollte, ich könnte auch mal blaumachen.

Wenn ein Redner deftige Ausdrücke benutzt

Eltern-Ich:	Damit zeigt er nur seinen geringen Wortschatz.
Erwachsenen-Ich:	Warum wählt er bloß diese Worte? Wie mögen sie beim Publikum ankommen?
Kindheits-Ich:	Ich wollte, ich hätte den Mut, so zu reden.

Auf Kohlgeruch

Eltern-Ich:	Kohl ist wirklich gesund für die ganze Familie.
Erwachsenen-Ich:	Kohl hat einen hohen Vitamin-C-Gehalt.
Kindheits-Ich:	Kein Mensch kann mich zwingen, dieses stinkende Zeug zu essen.

Wenn ein neuer Bekannter den Arm um einen legt

Eltern-Ich:	Laß dich nie von einem Fremden berühren.
Erwachsenen-Ich:	Warum macht er das wohl?
Kindheits-Ich:	Er macht mir angst.

In jedem Ich-Zustand kann man fühlen, riechen, berühren, sprechen, zuhören, schauen und handeln. Jeder Ich-Zustand ist auf seine Weise programmiert. Manche Menschen reagieren mehr aus dem einen Ich-Zustand heraus als aus den anderen. Wenn jemand zum Beispiel dazu neigt, meistens mit seinem Eltern-Ich zu reagieren, wird sein Weltbild dem entsprechen, das er bei seinen Eltern beobachtet hat. In diesem Fall ist seine Fähigkeit, die Welt auf seine Weise zu begreifen, vermindert oder verbogen.

Entwicklung der Ich-Zustände

Das Bewußtsein des Neugeborenen konzentriert sich auf seine eigenen Bedürfnisse und deren Befriedigung. Der Säugling versucht schmerzliche Erlebnisse zu vermeiden und reagiert rein gefühlsmäßig auf alles, was er hat und ist. Meistens tritt sein Kindheits-Ich unmittelbar zutage. (Pränatale Einflüsse auf das Kindheits-Ich konnten noch nicht festgestellt werden.)

Als nächstes entwickelt sich das Eltern-Ich. Häufig wird es zum erstenmal beobachtet, wenn das kleine Kind ‹Familie› spielt und dabei seine Eltern imitiert. Die Eltern sehen manchmal mit Entsetzen, manchmal mit Vergnügen, wie sie dargestellt werden.

Während das Kind versucht, seine Welt zu begreifen und herauszufinden, wie es andere manipulieren kann, entwickelt sich das Erwachsenen-Ich. Das Kind fragt zum Beispiel: «Warum muß ich essen, wenn ich nicht hungrig bin?» und stellt fest, daß es durch simuliertes Magenweh andere manipulieren kann, wenn es nicht essen will.

Fallbeispiel

Margrit, 22 Monate alt, bekam zu Weihnachten einen Puppenwagen. Sie sagte: «Ich Baby», und versuchte hineinzusteigen. Der Puppenwagen war jedoch zu klein. So setzte Margrit ihre Puppe hinein. Sie paßte in den Wagen. Margrit quietschte laut vor Vergnügen: «Ich Mami», und fing an, den Puppenwagen vor sich herzuschieben, hatte aber bald genug davon. Wütend schmiß sie die Puppe heraus, warf den Wagen um, stellte ihn auf und versuchte wieder hineinzusteigen. Der Puppenwagen aber war immer noch zu klein. Frustriert setzte sie die Puppe wieder hinein. Dieses Spiel wiederholte sie dreimal. Dann entschied sie offenbar, daß sie zu groß für den Wagen sei, gab sich damit zufrieden, Mami zu sein, und verhielt sich der Puppe gegenüber so, wie sie es bei ihrer Mutter gesehen hatte.

Margrits mütterliches Verhalten war eine direkte Imitation ihrer Mutter, die aus ihrem Eltern-Ich kam. Obwohl sie in ihrem Kindheits-Ich ein Baby sein wollte, sammelte und verarbeitete ihr entstehendes Erwachsenen-Ich objektive Daten, daß sie nämlich nicht in den Puppenwagen paßte.
Jede Situation kann einen spezifischen Ich-Zustand aktivieren, und manchmal streiten sich wie bei Margrit die verschiedenen Ich-Zustände in einem Menschen um die Herrschaft. Wenn in der Beziehung zwischen zwei Menschen ein ‹Baby› einem anderen ‹Baby› begegnet, versucht es vielleicht, eine Elternrolle einzunehmen oder aber ein ‹größeres› Baby zu sein.

Einführung in die Transaktions-Analyse

Alles, was zwischen Menschen geschieht, enthält eine Transaktion zwischen ihren Ich-Zuständen. Wer sich mit irgendeinem Stimulus an einen anderen wendet, erwartet eine Reaktion. Alle Transaktionen lassen sich in Komplementär-, Überkreuz- oder verdeckte Transaktionen einordnen.[7]

Komplementär-Transaktionen (‹complementary transactions›)

Eine Komplementär-Transaktion entsteht dann, wenn ein Reiz, der von einem spezifischen Ich-Zustand ausgeht, die erwartete Reaktion in dem spezifischen Ich-Zustand eines anderen Menschen hervorruft. Berne beschreibt die Komplementär-Transaktion als eine Reaktion, die «der Situation angemessen ist und erwartet wird; sie folgt der natürlichen Ordnung gesunder zwischenmenschlicher Beziehungen»[8]. Wenn zum Beispiel eine Frau, die um den Verlust einer Freundin trauert, von ihrem mitleidvollen Ehemann getröstet wird, erfolgt auf ihrem augenblicklichen Wunsch nach Trost die angemessene Reaktion (vgl. Abb. 2).

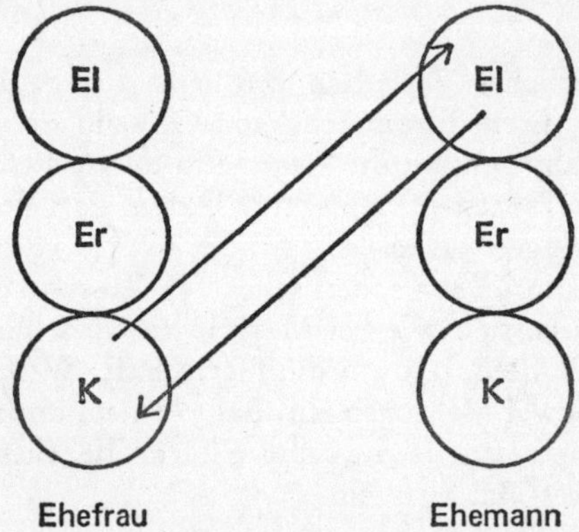

Komplementär-Transaktion

Abbildung 2

Eine Komplementär-Transaktion kann zwischen zwei beliebigen Ich-Zuständen entstehen. Sie ergibt sich zum Beispiel zwischen Eltern-Ich und Eltern-Ich, wenn zwei Menschen bedauern, daß ihre

Kinder das Elternhaus verlassen, zwischen Erwachsenen-Ich und Erwachsenen-Ich, wenn sie ein Problem lösen, und zwischen Kindheits-Ich und Kindheits-Ich oder Kindheits-Ich und Eltern-Ich, wenn sie sich gemeinsam amüsieren. Vom Eltern-Ich aus ist eine Transaktion mit jedem Ich-Zustand des anderen möglich, ebenso vom Erwachsenen-Ich und Kindheits-Ich her. Wenn die erwartete Reaktion eintritt, ist die Transaktion komplementär. Die Kommunikationslinien sind *offen*, und die Transaktionen können unbegrenzt fortgeführt werden.

Gesten, Gesichtsausdruck, Körperhaltung, Stimme usw. tragen zur Bedeutung jeder Transaktion bei. Wenn eine verbale Mitteilung ganz verstanden werden soll, muß der Empfänger die nicht-verbalen Aspekte ebenso berücksichtigen wie die gesprochenen Worte.

Zum besseren Verständnis der folgenden Abbildungen 3–7 setzen wir voraus, daß der Reiz direkt ist und die verbalen und nicht-verbalen Mitteilungen übereinstimmen. Jede Abbildung ist im besten Falle eine gebildete Vermutung. Um ganz präzise zu sein, müßte man das tatsächliche Eltern-, Erwachsenen- und Kindheits-Ich jeder Person kennen.

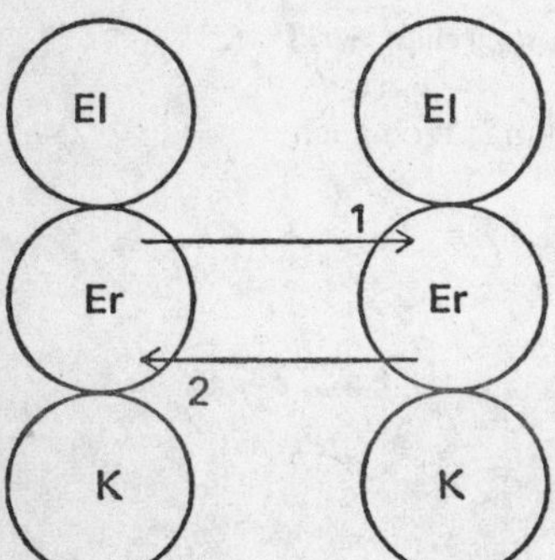

Informationsaustausch bei einer Transaktion zwischen Erwachsenen-Ich und Erwachsenen-Ich

1. Wie hoch ist das Jahresgehalt für diesen Job?

2. Es liegt etwa bei 30 000,– DM

Abbildung 3

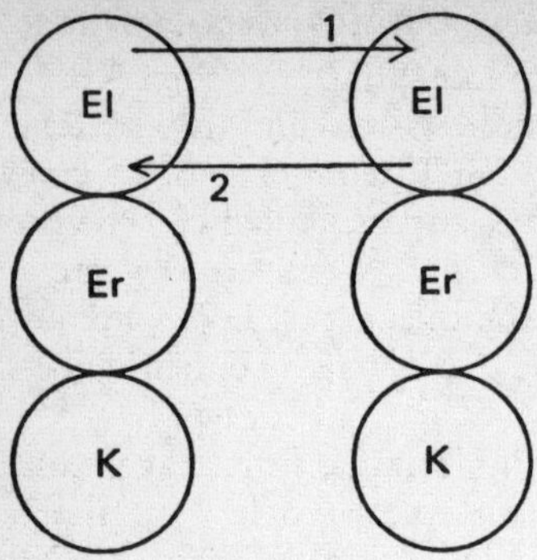

Abbildung 4

Mitfühlende Transaktion zwischen Eltern-Ich und Eltern-Ich

1. Die Kinder vermissen ihren Vater sehr.

2. Ja, gehen wir doch mit ihnen in den Park, damit sie ein bißchen abgelenkt werden.

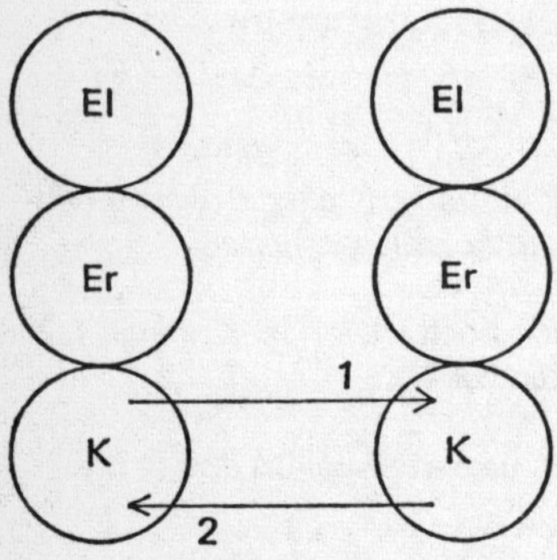

Abbildung 5

Spielerische Transaktion zwischen Kindheits-Ich und Kindheits-Ich

1. Ich mag dich wirklich.

2. Ich mag dich auch.

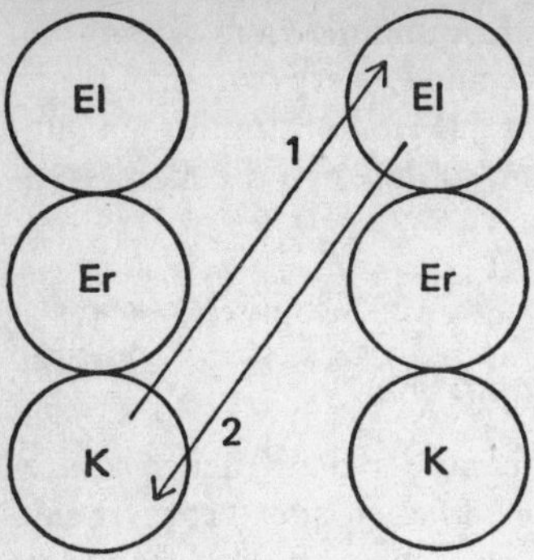

Transaktion zwischen Kindheits-Ich und fürsorglichem Eltern-Ich

1. Ich mache mir solche Sorgen um meinen Sohn, daß ich mich nicht auf meine Arbeit konzentrieren kann.

2. Sie können heute früher gehen, damit Sie ihn im Krankenhaus besuchen können.

Abbildung 6

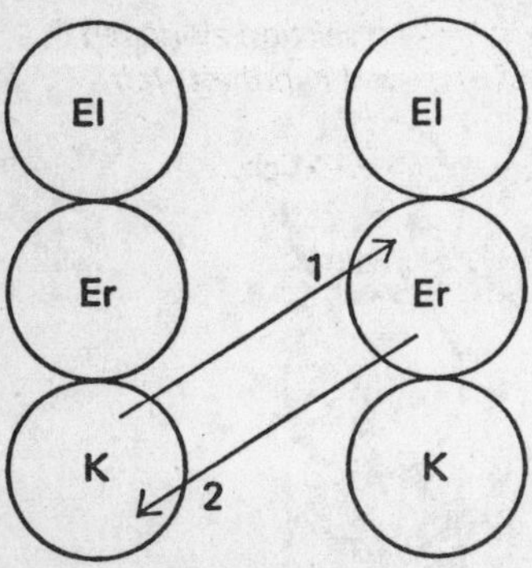

Feedback-Transaktion zwischen wütendem Kindheits-Ich und zuhörendem Erwachsenen-Ich

1. Ich bin so wütend, daß ich die Schreibmaschine aus dem Fenster werfen könnte.

2. Irgendwas hat Sie so entzürnt, daß Sie am liebsten die Einrichtung zertrümmern würden, stimmt's?

Abbildung 7

Bei jeder dieser Transaktionen ist die Kommunikation offen, weil die Reaktionen erwartet und dem Reiz angemessen waren. Das ist nicht immer der Fall. Manchmal erfolgt auf einen Stimulus eine unerwartete oder unangemessene Reaktion, so daß sich die Kommunikationslinien überkreuzen.

Überkreuz-Transaktionen (‹crossed transactions›)

Wenn zwei Leute sich böse anstarren, einander den Rücken zudrehen, keine Lust zu weiteren Transaktionen haben oder verwirrt sind durch das, was gerade zwischen ihnen geschehen ist, dann haben sie wahrscheinlich gerade eine *Überkreuz-Transaktion* erlebt. Zu einer Überkreuz-Transaktion kommt es, wenn auf einen Reiz eine unerwartete Reaktion erfolgt. Ein unangemessener Ich-Zustand wird aktiviert, und die Transaktions-Linien zwischen den Beteiligten überkreuzen sich. Wenn das geschieht, neigen Leute dazu, sich zurückzuziehen, sich voneinander abzuwenden oder das Gespräch in eine andere Richtung zu lenken. Wenn ein Ehemann seiner trauernden Frau mitleidlos antwortet: «Was glaubst du denn, wie mir zumute ist!», dann veranlaßt er sie wahrscheinlich, sich von ihm abzuwenden (vgl. Abb. 8).

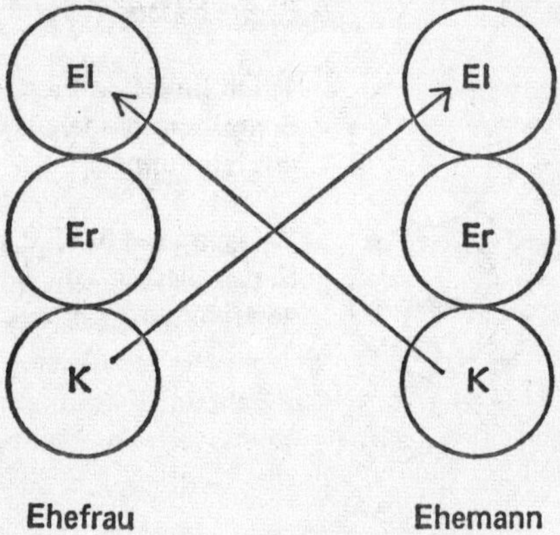

Überkreuz-Transaktion

Abbildung 8

Überkreuz-Transaktionen verursachen viel Leid unter den Menschen – zwischen Eltern und Kindern, Mann und Frau, Chef und Angestellten, Lehrer und Schüler usw., da derjenige, der die Transaktion beginnt und eine bestimmte Reaktion erwartet, sie nicht erhält. So fühlt er sich überfahren oder sogar gedemütigt.

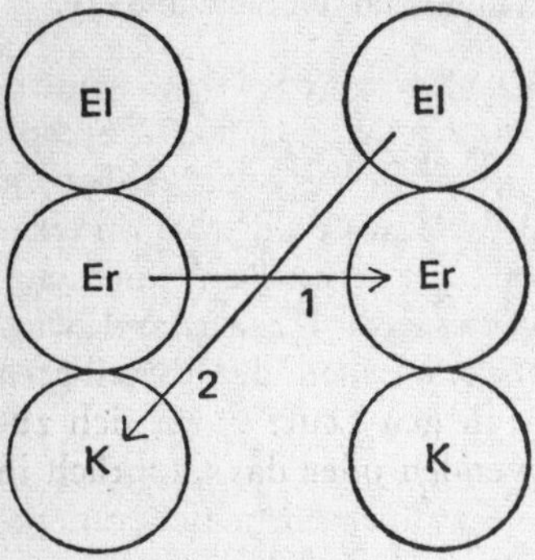

Abbildung 9

1. Chef:
Wieviel Uhr ist es?

2. Sekretärin:
Sie haben es immer eilig!

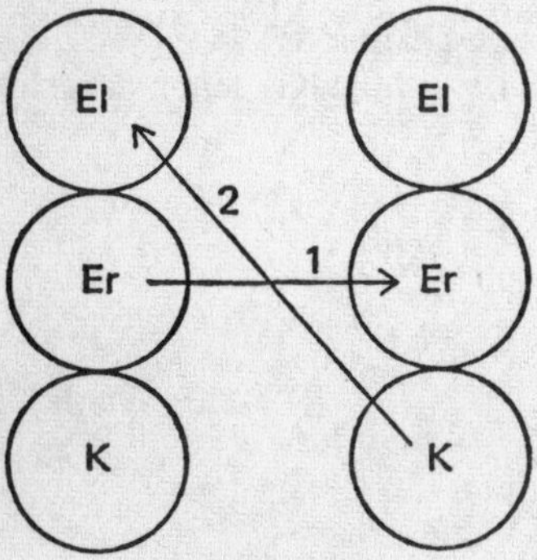

Abbildung 10

1. Ehemann:
Kannst du heute nachmittag den Wagen zum TÜV bringen?

2. Ehefrau:
Heute habe ich meinen Bügeltag. Außerdem rechnet Johann mit einem Geburtstagskuchen, und die Katze muß zum Tierarzt, und nun soll ich auch noch den Wagen wegbringen!

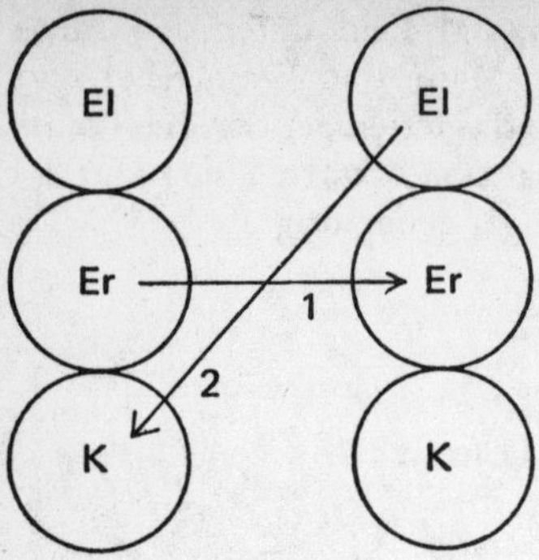

Abbildung 11

1. Chef:
Ich brauche 25 Kopien dieses Berichts für die Ausschußsitzung heute nachmittag. Können Sie mir die besorgen?

2. Sekretärin:
Sie haben wirklich Glück, daß ich da bin und mich um Sie kümmere.

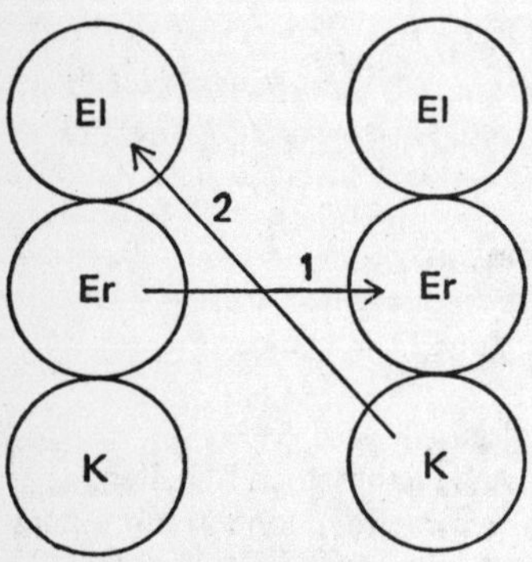

Abbildung 12

1. Wissenschaftler A:
Es könnte einige Variablen geben, die wir bei diesem Experiment nicht berücksichtigt haben.

2. Wissenschaftler B:
Na und, wer fragt hier schon danach?

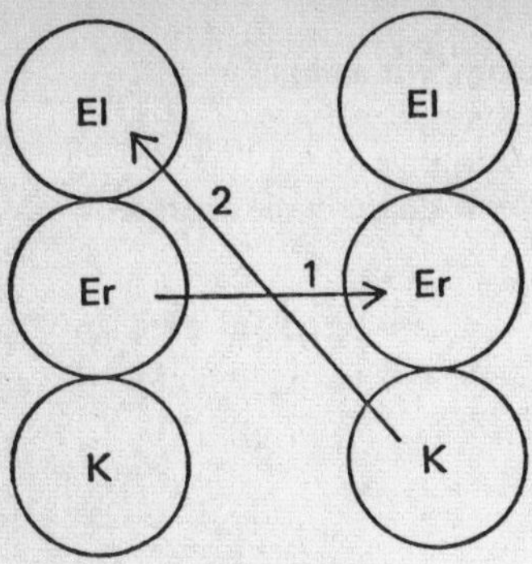

Abbildung 13

1. Ehefrau:
Ich würde am Mittwochabend gern den Wagen nehmen und meine Schwester besuchen.

2. Ehemann:
So, und mit mir redest du nie!

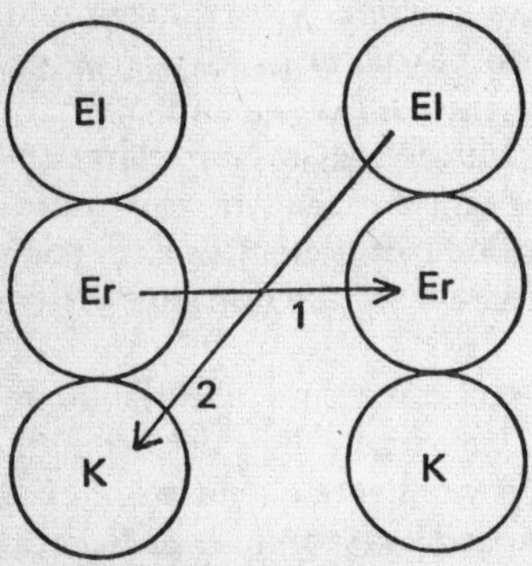

Abbildung 14

1. Vorgesetzter:
Haben Sie den Vertrag von Herrn Müller gesehen, Fräulein Schmidt?

2. Kontoristin:
Wenn Sie diese Abteilung so leiten würden, wie es sich gehört, brauchten Sie mich nicht zu fragen, wo der Vertrag von Herrn Müller ist.

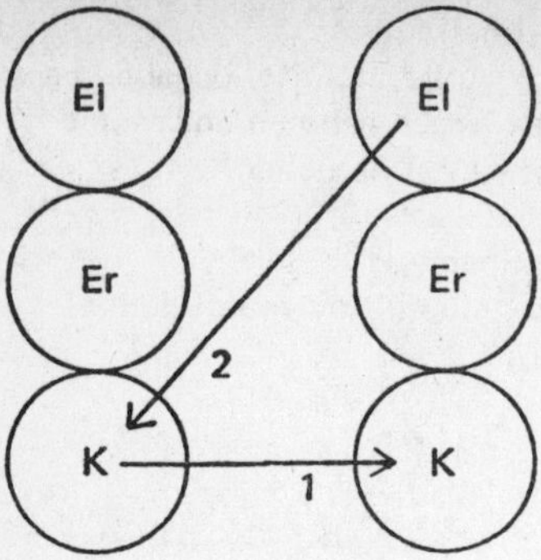

1. Jan:
Komm, wir amüsieren uns.

2. Maria:
Kannst du denn nie ernst sein?

Abbildung 15

Transaktionen können direkt oder indirekt sein, offen oder umschrieben, intensiv oder schwach. *Indirekte Transaktionen* (‹indirect transactions›) sind dreiseitig. Jemand spricht mit einem anderen in der Hoffnung, einen Dritten zu beeinflussen, der das Gespräch mithören kann. Zum Beispiel kann ein Mann, der zu ängstlich ist, seinen Chef direkt anzusprechen, etwas zu einem Kollegen sagen und dabei hoffen, daß der Chef ‹die Sache mitbekommt›.
Umschriebene Transaktionen (‹diluted transactions›) sind oft halb feindselig, halb freundschaftlich. Die Mitteilung ist hinter irgendeiner Neckerei versteckt. Zum Beispiel sagt ein Student zum anderen: «Na, du Genie, wann bist du endlich mit diesem Buch fertig? Ich muß es auch noch lesen.» Der andere wirft es ihm zu: «Hier, Tolpatsch. Fang, wenn du kannst.»
Schwache Transaktionen (‹weak transactions›) sind oberflächlich, flüchtig und ohne intensive Gefühle. Das ist zum Beispiel der Fall, wenn eine Frau ihren Mann fragt: «Ob wir heute abend wohl zum Essen ausgehen sollten?» und er antwortet: «Ist mir egal, Schatz. Entscheide du.»
In gesunden Beziehungen sind die Transaktionen direkt, aufrichtig und gelegentlich intensiv [9], komplementär und ohne verdeckte Motive.

Verdeckte Transaktionen (‹ulterior transactions›)

Verdeckte Transaktionen sind die kompliziertesten Transaktionen. Sie unterscheiden sich von Komplementär- und Überkreuz-Transaktionen dadurch, daß immer mehr als zwei Ich-Zustände beteiligt sind. Eine verdeckte Mitteilung wird unter einer gesellschaftlich akzeptablen Transaktion versteckt, wie bei dem alten Klischee: «Wollen Sie nicht mit hochkommen und sich meine Briefmarkensammlung anschauen?» Hier spricht das Erwachsenen-Ich eine Sache aus, während das Kindheits-Ich mit Hilfe einer Anspielung eine ganz andere andeutet (vgl. Abb. 16).

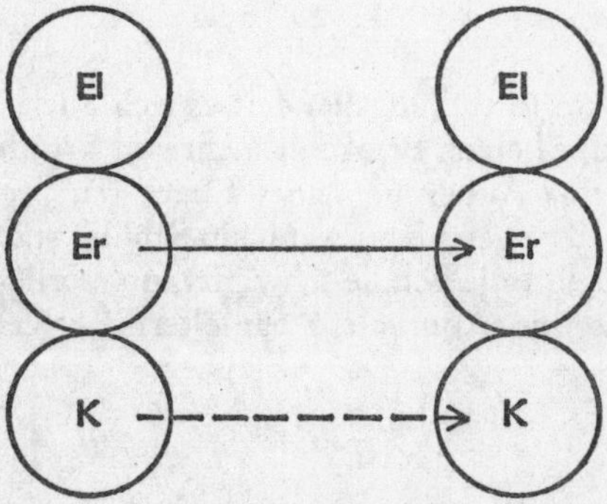

Verdeckte Transaktion

Abbildung 16

Wenn ein Autoverkäufer mit einem Seitenblick auf seinen Kunden sagt: «Das hier ist unser bester Sportwagen, aber Ihnen ist er vielleicht zu schnell», dann wendet er sich sowohl an das Erwachsenen-Ich wie an das Kindheits-Ich seines Kunden (vgl. Abb. 17). Wenn das Erwachsenen-Ich die Transaktion übernimmt, sagt der Kunde: «Ja, Sie haben recht, bei meinem Beruf brauche ich ein so schnelles Auto gar nicht.» Wenn das Kindheits-Ich reagiert, sagt er vielleicht: «Ich nehme den Wagen. Er ist genau, was ich wollte.»

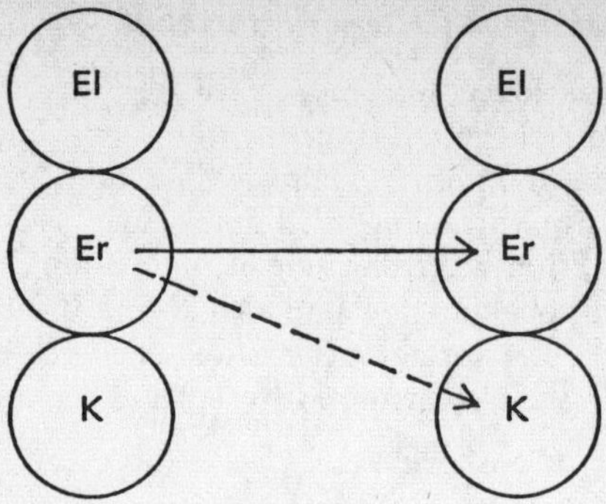

Abbildung 17

Um eine verdeckte Mitteilung handelt es sich auch, wenn eine Sekretärin ihrem Chef einen Brief mit mehreren Tippfehlern vorlegt. Damit will sie eine Äußerung seines Eltern-Ich provozieren (vgl. Abb. 18). Das gleiche geschieht, wenn ein Schüler ständig seine Aufgaben zu spät abgibt, die Schule schwänzt, unleserlich schreibt oder auf andere Weise ein Äquivalent für elterliche Kritik herausfordert.

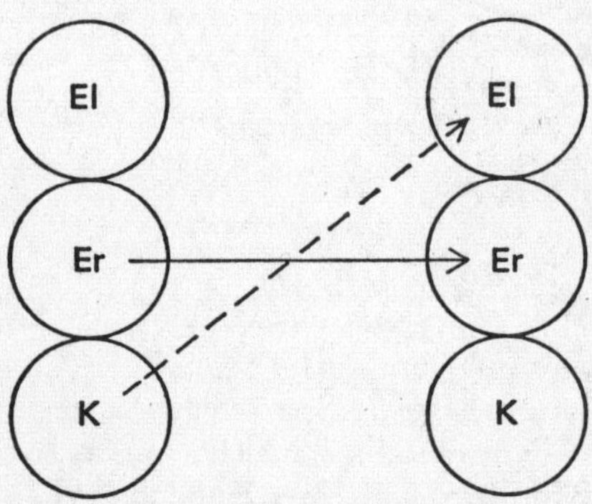

Abbildung 18

Die gleiche Art von verdeckter Transaktion wird vorgenommen, wenn ein Mann, der als ‹bekehrter› Alkoholiker gilt, mit einem Kater, aber glitzernden Augen zur Arbeit kommt und seinen Kollegen gegenüber prahlt: «Mann, gestern hab ich mal richtig einen draufgemacht und mich so richtig vollaufen lassen. Aber einen ganz schönen schweren Kopf habe ich heute!» Oberflächlich teilt er eine sachliche Information mit. Doch darunter wartet er auf ein nachsichtiges Lächeln vom Erwachsenen-Ich des anderen und darauf, daß er ihm das Trinken verzeiht.
Statt einer Reaktion des Eltern-Ich kann er aber auch das Kindheits-Ich seines Kollegen aktivieren, so daß er über die Tragödie lacht. Wenn der Kollege lacht, entweder aus seinem Eltern-Ich oder aus seinem Kindheits-Ich heraus, verstärkt er den (elterlichen) Kommentar, den der Alkoholiker (als Kind) gewöhnlich nicht-verbal erfahren hat: «Hau ab, du Lump.» Dieses unangemessene Lachen oder Lächeln bezeichnet Claude Steiner als die *Galgen-Transaktion* (‹gallows transaction›)[10] (vgl. Abb. 19). Das Lächeln zieht die Schlinge noch enger und verstärkt das destruktive Verhalten.

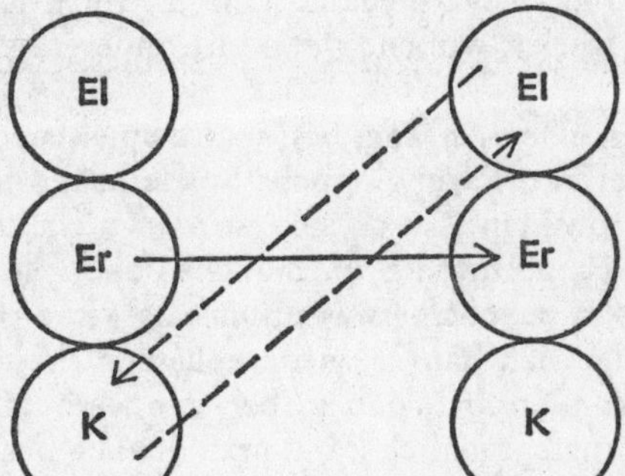

Galgen-Transaktion

Abbildung 19

Jedes Lächeln als Reaktion auf das Mißgeschick eines anderen kann zur Galgen-Transaktion werden. Das ist der Fall, wenn

eine Lehrerin sich über das ‹dumme Verhalten› ihrer Schülerin amüsiert,
eine Mutter über ihr tolpatschiges, ständig fallendes Dreijähriges lacht,
ein Vater über die Risiken grinst, die sein Sohn eingeht.

Diese Galgen-Transaktionen sind wie andere Transaktionen mit verdeckten Motiven unter Verlierern üblich. Verlierer benutzen sie zur Unterstützung ihrer psychologischen Spiele.

Die Spiele der Erwachsenen

Alle Menschen treiben psychologische Spiele miteinander, die sich mit Spielen wie Monopoly, Bridge oder Schach vergleichen lassen. Die Spieler müssen das Spiel kennen, um daran teilnehmen zu können – schließlich kann sich jemand nicht an einen Kartentisch setzen und Bridge spielen wollen, wenn alle anderen Monopoly spielen.
Alle Spiele haben einen Anfang, bestimmte Spielregeln und schließlich einen Nutzeffekt. Psychologische Spiele haben jedoch darüber hinaus einen verdeckten Zweck. Sie werden nicht um des Spaßes willen gespielt – genausowenig wie manche Pokerspiele.
Berne definiert ein *psychologisches Spiel* als «eine periodisch wiederkehrende Folge sich häufig wiederholender Transaktionen, äußerlich scheinbar plausibel, dabei aber von verborgenen Motiven beherrscht; umgangssprachlich kann man es auch bezeichnen als eine Folge von Einzelaktionen, die mit einer Falle bzw. einem trügerischen Trick verbunden sind»[11]. Drei spezifische Elemente müssen vorhanden sein, damit Transaktionen als Spiele bezeichnet werden können:

1. eine fortlaufende Folge von Komplementär-Transaktionen, die auf der gesellschaftlichen Ebene plausibel sind,
2. eine verdeckte Transaktion, die zugrunde liegende Mitteilung des Spiels, und
3. ein vorauszusehender Nutzeffekt, der das Spiel beendet und Zweck des Spielens ist.

Spiele verhindern aufrichtige, vertraute und offene Beziehungen zwischen den Spielern. Doch man spielt sie, um sich die Zeit zu vertreiben, Aufmerksamkeit hervorzurufen, einmal gefaßte Meinungen über sich und andere zu verstärken und ein Gefühl für das Schicksalhafte zu befriedigen.
Bei psychologischen Spielen geht es ums Gewinnen, aber wer sie gewohnheitsmäßig spielt, ist kein Gewinner. Manchmal verhält sich jemand wie ein Verlierer, nur um sein Spiel zu gewinnen (Abb. 20). Bei dem Spiel «Tu mir etwas an» provoziert ein Spieler einen anderen zum Beispiel dazu, ihn schlecht zu behandeln.

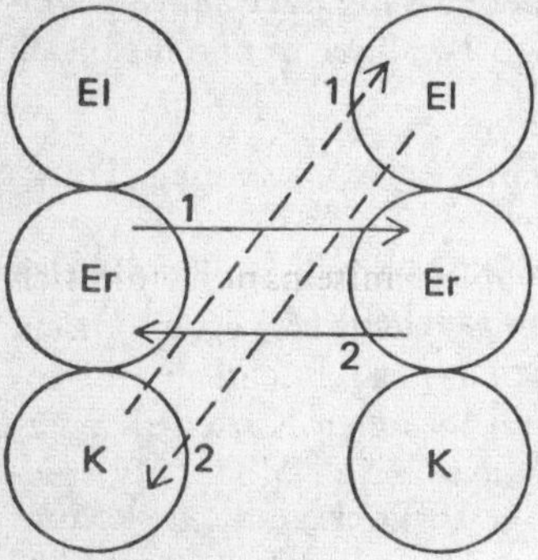

Abbildung 20

Schüler:

Ich bin gestern abend zu lange weg gewesen und habe meine Arbeit nicht fertig. (Verdeckt: Ich bin ein schlechter Kerl, tu mir etwas an.)

Lehrer:

Da hast du Pech gehabt. Jetzt kann ich deine Arbeit nicht mehr bewerten. (Verdeckt: Ja, du bist ein schlechter Kerl, und hier hast du deine Strafe.)

Obwohl er es abstreiten mag, zieht ein Mensch, der an dieses Spiel gewöhnt ist, andere an, die die Komplementär-Rolle spielen und bereit sind, ihm etwas anzutun.
Jedes Spiel hat einen Eröffnungszug. Manche Eröffnungszüge sind nicht-verbal: Jemand die kalte Schulter zeigen, flirtende Blicke werfen, mit dem Finger drohen, eine Tür zuschlagen, Schmutz ins Haus tragen, die Post eines anderen lesen, betrübt dreinschauen, nichts reden. Andere Eröffnungszüge sind verbale Behauptungen wie:

Du siehst so einsam aus, wenn du hier ganz allein stehst...
Wie konntest du nur in diesem Aufzug zur Schule gehen!
Er hat dich abgekanzelt, und du läßt dir das einfach gefallen?
Ich habe da ein schreckliches Problem...
Ist es nicht furchtbar, daß...

Das Lieblingsspiel von Tom und Barbara war «Tumult». Sie kannten beide den Eröffnungszug, so daß jeder jederzeit damit anfangen konnte. Sobald es begonnen hatte, lief eine voraussehbare Folge von Transaktionen ab, die in einem lauten Streit gipfelte. Das Ende war immer das gleiche – feindseliger Rückzug, um körperliche Nähe zu vermeiden. Intimitäten zu verhindern war für sie der Nutzeffekt des Spiels.
Um das Spiel in die Wege zu leiten, provozierte entweder Barbara oder Tom jeweils den anderen durch nicht-verbales Verhalten wie Schmollen, Kettenrauchen, Sich-Zurückziehen oder irritierendes Benehmen. Wenn der Partner sich zum Mitspielen ködern ließ, lief das Spiel, in dem einer von beiden aus der Fassung oder zum Schweigen gebracht wurde. Nach heftigem Wortwechsel trennten sie sich schließlich.

Wenn Barbara das Spiel beginnt, kommt es zu folgenden Transaktionen:

Barbara:	(Fängt an zu schmollen und mit übertriebenen Gesten eine Zigarette nach der anderen zu rauchen)
Tom:	«Was ist los? Stimmt ewas nicht?»
Barbara:	«Das geht dich nichts an!»
Tom:	(Geht in die nächste Kneipe)
Barbara:	(Explodiert vor Zorn, wenn er zurückkommt. Es kommt zu einem langen Streit voller Anklagen und Gegen-Anklagen. Der Nutzeffekt ist erreicht, wenn Barbara in Tränen ausbricht, ins Schlafzimmer läuft und die Tür hinter sich zuschlägt. Tom zieht sich in die Küche zurück und trinkt noch ein Glas. An diesem Abend kommt es zu keinem weiteren Kontakt zwischen ihnen.)

Wenn Tom das Spiel beginnt, kommt es zu folgenden Transaktionen:

Tom:	(Macht sich einen Drink, geht ins Wohnzimmer und schließt die Tür)
Barbara:	«Warum hast du mir nicht auch einen Drink gemacht? Stimmt was nicht?»
Tom:	«Kann ich nicht mal ein paar Minuten Ruhe haben!»
Barbara:	«Wenn du allein sein willst, kann ich ja gehen!» (Barbara geht einkaufen, sie kauft Dinge, die sie sich nicht leisten können, und kommt mit mehreren Paketen zurück.
Tom:	(Explodiert vor Zorn, weil sie nicht mit Geld umgehen kann. Das Spiel ist beendet, wenn sie hinausläuft und er sich sein Bett im Wohnzimmer macht.)

Spiele werden gern wiederholt. Man stellt fest, daß man die gleichen Worte auf die gleiche Weise sagt, daß sich nur Zeit und Ort geändert haben. Vielleicht trägt diese Wiederholung zu dem bei, was man oft mit dem Satz beschreibt: «Ich habe das Gefühl, als hätte ich das schon mal erlebt.»
Die Menschen betreiben ihre Spiele mit unterschiedlicher Intensität, von dem gesellschaftlich akzeptierten, entspannten Stadium bis zum kriminellen Mord-Selbstmord-Stadium. Berne beschreibt die einzelnen Stadien eines Spiels folgendermaßen:

a) Ein ‹Spiel ersten Grades› gilt im Bekanntenkreis des agierenden Urhebers als gesellschaftlich akzeptabel.
b) Ein ‹Spiel zweiten Grades› richtet zwar keinen bleibenden, nicht wiedergutzumachenden Schaden an, aber die Spieler zeigen die Neigung, es vor den Augen der Öffentlichkeit zu verbergen.
c) Ein ‹Spiel dritten Grades› hat endgültigen Charakter; es endet im Operationsraum, im Gerichtssaal oder in der Leichenhalle.[12]

Spiele sind individuell programmiert. Sie werden vom Eltern-Ich gespielt, wenn die Spiele der Eltern imitiert werden. Sie werden vom Erwachsenen-Ich gespielt, wenn sie bewußt berechnet sind. Sie werden vom Kindheits-Ich gespielt, wenn sie auf Erlebnissen und Entscheidungen aus Kindertagen beruhen und auf den damals geprägten Lebensanschauungen über sich und andere.

Tage der Entscheidung

Bevor ein Kind acht Jahre alt ist, entwickelt es eine Vorstellung von seinem eigenen Wert und formuliert Vorstellungen über den Wert anderer. Es konkretisiert seine Erfahrungen und entscheidet, was sie zu bedeuten haben, welche Rollen es spielen wird und wie es sie spielen wird. Das sind die Tage der Entscheidung im Leben eines Kindes.[13]
Wenn sehr früh im Leben Entscheidungen über das eigene Selbst und über andere getroffen werden, dann können diese recht unrealistisch sein, verzerrt und irrational, weil Kinder das Leben nur durch das kleine Schlüsselloch ihrer Existenz wahrnehmen. Die Verzerrungen können zu pathologischen Erscheinungen von unerheblichen bis ernsten Ausmaßen führen. Doch dem Kind kommen

die Entscheidungen zu dem Zeitpunkt, in dem es sie fällt, logisch und sinnvoll vor. Die folgende Geschichte von Betty, einer Dreiundvierzigjährigen, die zwanzig Jahre lang mit einem Alkoholiker verheiratet war, illustriert die Wirkung solcher frühen Entscheidungen.

Fallbeispiel

Mein Vater war ein brutaler Alkoholiker. Wenn er betrunken war, schlug er mich und schrie mich an. Ich versuchte, mich zu verstekken. Eines Tages kam er noch betrunkener als gewöhnlich nach Hause. Er riß die Tür auf, schnappte sich ein Fleischermesser und lief durchs Haus. Ich verbarg mich in einem Wandschrank. Ich war fast vier Jahre alt. Ich hatte schreckliche Angst in dem dunklen Wandschrank. Es war dunkel und unheimlich, und immer wieder schlug mir irgend etwas ins Gesicht. An jenem Tag festigte sich meine Meinung über die Männer – sie waren wilde Tiere, die nur versuchten, mir weh zu tun. Ich war ein großes Kind, und ich weiß noch, wie ich dachte: «Wenn ich kleiner wäre, würde er mich lieben», oder «Wenn ich hübscher wäre, würde er mich lieben». Ich glaubte immer, ich sei überhaupt nichts wert.

In den «Tagen der Entscheidung» wählt ein Mensch seine Lebensanschauung.[14] In dem eben zitierten Fall entschied sich die Frau für die Lebensanschauungen: «Ich bin wertlos» (ICH BIN NICHT O. K.) und «Männer sind wilde Tiere, die mir weh tun wollen» (Männer sind NICHT O. K.). Auf Grund dieser Lebensanschauungen wählte sie Menschen für bestimmte Rollen aus, die in ihr Leben paßten.
Sie heiratete ein «wildes Tier», das ebenfalls Alkoholiker war. Außerdem spielte sie bei gesellschaftlichen Zusammenkünften häufig das Spiel «Hilfe! Vergewaltigung!». Dabei verwickelte sie einen Mann in ein Gespräch und flirtete intensiv mit ihm. Wenn er auf ihren Flirt einging, wandte sie sich in rechtschaffener Empörung ab und war wieder einmal davon überzeugt, daß «Männer wilde Tiere sind, die mir weh tun wollen».

Die vier Lebensanschauungen

Wer für sich selbst eine Lebensanschauung wählt, kann zu dem Schluß kommen:

Ich bin klug.
Ich bin dumm.

Ich bin stark.
Ich bin unzulänglich.

Ich bin nett.
Ich bin gemein.

Ich bin ein Engel.
Ich bin ein Teufel.

Ich kann nichts richtig machen.
Ich kann nichts falsch machen.

Ich bin so gut wie jeder andere.
Ich verdiene es nicht zu leben.

Wer sich für eine Grundeinstellung über andere entscheidet, kann folgern:

Die Leute werden mir geben, was ich will.
Niemand wird mir irgend etwas geben.

Menschen sind wunderbar.
Die Menschen taugen nichts.

Irgend jemand wird mir helfen.
Alle sind hinter mir her.

Jeder mag mich.
Niemand mag mich.

Die Leute sind nett.
Alle sind gemein.

Verallgemeinert bedeuten diese Lebensanschauungen: ICH BIN O. K. oder ICH BIN NICHT O. K. oder DU BIST O. K. oder DU BIST NICHT O. K. Die Grundeinstellungen zu sich selbst und anderen passen in vier Grundmuster.[15] Die erste ist die Lebensanschauung des Gewinners, doch selbst Gewinner können gelegentlich Empfindungen haben, die den drei anderen Lebensanschauungen entsprechen.

Die erste Lebensanschauung: ICH BIN O. K. – DU BIST O. K.
ist potentiell eine geistig gesunde Einstellung. Wenn man realistisch denkt, kann man mit dieser Lebensanschauung über sich und andere seine Probleme konstruktiv lösen. Alle Erwartungen treffen mit großer Wahrscheinlichkeit ein. Man akzeptiert die Bedeutung des anderen.

Die zweite oder projektive Lebensanschauung: ICH BIN O. K. – DU BIST NICHT O. K.
ist die Anschauung von Menschen, die sich gequält oder verfolgt fühlen. Sie machen andere für ihr Unglück verantwortlich. Kriminelle haben häufig diese Grundeinstellung und nehmen ein paranoides Verhalten an, das im Extremfall zu Mord führen kann.

Die dritte oder introjektive Lebensanschauung: ICH BIN NICHT O. K. – DU BIST O. K.
ist eine weitverbreitete Grundeinstellung unter Menschen, die sich im Vergleich zu anderen ohnmächtig vorkommen. Diese Anschauung veranlaßt sie dazu, sich zurückzuziehen, depressiv zu werden, in schweren Fällen führt sie zum Selbstmord.

Die vierte oder die Lebensanschauung der Sinnlosigkeit: ICH BIN NICHT O. K. – DU BIST NICHT O. K.
ist die Grundeinstellung von Menschen, die das Interesse am Leben verloren haben, die schizoides Verhalten zeigen und in extremen Fällen Selbstmord oder Mord begehen.
Ein Mensch mit der ersten Lebensanschauung hat das Gefühl: «Das Leben ist lebenswert.» Ein Mensch mit der zweiten Lebensanschauung meint: «Dein Leben ist nicht viel wert.» Wer sich zur dritten bekennt, glaubt: «Mein Leben ist nicht viel wert.» Wer sich für die vierte entscheidet, findet: «Das Leben lohnt überhaupt nicht.»

Sexualität und Lebensanschauungen

Lebensanschauungen haben auch sexuelle Aspekte. Bei seiner Identitätsbildung entscheidet sich der Mensch einmal für eine Lebensanschauung, die eine allgemeine Einschätzung seiner selbst bedeutet, zum anderen für eine Lebensanschauung, die eine sexuelle Einschätzung darstellt. Manchmal stimmen beide Anschauungen miteinander überein, manchmal sind sie verschieden. Manche Menschen bekennen sich zum Beispiel zu einer O. K.-Lebensanschauung als Studenten, Arbeiter usw., aber im Hinblick auf ihre Geschlechtszugehörigkeit entscheiden sie sich für eine NICHT O. K.-Lebensanschauung. In solchen Fällen kommt es leicht zu Sexspielen wie «Hilfe! Vergewaltigung!» oder «Küß mich!».

Die alte griechische Sage von Kadmos behandelt diese Doppelidentität. Kadmos zeichnete sich als erfolgreicher Erbauer der Stadt Theben aus, doch innerhalb seines Familienlebens war er in seinen Sexualrollen ein Verlierer. Seine Kinder erlebten viele Tragödien; der wohlbekannte Ödipus gehörte zu seinen Nachkommen.

In einer Beratungsgruppe bekannte sich ein moderner Kadmos zu dem gleichen Problem, als er sagte: «Ich weiß, daß ich ein fähiger Architekt bin, aber als Mann komme ich mir wie ein Versager vor – besonders zu Hause bei meiner Familie.» Eine Frau erwiderte: «Ich weiß, wie Ihnen zumute ist. Ich habe beim Abitur als Beste abgeschnitten, aber ich komme mir überhaupt nicht weiblich vor.» Viele Aussagen deuten auf eine Grundeinstellung hin, die sich auf ein bestimmtes Geschlecht bezieht.

Ich werde nie einen Mann bekommen.
Ich werde nie ein Mann (eine Frau) sein.

Ich sehe gut aus (bin hübsch).
Frauen kann man nicht trauen.

Frauen sind Tyrannen.
Männer sind Tyrannen.

Frauen sind lieb und zärtlich.
Männer werden mich beschützen.

Manche Leute haben die Einstellung, daß ein Geschlecht O. K., das andere NICHT O. K. ist:

Männer sind intelligent, Frauen aber dumm.
Männer sind schmutzig, Frauen aber sauber.

Sobald sich jemand für eine Lebensanschauung entschieden hat, versucht er, sie zu verstärken, damit seine Welt überschaubar und vorhersehbar bleibt. Nach dieser Grundeinstellung werden Spiele gespielt und Rollenbücher durchgespielt. Je ernster die pathologischen Erscheinungen sind, um so mehr fühlt sich der Mensch gezwungen, sie zu verstärken. Dieser Prozeß kann schematisch folgendermaßen dargestellt werden:

Erfahrungen →	Entscheidungen →	Lebens-anschauungen →	Rollenbuch verstärkendes Verhalten

Einführung in die Rollenbuch-Analyse

Eine Rolle kann man im hier gebrauchten Sinn kurz als den Lebensplan definieren, zu dessen Ausführung sich ein Individuum gezwungen fühlt wie ein Schauspieler auf der Bühne.
Die Rolle, die man spielt, hängt mit den frühen Entscheidungen und der Lebensanschauung zusammen, zu denen man sich als Kind bekannt hat. Sie ist im Kindheits-Ich enthalten und wurde durch die Transaktionen zwischen dem Kind und seinen Eltern «geschrieben». Die Spiele, die gespielt werden, sind Teil dieser Rolle. Erst wenn die Lebensanschauungen und Spiele identifiziert sind, kann ein Mensch sich seiner Rolle bewußt werden.

Fallbeispiel

Bei der Beratung erzählte Fred: «Ich habe das hundertmal gehört: ‹Wie dumm von dir, Fred. Kannst du denn gar nichts richtig machen?› Ich konnte meiner Familie nichts recht machen, noch nicht einmal schnell genug reden, und ich stottere noch heute manchmal. Als ich zur Schule ging, brachte ich es auch dort zu nichts. Ich war immer der Letzte, und ich weiß noch, wie meine Lehrer sagten: ‹Fred, das war eine dumme Frage.› Die Lehrer waren genau wie meine Mutter. Wenn sie die Noten vorlasen, kam mein Name immer an letzter Stelle, und die anderen Kinder lachten mich aus. Dann kam ich in die Oberschule, und mein Klassenlehrer sagte, ich könne mehr leisten. Ich sei nicht dumm, nur faul. Ich versteh das nicht.»

In den folgenden Beratungsstunden fand Fred heraus, daß er sich früh in seinem Leben für die Grundeinstellung «ICH BIN NICHT O. K. Ich bin dumm» entschieden hatte. Er hielt sich für einen Verlierer und spielte diese Rolle. Obwohl er sehr mäßige Leistungen zeigte, blieb Fred auf der Schule, spielte das Spiel «Blöd» und handelte sich negative Kommentare, schlechte Noten und Tadel von seinen Lehrern ein. Das verstärkte seine Grundeinstellung.
Fred entdeckte, daß seine Rolle die eines Verlierers war. In seinem Kindheits-Ich empfand er sich als dumm und spielte «Blöd». Er stellte zudem fest, daß sein Eltern-Ich mit dieser Grundeinstellung einverstanden war und ihn dadurch zum Verlieren ermunterte. Freds Analyse seiner Ich-Zustände versorgte sein Erwachsenen-Ich mit objektiven Daten darüber, wer er war, warum er so geworden war und wohin sein Leben führen werde. Fred brauchte eine Zeitlang, bis er entschieden hatte, welcher Ich-Zustand sein Leben bestimmen sollte. Schließlich siegte sein Erwachsenen-Ich. Er meldete sich auf einem College an und zeigte gute Leistungen.
Nachdem er seine Verlierer-Rolle entdeckt hatte, entschied Fred, daß er kein Verlierer zu sein brauchte. Er konnte ein Gewinner werden, wenn er sich dazu entschloß. Berne schreibt: «Das oberste Ziel der Transaktions-Analyse ist die Rollen-Analyse, denn die Rolle bestimmt Schicksal und Identität des Individuums.»[16]

Zusammenfassung

Der moderne Mensch trägt viele Masken und Rüstungen, die seine Realität einengen und verbergen, auch vor ihm selbst. Die Möglichkeit, seiner eigenen Realität zu begegnen – etwas über sich selbst zu erfahren –, kann erschreckend und frustrierend sein. Viele Menschen rechnen damit, das *Schlimmste* zu entdecken. Eine versteckte Drohung liegt in der Tatsache, daß sie auch das *Beste* entdecken können.
Das Schlimmste zu entdecken heißt, sich entscheiden zu müssen, ob man nach den gleichen Mustern fortfahren will zu leben oder nicht. Das Beste zu entdecken bedeutet, sich entscheiden zu müssen, ob man ihm gerecht werden will oder nicht. Jede dieser Entdeckungen kann Veränderungen nach sich ziehen und ist deshalb beängstigend. Doch kann es sich um eine kreative Angst handeln, die sich als Erregung deuten läßt – die Erregung, seine Chancen als Gewinner zu vergrößern.

Die Transaktions-Analyse ist eine Methode, mit der man sich selbst und seine Beziehungen zu anderen besser kennenlernen und seine Lebensrolle entdecken kann. Die Einheit der Persönlichkeit ist der Ich-Zustand. Wenn man sich seiner Ich-Zustände bewußt wird, kann man zwischen den verschiedenen Quellen seiner Gedanken, Gefühle und Verhaltensmuster unterscheiden. Man kann feststellen, wo innerhalb der eigenen Persönlichkeit Disharmonie und wo Übereinstimmung herrscht, und sich der eigenen Möglichkeiten bewußter werden.

Die Maßeinheit interpersonaler Beziehungen ist die Transaktion. Durch die Analyse der eigenen Transaktionen läßt sich eine bewußtere Kontrolle über den Umgang mit anderen und über ihren Umgang mit einem selbst erreichen. Man kann feststellen, wann Transaktionen komplementär, überkreuz oder verdeckt sind und welche ‹Spiele› man spielt.

Die Transaktions-Analyse ist ein praktischer Bezugsrahmen zur Bewertung alter Entscheidungen und Verhaltensweisen und zur Veränderung dessen, was man als änderungsbedürftig erkannt hat.

Experimente und Übungen

Suchen Sie sich einen Platz, wo Sie nicht gestört werden. Nehmen Sie sich genug Zeit, um sich jede Aufgabensituation in allen Einzelheiten vorzustellen, und bedenken Sie dabei die folgenden Fragen.

1. Lernen Sie Ihre Ich-Zustände kennen

Ihr Eltern-Ich

- Denken Sie an etwas, was Sie gegenwärtig tun und von einer Elternfigur übernommen haben; vielleicht wiederholen Sie diese Handlungsweise gegenüber Ihrem Ehepartner, Ihren Kindern, Freunden oder Kollegen.
- Denken Sie an ein Elternwort, das immer noch in Ihrem Kopf spukt und das Sie befolgen, bekämpfen oder als verwirrend empfinden.

Ihr Erwachsenen-Ich

- Denken Sie an eine noch nicht lange zurückliegende Situation, in der Sie Fakten gesammelt und auf Grund dieser Fakten eine vernünftige Entscheidung getroffen haben.
- Denken Sie an eine noch nicht lange zurückliegende Situation, in der Sie trotz feindseliger und aggressiver (oder mürrischer, deprimierter usw.) Gefühle vernünftig und angemessen handeln konnten.

Ihr Kindheits-Ich

- Denken Sie an eine Form der Manipulation, die Sie als Kind erfolgreich angewandt haben und immer noch anwenden.
- Denken Sie an etwas, was Sie als Kind zu Ihrem Vergnügen getan haben und immer noch tun.

2. Ihre Ich-Zustände und Gefühle

Stellen Sie sich vor, Sie sind in einer stürmischen Nacht allein zu Hause. Sie haben ein paar Stunden geschlafen. Plötzlich läutet es unerwartet an der Tür, und Sie hören eine Uhr drei schlagen.

- Was fühlen und denken Sie? Was würden Sie tun?
- Was hätten Sie als Kind empfunden? Empfinden Sie das jetzt auch?
- Was hätten Ihr Vater, Ihre Mutter getan? Würde Ihr Verhalten dem einer Ihrer Eltern ähneln?
- Was halten Sie für das ‹Beste›, was man in dieser Situation tun kann?

Stellen Sie sich vor, Sie sind wie gewöhnlich zur Arbeit gegangen. Ihr Chef erwartet Sie bereits. Er sieht verkniffen und wütend aus und tadelt Sie sofort wegen einer Sache, die Sie vergessen haben.

- Was fühlen und denken Sie? Was würden Sie tun?
- Was hätten Sie als Kind empfunden, wenn der Chef ein Elternteil oder ein Lehrer gewesen wäre? Empfinden Sie das jetzt auch?
- Was hätten Ihre Eltern getan? Würden Sie sich ebenso verhalten?
- Was halten Sie für das ‹Beste›, was man in dieser Situation tun kann?

3. Analyse einer Transaktion

Erinnern Sie sich an eine Transaktion, die Sie heute vorgenommen haben, und zeichnen Sie deren Schema auf. Glauben Sie, daß eine verdeckte Transaktion unter einer anderen Mitteilung verborgen war? Wenn ja, tragen Sie diese ins Schema ein.

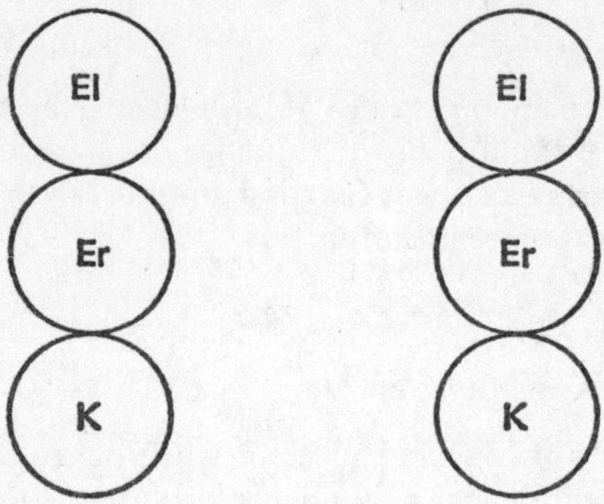

4. Ihre Lebensanschauung

Stellen Sie sich vor, Sie stehen vor einem bedeutenden Menschen. Er schaut Ihnen direkt in die Augen und fragt: «Fühlen Sie sich O. K. oder NICHT O. K.?»

- Was würden Sie fühlen und denken? Wie würden Sie reagieren?
- Können Sie sich erinnern, wann Sie entschieden haben, O. K. oder NICHT O. K. zu sein?
- Stellen Sie sich die Szene vor. Wer war dabei, und was geschah? Versuchen Sie, die Episode erneut zu erleben.

5. Ihre sexuelle Grundeinstellung

Stellen Sie sich vor, Sie befinden sich in einer Situation, in der Ihre Rolle als Geschlechtspartner wichtig ist – als Ehepartner, Freund/Freundin, Vater/Mutter. Fühlen Sie sich als Mann oder Frau O. K. oder NICHT O. K?

- Denken Sie zurück an die Einstellungen Ihrer Eltern zu ihrer eigenen Männlichkeit oder Weiblichkeit. Versuchen Sie, sich an die Worte zu erinnern, die in diesem Zusammenhang gefallen sind.
- Versuchen Sie ein vergangenes Ereignis wiederzuerleben, das mit Ihrer Sexualität zu tun hatte.

3

Der Hunger des Menschen nach Streicheln und nach Strukturierung der Zeit

Wenn du mich zart und sanft berührst,
Wenn du mich anschaust und mir zulächelst,
Wenn du mir manchmal zuhörst, bevor du redest,
Werde ich wachsen, wirklich wachsen.

Bradley, neun Jahre alt

Jeder Mensch hat das Bedürfnis, von anderen berührt und anerkannt zu werden, und jeder Mensch hat das Bedürfnis, etwas mit seiner Zeit zwischen Geburt und Tod anzufangen. Berne nennt diese biologischen und psychologischen Bedürfnisse «Hunger».
Der Hunger nach Berührung und Anerkennung kann durch *Streicheln* befriedigt werden, eine Bezeichnung für jede ‹Aktion›, «mit der eine Anerkennung der Gegenwart des anderen verbunden ist»[1].
Streicheln kann in Form tatsächlicher körperlicher Berührung erfolgen oder durch irgendeine symbolische Form der Anerkennung wie einen Blick, ein Wort, eine Geste oder eine Handlung, die besagt: «Ich weiß, daß du da bist.»
Der Hunger eines Menschen nach Streicheln entscheidet oft darüber, was er mit seiner Zeit tut. Er kann zum Beispiel Minuten, Stunden, ja sogar ein ganzes Leben in dem Bemühen verbringen, durch verschiedene Methoden einschließlich psychologischen Spielen das von ihm ersehnte Streicheln zu bekommen. Er kann auch Minuten, Stunden oder ein ganzes Leben damit verbringen, sich zurückzuziehen und dadurch Streicheln zu vermeiden.

Der Hunger nach Streicheln

Säuglinge brauchen für eine normale Entwicklung die Berührung durch andere.[2] Dieses Bedürfnis wird gewöhnlich durch die täglichen intimen Transaktionen des Wickelns, Fütterns, Puderns, Tätschelns und Liebkosens gestillt, die fürsorgliche Eltern mit ihren

Babies durchführen. Berührung fördert das körperliche und seelische Wachstum des Säuglings. Wenn Babies vernachlässigt werden oder aus irgendeinem Grund nicht genügend physische Zärtlichkeit erfahren, werden sie an Körper und Seele krank, was oft sogar den Tod zur Folge haben kann.
Neugeborene, die nach der Geburt das normale Maß an Berührung entbehren, Kleinkinder, die in Heimen aufwachsen, und Kinder, die nach der Theorie erzogen werden, daß ‹Zärtlichkeit verwöhnt›, können an einer sensorischen Deprivation leiden, die sich ähnlich auswirkt wie schwere Unterernährung. Beides beeinträchtigt das Wachstum.
Transaktions-Analytiker pflegen zu sagen: «Wenn das Kind nicht gestreichelt wird, verkümmert sein Rückenmark.»[3] Der Dokumentarfilm *Second Chance*[4], dessen Inhalt im folgenden wiedergegeben wird, zeigt dramatisch das Bedürfnis nach Berührung.

Fallbeispiel

Als Susan von ihrem Vater in das Kinderkrankenhaus gebracht wird, ist sie 22 Monate alt, wiegt jedoch nur 15 Pfund (das Gewicht eines fünf Monate alten Babys) und ist etwas über 71 cm groß (was der Durchschnittsgröße eines zehn Monate alten Kindes entspricht). Sie hat so gut wie keine motorischen Fähigkeiten, kann nicht krabbeln, nicht sprechen, noch nicht einmal lallen. Wenn sich ihr jemand nähert, bricht sie in Tränen aus.
Nachdem drei Monate lang niemand Susan besucht hat, nimmt eine Sozialarbeiterin Kontakt mit der Mutter auf. Beide Eltern haben eine überdurchschnittliche Ausbildung erhalten, doch die Mutter meinte: «Babies sind eine kümmerliche Rechtfertigung der menschlichen Existenz.» Sie beschrieb Susan als ein Kind, das nicht gern auf den Arm genommen werden will und lieber für sich allein bliebe. Sie sagt, sie habe es aufgegeben, eine Beziehung zu Susan aufzubauen, und gibt auch zu: «Ich habe keine Lust mehr, mich um sie zu kümmern.»
Die Untersuchungen bringen keinen Nachweis über eine organische Erkrankung als Ursache für Susans extreme körperliche und geistige Retardierung, so daß der Fall als ‹mütterliches Deprivations-Syndrom› diagnostiziert wurde.
Es wird eine Tagesmutter gefunden, die sich sechs Stunden täglich an fünf Tagen in der Woche liebevoll um Susan kümmert. Das

Krankenhauspersonal schenkt Susan ebenfalls viel Aufmerksamkeit; man nimmt sie auf den Arm, schaukelt sie, spielt mit ihr und füttert sie, wobei Susan soviel wie möglich körperlich berührt wird.
Nach zwei Monaten ist Susan zwar immer noch deutlich retardiert, doch sie zeigt nun eine hochentwickelte emotionale Reaktionsfähigkeit. Sie hat außerdem sechs Pfund zugenommen und ist fünf Zentimeter gewachsen. Ihre motorischen Fähigkeiten haben sich sehr verbessert. Sie kann krabbeln und sogar laufen, wenn man sie führt. Relativ fremden Menschen begegnet sie ohne Furcht. Die liebevolle Fürsorge hat eine erstaunliche Wirkung auf das Kind.

Während das Kind heranwächst, wird der frühe Ur-Hunger nach tatsächlicher körperlicher Berührung modifiziert und wandelt sich zum Hunger nach Anerkennung. Ein Lächeln, ein Nicken, ein Wort, ein Stirnrunzeln, eine Geste ersetzen allmählich die physischen Streicheleinheiten. Wie die Berührung stimulieren diese Formen der Anerkennung, ob sie nun positiv oder negativ sind, das Gehirn des Empfängers und bestätigen ihm, daß er da und lebendig ist. Anerkennungsstreicheln bewahrt außerdem das Nervensystem vor der «Verkümmerung».
Manche Menschen brauchen viel Anerkennung, um sich sicher zu fühlen. Diesem Hunger kann man überall begegnen – zu Hause, im Klassenzimmer, selbst am Arbeitsplatz. Der Abteilungsleiter in einem Industrieunternehmen beschwerte sich über einen seiner Laborarbeiter, daß er zuviel Zeit am Erfrischungsautomaten verbringe; der Mann verließ jede Stunde sein isoliertes Labor und hielt Ausschau nach jemandem, mit dem er reden konnte. Nachdem der Abteilungsleiter in der Transaktions-Analyse ausgebildet worden war, machte er es sich zur Gewohnheit, von Zeit zu Zeit den Kopf ins Labor zu stecken und ein paar freundliche Worte mit dem Arbeiter zu wechseln. Die Ausflüge zum Erfrischungsautomaten nahmen merklich ab. Wie hier der Abteilungsleiter, so wird jeder, der mit Menschen zusammenarbeitet, mit den unterschiedlichen menschlichen Bedürfnissen nach Anerkennung konfrontiert. Tüchtige Manager zeichnen sich oft dadurch aus, daß sie diese Bedürfnisse angemessen befriedigen können.

Positives Streicheln

Der Mangel an ausreichendem Streicheln wirkt sich immer nachteilig aus. Während der Stoffwechsel eines Säuglings durch positives oder negatives Streicheln stimuliert werden kann, ist zur Entwicklung emotional gesunder Menschen mit der Grundeinstellung ICH BIN O. K. – DU BIST O. K. positives Streicheln erforderlich. Die Wertskala positiven Streichelns reicht von der minimalen Anerkennung durch einen Gruß bis zur tiefempfundenen vertrauten Begegnung.

Manche Formen des Streichelns sind nur oberflächliche Begegnungen, einfache Transaktionen, die lediglich den Kontakt aufrechterhalten. Es fehlt ihnen meist ein sinnvoller Gehalt, aber sie vermitteln zumindest Anerkennung, halten die Kommunikationslinien offen und bestätigen dem Empfänger, daß er lebendig ist. Grußrituale wie Verbeugungen und Händeschütteln sind strukturierte Methoden, Streicheln dieser Art zu empfangen und zu geben.

Positives Streicheln besteht gewöhnlich aus Komplementär-Transaktionen, die direkt, angemessen und der Situation entsprechend verlaufen. Nach positivem Streicheln fühlt sich der Mensch wohl, lebendig, munter und anerkannt. In einem tieferen Bereich wird sein persönliches Gefühl des Wohlbehagens verstärkt, seine Intelligenz bestätigt und das Streicheln als lustvoll empfunden, weil es der Ausdruck von Wohlwollen ist und die Lebensanschauung ICH BIN O. K. – DU BIST O. K. übermittelt. Wenn das Streicheln ehrlich gemeint ist, dem Anlaß entspricht und nicht übertrieben wird, stärkt es den Menschen und erweitert seine Glückssträhne, seine Sicherheit, ein Gewinner zu sein.

Vater oder Mutter vermitteln positives Streicheln, wenn sie ihr Kind spontan in die Arme nehmen und sagen: «Hör, ich mag dich.» Ein Chef vermittelt positives Streicheln, wenn er die Frage eines Angestellten direkt beantwortet. Ein Verkäufer vermittelt dem Kunden positives Streicheln, wenn er ihn mit einem freundlichen «Guten Morgen» begrüßt.

Positives Streicheln ist oft Ausdruck herzlicher Gefühle oder großer Achtung:

«Es macht wirklich Spaß, mit Ihnen zu tanzen.»
«Ich freue mich, daß du mein Sohn bist.»
«Mit dieser Nachricht retten Sie mir meine Laune.»
«Es ist ein Vergnügen, mit Ihnen zusammenzuarbeiten.»

Manchmal drückt sich positives Streicheln in Komplimenten aus:

«Sie sehen phantastisch aus – wie aus einem Modejournal.»
«Wenn ein Mädchen dabei ist, macht alles viel mehr Spaß.»
«Ihre Blumen machen das Büro wirklich freundlicher.»
«Sie schwimmen ja wie ein Weltmeister.»
«Da hast du dir wirklich einen schicken Sakko ausgesucht.»
«Ihr Vorschlag ist klar und präzise, genau das, was wir brauchen.»

Positives Streicheln kann jemand auch Informationen über seine Fähigkeiten vermitteln, ihm helfen, sich seiner Talente und Gaben bewußter zu werden. Wenn zum Beispiel der Sohn den Rasen mäht und der Vater dann sagt: «Das hast du gut gemacht. Der Rasen sieht sehr schön aus. Du hast mir eine große Freude gemacht», hat der Sohn die Möglichkeit, positiv von sich selbst zu denken, zu wissen, daß er eine besondere Fähigkeit hat. Das hilft ihm, seine Lebensanschauung ICH BIN O. K., seine Gewinnerposition, zu behalten.

Eine Frau berichtete, daß ihre Eltern sie stets gelobt hätten mit der Bemerkung: «Du bist ein so reizendes, nettes Mädchen!» Dieses Streicheln war nicht unangenehm, doch als sie mit 40 Jahren eine Stelle suchte und gefragt wurde, was sie tun könne, lief wieder das Elternband ab: «Du kannst so ein reizendes, nettes Mädchen sein.» Das gleiche gilt für manches Streicheln zwischen Erwachsenen. Eine neue Sekretärin, die geschickt einen unerwünschten Besucher von ihrem Chef ferngehalten hat, erhält zum Beispiel das Kompliment: «Sie sind ein Engel» statt: «Ich bewundere Ihren Takt, mit dem Sie Herrn Meyer behandelt haben». Viele Sekretärinnen haben es zwar gelegentlich ganz gern, wenn sie als Engel bezeichnet werden, doch erfahren sie dadurch nichts über ihre beruflichen Fähigkeiten, vor allem dann nicht, wenn sie neu sind.

Ein Kind erfährt positives Streicheln, wenn Vater oder Mutter, Lehrer oder Freund es herzlich begrüßen, seinen Namen in der richtigen Aussprache gebrauchen, es aufmerksam anschauen und vor allem ohne Vorurteil anhören, was es über seine Gefühle und Gedanken mitzuteilen hat. All das wahrt seine Würde.

Zuhören ist eine der schönsten Formen des Streichelns, die ein Mensch einem anderen zukommen lassen kann. Zum wirksamen Zuhören gehört es, seine volle Aufmerksamkeit auf den Sprecher zu konzentrieren, eine Tugend, die man lernen kann. Wenig bewußt lebende oder desinteressierte Menschen entwickeln diese Fähigkeit nie, folglich

klagen Kinder: «Meine Eltern hören mir nie zu.»
klagen Eltern: «Meine Kinder hören mir nie zu.»
klagen Ehepartner: «Er (Sie) hört mir überhaupt nicht zu.»
klagen Chefs: «Ich muß ihm alles hundertmal sagen, und dann hört er immer noch nicht zu.»
klagen Angestellte: «Dort oben hört niemand auf uns.»

Wem zugehört worden ist, der hat nach einer Begegnung das Gefühl, daß seine Gedanken und Meinungen wirklich gehört worden sind. Man hat nicht ‹abgeschaltet›, sondern man hat ihm ein aktives ‹Feedback› gegeben. Zum aktiven oder auch mitdenkenden Zuhören gehören ein verbales Feedback, eine Zusammenfassung des Gesagten oder der Handlungen mit einem Hinweis auf das Gefühl, das den Worten und Taten zugrunde liegt. Dieses Feedback drückt sich im Wort aus. Richtiges Zuhören bedeutet nicht notwendigerweise Übereinstimmung. Es bedeutet einfach, Gefühle und Ansichten eines anderen Menschen zu klären und zu verstehen.

Wenn ein Mädchen nach Hause kommt, die Mappe in die Ecke wirft und stöhnt: «Die Schule ist einfach Scheiße», wird die Mutter, die das hört, etwa sagen: «Dir scheint es ja heute in der Schule besonders schlecht ergangen zu sein. Du hast dich geärgert. Stimmt's?»

Wenn eine Sekretärin plötzlich auffallend viele Tippfehler macht, vor sich hin murmelt und Besucher unfreundlich behandelt, wird der Chef, der wirklich zuhören kann, etwa sagen: «Offenbar belastet Sie irgend etwas. Ist das richtig?»

In diesen Fällen wird eine Feedback-Transaktion vom Erwachsenen-Ich vorgenommen. Ohne zu verurteilen oder zu entschuldigen, hört sich das Erwachsenen-Ich Mitteilungen und Gefühle an, die aus dem Kindheits-Ich des anderen kommen (vgl. Abb. 21). Der Empfänger spricht nicht über sich selbst, sondern geht auf das ‹Du› ein. Diese Transaktion ist dann angemessen, wenn beim anderen starke Gefühle aktiviert wurden und er eher einen Zuhörer als einen Ratgeber braucht.

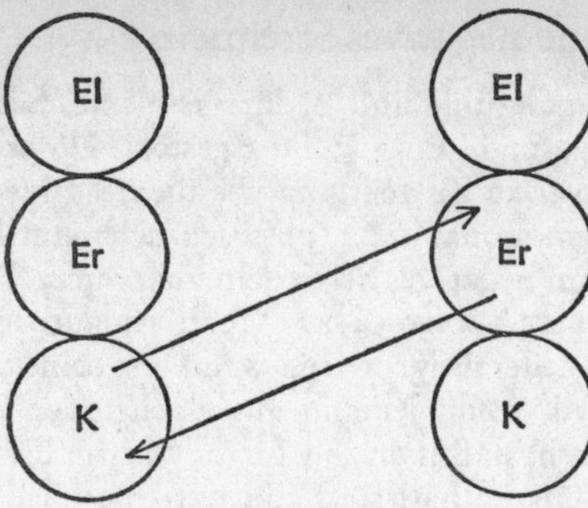

Abbildung 21

Ein Lehrer, der in seiner Klasse Disziplinschwierigkeiten hatte, lernte, diese Transaktion so geschickt anzuwenden, daß sich das Klima schon bald in seiner Klasse verbesserte. Er gab zu: «Als ich zuerst dieses aktive Zuhören anwandte, mußte ich mich energisch mit dem Eltern-Ich und dem Kindheits-Ich in meinem Kopf auseinandersetzen. Meine erste Reaktion auf jedes Verhalten, das mir mißfiel, kam aus meinem Eltern-Ich, und ich hätte die Schüler am liebsten geschlagen und angebrüllt. Meine zweite Reaktion kam aus dem Kindheits-Ich. Wenn sich die Schüler schlecht benahmen, fühlte ich mich unzulänglich und dachte: «Wenn ich nicht so ein mieser Lehrer wäre, würde das nicht passieren. Als ich aber die neue Reaktionsweise gelernt hatte, war mir weder nach Schimpfen noch nach Selbstverurteilung zumute. Die Kinder scheinen sich in der Klasse jetzt ebenfalls wohler zu fühlen.»

Jeder braucht Zuwendung, und wer nicht genug positives Streicheln bekommt, provoziert häufig negatives. Ein Kind kann aufsässig oder ungezogen werden und damit die Eltern herausfordern, es zu schlagen, zu schimpfen oder zu demütigen. Ehepartner können jammern, zuviel Geld ausgeben, nicht nach Hause kommen, flirten, trinken, streiten oder auf andere Weise eine Auseinandersetzung heraufbeschwören. Das gleiche trifft auf die Arbeitswelt zu. Arbeiter können bummeln, Fehler machen, sich verletzen. Untersuchungen zeigen, daß in einer emotional sterilen Arbeitssituation die Produktion sinkt und Konflikte entstehen. Offenbar ist für Kinder wie Erwachsene negative Aufmerksamkeit besser als gar keine.

Mißachtung und negatives Streicheln

Wenn Eltern die Gefühle und Bedürfnisse eines Säuglings mißachten, wird seine gesunde Entwicklung gestört. Unter Mißachtung ist ebenso der Mangel an Zuwendung wie die negative Zuwendung zu verstehen, die emotional oder physisch schmerzt. Wer ein Kind ignoriert oder ihm negatives Streicheln zukommen läßt, gibt ihm zu verstehen: ‹DU BIST NICHT O. K.› Wenn jemand ignoriert, gehänselt, verachtet, gedemütigt wird, wenn an seinem Äußeren herumgemäkelt wird, wenn jemand ausgelacht oder verspottet wird, erfährt er dadurch, daß man ihn für unwichtig hält. Er wird mißachtet. Mißachtung enthält stets eine extreme Niederlage.

Nach Jacqui Schiff treten viele Formen der Mißachtung bei dem Versuch auf, bestimmte Probleme zu lösen.[5] Es kommt zu Mißachtung, wenn 1. ein Problem nicht ernst genommen wird (zum Beispiel, wenn die Mutter fernsieht, während das Baby schreit), 2. die Bedeutung eines Problems geleugnet wird (ein Vorgesetzter sagt: «Sie nehmen das alles zu ernst. So wichtig ist das nicht.»), 3. die Lösungsmöglichkeit eines Problems geleugnet wird («Wenn ein Mann launisch ist, kann man nichts machen.») oder 4. jemand seine eigene Fähigkeit leugnet, das Problem lösen zu können («Ich kann nichts dazu, daß ich nörglerisch bin. Das ist nun mal so.»).

Wenn eine Frau von ihrem Mann aufrichtig wissen will: «Liebling, wann kommst du zum Essen nach Hause?» und er hochtrabend antwortet: «Das wirst du schon sehen», dann wird sie mißachtet. Ihre Bedeutung wird herabgesetzt durch die verdeckte Mitteilung: «Du bist überhaupt nicht wichtig.» Wahrscheinlich wird sie diese giftige Transaktion schmerzen.

Denn: Mißachtet zu werden ist immer schmerzlich. Zwischen Eltern und Kindern führt es zu einer krankhaften Persönlichkeitsentwicklung – so werden Verlierer geschaffen. Zwischen Erwachsenen führt es zu unglücklichen menschlichen Beziehungen, oder es führt zu destruktiven oder sinnlosen Rollenbüchern.

Wie in dem Fallbeispiel von Susan deutlich wurde, kann sich die Methode, ein kleines Kind zu mißachten, indem man sich nicht darum kümmert, verheerend auswirken. Ein ähnlicher Fall liegt bei Erwin vor. Als kleiner Junge wurde er selten direkt von seinen Eltern angesprochen. Aus dem verzweifelten Verlangen heraus nach irgendeiner direkten Auseinandersetzung mit ihnen schlug er eines Tages mit seinem Tennisschläger ein Loch in die Schlafzimmerwand und wartete auf die Reaktion der Eltern. Aber es gab keine Reak-

tion; seine Eltern reagierten nicht darauf. Am nächsten Tag hörte er, wie seine Mutter sagte: «Erwin muß gegen die Wand gestoßen sein. Sie hat ein Loch.» Wiederholte Vorfälle dieser Art, bei denen der Junge einfach übersehen wurde, schädigten ihn schließlich so, daß er psychotisch wurde.
Die Auswirkungen unzulänglicher Berührung können noch im Erwachsenenleben spürbar sein.

Fallbeispiel

Richard war ein Einzelkind. Als er zur Welt kam, war seine Mutter 41 und sein Vater 58. Er wuchs in einem 14-Zimmer-Haus auf einem Grundstück von 8000 Quadratmetern auf, das sehr isoliert lag. Richard beschreibt seine Eltern als kühl und zurückhaltend. Sie berührten ihn nur, wenn es unbedingt nötig war, und zeigten nie spontan ihre Zuneigung, indem sie ihn etwa liebevoll in die Arme nahmen.
Als Erwachsener war er nicht fähig, seine Frau und seine Kinder zu berühren. Er rationalisierte seine Kühle, indem er wie sein Vater verkündete: «Es ist geschmacklos, seine Gefühle in der Öffentlichkeit zu zeigen», und: «Küß mich nicht vor den Kindern, Alice. Was sollen sie von uns denken!»
Richard war Lehrer, fühlte sich aber unter Menschen nicht wohl und mied sie, wenn es irgend möglich war. Er weigerte sich, nach dem Unterricht mit Schülern oder Eltern zusammenzukommen, ging Treffen mit seinen Kollegen aus dem Weg und beschrieb sich selbst als «unfähig, irgend etwas zu erreichen».

Der Mangel an körperlichem Kontakt, den Richard als Kind erlebt hatte, trug zu seinem unproduktiven Rollenbuch bei. Er erreichte tatsächlich nichts, bis er entdeckte, wie man Streicheln gibt und empfängt. Als er das gelernt hatte, kam es ihm in seinem Familienleben wie seinem Berufsleben zugute.
Daß Eltern ihre Kinder zuwenig beachten und nicht genug streicheln, hat viele Gründe. Einer der häufigsten ist, daß sie selbst in ihrer eigenen Kindheit zuwenig Körperkontakte erlebt hatten, sondern lernten, «Distanz zu halten».
Andere Eltern, die ihre Aggression dem Kinde gegenüber ahnen, praktizieren daher das Prinzip «Hände weg», um ihm kein Leid zuzufügen. Ein Vater sagte zum Beispiel: «Wenn ich sie berühre,

habe ich Angst, sie umzubringen. Tatsächlich hat mein Vater einmal in einem Wutanfall meine Schwester aus dem Fenster geworfen. Sie erlitt einen Schädelbruch und hat sich nie davon erholt.»

Andere Eltern vernachlässigen wiederum ihre Kinder, weil sie diese und die mit ihnen verbundene Verantwortung ablehnen. Untersuchungen haben nachgewiesen, daß in den USA jährlich 700 000 unerwünschte Kinder geboren werden.[6] Viele dieser Kinder werden nie von ihren Eltern akzeptiert und leben in einem emotionalen Klima der Feindseligkeit und Ablehnung.

Eine Mutter beschreibt das emotionale Klima, das durch ihre ablehnende Haltung gegenüber ihrem Sohn entstand. Dibs, ein sechsjähriger Schizophrener, wurde geistig für zurückgeblieben gehalten, obwohl er einen Intelligenz-Quotienten von 168 hatte:

Es ist sehr schwierig, ihn zu verstehen. Ich habe es versucht. Wirklich, ich habe es versucht. Aber ich habe versagt. Schon von Anfang an, als er noch ein Säugling war, konnte ich ihn nicht verstehen. Bevor ich Dibs bekam, hatte ich keine richtige Erfahrung mit Kindern oder Babies. Ich hatte nicht die geringste Ahnung, wie sie sind, wie sie als Persönlichkeiten sind, meine ich. Biologisch, körperlich und medizinisch wußte ich alles über sie. Aber Dibs konnte ich niemals verstehen. Er machte soviel Kummer – er war so eine Enttäuschung vom Augenblick seiner Geburt an. Seine Empfängnis war unbeabsichtigt. Er brachte alle unsere Pläne durcheinander. Ich hatte ja auch meine berufliche Karriere. Mein Mann war stolz auf meine Leistungen. Mein Mann und ich waren sehr glücklich, bevor Dibs geboren wurde. Und als er geboren wurde, war es so anders. Er war so groß und häßlich. So ein großer, formloser Brocken! Überhaupt nicht zugänglich. Eigentlich hat er mich vom Augenblick seiner Geburt an abgelehnt. Jedesmal, wenn ich ihn hochnahm, machte er sich steif und fing an zu schreien! . . .

Meine Schwangerschaft war sehr schwierig. Ich war fast die ganze Zeit sehr krank. Und mein Mann ärgerte sich über diese Schwangerschaft. Er war der Meinung, ich hätte sie verhindern können. Oh, ich mache ihm keinen Vorwurf. Ich ärgerte mich ja auch darüber. Wir konnten nicht mehr so leben wie zuvor, nirgends mehr hingehen. Oder vielleicht sollte ich lieber sagen, daß wir nirgends mehr hingingen, nicht, daß wir es nicht konnten. Mein Mann blieb immer mehr von zu Hause fort und vergrub sich in seine Arbeit. Er ist Naturwissenschaftler, wissen Sie. Ein hochbegabter Mann! Aber weltfremd. Und sehr, sehr empfindlich.[7]

Menschen zu ignorieren und zu isolieren sind wohlbekannte Strafmethoden auch für Erwachsene. Eine solche Bestrafung entzieht dem Menschen selbst das minimalste Streicheln, die Botschaft des NICHT

O. K. wird direkt oder durch Andeutung übermittelt. Auf die Bitte eines kleinen Mädchens: «Darf ich mein neues Kleid anziehen?» könnte die direkt herabsetzende Antwort lauten: «Du bist so schlampig, daß du es wahrscheinlich schon am ersten Tag wieder schmutzig machen würdest.» Angedeutet wäre die Herabsetzung mit: «Wie kann ich wissen, ob du darauf achtgibst?» In jedem Fall folgert das Mädchen: «Mir kann man nicht trauen.»
Oft sind es nicht die Worte, die ein Streicheln zu einer verdeckten und negativen oder direkten und positiven Transaktion machen, sondern die Stimme, der Gesichtsausdruck, die Gesten, die Haltung usw. Ein Ehemann vermittelt seiner Frau positives Streicheln, wenn er nach Hause kommt und sagt: «Hallo, Liebste.» Doch wenn eine Verkäuferin eine Kundin ‹Liebste› nennt, meint sie das eher herabsetzend, indem sie damit andeutet, daß sie die Kundin für dumm hält.
Ähnliche Herabsetzung übermittelt auch derjenige, der scherzhaft das Gegenteil dessen sagt, was er meint. Die folgenden Aussagen können auf dem Papier wie Komplimente wirken, doch wenn sie sarkastisch oder verächtlich gesagt werden, bedeuten sie negatives Streicheln. Die eigentliche Mitteilung steckt in der Anzüglichkeit der verdeckten Transaktion. Das ist zum Beispiel der Fall, wenn jemand

mit einem mißbilligenden Blick sagt: «Dieser Pullover steht dir großartig»;
sarkastisch sagt: «Das tut der Schreibmaschine wirklich gut», während der andere über den Typenhebeln etwas ausradiert;
höhnisch sagt: «Ein tolles Zeugnis»;
angewidert sagt: «Da hast du ja Glück gehabt!»

Unehrliche Schmeichelei und falsche Komplimente unter dem Schleier der Aufrichtigkeit sind ebenfalls Formen der Herabsetzung:

«Großartige Idee!» sagt ein Ausschußvorsitzender, obwohl er eigentlich die Idee für sinnlos hält.
«Sie leisten erstklassige Arbeit», sagt ein Chef, obwohl der Umsatz gerade zurückgegangen ist.
«Diese Frisur ist reizend», sagt eine Freundin, obwohl die Frisur in Wirklichkeit unkleidsam ist.

Neckende Bemerkungen und Gesten können eine andere Form der Herabsetzung sein. Ein Mann, der sagt: «Kein Wunder, daß die Stoßstange schleift, wenn du im Fond sitzt», drückt wahrscheinlich eine echte Feindseligkeit gegenüber seiner übergewichtigen Frau aus. Obwohl Erwachsene lernen können, direkt «Hör auf» zu sagen, wenn Neckereien sie tatsächlich verletzen, fällt Kindern das sehr schwer. George R. Bach schreibt:

Eltern reden sich ein, daß Kinder gern geneckt werden. In Wahrheit ertragen sie es bestenfalls, um das Bedürfnis ihrer Eltern nach einem Aggressionsventil zu befriedigen. Wenn Kinder sich wie ‹gute Kumpel› necken lassen, hungern sie im Grunde nur nach elterlicher Zuwendung. Sie akzeptieren die Neckerei oder andere Feindseligkeiten als Ersatz für echte Ermunterung. Geneckt zu werden ist besser, als ignoriert zu werden.[8]

Prügeln ist eine extreme Form der Herabsetzung, die meist von Eltern angewandt wird, die selbst geprügelt wurden. Die Kette der Prügelstrafe kann sich mehrere Generationen lang fortsetzen, wenn nicht angemessenere elterliche Verhaltensweisen entwickelt werden. In den USA werden jährlich schätzungsweise 60 000 Kleinkinder von ihren Eltern getötet oder schwer geschlagen. Allein in San Francisco registrieren die Behörden jährlich 60 bis 100 Kinder, die von ihren Eltern mißhandelt wurden.

Elterliche Brutalität Kindern gegenüber kann viele Formen annehmen. Ein Vater verwandte den Schmerz als Lernmethode, indem er seinem Kind mit einem Streichholz den Finger verbrannte und dabei behauptete, er bringe ihm bei, weshalb es sich vom Feuer fernhalten solle. Ein anderer Vater peitschte seinen Sohn aus und fesselte ihn ans Bett, weil er einen Pfennig aus der Schublade gestohlen hatte. Eine Mutter schlug ihren einen Monat alten Säugling so, daß er Blutgerinnsel im Gehirn erlitt, und erklärte: «Mein Leben lang hat mich niemand geliebt, und dann bekam ich das Kind und dachte, es würde mich lieben. Als es schrie, dachte ich, daß es mich nicht liebt, also habe ich es geschlagen.» Das Kind starb.

Eltern, die ihre Kinder prügeln, gehören meistens in eine therapeutische Behandlung und sind damit auch einverstanden. Fast immer haben sie ein unzulängliches Eltern-Ich und außerdem ein verletztes Kindheits-Ich. Indem sie ihr Erwachsenen-Ich aktivieren und informieren, können solche Eltern lernen, was realistischerweise von einem Kind zu erwarten ist und wie sich ihr eigenes brutales Verhalten ändern läßt.

Fallbeispiel

Als kleines Kind erlebte Irene physische Grausamkeit. Nicht selten wurde sie ‹versehentlich› mit heißem Kaffee übergossen und erlitt oftmals Verbrühungen. Irene wurde auch von ihrer Mutter absichtlich mit einem Messer verletzt, «damit sie lernt, Messer nicht anzufassen». Daß sie nicht in elektrische Steckdosen greifen durfte, brachte man ihr bei, indem man ihren Finger hineinsteckte. Später, als Irene selber Kinder hatte, war sie oft genauso grausam zu ihnen wie einst ihre Mutter. Außerdem war sie äußerst mißtrauisch, wenn irgend jemand sie nett behandelte. Sie erwartete dann immer gleich «das Schlimmste».

Durch die Beschäftigung mit der Transaktions-Analyse wurde Irene bewußt, was ihre Mutter ihr angetan hatte und daß sie dieses Verhalten gegenüber ihren Kindern wiederholte. Sie lernte, das destruktive Verhalten in ihrem Eltern-Ich nicht anzuwenden und statt dessen unter der Kontrolle des Erwachsenen-Ich ihre Kinder zu erziehen. Allmählich erfüllte sie ihre Mutterpflichten zufriedenstellend, zeigte keinerlei Brutalität mehr und lernte es sogar, anderen positives Streicheln zu vermitteln.

Im Alltag sind Herabsetzung und Mißachtung gewöhnlich in subtileren Spielarten anzutreffen als in körperlicher Brutalität. Entweder nehmen sie die Form von Überkreuz-Transaktionen an, oder sie drücken sich in verdeckten Demütigungen, Vertröstungen oder Vortäuschungen aus. Manche Vertröstungen im Arbeitsleben erinnern an die ‹Bonbons›, die Eltern ihren Kindern zuwerfen, um sie hinzuhalten. Berne schreibt:

> Bestätigende Äußerungen des Eltern-Ich (in der Umgangssprache als ‹Bonbongeben› bezeichnet) sind im Grunde gönnerhaft und in der Transaktion Absagen. Funktional kann man sie ... folgendermaßen übersetzen: 1. «Ich bin froh über die Gelegenheit, dich gönnerhaft zu behandeln; dadurch fühle ich mich überlegen», oder 2. «Belästige mich nicht mit deinen Sorgen; nimm dieses Bonbon und sei still, damit ich über meine reden kann.»[9]

Ein Verkäufer wirft zum Beispiel einem Kollegen ein Bonbon zu, indem er sagt: «Das ist furchtbar, was dir da passiert ist; aber ich muß dir erzählen, was mir zugestoßen ist, das war noch viel schlimmer!» oder «Du glaubst vielleicht, du hast Probleme, doch du wirst dich wundern, wenn du von meinen hörst!»

Die Art und Weise, in der Menschen berührt und anerkannt wurden, beeinflußt häufig ihre Streichelmuster als Erwachsene. Menschen, die mißhandelt oder ignoriert wurden, neigen dazu, Berührungen zu meiden. Menschen, die überreizt wurden, können auch weiterhin einen unstillbaren Wunsch nach Körperkontakt haben und sehr anspruchsvolle Ehepartner werden, die sich ungeliebt fühlen, wenn sie nicht soviel physischen Kontakt erfahren. Viele Menschen entwickeln ganz spezielle, oft befremdliche Streichelmuster.

Fallbeispiel

Ein Ehemann beklagte sich darüber, daß seine Frau auf dem Rükken gekratzt werden wollte, wenn er zärtlich zu ihr war. Er deutete das als Zurückweisung und wurde noch mehr frustriert, weil sie ablehnend reagierte, wenn er ihre Brüste streicheln wollte. In der Eheberatung erinnerte sich die Frau daran, daß ihre Mutter sie als Kind nur beim Auf-dem-Rücken-kratzen liebevoll berührt hatte. Für sie bedeutete dieses Kratzen Liebe und Zuneigung. Sie erinnerte sich außerdem daran, daß ihr als junges Mädchen ein Arbeiter unerwartet an die Brust gegriffen und ihr dabei weh getan hatte. Sie beharrte darauf, daß man ihr «so nicht mehr weh tun solle».

Diese Frau lernte allmählich, ihren Mann nicht mit dem Arbeiter zu verwechseln. Immer wenn die alte, erschreckende Aufzeichnung von damals aktiviert wurde, sagte sie sich: «Das ist mein Mann, der mich liebt.» Langsam lernte sie auch, sich im Bett so an ihren Mann zu kuscheln, daß ihre Brüste ihn berührten. Ihr Mann wiederum wurde aufmerksamer gegenüber ihren Ängsten und erkannte, daß sie keine negative Reaktion auf seine Männlichkeit bedeuteten.

Der Hunger nach strukturierter Zeit

Genau wie unzureichendes Streicheln beschleunigt andauernde Langeweile den emotionalen und physischen Verfall. Um dem Leid der Langeweile zu entgehen, bemühen sich die Menschen, etwas mit ihrer Zeit anzufangen. Alle Eltern haben schon einmal ein gelangweiltes Kind jammern hören: «Mama, was soll ich jetzt machen?» Jedes Ehepaar hat schon einmal dagesessen und überlegt: «Was können wir dieses Wochenende tun?» Jeder Berufstätige hat schon einmal einen Kollegen sagen hören: «Ich hasse diesen Job, wenn es nicht genug zu tun gibt.»

Die Menschen haben sechs Möglichkeiten zur Strukturierung der Zeit: Manchmal ziehen sie sich von anderen zurück; manchmal beschäftigen sie sich mit Ritualen oder Zeitvertreib; manchmal spielen sie psychologische Spiele; manchmal arbeiten sie zusammen; und gelegentlich erleben sie einen Augenblick der Intimität.

Sich-Zurückziehen

Ein Mensch kann sich von anderen zurückziehen, indem er sich physisch von ihnen entfernt oder auch psychisch, wobei er sich in das Reich seiner Phantasien verliert. Dieses Verhalten kann aus jedem der drei Ich-Zustände resultieren.

Manchmal ist das Sich-Zurückziehen eine rationale Entscheidung des Erwachsenen-Ich. Jeder braucht eine gewisse Zeit, in der er allein sein, sich entspannen kann, seine eigenen Gedanken hat, sich über sich selbst klar wird und sich so in einer individuellen Menschlichkeit verjüngt. Häufig ist es sogar legitim, sich in seine eigenen Phantasien zurückzuziehen. Einem guten Gedanken nachzuhängen kann nützlicher sein, als einen schlechten Vortrag anzuhören.

Manchmal beruht das Sich-Zurückziehen auf einer Imitation der Eltern. In diesem Fall tut man das, was man an seinen Eltern beobachtet hat. Zum Beispiel wird ein Mann, dem eine Auseinandersetzung mit seiner Frau droht, sich zurückziehen, wie sein Vater es tat, wenn seine Mutter wütend wurde. Er wird das Haus verlassen, in seinen Laden gehen oder sein Arbeitszimmer aufsuchen. Statt sich physisch zu entfernen, kann er auch schlafen gehen oder seine Frau einfach ‹ausschalten› und nicht hören, was sie sagt.

Das Muster dieses Verhaltens kann auch aus dem Kindheits-Ich kommen. Häufig ist es die Wiedergabe von kindlichem Anpassungsverhalten, das aus der Notwendigkeit heraus entstand, sich vor Schmerz oder Konflikt zu schützen. Sie können auch ein Lernergebnis sein. Ein Kind, dem man beigebracht hat: «Geh in dein Zimmer und mach die Tür zu und komm erst wieder heraus, wenn du lächeln kannst», lernt, sich entweder körperlich oder seelisch hinter einem gezwungenen Lächeln zurückzuziehen.

Wenn ein Mensch sich seelisch zurückzieht, begibt er sich häufig in eine Phantasiewelt. Diese besteht wahrscheinlich aus ungehemmter Lust oder Gewalt, aus Kreativität oder aus erlernten Ängsten und Katastrophenerwartungen. Jeder zieht sich von Zeit zu Zeit in seine Phantasien zurück. Wer hat sich nicht schon all die klugen

Sachen vorgestellt, die er «gesagt haben könnte»? Wer hat sich nicht schon im Geiste mit irgendwelchen köstlichen, unzensierten Vergnügungen beschäftigt?

Rituale

Rituale sind stereotype Folgen von einfachen Komplementär-Transaktionen wie zum Beispiel alltägliche Begrüßungen und Verabschiedungen. Wenn jemand sagt: «Guten Morgen, wie geht es Ihnen?» fragt er in den meisten Fällen nicht wirklich nach Gesundheit und Wohlbefinden des anderen; er erwartet eine ritualisierte Antwort: «Danke, und Ihnen?» Bei dieser kurzen Begegnung erhalten beide Personen bestätigende Streicheleinheiten.

Viele Rituale dieser Art ölen die Rädchen des gesellschaftlichen Verkehrs. Sie geben Fremden die Möglichkeit, einander zu begegnen, sie ersparen die zeitraubenden Entscheidungen, wer zuerst durch die Tür gehen oder zuerst begrüßt werden soll usw. Manche Kulturen, religiöse Gruppen, politische Parteien, Geheimbünde und Vereine strukturieren einen großen Teil der Zeit mit höchst ritualisierten Verhaltensmustern. Andere Gruppen machen einen weniger strukturierten Gebrauch von ihrer Zeit. Für manche Menschen sind Rituale zur Lebensweise geworden. Während die Ehezeremonie längst überholt ist, besteht die Ehe lediglich aus einer Reihe ritualisierter Transaktionen, hauptsächlich aus einem Rollenspiel, aus Handlungen ohne eigentliche Bedeutung und Vertrautheit, die jedoch die Menschen mit einem Minimum an Streicheleinheiten am Leben erhalten.

Zeitvertreib

Bei Transaktionen dieser Art vertreiben sich die Leute miteinander die Zeit, indem sie über harmlose Themen wie etwa das Wetter reden. Jeder hat schon einmal zwei alte Männer gesehen, die auf einer Parkbank sitzen und eifrig über Politik reden. «Die Regierung sollte dieses Durcheinander in Ordnung bringen ...!» Jeder hat schon einmal zwei Mütter oder Väter gesehen, die die Zeit mit dem Austausch gemeinsamer Vorurteile verbringen: «Die Jugend von heute ist schrecklich. Wie sie zum Beispiel ...» In beiden Fällen können die Beteiligten eine Meinung nach der anderen austauschen, ohne die Tatsachen zu beachten, und trotzdem jede Minute ihres Gesprächs genießen.

Zeitvertreib ist eine relativ sichere Art, die Zeit zu strukturieren; häufig bedienen sich Leute, die einander nicht gut kennen, dieser oberflächlichen Art des Meinungsaustauschs. Bei einer Einladung zum Abendessen ist es zum Beispiel nicht ungewöhnlich, daß die Männer sich die Zeit mit Gesprächen über ihre Berufe, Wagen, über Sport oder die Börse vertreiben, während die Frauen zum Zeitvertreib über Rezepte, Kinder und Wohnungseinrichtungen reden.

Beim Zeitvertreib und Ritual verbringen Menschen auf höfliche Weise die Zeit gemeinsam, ohne einander auf einer tieferen Ebene zu begegnen. Beide Transaktionsformen geben ihnen die Gelegenheit, einander im Hinblick auf die Möglichkeit der weiteren Begegnung bei Spielen, Aktivitäten oder Intimität zu ‹beschnuppern›.

Spiele

Ein «Vorteil» der psychologischen Spiele ist, daß sie die Zeit strukturieren. Manche Spiele erfüllen diesen Zweck nur fünf Minuten lang. Wenn zum Beispiel eine Sekretärin mit ihrem Chef «Da siehst du, was du wieder angerichtet hast» spielt, braucht sie nur wenige Minuten, um ihn darauf hinzuweisen, daß er den Konjunktiv nicht richtig angewendet oder ‹Phänomen› falsch geschrieben hat.

Andere Spiele wie etwa «Schuldner» können ein ganzes Leben strukturieren. Wenn zum Beispiel ein junges Ehepaar «Schuldner» spielt, halsen sich die beiden für Möbel, Haushaltsgeräte, fürs Auto und Segelboot usw. hohe Schulden auf, geraten aber mit jeder Gehaltserhöhung tiefer in die roten Zahlen – für ein größeres Haus, für zwei Wagen usw. Ihr ganzes Leben lang sind sie verschuldet, egal wieviel sie verdienen. Wenn «Schuldner» «härter» spielen, kann es sein, daß sie zum Schluß Konkurs anmelden oder ins Gefängnis müssen.

Aktivitäten

Aktivitäten sind Möglichkeiten zur Zeitstrukturierung, die mit der äußeren Realität zu tun haben und allgemein als Arbeit betrachtet werden, als etwas, was man erledigt. Aktivitäten sind häufig etwas, was Leute tun wollen, tun sollen oder tun müssen:

Briefmarken sammeln	Hausaufgaben machen
Kühe melken	die Finanzen in Ordnung bringen
sich anziehen	Post beantworten
eine Rakete programmieren	Essen kochen
Unkraut jäten	ein Schiff entladen
ein Vogelhaus bauen	ein Kleid nähen
Pläne zeichnen	Brücken bauen

Wenn einige dieser und anderer Aktivitäten, die eine bestimmte Zeit in Anspruch nehmen, ein Ende haben, kommt sich der Mensch häufig unausgefüllt, ruhelos oder sinnlos vor. Dieses Problem wird akut, wenn bestimmte zeitstrukturierende Aktivitäten wie etwa die Erziehung der Kinder, der Schulbesuch oder die Berufstätigkeit abrupt enden.

Viele Mütter, die ihre ganze Zeit ihren Kindern und ihren häuslichen Pflichten gewidmet haben, werden von einem Gefühl der Langeweile und der Unzulänglichkeit überwältigt, wenn die Kinder erwachsen sind und das Elternhaus verlassen. Ähnlich kann ein Vater, der ganz in seiner Rolle als Ernährer aufgegangen ist, nach seiner Pensionierung die gleiche Langeweile empfinden und rapide an Spannkraft verlieren.

Innerhalb der Aktivitäten können sich verschiedene Möglichkeiten zur Strukturierung der Zeit ergeben, Rituale, Zeitvertreib, Spiele und selbst Intimität sind denkbar. Zum Beispiel kann ein Geschäftsführer im Beruf «Überlastet» spielen und zu so vielen Ansuchen ja sagen, daß er schließlich zusammenbricht. Inzwischen hetzt und überanstrengt er seine Sekretärinnen ebenso wie sich selbst. Wenn Herr «Überlastet» den Raum verläßt, können seine Sekretärinnen ihre Schreib- und Büroaktivitäten mit einem gemeinsamen Zeitvertreib von «Ist es nicht schrecklich» unterbrechen. «Dieser Mensch! Er sagt jedem alles zu, und wir haben eine Menge Extra-Arbeit. Ist es nicht schrecklich?» Wenn der Chef zurückkommt, nehmen sie vielleicht die Arbeitsaktivitäten wieder auf oder widmen sich dem Ritual einer Kaffeepause oder ziehen sich in ihre eigenen Phantasien – wahrscheinlich wütende – zurück oder beginnen ein Spiel.

Intimität

Auf einer tieferen Ebene menschlicher Begegnung als Rituale, Zeitvertreib, Spiele und Aktivitäten liegt das Potential der Intimität, das jeder Mensch besitzt. Intimität hat nichts mit Spielen und Ausbeutung zu tun. Zu ihr kommt es in jenen seltenen Momenten menschlichen Kontakts, die Gefühle der Zärtlichkeit, des Einfühlungsvermögens und der Zuneigung wecken. Solche Zuneigung ist mehr als die angenehme Empfindung, die der Anblick wohlgeformter Beine oder breiter Schultern auslöst. Zur Intimität gehört echte Anteilnahme.

Menschen können viele Jahre lang miteinander leben oder arbeiten, ohne einander je richtig zu «sehen» oder zu «hören». Doch der Augenblick kann kommen, an dem der eine den anderen zum erstenmal sieht – seine Farben, seine Ausdrucksmöglichkeiten, seine vielen Formen, seine Bewegungen, seine Andersartigkeit wahrnimmt. Er hört auch den anderen zum erstenmal – er empfängt all seine Botschaften, die verbalen und nicht-verbalen, die emotionalen und faktischen.

Das Gefühl der Intimität kann inmitten einer Menschenmenge entstehen, in einer langen Freundschaft, bei der Arbeit oder in einer ehelichen Beziehung. Intimität kann sich einstellen, wenn:

ein Mensch bei einem Konzert kurz den Blick eines Fremden auffängt. In diesem Moment sind sie sich der Bande gemeinsamen Hörens bewußt. In einem Augenblick der Intimität lächeln sie einander offen zu,

ein Mann und eine Frau bei der Gartenarbeit ein Gefühl der Nähe erleben, das spontan zu körperlichem Kontakt führt; dieser Kontakt bestätigt ihre Zuneigung,

ein Vater in das tränenüberströmte Gesicht seines Sohnes blickt, der gerade seinen Hund beerdigt hat. Der Vater legt seinen Arm um den Jungen und sagt: «Es ist nicht leicht, einen guten Freund zu begraben.» Der Junge schmiegt sich an seinen Vater und weint. In diesem Augenblick sind sie einander nahe,

zwei Männer mehrere Wochen lang an einem wichtigen Projekt für ihre Firma arbeiten. Der eine trägt es der Geschäftsleitung vor. Der Plan wird abgelehnt. Der Mann kommt zurück in sein Büro, sein Kollege schaut ihn an, und wortlos entsteht zwischen ihnen ein Einverständnis über ihre gemeinsame Enttäuschung.

Alle Aktivitäten wie der Besuch eines Konzerts, Arbeit im Garten, Beerdigung eines Hundes oder Arbeit an einem Projekt dienen als Kontext, in dem Intimität entstehen kann. Im modernen Leben scheint Intimität selten zu sein. Menschen, die sich irgendwie bedrängt fühlen, suchen oft nach seelischem Freiraum. Sie ziehen sich zurück oder suchen ihre Zuflucht bei ritualisierter Lebensweise und Methoden, «die Distanz zu wahren». Selbst in einem überfüllten Aufzug oder Eisenbahnabteil bleiben sie distanziert und geben vor, einander nicht zu sehen.

Intimität ist oft beängstigend, weil sie ein Risiko einschließt. Innerhalb einer intimen Beziehung sind die Menschen verletzlich, und oft erscheint es leichter, sich die Zeit zu vertreiben und Spiele zu spielen, als Gefühle der Zuneigung oder aber der Ablehnung offen zu zeigen.

Wenn die Fähigkeit zur Intimität unnötigerweise unterdrückt worden ist, kann sie wiedererlangt werden. Durch Aktivierung und Stärkung des Erwachsenen-Ich kann sich ein Mensch trotz seiner Kindheitserlebnisse ändern. Die Fähigkeit zur Intimität wiederherzustellen ist ein wichtiges Ziel der Transaktions-Analyse; diese Fähigkeit kennzeichnet den autonomen Menschen. Gewinner riskieren echte Intimität.

Zusammenfassung

Jeder Säugling braucht Berührung, um zu wachsen. Positives Streicheln ermutigt ihn, der Gewinner zu werden, zu dem er geboren wurde. Mißachtung führt zum Verlieren. Ignorieren oder negatives Streicheln veranlaßt Säuglinge, Verlierer zu werden. Falls es nicht zu einer starken Intervention und zu der eigenen Entscheidung kommt, sich gegen die Rolle des Verlierers zu wehren, neigen diese Menschen wiederum dazu, weitere Verlierer zu produzieren.

Die eigene seelische und körperliche Gesundheit hängt mit großer Wahrscheinlichkeit allein davon ab, ob man berührt und anerkannt wurde. Wenn man negative Muster der Berührung oder Anerkennung verinnerlicht hat und seine Fähigkeiten erweitern möchte, dann ist es nie zu spät, das zu lernen.

Es ist nicht immer leicht zu lernen, wie man alte Gewohnheiten der Mißachtung ändert. Ein Mensch kann sich jedoch bewußt werden, wie er sich und andere herabsetzt, und neue Transaktions-Muster entwickeln. Statt eine verdeckte Demütigung zu erteilen, kann er bewußt sein Erwachsenen-Ich dazu aktivieren, seine destruktiven Bemerkungen und Verhaltensweisen abzubauen. Er kann durch sein Erwachsenen-Ich auswählen, was er von seinem Eltern-Ich und sei-

nem Kindheits-Ich verwenden will. Statt sich selbst und andere zu mißachten, kann er – auch sich selbst – positives Streicheln vermitteln. Er übernimmt die Verantwortung für sein Verhalten.
Eltern, die sich zu dieser Änderung entschließen, brauchen gewöhnlich mehr Informationen für ihr Erwachsenen-Ich. Sie brauchen Elternkurse, in denen solche Kenntnisse vermittelt werden.[10] Sie müssen sich mit der Entwicklung des Kindes befassen. Sie müssen andere, «erfolgreichere» Eltern beobachten und daran arbeiten, ihre Transaktionen hilfreich und fürsorglich zu gestalten.
Wenn sich jemand dafür entscheidet, werden seine ‹Botschaften› der Situation angemessener – was er sagt und tut, ist klar, unverfälscht, direkt und wesentlich. Er spricht zur Sache. Wenn eine Mutter von ihrer kleinen Tochter gefragt wird, ob sie ihr neues Kleid anziehen darf, sagt sie ja oder nein und begründet das. Wenn ein Mann von seiner Frau gefragt wird, wann er nach Hause kommt, antwortet er mit den Informationen, die ihm zu dieser Frage zur Verfügung stehen.
Indem man Streicheleinheiten bekommt, gibt oder sie vermeidet, wird die Zeit strukturiert. Sich zurückzuziehen ist eine Möglichkeit, Streicheln zu vermeiden. Rituale und Zeitvertreib bedeuten ein oberflächliches Streicheln. Auch Spiele führen zu Streicheln – häufig aber zu negativem. Aktivitäten und Intimität schenken das positive Streicheln, das einem Gewinner angemessen ist.

Experimente und Übungen

1. Berührung

Damit Ihnen Ihre Berührungsmuster bewußter werden, überdenken Sie die letzten achtundvierzig Stunden. Bewerten Sie Ihre Fähigkeit, Berührung zu geben und zu empfangen.

- Wen haben Sie berührt? Wie haben Sie diese Personen berührt? Positiv? Negativ?
- Haben Sie es vermieden, jemanden zu berühren? Warum? Wünschten Sie, Sie hätten jemand berührt? Warum?
- Wer hat Sie berührt? Wie haben diese Personen Sie berührt? Positiv?
- Haben Sie es vermieden, von jemand berührt zu werden? Warum? Wünschten Sie, jemand hätte Sie berührt?

Stellen Sie sich nun Ihren Hunger nach Berührung als eine Skala vor, die vom Vermeiden der Berührung (–) bis zur ständigen Suche danach (+) reicht. Wo würden Sie Ihren Standort auf der Skala sehen? Wo würden Sie sich Ihren Standort wünschen?

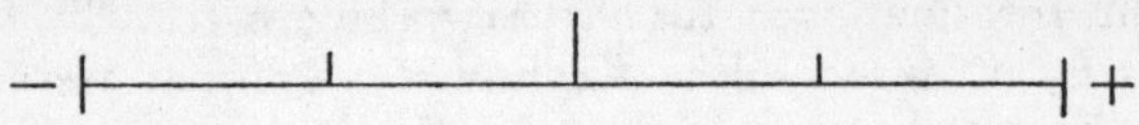

Tragen Sie nun auf einer Skala die Häufigkeit ein, mit der Sie andere berühren, die Intensität und Echtheit dieser Berührung.

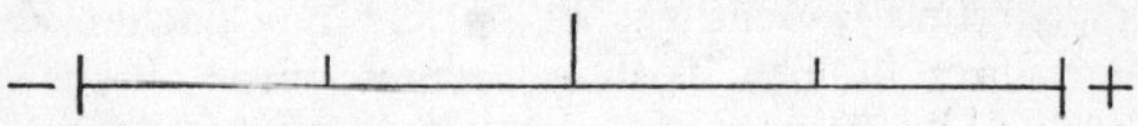

Können Sie eine Beziehung herstellen zwischen Ihren gegenwärtigen Berührungsmustern und Ihren Kindheitserlebnissen? Wenn Sie sich nicht daran erinnern können, wie – und wo – Sie berührt wurden, dann können Ihnen die folgenden Übungen helfen.

- Zeichnen Sie den Umriß Ihres Körpers von vorn und hinten. Malen Sie die Bereiche, wo Sie sehr oft berührt wurden, rot, wo Sie weniger berührt wurden, rosa, wo Sie selten berührt wurden, grün, und wo es nie zu Berührungen kam, blau. Wo die Berührung negativ war, schraffieren Sie die Farbe schwarz.[11]
- Betrachten Sie Ihr ‹Berührungs-Porträt›. Versuchen Sie alte Gefühle wiederzuerleben. Haben Sie heute Berührungs-Barrieren, die mit diesen Früherlebnissen zusammenhängen?

Erproben Sie jetzt ein Experiment von Bernard Gunther zur sensorischen Bewußtheit.

- «... Krümmen Sie Ihre Finger an den Gelenken und beginnen Sie sich auf den Kopf zu klopfen: ein lebhaftes Klopfen aus etwa 1 cm Höhe, das etwa mit fallendem Regen vergleichbar ist (15 bis 20 Sekunden auf einer Stelle). Nach der Kopfmitte klopfen Sie über den Ohren und an den Kopfseiten, dann über der Stirn. Jetzt klopfen Sie wieder den ganzen Kopf und widmen sich besonders den Stellen, die es nötig zu haben scheinen; hören Sie langsam auf. Lassen Sie die Hände sinken, schließen Sie die Augen und werden Sie sich bewußt, wie Ihr Kopf sich nun fühlt; öffnen Sie dann langsam die Augen.»[12]

Das folgende Experiment ist für Menschen, die Berührung scheuen:

- Denken Sie an ein Berührungsmuster, das Sie gern ändern würden. Was tun Sie jetzt? Was würden Sie tun wollen?

- Stellen Sie sich vor, Sie würden sich anders verhalten. Denken Sie sich Situationen aus, in denen Ihr Berührungsmuster Ihren Wünschen entsprechen würde.
- Schieben Sie jetzt Ihre Phantasien zur Seite und fragen Sie sich: «Was wäre das richtige Verhalten?»
- Stellen Sie sich das immer wieder vor. Stellen Sie sich den anderen vor. Stellen Sie sich vor, wie Sie ihn berühren.
- Wenn Sie genügend Selbstvertrauen haben, versuchen Sie es mit einem realen Menschen.

2. Anerkennung

Damit Ihnen Ihre Anerkennungsmuster bewußt werden, nehmen Sie sich wieder Experiment 1 vor und ersetzen das Wort ‹Berührung› durch ‹Anerkennung›.
Bewerten Sie Ihren Hunger nach Anerkennung auf der Skala.

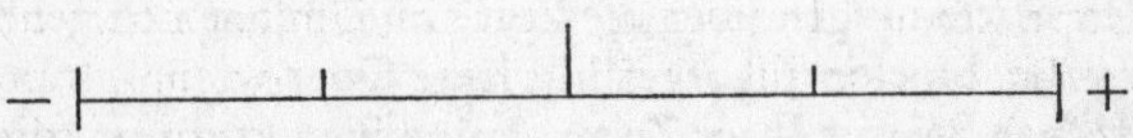

Bewerten Sie nun Ihre Fähigkeit, anderen Anerkennung zu geben.

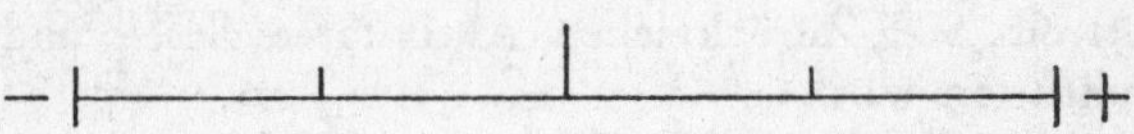

- Sind Sie mit Ihrem Platz auf den Skalen zufrieden? Wenn nicht, was möchten Sie ändern?

Erinnern Sie sich nun an die Art von Anerkennung, die Sie als Kind erfahren haben. Glauben Sie, daß Ihre Eltern Ihnen genug gegeben haben? War es positive oder negative Anerkennung?

- Wie haben Ihre Eltern Sie gelobt oder getadelt? Welche Worte gebrauchten sie?
- Welche nicht-verbalen Botschaften der Anerkennung haben Sie empfangen? Gab es Familiensignale wie zustimmendes Blinzeln, Gesten, die bedeuteten: «In Ordnung» oder «Du bist wohl verrückt», drohendes Fingerschütteln für «nein, nein», eine geballte Faust vor dem Gesicht oder ein beängstigender Griff nach dem Gürtel?

Überdenken Sie Ihre gegenwärtigen Anerkennungsmuster:

- Kopieren Sie die Anerkennungsmuster Ihrer Eltern im Umgang mit Ihren Kindern, Freunden oder Kollegen?
- Welche Muster haben Sie erfolgreich geändert?
- Gibt es gegenwärtig jemand in Ihrem Leben – Ehepartner, Chef, Freund –, der Ihnen die gleiche Art negativer oder positiver Anerkennung vermittelt wie einst Ihre Eltern?

3. Strukturierung der Zeit

- Was haben Ihre Eltern über die Zeit gesagt? Benutzten sie Redewendungen wie: «Man lebt nur einmal», «Genieße das Leben, solange du es kannst», «Verschwende deine Zeit nicht», «Was hast du vor, willst du den ganzen Tag herumsitzen? Los, tu was», oder «Laß dir Zeit, Kind, morgen ist auch noch ein Tag».
- Wie gingen Ihre Eltern mit ihrer Zeit um?
- Beeinflussen sie heute irgendwelche ihrer verbalen oder nichtverbalen Mitteilungen über die Zeit? Fühlen Sie sich gehetzt, träge, verwirrt, blockiert, ausgefüllt, leer? Oder wie?
- Was machen Sie mit Ihrer Zeit? Laufen Sie mit ihr um die Wette? Schlagen Sie sie tot? Nutzen Sie sie? Genießen Sie sie?
- Wählen Sie nun einen durchschnittlichen Werktag und versuchen Sie zu bestimmen, wieviel Prozent Ihrer Ziele durch Rituale, Zeitvertreib, Sich-Zurückziehen, Aktivitäten, Spiele und Intimität strukturiert wird.
- Wiederholen Sie die gleiche Übung im Hinblick auf das letzte Wochenende.
- Sind Sie mit Ihren Einstellungen und Gefühlen zum Thema Zeit zufrieden?
- Wenn nicht, welchen besseren Verwendungszweck könnten Sie sich für die Zeit Ihres Lebens vorstellen? Wenn Sie zum Beispiel aufhören würden, mit Ihrem Ehepartner oder einem Freund ein Spiel zu spielen, wie könnten Sie dann diese Zeit zufriedenstellender strukturieren?
- Wie strukturieren Sie Ihre Zeit, wenn Sie bei der Arbeit sind, aber nicht tatsächlich arbeiten?

4. Fähigkeit zur Intimität

Dieses Experiment ist für Menschen gedacht, die sich ihrer Fähigkeit zur Intimität bewußter werden wollen.[13] Es sollte mit dem Ehepartner oder einem guten Freund und mit dem Einverständnis der Beteiligten durchgeführt werden. Zu diesem Einverständnis sollte der Entschluß gehören, sich nicht zurückzuziehen und sich nicht auf Rituale, Zeitvertreib oder Spiele einzulassen. Die Zeit sollte auf 15 Minuten begrenzt werden.

Suchen Sie sich einen stillen Ort mit wenig Ablenkungen. Setzen Sie sich nicht mehr als anderthalb Meter entfernt einander gegenüber. Schauen Sie einander direkt in die Augen.

Teilen Sie einander etwas mit – und zwar abwechselnd –, was Ihnen ein echtes Anliegen ist – eine Sorge, ein Interesse, einen Vorfall. Nehmen Sie beide teil an den Gedanken und Gefühlen des anderen. Teilen Sie es einander mit.

Wenn Sie zuhören, bemühen Sie sich um ein aktives Feedback. Wenn Sie sprechen, versuchen Sie, sich klar auszudrücken. Seien Sie sich Ihrer Gefühle bewußt und äußern Sie sie. Seien Sie sich bewußt, wie Ihre Gefühle sich verändern.

Ergreifen Sie abwechselnd die Initiative. Welche Gefühle haben Sie nach dem Experiment Ihrem Partner gegenüber?

4
Rollenbücher des Lebens

Die ganze Welt ist Bühne
Und alle Fraun und Männer bloße Spieler.
Sie treten auf und gehen wieder ab,
Und jeder spielt im Leben viele Rollen.

Shakespeare

Die meisten Menschen spielen in irgendeiner Form Theater, stehen für ein unterschiedliches Publikum auf verschiedenen Bühnen. Manchmal existiert das Publikum nur in der Einbildung.
Nach Frederick Perls hat jeder Mensch zwei Bühnen – die private, wo er im Versteck seiner geheimen Gedanken ständig für die Zukunft probt, und die öffentliche, wo sein Spiel gesehen werden kann. Perls meint: «Wir leben auf zwei Ebenen – der öffentlichen Ebene unseres *Handelns,* das man beobachten und überprüfen kann, und auf der privaten Bühne, der Denk- und Probebühne, auf der wir uns auf die künftigen Rollen vorbereiten, die wir spielen wollen.»[1]
Das Proben auf der privaten Bühne des Gedankens kann manchmal nützlich sein, aber wenn es übertrieben wird, schaltet der Mensch ab und verliert sich in seinen Träumen.

Fallbeispiel

Als sie zum erstenmal zur Gruppenberatung kam, vermied es Doris, irgend jemand anzuschauen. Sie starrte zur Decke, an die Wand, auf den Boden oder auf ihre Hände. Auf die Frage, was in ihr vorgehe, antwortete sie: «Ich habe versucht herauszufinden, wie ich mich hier geben soll. Auf dem Weg hierher habe ich ständig darüber nachgedacht, aber ich weiß immer noch nicht, was ich tun soll. Ich weiß, daß ich allen sympathisch sein möchte. Es klingt wahrscheinlich albern, aber ich habe mich gefragt, ob ich mich schüchtern geben sollte oder ob ich besser ankäme, wenn ich ein bißchen aufdrehte? Sollte ich mich klug geben oder dumm? Ich habe so intensiv darüber nachgedacht, daß ich beinah einen Hund übersah, der mir vors Auto lief.»

Doris war so damit beschäftigt gewesen, auf ihrer privaten Bühne für die Vorstellung zu proben, die sie auf der öffentlichen Bühne der Gruppe geben wollte, daß es fast war, als hätte sie keine Augen. Öffentliche Bühnen, auf denen Menschen ihre Rollen ausagieren, können die häusliche Umgebung, Stätten des Gottesdienstes oder gesellschaftlicher Zusammenkünfte, die Schule, das Büro, die Fabrik usw. sein. Manche Leute haben eine Bühne, der ihre besondere Vorliebe gilt. Das trifft zum Beispiel auf einen Menschen zu, der die meiste Zeit im Büro verbringt und sehr wenig zu Hause ist, oder auf einen ‹ewigen Studenten›, dessen einzige öffentliche Bühne das Universitätsgelände ist. Doch die meisten Leute verteilen ihre Energien auf verschiedene Bühnen und spielen oft auf jeder unterschiedliche Rollen. Ein Mann, der im Büro ein strenger Chef ist, kann zum Beispiel zu Hause Wachs in den Händen seiner dreijährigen Tochter sein.

Rollenbücher

Im Leben eines jeden Individuums werden die dramatischen Lebensereignisse, die erlernten, geübten und dargestellten Rollen sehr früh durch ein Rollenbuch bestimmt.
Zwischen einem psychologischen Rollenbuch und einem Rollenbuch für die Bühne besteht eine überraschende Ähnlichkeit.[2] Beide enthalten eine vorgeschriebene Rollenverteilung, Dialoge, Akte und Szenen, Themen und Verwicklungen, die einem Höhepunkt zustreben und mit dem Schlußvorhang enden. Ein psychologisches Rollenbuch ist das fortlaufende Programm für das Lebensdrama des Menschen. Es diktiert, was er mit seinem Leben macht und wie er es nutzt. Es ist ein Drama, das jeder Mensch zwangsläufig darstellt, auch wenn er sich dessen nur vage bewußt sein mag.
Das Rollenbuch eines Menschen kann einem Melodrama gleichen, einem wilden Abenteuerstück, einer Tragödie, einem Märchen, einer Farce, einer Romanze, einer köstlichen Komödie oder einem langweiligen Stück, das die Schauspieler anödet und ein Publikum einschläfern würde. Jedes Drama enthält ein unterschiedliches Maß an Konstruktivität, Destruktivität oder Unproduktivität – ohne daß es zu etwas führt.
Das Drama des Lebens beginnt mit der Geburt. Durch Transaktionen zwischen Eltern und Kindern werden Rollenanweisungen im

Kindheits-Ich programmiert. Wenn die Kinder heranwachsen, lernen sie, ihre Rollen zu spielen – Helden, Heldinnen, Abenteurer, Opfer und Retter – und unbewußt Mitspieler für die ergänzenden Rollen zu suchen.

Ein erwachsenes Individuum folgt seinem Rollenbuch im Kontext mit der Gesellschaft, in der er lebt und die ihre eigenen dramatischen Muster hat. Die ganze Welt *ist* eine Bühne, wie Shakespeare sagte.

Individuen folgen Rollenbüchern; Familien folgen Rollenbüchern; Nationen folgen Rollenbüchern. Das Leben eines jeden Individuums ist ein einmaliges Drama, das Elemente der Rollenbücher von Familie und Gesellschaft enthält. Das Zusammenspiel dieser Rollenbücher beeinflußt das Lebensdrama eines jeden Menschen und enthüllt gleichzeitig die Geschichte eines jeden Volkes.

Das Rollenbuch der Kultur

Rollenbücher einer Kultur sind die akzeptierten und erwarteten dramatischen Muster innerhalb einer Gesellschaft und werden bestimmt durch die ausgesprochenen und unausgesprochenen Normen, denen die Mehrheit innerhalb dieser Gruppe folgt. Wie die Rollenbücher eines Theaterstücks enthalten auch die Rollenbücher einer Kultur Themen, Figuren, erwartete Rollen, Bühnenanweisungen, Kostüme, Kulissen, Szenen und Schlußvorhänge. Kulturelle Rollenbücher spiegeln das wider, was man als ‹Nationalcharakter› bezeichnet. Generation um Generation kann das gleiche Drama wiederholen.

Die Themen des Rollenbuchs sind in jeder Kultur verschieden. Sie können Leiden, Verfolgung und Mühsal heißen (man denke an die Juden), sie können Eroberung und Weltherrschaft lauten (man denke an die Römer). In der Geschichte haben manche Nationen als überlegene Eroberer agiert, andere als unterlegene Besiegte. Im jungen Amerika, in das die Menschen kamen, um Verfolgungen zu entgehen, um Vorhandenes zu nutzen und Unbekanntes zu erforschen, war ein Grundthema der ‹Kampf ums Überleben›. Oft waren die Darsteller in diesem Kampf Pioniere oder Siedler, oft beides zugleich.

Die ersten Pioniere zogen umher auf der Suche nach neuen ‹Bühnen›, bestanden Gefahren und bereiteten die Szene für die nachfolgenden Siedler vor. Obwohl Kulissen, Akte, Charaktere und Handlungen wechselten, blieb das Grundthema gleich. Heute folgen Astronauten, allerdings mit anderen Kostümen und Kulissen, einem ganz ähnlichen Pionier-Rollenbuch. Bärenfellmützen wurden mit komplizierten Helmen vertauscht, Pferde mit Raumschiffen, Großmutters Sonntagsbraten mit Nahrung, die man aus Plastiktuben saugt.

Die Kulisse wechselte von Land und Wasser zu Raum und Mondstaub, die Handlung von Selbsterhaltung zu technologischer Abhängigkeit. Vielleicht bereiten die Raumpioniere wie ihre Vorgänger von einst einen neuen Schauplatz für die Siedler vor, die ihnen folgen. Pionierarbeit ist jedoch nicht allein auf das Geographische beschränkt. Den gleichen Geist kann man auf anderen Gebieten im wissenschaftlichen und sozialen Bereich beobachten.

Im Gegensatz zur Mobilität der heutigen Pioniere waren die frühen amerikanischen Siedler ihrem Rollenbuch nach dazu bestimmt, zu graben und seßhaft zu werden. Die Siedler kultivierten das Land, bauten Häuser und Städte, gründeten Unternehmen, arbeiteten hart für materielle Güter und sorgten für Nachkommen. Ihr Kampf war hart, ihr Leben kurz und voller Gefahren.

Gegenwärtig steht für einen großen Teil der amerikanischen Gesellschaft – bestimmt nicht für alle – der Kampf ums individuelle Überleben nicht mehr im Vordergrund. Ein moderner Siedler hat eine Lebenserwartung von etwa achtzig Jahren. Statt selbständig zu arbeiten, gehört er wahrscheinlich einer großen Gesellschaft oder der staatlichen Verwaltung an. Statt mühsam um seine Existenz zu kämpfen, hat er wahrscheinlich mit den Freuden und Leiden des Überflusses zu tun.

Mit dem Wandel der Zeit entstehen neue Rollenbuch-Themen: Bildung und Erziehung, Geldverdienen, Zerstreuung und die Suche nach dem Sinn des Lebens. Heute ist die amerikanische Bühne mit Menschen und Waren übervölkert, und der Vorhang hebt sich vor einer neuen Szene. Wenn ein großer Teil von Menschen Themen aufgreift, die sich von den gegenwärtigen Voraussetzungen ihrer Kultur unterscheiden, ändert sich der dramatische Stil der Gesamtkultur. Während sich manche Übergänge relativ schmerzlos vollziehen, sind andere mit Leid und Blutvergießen belastet.

Viele junge Menschen, die in eine andere Kulisse hineingeboren worden sind als ihre Eltern, lehnen überkommene Rollenbuch-Themen als wertlos oder irrelevant für *ihr* Leben ab. Dennoch werden viele von ihnen wieder mit dem Thema vom ‹Kampf ums Überleben› konfrontiert, das sich für sie im Hinblick auf das Überleben der menschlichen Spezies und die Erhaltung der natürlichen Umwelt neu stellt.

Neben den Themen schreiben die kulturellen Rollenbücher gewöhnlich auch spezifische Rollen vor. Die meisten Kulturen unterscheiden – rational oder irrational – zwischen den Rollen, die Männer spielen müssen, und solchen, die von Frauen erwartet werden. Margaret Mead hat einen Stamm in Neuguinea beschrieben, bei dem den Männern die passive und den Frauen die aggressive Rolle zukommt. Von den Männern wird erwartet, daß sie sich als fürsorgliche Väter um die Kinder und die Wohnung kümmern, während die Frauen aktiv für den Familienunterhalt sorgen sollen. Doch wenn sich in den Vereinigten Staaten oder in Europa ein Mann dazu entschließt, über das Herdfeuer zu wachen, während seine Frau die Brötchen verdient, wird er schief angesehen.

Im Gegensatz zu dem Stamm in Neuguinea sind bei einem Kopfjägerstamm in Burma die Jungen von Geburt an für Kampf und Brutalität bestimmt. Jeder Junge probt täglich seine Kriegerrolle als Vorbereitung für seine erwartete gewaltsame Todesszene. Nur wenige Männer überleben das Jünglingsalter; die Frauen akzeptieren den Tod ihrer Männer und teilen sich die Überlebenden.

Ein in manchen Zügen ähnliches Kampfmuster existiert in den Vereinigten Staaten und in Europa: Für die Männer besteht die Wehrpflicht, für Frauen nicht. Dies wird von den meisten akzeptiert; daß sich die Frauen jedoch in die bei einem Krieg überlebenden oder aus ihm zurückgekehrten Männer teilen, ist hingegen weniger populär. Im Gegensatz dazu wird in Israel von Männern wie Frauen erwartet, daß sie Kampftechniken erlernen, und die Angehörigen beider Geschlechter werden eingezogen.

Während manche Kulturen eine Polarisierung der Geschlechterrollen vorschreiben, gibt es in anderen Überschneidungen und erleichtern so den Rollenwechsel. Ungeachtet der Geschlechterrollen enthalten die Rollenbücher der meisten Kulturen Destruktion in irgendeiner Form. *Zwischen* den Kulturen zeigt sie sich in ökonomischer Ausbeutung und in Kriegen. *Innerhalb* einer Kultur bewirken Selbstmord, Mord, Überbevölkerung und Störung des ökologischen Gleichgewichts eine andere Art der Zerstörung.

In Japan wurde in der Vergangenheit Selbstmord als eine ehrenhafte Schlußszene betrachtet, und auch heute noch hat es eine der höchsten Selbstmordquoten der Welt. Im Jahre 1964 war in West-Berlin die Selbstmordquote extrem hoch; sie betrug bei den Männern 56,3

Selbsttötungen auf 100 000, bei Frauen 30,9. Andere Länder mit hohen Selbstmordquoten sind die Schweiz, Österreich, Schweden und Dänemark.

Während in den Vereinigten Staaten die Selbstmordquote pro Kopf der Bevölkerung halb so hoch ist wie in Schweden und Dänemark, ist die Mordquote zehnmal höher.[3] In den USA nehmen Gewaltverbrechen erschreckend zu. Das zeigt, daß eine beachtliche Zahl von Menschen in irgendeiner Form für Gewalttätigkeit programmiert ist.

In manchen Kulturen ist statt des plötzlichen Todes eine langsamere Art der Zerstörung durch die Überproduktion an Menschen üblich. Wenn die Besetzung für die Bühne zu groß wird, heißt das unumgängliche Ende Tod durch Krankheit und Hungersnot. Überbevölkerung wie zum Beispiel in Indien ist eine Form von nationalem Selbstmord, die dadurch gefördert wird, daß man an den Rollenbüchern der Familie festhält, die große Familien verlangen. So entstehen durch die Bevölkerungsexplosion heute neue Probleme. Die Anzahl der heute lebenden Menschen ist halb so groß wie die Anzahl aller, die jemals gelebt haben![4]

Die Rollenbücher der Kultur enthalten Bühnenanweisungen für das Ensemble, die auch Details wie Haltung, Gestik und Handlungen vorschreiben. Selbst ob und wie man Gefühle zeigt, kann kulturell bestimmt sein. Viele Italiener zeigen ihre Gefühle ungehemmt. Ohne Verlegenheit begrüßen sich auch die Männer mit einer herzlichen Umarmung. In den USA, wo der Einfluß der Engländer spürbar ist, gilt ein so demonstratives Verhalten als suspekt. Bei den meisten Kulturen sind Haltung, Gestik und Mimik mit bestimmten Ritualen, Sexualverhalten und Sitten verbunden. Das folgende Beispiel zeigt, wie sich dieser Aspekt des kulturellen Rollenbuchs im individuellen Verhalten widerspiegelt.

Fallbeispiel

Mai, eine schöne Frau chinesisch-amerikanischer Abstammung, kam zu einer Marathon-Sitzung * mit einer klaren Vorstellung von dem, was sie erreichen wollte. Sie formulierte ihre Erwartungen so:

* Eine Marathon-Sitzung ist eine intensive Gruppenberatung, die konzentriert einen Tag oder ein Wochenende lang durchgeführt wird.

«Ich will mehr Freiheit in meinem Verhalten erreichen. Wir Chinesen sind immer so höflich: Wir unterbrechen nie jemanden, wir widersprechen nie. Und schlimmer: Wir zeigen nie unsere Gefühle. Ich möchte nicht mehr nach diesem tradierten Muster leben.» Mai wurde aufgefordert, die Gestalt-Technik des Denkens und Handelns in Gegensätzen anzuwenden. «In welcher Kultur ist ein Verhalten üblich, das sich Ihrer Meinung nach sehr von dem der Chinesen unterscheidet?» – «Oh», antwortete sie sofort, «bei den Italienern!» Man schlug ihr vor, jedes Gruppenmitglied zuerst auf ihre traditionelle chinesische Art anzusprechen, dann so, wie es ihrer Meinung nach die Italiener taten. Sie machte das mit zunehmender Begeisterung und übertrieb mit Stimme, Gefühlen und Ausdruck. Schließlich ließ sie sich in einen Stuhl fallen, warf die Hände hoch und sagte lachend: «Oh, mamma mia. Jetzt gibt es zumindest zwei Ich – mein chinesisches Ich und mein italienisches Ich.»

Manche Individuen akzeptieren ihr kulturelles Rollenbuch, andere nicht. Wenn das Lebensdrama eines Menschen die Erwartungen seiner Kultur erfüllt, erfährt er Beifall und Zustimmung. Wenn zum Beispiel ‹Geldverdienen› Kernpunkt der Kultur ist, wird der finanziell Erfolgreiche hoch geachtet. Sein Drehbuch stimmt mit dem seiner Kultur überein.

In derselben Kultur kann ein anderer als Verlierer gelten, wenn er seinen eigenen Interessen, Vorstellungen oder Talenten nachgeht und das Thema des Geldverdienens ablehnt. Weil sein persönliches Rollenbuch nicht mit dem seiner Kultur übereinstimmt, wird er wahrscheinlich abgelehnt, lächerlich gemacht oder sogar bestraft.

In der Geschichte der Menschheit enthalten viele kulturelle Rollenbücher Themen, die das Verhältnis zum Übernatürlichen oder religiösen Glauben widerspiegeln. Wenn jemand innerhalb einer Kultur diese Ansichten ablehnt, widersprechen sich die Rollenbücher, und es kommt zu Zusammenstößen wie im Falle des italienischen Wissenschaftlers Galilei (1564–1642). In einer Zeit, in der man die meisten Entscheidungen der Kirche überließ, dachte er selbständig, wandte seine eigenen Kenntnisse an und machte seine eigenen Beobachtungen. Entgegen dem Gebot der Kirche vertrat er weiterhin beharrlich seine Theorie, daß sich die Erde um die Sonne drehe und nicht die Sonne um die Erde. Die Kirche war demgegenüber der Ansicht, der Mensch habe eine einzigartige und bevorzugte Beziehung zu Gott; daher müßten der Mensch und seine Erde der Mittelpunkt aller Dinge sein. Galilei wurde der Ketzerei angeklagt und

starb im Gefängnis.
Ähnlich forderte um 1600 Anne Hutchinson aus Boston die herrschende puritanische Theologie heraus. Sie wandte sich nicht nur gegen das religiöse Dogma, sondern auch gegen den Brauch, Frauen in der Kirche das Stimmrecht vorzuenthalten. Offenbar erlaubte ihr wie Galilei das persönliche Rollenbuch eigene Gedanken. Sie provozierte öffentlich andere, auch Frauen, das gleiche zu tun, und mußte deshalb ein langes, schlimmes Gerichtsverfahren über sich ergehen lassen. Man verurteilte sie wegen Ketzerei, exkommunizierte sie und schickte sie zur Strafe in die Wildnis. Schließlich wurden sie und ihre Familie umgebracht. Nur eine junge Frau, Mary Dyer, erhob ihre Stimme zu Anne Hutchinsons Verteidigung. Zweiundzwanzig Jahre später schien sich das gleiche Drama zu wiederholen, als auch sie mit ihrem Leben büßen mußte; als Quäkerin wurde sie in Boston gehängt.[5]
Während es wahrscheinlich immer Menschen geben wird, die bei Mißerfolgen die Gesellschaft verantwortlich machen, hat es im Laufe der Geschichte wahrscheinlich auch immer Männer und Frauen gegeben, die autonome, nachdenkliche Menschen waren, aber mit einem kulturellen Rollenbuch lebten, das die Einführung neuer dramatischer Möglichkeiten nicht tolerieren konnte.

Das Rollenbuch der Subkultur

Innerhalb einer großen und komplizierten Kultur existieren viele Subkulturen, die häufig durch gemeinsame Merkmale wie geographische und ethnische Gegebenheiten, Geschlecht, Erziehung, Alter usw. gekennzeichnet sind. Bisher war es zum Beispiel üblich, daß die Jugend die ältere Generation imitierte und den Augenblick des Erwachsenseins herbeisehnte. Heute hingegen ist es nicht ungewöhnlich, wenn sich junge Leute von den älteren in der Kleidung, Haartracht, in der Vorliebe für Musik und Tanz, im Vokabular, Schmuck und im Verhalten unterscheiden und großen Wert auf die Meinungen ihrer Altersgenossen legen.
Jede Subkultur, ob sie sich nun auf das Alter oder auf ein anderes Element gründet, entwickelt eigene dramatische Aktionen. Die Angehörigen einer Subkultur können sich identifizieren, indem sie «wir» sagen und die Angehörigen anderer Subkulturen als «diese» bezeichnen:

Wir Amerikaner	Diese Hippies
Wir Europäer	Diese Spießer
Wir Protestanten	Diese Juden
Wir Katholiken	Diese Atheisten
Wir Schwarze	Diese Iren
Wir Chicanos *	Diese Deutschen

Häufig kommt es zu Konflikten zwischen den Rollenbüchern der Subkultur: Reiche gegen Arme, Liberale gegen Konservative, Protestanten gegen Katholiken. Auch zwischen dem Rollenbuch einer Subkultur und dem einer größeren Kultur können Konflikte entstehen: Juden gegen Christen, Unterprivilegierte gegen Privilegierte, Schwarze gegen Weiße. Ein dreizehnjähriger Junge mexikanisch-amerikanischer Abstammung demonstrierte einen solchen Konflikt, als er sagte: «Mann, wenn wir Chicanos in der Schule Spanisch sprechen, steigen uns die Lehrer aufs Dach. Wenn ich zu Hause Englisch rede statt Spanisch, krieg ich von meinem Vater was zu hören. Genauso ist es mit meinem Schnurrbart. Mein Lehrer sagt, ich muß ihn abrasieren, aber meine Mutter findet ihn großartig – ein Zeichen dafür, daß ich ein Mann werde. Was ich auch mache, es ist immer falsch.»
Die dramatischen Unterschiede, die Subkulturen mit sich bringen können, sind nur von einer größeren toleranten Kultur tragbar. Doch auch in einer toleranten Kultur gibt es immer Individuen, die Unterschiede ablehnen oder fürchten. Jede Nation hat ihre eigenen unverwechselbaren Rollenbuch-Muster, was eine Subkultur angeht.

Das Rollenbuch der Familie

Die Rollenbücher der Kultur und Subkultur werden meistens durch die Institution der Familie weitergegeben. Alle Familien haben dramatische Muster, die Elemente aus Rollenbüchern der Kultur enthalten. Manche Familien entwickeln jedoch eigene dramatische Strukturen und bestehen darauf, daß ihre Kinder die entsprechenden traditionellen Rollen übernehmen.
Das Rollenbuch einer Familie schreibt jedem Mitglied identifizier-

* «Chicanos» = mexikanische Einwanderer bzw. Gastarbeiter in den USA (Anm. z. dt. Übers.)

bare Traditionen und Erwartungen vor, die erfolgreich von Generation zu Generation überliefert werden, und zwar von Eltern-Ich zu Eltern-Ich. In der Geschichte kann man sie in königlichen oder in wohlhabenden Familien beobachten, die viele Generationen von Philanthropen, Politikern, Wissenschaftlern oder Diktatoren hervorgebracht haben. Verlierer liegen in der Familie, und Gewinner liegen in der Familie.

Wenn die familiären Rollenbücher tradiert werden, kann man die Einigkeit der Familienmitglieder und die Erwartung eines bestimmten Verhaltens an Redensarten erkennen wie:

Wir Müllers haben uns immer von der eigenen Scholle ernährt, und wir werden das auch weiterhin tun.
Wir Meiers werden immer zu den Säulen der Gemeinde gehören.
Wir Schröders sind für unsere guten Taten bekannt.

Unsere Familientradition kennt keine Feiglinge.
In unserer Familie hungert man eher, als daß man um Hilfe bittet.

Die Knapps kommen sich immer besser vor als andere Leute.
Jeder hat was gegen uns Schulzens.

In unserer Familie waren die Frauen schon immer zäh wie Schlangenleder.
In unserer Familie wird das Sparen schon immer groß geschrieben.

Manche Rollenbücher enthalten langgehegte Traditionen der Familie über die beruflichen Erwartungen der Mitglieder:

In unserer Familie hat es immer einen Arzt gegeben.
Wir Kleins kommen aus einer alten Lehrerfamilie.
Wir Schmitt-Frauen waren schon immer gute Krankenschwestern.

Wir Großmanns haben drei Generationen von Politikern hervorgebracht.
In unserer Familie hat es immer mindestens einen Pferdedieb gegeben.
Die Söhne unserer Familie waren schon immer aus dem Holz, aus dem man gute Offiziere schnitzt.

Wenn ein Familienmitglied die Rollenerwartungen nicht erfüllt, gilt es oft als ‹schwarzes Schaf›. Doch das Rollenbuch einer bestimmten Familie kann die Rolle des schwarzen Schafs auch vorschreiben, damit für Verwicklungen gesorgt ist oder die Familie ihren Sündenbock hat.
In vielen Rollenbüchern gibt es ausdrücklich Anweisungen für jedes Mitglied der Familie mit unterschiedlichen Erwartungen für jedes Geschlecht. Es ist zum Beispiel nicht ungewöhnlich, daß dem erstgeborenen Sohn eine einzigartige Position innerhalb der Familie zukommt. Eine Studentin schrieb über ihr familiäres Rollenbuch:

Unser Rollenbuch hat seinen Ursprung in Italien. Jeder Sohn muß Ministrant sein. Der Tag der Erstkommunion ist so wichtig wie ein Geburtstag. Vom ältesten Sohn wird immer erwartet, daß er Priester wird. Mindestens eine Tochter muß ins Kloster gehen. Ich erinnere mich, wie ich mich mit neun Jahren gegen das Kloster entschied, weil man dort keine hohen Absätze tragen darf.

Eine andere Studentin berichtete:

In unserer Familie treten die Jungen in die Fußstapfen der Väter. Man erwartet von ihnen, daß sie Farmer werden. Den Mädchen sind Ehemänner und Kinder vorbestimmt, und alles andere gilt als unweiblich. Mutter sagte oft: «Der Herrgott hat euch zu Frauen gemacht, damit ihr Kinder bekommt und einen Ehemann versorgt. Die Welt zu regieren ist Männersache.» So ist es in unserer Familie immer gewesen. Daher gab es viel Ärger, als ich mich entschloß, Lehrerin zu werden. Teils war ich stolz auf mich, teils hatte ich das Gefühl, etwas Falsches getan und meine Familie entehrt zu haben. Ich war wirklich in einer Zwickmühle.

Neuere Untersuchungen[6] zeigen, daß diese Rollenerwartung für Mädchen, die intellektuelle Leistung mit dem Verlust der Weiblichkeit gleichsetzt, in vielen amerikanischen Familien üblich ist. In solchen Fällen neigen Frauen, die ihre Intelligenz nutzen, vielfach dazu, ihre Erfolge herabzusetzen und an Schuldgefühlen wegen ihrer angeblichen «Unweiblichkeit» zu leiden.
Wie aus den zitierten Fällen ersichtlich ist, setzen nicht alle Familien ihr Rollenbuch fort. Viele Individuen und/oder Familien sind vielmehr ganz bewußt bemüht, Rollenbuch-Traditionen der ‹alten Heimat› oder der älteren Generation abzulegen. Manche Traditionen sterben einfach, weil sie unter rasch sich verändernden Um-

ständen schwer aufrechtzuerhalten sind. Das kann als «Kulturschock» erlebt werden. Zur Zeit entwickeln sich neue Rollenbücher, deren Tendenz auf einen schwindenden Gemeinschaftssinn und eine geschwächte Familienstruktur hindeutet. Wir stellen fest:

Menschen suchen ihre Hilfe beim Staat statt bei ihren Familien,
Kinder kümmern sich nicht mehr um ihre alternden Eltern,
Kinder, Eltern und Großeltern sind durch so große Entfernungen – geographischer, emotionaler oder intellektueller Art – voneinander getrennt, daß es ihnen sogar schwerfällt, Feiertage zusammen zu verbringen,
immer mehr junge Menschen engagieren sich für soziale und politische Fragen.

Familiäre Rollenbücher können durch äußere Einflüsse geändert werden. Bestimmte Familien in den Vereinigten Staaten, die seit Generationen in Armut leben, erwarten wenig für sich und andere. Die Kinder sind ihrem Rollenbuch nach zum Verlieren programmiert, das gilt besonders für ihre Ausbildung. Thomas Szasz schreibt:

Da der Unkultivierte, Ungeschulte mit seinen besser ausgebildeten Mitbrüdern im Spiel des Lebens nicht auf gleicher Ebene konkurrieren kann, entwickelt er sich oft zum chronischen Verlierer. Man darf nicht erwarten, daß notorische Verlierer dem Spiel oder ihren Gegnern warme Zuneigung entgegenbringen würden.[7]

Wenn ein starkes Korrektiv angewandt wird, ändern sich die familiären Rollenbücher der Armut und des Versagens. Dramatische Beweise für eine solche Umkehr lassen sich bei vielen amerikanischen Negerfamilien erkennen, die nur zu oft arm sind. Unter dem Einfluß von Negerführern, die erklären: «Schwarz ist schön» oder «Ich bin schwarz und stolz darauf», können Rollenbücher von Verlierern umgeschrieben werden, so daß sie Selbstvertrauen und Leistung ermöglichen. Potentielle Verlierer können potentielle Gewinner werden.
Wenn alte Erwartungen und Traditionen über Bord geworfen werden oder nicht mehr möglich sind, entstehen neue Rollenbücher. Das Erlebnis der Veränderung kann schmerzlich oder erfreulich sein, trennend oder einigend, zum Besseren oder zum Schlechteren oder eine Mischung aus alledem.
Die Rollenbücher mancher Familien fördern den Erfolg, anderer

den Mißerfolg. Manche Familien ändern ihre Rollenbücher, indem sie Veränderungen herbeiführen. Doch im Leben eines jeden Individuums sind die wichtigsten Kräfte bei der Gestaltung seines Rollenbuchs die Botschaften, die das Individuum von seinen Eltern empfangen hat.

Das psychologische Rollenbuch des Menschen

Der Zwang, ein vorprogrammiertes Lebensdrama aufzuführen, ist als Persönlichkeitsaspekt schwer zu verstehen.* Doch in ihrem Alltag erleben die meisten Menschen – oder beobachten bei anderen – einen Zwang, auf eine bestimmte Art zu handeln, eine spezifische Identität zu erreichen und ein Schicksal zu erfüllen. Am offensichtlichsten wird das bei Individuen, deren persönliches Drama destruktiv ist, die sich oder jemand anders töten.

Jeder kennt wahrscheinlich einen Menschen, der sich ein Leben lang auf ein tragisches Ende zubewegt – durch Selbstmord oder etwas Gleichbedeutendes wie Alkoholismus, Drogensucht oder Fettsucht.

Jeder kennt wahrscheinlich einen Menschen, der sich nach oben kämpft, gleichgültig, was es ihn oder andere kostet.

Jeder kennt wahrscheinlich einen Menschen, der es genießt zu leben, Neues zu erforschen, selbständig zu denken und sich zu ändern.

Jeder kennt wahrscheinlich einen Menschen, der es genießt, zu lebewegt, nie etwas erreicht und jeden Tag verbringt wie den Tag zuvor, jemand, der nur dahinvegetiert, statt wirklich zu leben.

Eric Berne schreibt:

Fast die gesamte menschliche Aktivität wird durch ein fortlaufendes Rollenbuch programmiert, das aus der frühen Kindheit stammt. Damit ist das Gefühl der Autonomie fast immer eine Illusion – eine Illusion, die zu den schlimmsten Plagen der Menschheit gehört, weil Bewußtheit, Aufrichtigkeit, Kreativität und Intimität nur wenigen Glücklichen möglich sind. Die übrige Menschheit sieht andere Leute vorwiegend als Objekte, die manipuliert werden müssen. Sie müssen eingeladen, überredet, verführt, bestochen

* Zum Zeitpunkt dieser Niederschrift ist die Entwicklung von Theorie und Nomenklatur noch nicht abgeschlossen. Vgl. *Transactional Analysis Bulletin* 8 (Okt. 1969), S. 112.

oder gezwungen werden, die richtigen Rollen zu spielen, mit denen sie die Position des Protagonisten stärken und sein Rollenbuch erfüllen, und diese Anstrengungen halten den einzelnen davon ab, sich mit der realen Welt und seinen eigenen Möglichkeiten darin zu beschäftigen.[8]

Das Rollenbuch eines Menschen beruht stets auf drei Fragen, die seine Identität und sein Schicksal angehen: Wer bin ich? Was mache ich hier? Wer sind die anderen? Seine Erfahrungen können ihn zu folgenden Schlüssen führen:

Ich bin ein Lump. Aus mir wird nie etwas. Andere Lumpen demütigen mich.
Ich habe einen guten Kopf. Ich kann tun, was ich will. Andere werden mir helfen.
Ich bin dumm. Ich werde nie etwas zustande bringen. Andere sind klüger.

Wie Rollenbücher entstehen

Der Beginn eines Rollenbuchs ist nicht-verbal. Wie eine Radarantenne empfängt das Kleinkind Botschaften über sich und seinen Wert durch seine ersten Erlebnisse mit anderen, durch Körperkontakt oder Körperverlust. Bald schon kann es den Gesichtsausdruck wahrnehmen und darauf reagieren, ebenso wie auf Berührung und Geräusche. Ein Kind, das liebevoll auf den Arm genommen wird, mit dem man lächelt und spricht, empfängt andere Botschaften als eines, mit dem man furchtsam, feindselig oder ängstlich umgeht. Ein Kind, das wenig Berührung und die Gleichgültigkeit oder Feindseligkeit der Eltern spürt, fühlt sich herabgesetzt. Es lernt das Gefühl des NICHT O. K. und kann sich vielleicht vorkommen wie ein ‹Nichts›.

Diese ersten Gefühle eines Kindes über sich selbst bleiben mit großer Wahrscheinlichkeit die stärksten Kräfte in seinem Lebensdrama. Sie beeinflussen wesentlich die psychologischen Lebensanschauungen, zu denen es sich bekennt, und die Rollen, die es spielt.

In den ersten Lebensjahren beginnt das Kind, die Rollenbuch-Anweisungen, die von seinen Eltern in Worte gefaßt werden, zu verstehen. Es sind Anordnungen, zu deren Befolgung das Kind sich später dann dauernd gezwungen fühlt:

Eines Tages wirst du berühmt sein.
Aus dir wird nie etwas.
Du bist ein prima Kerl.
Du bist wirklich verrückt.
Junge, du bist vielleicht komisch.
Du bist langsamer als eine Schnecke.
Du bist wie Unkraut.
Ohne dich wären wir besser dran.

Beruflich wird das Kind in bestimmte Bahnen gelenkt, wenn die Eltern sagen:

Georg ist der geborene Arzt.
Der wird es bei keiner Arbeit aushalten.
Du mit deiner Energie könntest den Eskimos Kühlschränke verkaufen.
Du wärst eine großartige Krankenschwester!
Sie ist zu faul, einen Finger zu rühren.

Ein Mann erinnert sich noch heute daran, wie ihm ein Freund der Familie in die Augen schaute und sagte: «Aus dir könnte ein prima Jurist werden, junger Mann. Du hast ein Quasseltalent.» Der Mann ist heute tatsächlich Staatsanwalt.
Jedes Kind empfängt spezifische Rollenbuch-Anweisungen für sein Geschlecht und für eine Ehe. «Wenn du mal heiratest...» enthält zum Beispiel eine andere Botschaft als: «Falls du mal heiratest...» Die künftigen Sexualrollen und -einstellungen eines Kindes werden beeinflußt durch Äußerungen wie:

Eine richtige kleine Eva!
Du bist so ein schmächtiges Kerlchen, aus dir wird nie ein Mann.
Du hättest ein Junge sein sollen!
Werde nicht zu klug, mein Liebling, sonst kriegst du keinen Mann!
Wir sind Juden und erwarten von dir, daß du einen Juden heiratest.
Mit dieser Sorte Mädchen kannst du herumspielen, aber zum Heiraten ist sie nichts.
Die Ehe ist eine Falle für die Dummen.

Es gibt Rollenbuchanweisungen für die verschiedensten Lebensgebiete. Über seine berufliche Ausbildung kann jemand hören: «Natürlich wirst du zur Uni gehen» oder: «Die Universität ist etwas für feine Leute». Über die Religion kann jemand hören: «Wir erwarten von dir, daß du die Zehn Gebote befolgst» oder: «Die Kirche ist etwas für alte Weiber». Über Freizeitgestaltung kann jemand hören: «Bewegung tut dir gut» oder: «Ballspielen ist Zeitverschwendung». Über Gesundheit kann jemand hören: «Das ist alles psychisch» oder: «Sorge dafür, daß du täglich auf die Toilette kannst».
Rollenbücher von Verlierern oder solche, die nirgendwohin führen, können das Ergebnis unrealistischer oder ungenauer Programmierung sein. Zum Beispiel kann jemand dazu ermuntert werden, Arzt oder Jurist zu werden, aber zugleich keinerlei Mitteilungen über die entsprechenden Anforderungen an Zeit, intellektuelle Fähigkeit, Ausbildung und Geld erhalten.
Es ist viel Wahres an dem alten Klischee: «Der Ton macht die Musik.» Manchmal programmieren Eltern ein Kind dadurch, daß sie eine Sache sagen und eine andere meinen. Das unterstreicht Perls, wenn er sagt, das meiste Gerede sei Lüge. Ungeachtet dessen, was die Eltern sagen, reagiert ein Kind am meisten auf die nicht-verbalen Mitteilungen. Ein zärtliches, liebevolles «Natürlich mag ich dich» ist etwas ganz anderes als eine verdeckte, widersinnige Botschaft:

ein verkrampftes «Natürlich mag ich dich»,
ein wütendes «Natürlich mag ich dich»,
ein desinteressiertes «Natürlich mag ich dich».

Rollenbücher mit einem Fluch

Während Botschaften von Eltern im allgemeinen einen variierenden Anteil an Konstruktivität, Destruktivität oder Unproduktivität enthalten, senden manche Eltern deutlich destruktive Gebote an ihre Kinder aus. Im späteren Leben können sich diese zerstörerischen Befehle wie eine Elektrode im Kindheits-Ich auswirken, die plötzlich, wenn sie angeschlossen wird, den Menschen zwingt, sich ihrer Anordnung zu beugen.

Fallbeispiel

Ronald erhängte sich im Alter von 25 Jahren. Er hatte sein Leben der Fürsorge für seine leidende Zwillingsschwester gewidmet. Nachdem sie mit 18 Jahren gestorben war, wurde er zunehmend depressiv und zog sich immer mehr zurück. Im Gespräch über seinen Selbstmord sagten Ronalds Eltern:

Mutter: Eigentlich bin ich nicht überrascht. Es war unausweichlich. Wir hatten im Lauf der Jahre verschiedene Selbstmordfälle in unserer Familie. Mein Bruder hat sich die Kehle durchgeschnitten. Ich habe Ronnie mehrfach gewarnt, daß er sich selbst töten könne. Selbst seine Schwester hat ihre Medizin nicht genommen. Kein Wunder, daß sie so jung gestorben ist.

Vater: Mein ganzes Leben lang habe ich mich bedrückt und geschlagen gefühlt. Mein Vater hatte übrigens ein Beerdigungsinstitut, vielleicht hing es damit zusammen. Wenn Ronnie mich um Rat bat, habe ich mich sehr bemüht, ihm keinen zu geben, und habe nur die Gleichnisse Jesu zitiert. Was sollte ich denn sonst tun? Seit Jahren bin ich depressiv, zwei Arbeitsplätze habe ich verloren, weil ich trinke. Wahrscheinlich bin ich ihm kein gutes Vorbild gewesen. Vielleicht war Ronnies Ausweg nicht der schlechteste.

Ronald hatte unter der Erwartung gelebt, daß er sich töten werde, und sein Selbstmord war das Ergebnis direkter und verdeckter Botschaften – das tragische Ende seines Rollenbuchs. Verdeckte Botschaften sind wie ein Fluch, womit ein Kind verwünscht wird.[9,10] Sie sind destruktive Gebote, die entweder direkt und verbal oder indirekt und durch Andeutungen übermittelt werden – wie eine «Hexenbotschaft». Direkte Befehle, die ein Kind in diesem Zusammenhang hören kann, sind:

Das kannst du nicht. Laß mich das tun.
Wenn es einen Preis für Häßlichkeit gäbe, würdest du ihn bekommen.
Geh und spiel auf der Autobahn.
Geh dahin, wo der Pfeffer wächst.
Bring sie um, wenn sie sich einmischen.
Vaters kleines Krüppeltäubchen.

Ein Kind kann aus den Handlungen seiner Eltern einen Befehl ableiten:

Der Junge, der an jeder Aggressionshandlung gehindert wird, kann folgern: «Werde kein Mann.»
Das Kind, das wegen seiner Gefühle getadelt wird, kann folgern: «Fühle nicht» oder «Zeig deine Gefühle nicht».
Das Kind, das bestraft wird, weil es anderer Meinung ist als seine Eltern, kann folgern: «Denke nicht.»
Das Kind, das mit Schuldgefühlen manipuliert wird, folgert häufig: «Quäle dich.»

Diese Befehle, die oft in Form von Verbot oder Gebot erteilt werden, empfindet das Kind als Imperative. Ein Mensch kann sich nur schwer über sie hinwegsetzen, weil er immer ein ‹braver Junge› oder ein ‹braves Mädchen› ist, wenn er tut, was seine Eltern ihm beigebracht haben.
Wer unter destruktiven Geboten, unter einem Fluch, lebt und sich weigert, selbständig zu denken, ist wie gelähmt. Wenn er älter wird, fühlt er sich hilflos seinem Schicksal ausgeliefert.
Diese Empfindungen können folgendermaßen verbalisiert sein:

Ich sitze in der Falle. Ich kann mir nicht helfen.
Ich bin in der Klemme. Das ist mein Schicksal.
Ich bin der geborene Versager!

Jeder Mensch wird als einmaliges Individuum mit einem Erbgut an Fähigkeit und Potential geboren, das er entwickeln, erleben und ausdrücken könnte. Nach Berne bedeutet dies, daß jedes Kind ein potentieller ‹Prinz› oder eine potentielle ‹Prinzessin› ist. Doch sehr früh im Leben empfangen manche Kinder von ihrer nächsten Umwelt Botschaften, die sie auf irgendeine Weise herabsetzen und sie so dazu bringen, nicht ihr ganzes Potential einzusetzen. Sie werden ‹Frösche› oder ‹Ungeheuer› statt der Gewinner, zu denen sie geboren wurden.
Der Froschkönig ist ein bekanntes Märchen, das diese häufige reale Erfahrung ausdrückt. Es erzählt die Geschichte vom schönen Prinzen, der durch den Fluch einer bösen Hexe in einen Frosch verwandelt wird und als Frosch leben muß, bis er erlöst wird.
Ein Mensch, der sein Leben lang durch einen Fluch gelähmt ist, hört nie auf, seine Eltern dafür und für alles andere verantwortlich zu machen. Perls meint dazu:

Wie man weiß, machen Eltern nie alles richtig. Sie sind entweder zu groß oder zu klein, zu klug oder zu dumm. Wenn sie streng sind, sollten sie nachgiebig sein usw. Aber wann findet man Eltern, die in Ordnung sind? Man kann immer alle Schuld den Eltern zuschieben, wenn man dieses Spiel spielen wird, und die Eltern für alle Probleme verantwortlich machen. Solange man nicht bereit ist, die Eltern in Ruhe zu lassen, sieht man sich weiterhin als Kind.[11]

Gegen-Rollenbücher

Manche Menschen mit einem fluchbeladenen Rollenbuch haben auch ein sogenanntes Gegen-Rollenbuch (‹counterscript›). Ein Gegen-Rollenbuch entsteht, wenn jemand später im Leben Mitteilungen empfängt, die sich «gegen» die Hexenbotschaft wenden, die er als Kleinkind erfahren hat. So kann zum Beispiel jemand, der als kleines Kind vielleicht durch nicht-verbale Kommunikation die Botschaft «Geh, verschwinde» empfangen hat, später Mitteilungen hören wie: «Gib acht, wenn du über die Straße gehst.» In einem solchen Fall hat der Mensch zweierlei Anweisungen, von denen die eine konstruktiver erscheint als die andere. Gegenrollenbücher beruhen oft auf Mottos oder Slogans, die der Vater oder die Mutter des Kindes aus ihrem eigenen Eltern-Ich dem Eltern-Ich des Kindes übermittelt haben und die für das Kind als Rezepte fungieren. Dr. Claude Steiner glaubt:

Das Gebot der Hexe oder des Ungeheuers ist weitaus mächtiger und sinnvoller als das Gegen-Rollenbuch ...[12]

Obwohl der Betroffene zwischen seinem destruktiven Rollenbuch und dem konstruktiveren Gegen-Rollenbuch schwanken mag, wird das letztere unterliegen.

Rollen und Themen des Lebensdramas

Die Mitteilungen, die ein Kind empfängt, veranlassen es, seine Lebensanschauungen zu wählen und die Rollen zu entwickeln, mit denen es sein Lebensdrama spielt. Sobald die Rollen entschieden sind, wählt und manipuliert der Mensch durch sein Kindheits-Ich ande-

re, die zu seinem Ensemble gehören sollen. Vertraute Freunde neigen zum Beispiel dazu, ihre Partnerwahl auf Grund komplementärer Rollenbücher zu treffen.
Ein ehrgeiziger junger Angestellter, dem sein Rollenbuch den Aufstieg vorschreibt, braucht eine Ehepartnerin, die motiviert ist, ihm dabei zu helfen. Er wählt daher eine entsprechend gebildete, als Gastgeberin geeignete, ebenso ehrgeizige Frau, die seine Pläne nicht durchkreuzen wird. Sie wiederum wählt ihn, damit er eine Rolle in ihrem eigenen Rollenbuch ausfüllt. Selbst wenn sie eine Party planen, laden sie wahrscheinlich hauptsächlich solche Leute ein, die Rollen zu ihren Gunsten spielen können.
Um den gleichen Auswahlprozeß handelt es sich, wenn eine Frau mit der Lebensanschauung «Männer sind Lumpen» eine Reihe von «Lumpen» heiratet. Ein Teil ihres Rollenbuchs basiert auf dem Motto: «Männer sind NICHT O. K.» Sie erfüllt ihre eigene Prophezeiung, indem sie nörgelt, jammert, unzufrieden ist und ganz allgemein ihrem Mann (der seine Rolle zu spielen hat) das Leben schwermacht. Mit der Zeit bringt sie ihn dazu, sie zu verlassen. Dann kann sie sagen: «Siehst du, ich hab's dir gleich gesagt. Männer sind Lumpen und verlassen unsereinen, sowie es Schwierigkeiten gibt.»
Ein Hypochonder manipuliert andere meist von der Position des Hilflosen und Schwachen her. Sein Partner reagiert darauf meist, indem er sich als Retter oder als Verfolger oder als beides zugleich einsetzt und sich dabei unter Umständen als Opfer vorkommt. Wenn der Hypochonder seine Position der Hilflosigkeit aufgibt und seine Frau nicht bereit ist, ihre Position zu verlassen, verschlimmert sie vielleicht seine Krankheit, um die frühere Rollenbeziehung wieder herzustellen. Wenn umgekehrt die Frau als erste beschließt, die von ihr erwartete Rolle nicht mehr zu spielen, können sich seine Symptome verstärken, oder er sucht sich jemand anderen, der die Retter/Verfolger-Rolle übernimmt.
Manchmal verlangt ein Lebensdrama, daß ein Mitspieler abtritt und ein neuer die Szene betritt. Das kann man häufig bei den Ehen von Akademikern beobachten, die in den langen Jahren der Ausbildung eine Frau brauchen, die einen Beruf hat und mit dem Geld auskommt. Wenn jedoch ein solcher Mann schließlich in seinem Beruf Erfolg hat und anfängt, sich in anderen gesellschaftlichen Kreisen zu bewegen, schreibt ihm sein Rollenbuch eine Partnerin mit anderen Fähigkeiten vor.

Ehepartner, Chefs, Freunde und Feinde werden häufig nach ihrem manipulationsfähigen Potential ausgewählt. Damit sich diese Art der Wahl auszahlt, müssen die Mitspieler die «richtigen» Spiele beherrschen und den Anforderungen einer Rolle genügen können, die das Rollenbuch verlangt. Perls bezeichnet die beiden manipulationsfähigen Hauptpositionen als Überlegenen (‹topdog›) und Unterlegenen (‹underdog›):

Der Überlegene ist gewöhnlich selbstgerecht und autoritär; er weiß alles am besten. Manchmal hat er recht, aber immer ist er rechthaberisch. Der Überlegene ist ein Tyrann, seine Sätze beginnen mit ‹Du sollst› und ‹Du sollst nicht›. Der Überlegene manipuliert mit Forderungen und Katastrophendrohungen wie: ‹Falls du das nicht tust, dann – wirst du nicht geliebt, kommst du nicht in den Himmel, mußt du sterben› usw.
Der Unterlegene manipuliert, indem er sich verteidigt, um Verzeihung bittet, schmeichelt, das Heulbaby spielt usw. Der Unterlegene hat keine Macht. Der Unterlegene ist die Mickymaus, der Überlegene die Supermaus. Der Unterlegene sagt: ‹Morgen.› – ‹Ich tue mein Bestes.› – ‹Schau mal, ich versuche es immer wieder. Ich kann nichts dazu, wenn ich es nicht schaffe.› – ‹Ich kann nichts dazu, daß ich deinen Geburtstag vergessen habe.› – ‹Ich habe die besten Absichten.› Der Unterlegene ist also geschickt, und meistens überlistet er den Überlegenen, weil er nicht so primitiv ist wie dieser. Der Überlegene und der Unterlegene kämpfen um die Herrschaft. Wie alle Eltern und Kinder streiten sie miteinander um die Herrschaft.[13]

Viele Rollen werden von den manipulativen Positionen des Überlegenen und des Unterlegenen aus gespielt. Die Rollen, die als die dramatischsten gelten können, sind die des Verfolgers, des Retters und des Opfers.
Diese Rollen sind *legitim,* wenn sie nicht gespielt werden, sondern realistischerweise der Situation angemessen sind. Beispiele für legitime Rollen sind:

Ein Verfolger: Jemand, der nötige Grenzen setzt oder damit beauftragt ist, ein Gesetz auszuführen.

Ein Opfer: Jemand, der den Anforderungen eines Jobs entspricht, ihn aber wegen seiner Rasse, seines Geschlechts oder seiner Religionszugehörigkeit nicht bekommt.

Ein Retter: Jemand, der einem irgendwie behinderten Menschen hilft, sich zu rehabilitieren und auf eigenen Füßen zu stehen.

Wenn diese Rollen zu Masken werden, sind sie *illegitim* und dienen der Manipulation. Diese drei Rollen werden im folgenden in Versalien geschrieben, wenn sie auf manipulative, illegitime Rollen hinweisen:

EIN VERFOLGER: Jemand, der unnötig strenge Grenzen setzt oder damit beauftragt ist, Gesetze auszuführen, das aber mit sadistischer Brutalität tut.

EIN OPFER: Jemand, der *nicht* den Anforderungen eines Jobs entspricht, aber fälschlich behauptet, ihn wegen seiner Rasse, seines Geschlechts oder seiner Religionszugehörigkeit nicht zu bekommen.

EIN RETTER: Jemand, der in der Maske des Helfers andere von sich abhängig macht.

Manipulative Rollen * gehören zu den Machenschaften und Spielen eines Menschen, die sein Rollenbuch unterstützen. Jemand kann ein Spiel spielen, das er bei seinen Eltern beobachtet hat. Spiele werden jedoch gewöhnlich vom Kindheits-Ich gespielt. Das Kindheits-Ich beginnt das Spiel mit der Absicht, Kindheits-Ich oder Erwachsenen-Ich anderer Spieler zu ködern. Die manipulativen Rollen werden dazu benutzt, andere zu spezifischen Reaktionen zu provozieren oder zu verlocken und so die frühen Lebensanschauungen des Kindheits-Ich zu stärken.

Auf den vielen Bühnen des Lebens muß das gesamte Ensemble darüber informiert sein, welche Rollen in welchem Stück gespielt werden. Jeder kann sich in eine der drei Grundrollen verwandeln: OPFER, VERFOLGER und RETTER. In der Transaktions-Analyse bezeichnet man dieses Phänomen als das Karpmansche Dreieck.[14]

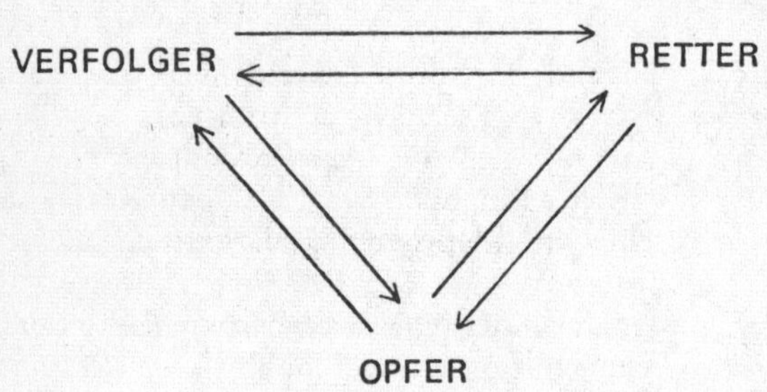

Abbildung 22

Karpman schreibt:

In der Drama-Analyse sind nur drei Rollen zur Darstellung der emotionalen Wechsel nötig, die das Drama ausmachen. Diese Handlungsrollen (im Gegensatz zu den zuvor besprochenen Identitätsrollen) sind der VERFOLGER, der RETTER und das OPFER, oder V, R und O in der schematischen Darstellung. Das Drama beginnt, wenn diese Rollen vom Publikum festgestellt oder erwartet werden. Ohne Rollenwechsel kommt es zu keinem Drama ... Das Drama läßt sich mit Transaktions-Spielen vergleichen, doch es hat eine größere Anzahl von Ereignissen, eine größere Anzahl von Rollenwechsel pro Ereignis, und ein Mensch spielt häufig zwei oder drei Rollen auf einmal, Spiele sind einfacher und enthalten nur einen wesentlichen Rollenwechsel, das heißt, in dem Spiel «Ich versuche nur, dir zu helfen» gibt es eine Rotation (gegen den Uhrzeigersinn) im dramatischen Dreieck: Das OPFER wechselt zum VERFOLGER, und der RETTER wird das OPFER.

Ein häufiges Familiendrama enthält das Wechselspiel von drei spezifischen Spielen, wobei jedes von einer spezifischen Rolle ausgeht:

Spiel	Grundrolle
«Tu mir etwas an»	OPFER
«Jetzt hab ich dich endlich, du Schweinehund»	VERFOLGER
«Ich versuche nur, dir zu helfen»	RETTER

Eine Szene beginnt damit, daß der Initiator von «Tu mir etwas an» einen anderen dahingehend manipuliert, ihm etwas anzutun. Als OPFER sucht er einen VERFOLGER, der ihn bereitwillig in flagranti ertappt und das Komplementärspiel beginnt «Jetzt hab ich dich endlich, du Schweinehund». Damit ist die Szene vorbereitet für den RETTER. Wenn der RETTER mit einer unzulänglichen oder unrealistischen Lösung auftritt, wird er abgelehnt. Dann fühlt er sich verfolgt und meint, man habe ihm etwas angetan. Mit einem Stichwort aus seinem Lieblingsspiel klagt er: «Ich habe nur versucht, dir zu helfen.»

Der folgende Dialog zeigt vielleicht nicht alle Transaktionen in den drei Spielen eines Familiendramas; er illustriert jedoch den Rollenwechsel.

Sohn: (schreit als VERFOLGER wütend seine Mutter an)	Du weißt, daß ich Blau nicht leiden kann. Und trotzdem hast du mir wieder ein blaues Hemd gekauft!

Mutter: (als OPFER)	Dir kann ich nie etwas recht machen.
Vater: (rettet die Mutter, verfolgt den Sohn)	Willst du vielleicht deine Mutter nicht so anschreien, junger Mann. Geh in dein Zimmer, heute gibt's für dich kein Abendessen!
Sohn: (schmollt jetzt als OPFER in seinem Zimmer)	Sie sagen, ich soll ehrlich sein, und wenn ich ihnen erkläre, was mir nicht gefällt, machen sie mich fertig. Wie soll man mit solchen Leuten auskommen?
Mutter: (bringt ihm als RETTER etwas zu essen)	Sag Vater nichts davon. Wir hätten uns wegen eines Hemdes nicht so aufregen sollen.
Mutter: (kehrt als VERFOLGER zum Vater zurück)	Johann, du bist zu streng zu deinem Sohn. Ich wette, er sitzt jetzt in seinem Zimmer und haßt dich.
Vater: (als OPFER)	Na hör mal, Liebling, ich wollte dir nur helfen, und jetzt machst du mir auch noch Vorwürfe. Das verletzt mich ganz schön.
Sohn: (ruft als RETTER)	Mutter, laß doch Vater in Ruhe. Er ist einfach müde.

Jeder Mensch spielt von Zeit zu Zeit die Rollen des VERFOLGERS, RETTERS oder des OPFERS. Doch jeder neigt auch dazu, seine Spiele und das Leben überhaupt von seiner Lieblingsrolle her aufzurollen. Dem Spieler ist seine Rolle nicht immer klar, er kann die eine spielen, aber eine andere empfinden. Zum Beispiel ist es nicht ungewöhnlich, daß jemand, der sich als OPFER fühlt, in Wirklichkeit seine Umgebung verfolgt. Häufig entsteht durch den Rollenwechsel das Drama.

Wenn ein Mann gemeinsam mit seiner Frau eine Eheberatung aufsucht, kommt sich möglicherweise jeder als das OPFER vor, das unter der Verfolgung des Partners leidet. Beide erwarten dann vom Therapeuten, daß er als RETTER in ihre Spiele eingreift, statt eine wirkliche Lösung zu bewirken.

Fallbeispiel

Thomas und Maria kamen in die Beratung und beklagten sich über den Mißerfolg ihrer zweiten Flitterwochen. Jeder behauptete, das Opfer des anderen gewesen zu sein. Er schrie: «Und du hattest die Frechheit, deine Mutter mitzunehmen. Sie schlief sogar in unserem Hotelzimmer.» Sie erwiderte: «Und du warst sehr unhöflich zu ihr und hast mich damit in Verlegenheit gebracht.» Nach einem weiteren Schlagabtausch wurden sie gebeten, von ihren ersten Flitterwochen zu erzählen. Thomas fragte: «Was hat das mit uns heute zu tun?» Maria antwortete: «Das kann ich dir sagen. Vor 15 Jahren hast du *deine* Eltern mit auf unsere Hochzeitsreise genommen. Du hast gesagt: ‹Sie konnten noch nie irgendwohin fahren.› Seither hast du mich ausgenützt.»

Maria hatte in all diesen Jahren die Rolle des OPFERS gespielt. Ihre Spiele waren «Armer Teufel» und «Du siehst, ich gebe mir wirklich die größte Mühe» gewesen, und schließlich hatte sie sich gerächt, indem sie selbst die Rolle des VERFOLGERS angenommen hatte. Ihr Lieblingsspiel wurde «Jetzt hab ich dich endlich, du Schweinehund». Fünfzehn Jahre lang hatte das Thema ihres Ehedramas Rache geheißen.

Rollenbuch-Themen

Alle Rollenbücher werden von Themen durchzogen wie Marias Thema der Rache (das durch den Rollenwechsel vom OPFER zum VERFOLGER zum Ausdruck kam). Diese Themen und Rollen tragen zum fortlaufenden Lebensdrama bei. Im allgemeinen können Themen durch kurze Stichworte ausgedrückt werden:

den Verstand verlieren
der Beste sein
Sünder bekehren
hilfreich sein
sich glänzend amüsieren
sich sehr anstrengen
andere herumkommandieren
straucheln, aber wieder auf die Beine kommen

einen Schritt vor und zwei zurück
nie etwas erreichen
für Notzeiten sparen
Leute zum Wahnsinn treiben
Selbstmord begehen
sein Kreuz auf sich nehmen
Weltreiche errichten
unglücklich sein
Eiertänze aufführen
den Zug abfahren lassen
um Entschuldigung dafür bitten, daß man lebt
getreten werden
den Goldschatz suchen

Rollen und Themen von Rollenbüchern in der Mythologie

Dichter und Künstler haben im Laufe der Geschichte immer wieder die dramatischen Rollen und Themen im menschlichen Leben beobachtet und aufgezeichnet. In der Antike war eine Form der dramatischen Literatur der Mythos. Ein Mythos ist eine Geschichte, die auf symbolische Weise eine Wahrheit enthüllt – keine Wahrheit, die wissenschaftlich bewiesen werden kann, doch eine Wahrheit im grundsätzlichen und universalen Sinn.

Berne glaubt, daß die Mythen des klassischen Altertums die Rollenbuch-Prototypen des modernen Menschen enthalten und psychologisch interpretiert werden können. Die mythischen Gestalten stellen Universaltypen dar, deren Verhalten dem des modernen Menschen oftmals durchaus gleicht. Zwei solcher uns ähnlichen Gestalten waren die Brüder Atlas und Prometheus. Jeder wandte sich gegen die Autorität von Zeus, dem «Göttervater», und jeder wurde deshalb verfolgt.

Zur Strafe verurteilte Zeus Atlas dazu, das Gewicht des Himmels auf seinen Schultern zu tragen. Herkules, der starke Mann in der griechischen Mythologie, erbot sich, diese Last auf sich zu nehmen, wenn Atlas für ihn die berühmten goldenen Äpfel der Hesperiden erwerben würde. Atlas stimmte zu. Doch bei seiner Rückkehr ließ er sich die Last wieder aufschwindeln, statt auf dem Versprechen, dafür frei zu werden, zu bestehen.

Der Atlas unserer Tage trägt viele Masken: Da ist der überarbeitete

Sozialarbeiter; der Geschäftsmann, der sich scheut, Autorität zu delegieren und für seine Abteilung «alles auf seine Schultern lädt»; die erschöpfte Hausfrau, die jedem alles sein will. Obwohl sich diese Atlas-Gestalten vielleicht gelegentlich beklagen, spielen sie ihre Rolle als OPFER weiter und ziehen aus ihrer Mühsal einen gewissen Lustgewinn.

Dramen, in denen eine Atlas-Figur die Hauptrolle spielt, haben Themen wie: Sein Kreuz auf sich nehmen; Die Last der Welt auf seinen Schultern tragen; Sich sehr anstrengen; Sein Unglück genießen. Atlas verkleidet sich gern als ‹netter Kerl›, kann sich aber Spielen widmen wie «Warum muß das ausgerechnet immer mir passieren?», «Wenn du nicht wärst», «Armer Teufel» und «Ist es nicht schrecklich». Im Grunde möchte Atlas seine Rolle und sein Unglück gar nicht aufgeben.

Prometheus und sein Bruder Epimetheus wurden von den Göttern beauftragt, Tiere und Menschen zu erschaffen. Epimetheus sollte dabei die Arbeit leisten, Prometheus sie beaufsichtigen. Epimetheus verlieh den Tieren Gaben wie Kraft, Schnelligkeit, Mut und Flügel. Es war nicht mehr viel übrig, was den Menschen hätte überlegen machen können, also sann Prometheus auf eine Lösung. Mit Minervas Hilfe entzündete er seine Fackel an der Sonne und schenkte dem Menschen das Feuer, mit dem dieser Waffen und Werkzeuge schmieden und die Natur beherrschen konnte. Außerdem ließ Prometheus den Menschen aufrecht gehen wie die Götter und ließ ihm das beste Opferfleisch, so daß für die Götter nur Fett und Knochen übrigblieben.

Zeus aber war zornig über Prometheus' Fürsorge und bestrafte ihn. Als VERFOLGER kettete er Prometheus an einen Felsen, wo er schwere Qualen erleiden mußte, bis ihn Herkules errettete. Bis heute aber ist Prometheus ein Symbol für das großmütige Ertragen unverdienten Leidens und für Willensstärke geblieben, die sich der Unterdrückung widersetzt.[15]

Wie der griechische Held lehnt sich ein moderner Prometheus oft gegen die Autorität und die Forderungen des Establishments auf. Er sieht sich selbst als Retter der Menschheit und identifiziert sich mit dem Unterlegenen. Wenn er die Rolle nur spielt und nie jemanden wirklich rettet, handelt er, ‹als ob› er ein Retter wäre, statt einer zu sein. Wenn er ein echter Retter ist, hilft er anderen wieder auf die Beine, geht dabei aber oft das Risiko ein, sich selbst den Zorn der Herrschenden zuzuziehen.

Haben Sie einen Atlas oder Prometheus in Ihrer Familie? In der

Nachbarschaft? Am Arbeitsplatz? Unter Ihren Freunden? Ist er echt, oder spielt er nur? Kennen Sie einen Menschen, der einer anderen Gestalt aus der griechischen Mythologie gleicht? Vielleicht kommen Ihnen folgende Beschreibungen bekannt vor:

Ein Zeus, der alle Grundregeln bestimmt und andere durch Verführung, Drohung und Brutalität beherrscht, dabei ein Schürzenjäger ist.

Eine Hera, die eifersüchtige Ehefrau des Zeus, die wie ein Detektiv immer hinter ihrem angetrauten Playboy her spioniert, der mit ihr in ein ‹göttliches› Spiel von «Räuber und Gendarm» verwickelt ist.

Eine Echo, die kleine Nymphe, die dazu verdammt ist, keine eigenen Gedanken zu haben, und nur wiederholt, was andere bereits sagten.

Ein Pygmalion, ein Mann, der eigentlich Frauen haßt, aber eine unvergleichbar perfekte Frau aus Stein erschafft und sich in dieses Geschöpf verliebt statt in eine Frau aus der realen Welt.

Ein Narziß, der so in sich selbst verliebt ist, daß er – blind für alles andere auf der Welt dahinschmachtend – nur sein eigenes Spiegelbild anbetet.

Eine Daphne, die so lange mit Männern flirtet, bis sie von ihnen verfolgt wird, dann aber weinend bei ‹Vati› Schutz sucht.

Themen von Rollenbüchern in Kindergeschichten

Wie in den antiken Mythen werden die verschiedenen Lebensdramen auch in Kindergeschichten behandelt und durch Bücher, Radio, Fernsehen oder durch Erzählen verbreitet. Das Rollenbuch eines Menschen spiegelt sich oft in Geschichten, die sowohl die manipulativen Grundrollen wie die Verwicklungen enthalten, in denen diese Rollen zum Tragen kommen.
Die VERFOLGER im Märchen sind oft böse Stiefmütter, Hexen, Ungeheuer, große, böse Wölfe, Drachen oder andere wilde Tiere. Die OPFER sind Frösche, heimatlose Kinder, Dornröschen, arme

kleine Streichholzverkäuferinnen oder häßliche Entlein und andere ‹arme Dinger›. Die RETTER sind gute Feen, hilfreiche Elfen, weise Zauberer, schöne Prinzessinnen und Prinzen.
Um gerettet zu werden, muß ein Opfer jemanden finden, der sich selbst für einen RETTER hält. Einem RETTER in Kindergeschichten werden oft ‹magische Kräfte› zugeschrieben. Die Komplementärfunktionen von OPFER und RETTER zeigen sich deutlich in dem Märchen *La belle et la bête.* Im Gegensatz zu ihren selbstsüchtigen Schwestern verlangt die «Schöne» nie irgend etwas für sich selbst. Als ihr Vater seinen Reichtum verliert, übernimmt sie opferbereit alle niedrigen Pflichten. Für dieses demütige Verhalten erntet sie von ihren Schwestern Spott, von ihrem Vater Lob.
Auf der Suche nach neuen Reichtümern fällt der Vater der «Schönen» in die Hände eines «Ungeheuers», das ihm mit dem Tode droht, falls es nicht eine der Töchter erhält. Die «Schöne» erklärt sich freiwillig dazu bereit, der Vater nimmt das Opfer an. Wenn das «Ungeheuer» auch sehr häßlich ist, so ist es doch sehr gütig (ein netter Kerl), und als es krank wird, heiratet die «Schöne» voller Mitleid das arme Geschöpf. Und siehe da – es wird in einen schönen Prinzen verwandelt.
Eine junge Frau mit diesem Lebensmuster schließt aus Früherlebnissen mit ihrem Vater, daß «Männer arme Kerle sind», die selbstlose Hingabe brauchen.
Bei der Besetzung ihres Lebensdramas wählt eine moderne Schöne einen Mann zum Ehepartner, der auf irgendeine Weise wertlos oder ein Ungeheuer ist. Er kann zu kurz gekommen oder unansehnlich sein, drogensüchtig oder Alkoholiker, verschuldet oder mit dem Gesetz in Konflikt geraten sein. Wenn die Schöne aber entdeckt, daß ihr Zauber nicht funktioniert, bleibt sie vielleicht voller Aufopferung bei ihrem «Ungeheuer». Vielleicht aber läßt sie sich auch scheiden und sucht sich einen neuen Partner (wiederum auf irgendeine Art ein Ungeheuer), den sie wieder retten kann. Das Ungeheuer seinerseits wartet auf einen neuen RETTER, anstatt die Initiative für sein eigenes Leben zu ergreifen, denn eine böse Hexe (wahrscheinlich seine Mutter) hat ihn verwünscht, und ein gemeiner Troll (wahrscheinlich sein Vater) hat ihm gezeigt, wie man ein Ungeheuer wird.
Das gleiche Drama kann mit umgekehrten Geschlechterrollen gespielt werden. In diesem Fall sind die Hauptdarsteller der Schöne und die schlimme Frau.
Eine andere Märchengestalt ist *Aschenputtel,* ein OPFER, das niedrige Dienste verrichtet und von grausamen, anspruchsvollen Leuten

umgeben ist. Ihr erster RETTER ist eine gute Fee, die Aschenputtel ein prächtiges Kleid, Glaspantöffelchen und eine herrliche Kutsche zum Besuch eines Balls schenkt. Dort findet Aschenputtel einen weiteren RETTER – einen Prinzen.
Manche Therapeuten meinen, der Prinz habe sich eher wie ein Frosch verhalten, weil er zwar behauptet, Aschenputtel zu seiner Frau machen zu wollen, aber sich nicht nach ihrem Namen und ihrer Adresse erkundigt. Doch wie dem auch sei: Alle Märchenthemen können von Gewinnern wie Verlierern nachgelebt werden. Manche Aschenputtel schaffen es immerhin. Doch im wirklichen Leben ist Märchenglück so selten wie Zauberei.
Ein modernes Aschenputtel mit dem Rollenbuch eines Verlierers akzeptiert einen seiner Meinung nach schlecht bezahlten Job und behauptet häufig, «anderen Leuten den Dreck wegmachen zu müssen». Es lebt in der Hoffnung, daß es seinen Prinzen schon finden und dadurch von seiner miserablen Existenz erlöst wird, wenn ihm irgend jemand auf magische Weise die eleganten Kleider, einen Wagen und die richtige Situation verschaffen würde. Manche Aschenputtel sind entsetzt, wenn sie feststellen, daß sie nach ihrer Heirat mit dem Prinzen weiterhin schlecht bezahlte Arbeit, nämlich unbezahlte Hausarbeit, tun müssen.[16] Moderne männliche Aschenputtel sehen sich ebenfalls als OPFER in Jobs, die ihnen nicht gefallen, und warten auf eine magische Erlösung, die in Wirklichkeit nie eintreten wird.
The Little Lame Prince, der kleine, lahme Prinz, ist ein weiteres OPFER, das ungerecht verfolgt wurde und gerettet werden muß. In der Originalgeschichte verbannt eine königliche Familie ihren kleinen lahmen Prinzen wegen seines Gebrechens auf einen Turm. Eine gute Fee rettet ihn, indem sie ihm einen magischen Reisemantel schenkt, mit dem der kleine lahme Prinz übers Niemandsland fliegen und zum erstenmal Bäume, Blumen und andere Schönheiten der Natur sehen und erleben kann.
W. Ray Poindexter berichtet von einem jungen Mann, dessen Lebensdrama der Geschichte des kleinen, lahmen Prinzen gleicht.[17] Der Vater des Jungen hatte beschlossen, daß mit seinem fragewütigen, intellektuellen Sohn «etwas nicht stimme» (daß er lahm sei), weil er unsportlich sei und gar nicht so, wie man sich einen «echten amerikanischen Jungen» vorstellt. Obwohl der Junge eine gute körperliche Pflege und Erziehung erhielt, fehlte es ihm an echter Zuneigung und dem Gefühl, akzeptiert zu werden. Er fühlte sich verbannt und suchte daher Zuflucht in einer Kommune mit jugend-

lichen Ausreißern. Um von seinem ‹Turm› zu entfliehen, nahm er dort Drogen. Sie waren der magische Mantel, mit dem er auf Reisen gehen konnte.
Gestalten aus Geschichten sind im alltäglichen Lebensdrama häufig. Ein Mensch kann sich isolieren wie Robinson Crusoe (vielleicht mit einem männlichen oder weiblichen Freitag), davonlaufen wie Huckleberry Finn, gegen «Windmühlen» kämpfen wie Don Quichotte, zur Rettung fliegen wie Superman, nicht erwachsen werden wollen wie Peter Pan, sich endlos mit Bagatellen und Gemütserschütterungen auseinandersetzen wie die Primadonna eines Melodramas, kann Schurke, Held oder Heldin, König, Königin oder Tor sein. Ein Mensch kann sein:

unglücklich wie das Mädchen mit den Schwefelhölzchen,
ein Geizhals wie Scrooge,
ein Frauen- und Pistolenheld wie James Bond,
träge wie Oblomov,
ein edler Ritter wie Sir Lancelot.

Menschen, die leben wie die Helden in Geschichten und nicht bereit sind, ihre eigene Einzigartigkeit zu erfahren, sind oft Verlierer.

Zusammenfassung

Jeder Mensch hat sein eigenes psychologisches Rollenbuch. Jeder Mensch lebt in einer Kultur, die ihrerseits wieder bestimmte Rollenbücher hat. Das psychologische Rollenbuch enthält das fortlaufende Programm für das Lebensdrama des Individuums. Sein Ursprung sind die konstruktiven, destruktiven oder unproduktiven Botschaften, die ein Kind von seinen Eltern empfängt, und die Lebensanschauungen, die es allmählich über sich und andere bildet. Diese Anschauungen können sich auf die Menschen allgemein oder auf die Angehörigen eines bestimmten Geschlechts beziehen.
In dem Maße, in dem die Botschaften des Rollenbuchs nicht mit den tatsächlichen Möglichkeiten des Kindes übereinstimmen und seinen Willen zum Überleben negieren, erzeugen sie Krankheitserscheinungen unterschiedlicher Art. Ihre Skala reicht von sehr milden Symptomen, die sich kaum auf die Funktionsfähigkeit des Menschen auswirken, bis zu so starken, daß die Betroffenen absurde

Karikaturen ihrer selbst werden.
Während alle Rollenbücher etwas von einem Zauberbann an sich haben, enthalten manche ziemlich realistische Vorstellungen von dem, was der Agierende mit seinen Talenten innerhalb seiner Gesellschaft tun kann. Andere verleiten dazu, einem Stern zu folgen, der unrealistisch ist oder vielleicht böse Folgen hat. Wiederum andere Rollenbücher programmieren das Kindheits-Ich für die Zerstörung, für ein tragisches Ende.
Die meisten Menschen spielen zu irgendeiner Zeit Rollen und verkleiden sich auf irgendeine Weise. Wenn sie erkennen, daß sie eine Vorstellung geben, gibt ihnen dieses Bewußtsein eine gewisse Freiheit, heuchlerische Rollen abzulehnen. Das Rollenspielen kann zugunsten von Wahrhaftigkeit aufgegeben werden.
Der bewußte Mensch kann den Kurs seines eigenen Lebensplans bestimmen und sein Drama entsprechend seiner eigenen Einzigartigkeit neu schreiben. Er kann den Möglichkeiten seines Selbst auf die Spur kommen und dem Zwang, nur innerhalb eines bestimmten Rahmens zu leben, entfliehen. Das ist natürlich einfacher gesagt als getan, es ist vielmehr oft schmerzlich und fordert harte Arbeit an sich. Manchmal ist ein wirklicher Retter nötig, ähnlich wie in der folgenden *Parabel vom Adler* von James Aggrey.[18]

Einst fand ein Mann bei einem Gang durch den Wald einen jungen Adler. Er nahm ihn mit nach Hause auf seinen Hühnerhof, wo der Adler bald lernte, Hühnerfutter zu fressen und sich wie ein Huhn zu verhalten.
Eines Tages kam ein Zoologe des Wegs und fragte den Eigentümer, warum er einen Adler, den König aller Vögel, zu einem Leben auf dem Hühnerhof zwinge.
«Da ich ihm Hühnerfutter gegeben und ihn gelehrt habe, ein Huhn zu sein, hat er nie das Fliegen gelernt», antwortete der Eigentümer. «Er verhält sich genau wie ein Huhn, also ist er kein Adler mehr.»
«Dennoch», sagte der Zoologe, «hat er das Herz eines Adlers und kann sicher das Fliegen lernen.»
Nachdem sie die Sache beredet hatten, kamen die beiden Männer überein, zu ergründen, ob das möglich sei. Behutsam nahm der Zoologe den Adler in die Arme und sagte: «Du gehörst den Lüften und nicht der Erde. Breite deine Flügel aus und fliege.»
Doch der Adler war verwirrt; er wußte nicht, wer er war, und als er sah, wie die Hühner ihre Körner pickten, sprang er hinab, um wieder zu ihnen zu gehören.
Unverzagt nahm der Zoologe den Adler am nächsten Tag mit auf das Dach des Hauses und drängte ihn wieder: «Du bist ein Adler. Breite deine Flüdel aus und fliege.» Doch der Adler fürchtete sich vor seinem unbekannten

«Der bewußte Mensch …»

... bestimmt den «Kurs seines eigenen Lebens» selber. Und wenn er seine Möglichkeiten erkennt, kann er dabei auch zum «Gewinner» werden ...

Selbst und der Welt und sprang wieder hinunter zu dem Hühnerfutter.
Am dritten Tag machte sich der Zoologe früh auf und nahm den Adler aus dem Hühnerhof mit auf einen hohen Berg. Dort hielt er den König der Vögel hoch in die Luft und ermunterte ihn wieder: «Du bist ein Adler. Du gehörst ebenso den Lüften wie der Erde. Breite jetzt deine Flügel aus und fliege.»
Der Adler schaute sich um, sah zurück zum Hühnerhof und hinauf zum Himmel. Noch immer flog er nicht. Da hielt ihn der Zoologe direkt gegen die Sonne, und da geschah es, daß der Adler zu zittern begann und langsam seine Flügel ausbreitete. Endlich schwang er sich mit einem triumphierenden Schrei hinauf gen Himmel.
Es mag sein, daß der Adler immer noch mit Heimweh an die Hühner denkt; es mag sogar sein, daß er hin und wieder den Hühnerhof besucht. Doch soweit irgend jemand weiß, ist er nie zurückgekehrt und hat das Leben eines Huhns wiederaufgenommen. Er war ein Adler, obwohl er wie ein Huhn gehalten und gezähmt worden war.

Genau wie der Adler kann ein Mensch, der sich für etwas gehalten hat, was er nicht ist, sich erneut für sein wirkliches Potential entscheiden. Er kann ein Gewinner werden.

Experimente und Übungen

Wenn Sie Ihr eigenes Rollenbuch erkunden wollen, nehmen Sie sich Zeit, um die folgenden Experimente und Übungen, soweit sie Sie interessieren, zu erarbeiten.

1. Das Rollenbuch der Kultur und Familie

Versetzen Sie sich in die Vergangenheit. Was waren und wie lebten Ihre Vorfahren vor 75 Jahren oder vor 150 Jahren?

- Inwieweit beeinflußt Sie heute Ihr kulturelles Erbe (zum Beispiel in Ihrer Geschlechtsrolle, Arbeit oder Ausbildung)?
- Beschreiben Sie mindestens eine Handlung, die Sie heute ausführen und die kulturell bestimmt ist.
- Stellen Sie sich Ihre gegenwärtigen Lebensbühnen vor. Gibt es hier einige Beziehungen zu Subkulturen?
- Denken Sie an die dramatischen Muster in der Familie, in der Sie aufgewachsen sind. Wiederholen Sie irgendwelche davon heute? Welche haben Sie geändert?

Nicht-verbale Botschaften in Ihrem Rollenbuch. (Lesen Sie bitte das gesamte Experiment durch, bevor Sie es ausführen.)

Schließen Sie die Augen und versuchen Sie, sich den Gesichtsausdruck der ersten Person vorzustellen, an die Sie sich erinnern. Wenn nur Teile von Gesichtern auftauchen, etwa Augen oder Mund, dann betrachten Sie sie genau. Wessen Gesichter sehen Sie?
Versuchen Sie sich jetzt an die nicht-verbalen Botschaften zu erinnern, die Ihre Eltern durch Handlungen übermittelt haben (zum Beispiel Streicheln, geballte Faust, wütender Klaps, liebevoller Kuß).

- Welche angenehmen oder unangenehmen Gefühle werden in Ihnen erregt?
- Welche Mitteilungen enthalten der erinnerte Gesichtsausdruck oder die körperliche Handlung?

Verbale Mitteilungen in Ihrem Rollenbuch

Stellen Sie sich als Kind vor. Hören Sie wieder, was Ihre Familie sagt. Was wurde gesprochen über:

Ihren Wert	Ihre Moral
Ihr Aussehen	Ihre Gesundheit
Ihre Fähigkeiten	Ihr Geschlecht
Ihre Intelligenz	Ihre Zukunft?

- Sagen Sie in einem Satz, was Ihrer Vorstellung nach jede Ihrer Elternfiguren von Ihnen dachte.
- Besteht ein Zusammenhang zwischen Ihrer heutigen Selbsteinschätzung und der Meinung Ihrer Eltern über Sie?

Rollen-Identifikation

Denken Sie an die letzten Tage zurück und erinnern Sie sich, wie Sie sich verschiedenen Menschen gegenüber verhalten haben. Stellen Sie fest, ob Sie eine der drei dramatischen Rollen gespielt haben – OPFER, VERFOLGER oder RETTER.

- Haben Sie die Rolle gewechselt, als sich die Situation änderte?
- Haben Sie eine Rolle öfter als die anderen gespielt?

- Entsprechen die Rollen, die Sie gespielt haben, Gestalten in irgendwelchen Mythen, Märchen oder anderen Geschichten, für die Sie eine besondere Vorliebe haben?

Als Sie die *Parabel vom Adler* gelesen haben, identifizierten Sie sich dabei mit einer bestimmten Rolle? Fragen Sie sich selbst:

- Hat mich jemand aufgezogen und gezähmt? Habe ich jemand aufgezogen und gezähmt?
- Gibt es jemanden, den ich wirklich gerettet habe? Jemanden, der mich gerettet hat?

Auf der Bühne

Stellen Sie sich vor, Ihr Lebensdrama würde auf einer Bühne aufgeführt.

- Ist es eine Komödie, eine Farce, ein Märchen, ein Melodrama, eine Tragödie, oder was ist es?
- Hat Ihr Stück ein Rollenbuchthema? Wenn ja, ist es erfolgsorientiert oder das Gegenteil davon – konstruktiv, destruktiv oder unproduktiv?
- Stellen Sie sich vor, Sie wären ein Zuschauer, der sich Ihr Stück ansieht. Was machen Sie? Applaudieren, weinen, buhen, lachen Sie, schlafen Sie ein, fordern Sie Ihr Geld zurück, oder was tun Sie?

Lebensbühnen

Stellen Sie sich Ihr Leben als eine Drehbühne vor und jede Ihrer Kulissen als einen Abschnitt davon. Zeichnen Sie ein Schema Ihrer verschiedenen Kulissen entsprechend dem Zeitanteil, den Sie auf jede verwenden. Bewerten Sie einen typischen Monat in Ihrem Leben. Berücksichtigen Sie die Zeit zum Schlafen nicht, es sei denn, Sie halten sie für besonders wichtig. Musterschemata sind in Abb. 23 wiedergegeben.

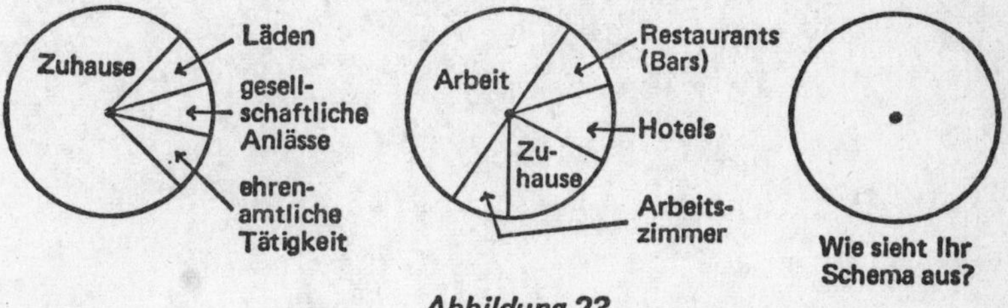

Abbildung 23

- Investieren Sie auf jeder Bühne ebensoviel *Energie* wie Zeit?
- Liegen Ihre *wahren Interessen* dort, wo Sie Ihre Zeit und Energie investieren?
- Wer ist auf der jeweiligen Lebensbühne der Regisseur Ihres Stücks?
- Sind Sie zufrieden mit dem, was Sie in den verschiedenen Kulissen investieren?

Ensemble

Denken Sie an die wichtigsten Menschen, die gegenwärtig in Ihrem Lebensdrama mitspielen.
Setzen Sie eine Reihenfolge fest über die Zeit, Energie und das wahre Interesse, das Sie in diese Menschen investieren.
Kehren Sie die Situation um. Wieviel Zeit, Energie und wahres Interesse investieren diese Menschen Ihrer Meinung nach in Sie?
Fördern sie auf irgendeine Weise Ihre Lebenspläne?
Mit wem und auf welchen Bühnen spielen Sie ‹als ob›?
Wem gegenüber und auf welchen Bühnen verhalten Sie sich wahrhaftig – *sind* Sie die Rolle oder *spielen* Sie nur?

5
Elternschaft und Eltern-Ich

Es ist gewiß angenehm,
von guter Abstammung zu sein,
doch der Ruhm gebührt unseren Vorfahren.

Plutarch

Manchen Menschen fällt es leicht, das zu sein, was sie unter ‹guten› Eltern verstehen, anderen fällt es schwer. Die meisten haben ihre guten und ihre schlechten Zeiten. Manche Eltern haben Spaß an Babies, anderen sind sie lästig, wieder andere kommen aus den verschiedensten Gründen nicht mit ihnen zurecht. Hin und wieder machen viele Eltern alle drei Einstellungen durch. «Das Erschreckende an Vererbung und Umwelt ist, daß wir Eltern für beides zuständig sind.»[1] Eltern schaffen ein emotionales Klima, das wie das atmosphärische Klima warm oder kalt ist, mild oder streng, wachstumsfördernd oder wachstumshemmend. Eltern vermitteln ihren Kindern durch positives Streicheln beständige, dabei zärtliche und liebevolle Fürsorge, oder sie mißachten sie und fördern damit destruktive oder unproduktive Rollenbücher. Das Beste, was Eltern für ihr Kind tun können, ist, das eigene Rollenbuch kritisch zu beurteilen und dann zu entscheiden, ob es lohnt, dieses an die folgende Generation weiterzugeben.

Das Eltern-Ich

Im Guten wie im Schlechten dienen Eltern als Modelle, die sich in die Gehirne ihrer Kinder einprägen. Das Eltern-Ich ist die Verbindung von Einstellungen und Verhalten aller emotional wichtigen Menschen, die für das Kind Elternfiguren sind. Das Eltern-Ich funktioniert nicht unbedingt auf eine Weise, die in unserer Kultur als ‹mütterlich› oder ‹väterlich› definiert wird. Tatsächlich gibt es keinen Beweis für mütterliche oder väterliche Instinkte beim Menschen. Nach Harlows Untersuchungen trifft das auch auf die niederen Primaten zu.[2] Die Menschen lernen von ihren eigenen Eltern, Eltern zu sein, bei den Affen scheint es ähnlich zu sein.

Ich-Zustände innerhalb des Eltern-Ich

Jeder Elternteil hat seine eigenen drei Ich-Zustände. Dementsprechend nimmt ein Mensch in seinen eigenen Eltern-Ich-Zustand das Eltern-Ich, Erwachsenen-Ich und Kindheits-Ich von Vater und Mutter, vom Babysitter und so weiter auf. Manchmal verhalten sich Eltern gegenüber ihren Kindern, wie ihre Eltern sich ihnen gegenüber verhalten haben: moralisierend, strafend, fürsorglich, ignorierend. Ein andermal argumentieren die Eltern auf Grund gegenwärtiger objektiver Daten: Sie erklären das Warum, zeigen das Wie, suchen nach Fakten und lösen Probleme. Und manchmal zeigen sie ein Verhalten aus ihrer eigenen Kindheit: Sie quengeln, ziehen sich zurück, sind ausgelassen, kichern, manipulieren und spielen. Wenn ein Mensch mit seinem Eltern-Ich reagiert, kann sein Verhalten also aus jedem Ich-Zustand kommen, den er von irgendeiner seiner Elternfiguren in sich aufgenommen hat. Das Eltern-Ich in seinem Eltern-Ich-Zustand sind meistens die Großeltern.
Die Analyse der Ich-Zustände innerhalb eines Ich-Zustandes bezeichnet man als *Struktur-Analyse zweiten Grades.* Auf das Eltern-Ich angewendet bedeutet dies das Aussortieren von Eltern-Ich, Erwachsenen-Ich und Kindheits-Ich innerhalb des Eltern-Ich-Zustandes eines Menschen. Die Struktur-Analyse zweiten Grades des Eltern-Ich ist in Abbildung 24 schematisch dargestellt.*
Das bedeutet, daß manchmal das Verhalten eines Menschen dem Erwachsenen-Ich der Großmutter oder dem Eltern-Ich des Babysitters oder dem Kindheits-Ich des Vaters usw. entsprechen kann. Die folgende kleine Geschichte zeigt, wie bestimmte Traditionen und Ansichten – Rollenbücher der Kultur und Familie – viele Generationen hindurch gepflegt werden können, obwohl die Gründe dafür längst vergessen sind.

Eine jungverheiratete Frau brachte einen gebackenen Schinken auf den Tisch, und ihr Mann fragte sie, warum sie die Enden abgeschnitten habe. «So hat es meine Mutter auch immer gemacht», antwortete sie.
Als die Schwiegermutter das nächste Mal zu Besuch war, fragte er sie, war-

* Der Eltern-Ich-Zustand besteht aus allen tatsächlichen Elternfiguren, die ein Kind in sich aufgenommen hat. Das Schema zweiten Grades vom Eltern-Ich-Zustand jedes Menschen würde ein anderes Gleichgewicht der elterlichen Verbindung enthüllen.

um sie beim Schinken die Enden abschneide. «So hat es *meine* Mutter immer gemacht», antwortete sie.
Als dann die Großmutter kam, wurde sie ebenfalls gefragt, warum sie die Schinkenenden abschnitt. Sie sagte: «Anders bekam ich ihn nicht in die Pfanne.»[3]

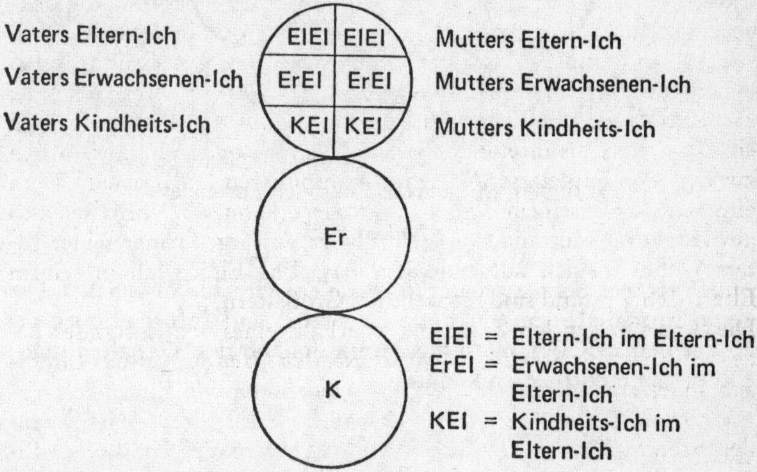

Abbildung 24

Äußere Wirkung des Eltern-Ich

Wenn ein Eltern-Ich nach außen hin wirksam wird, führt ein Mensch mit den Ich-Zuständen anderer Transaktionen durch, die er bei seinen eigenen Eltern beobachtet hat (Abb. 25).
Transaktionen vom Eltern-Ich aus zeigen sich besonders deutlich bei der Kindererziehung. In vielen Fällen neigen die Leute automatisch dazu, ihre Kinder so zu erziehen, wie sie erzogen worden sind.

Fallbeispiel 1

Wenn Johann von seinem Vater bestraft wurde, erhielt er schwere Schläge mit einem Riemen. Er schwor sich, nie wie sein Vater ein Kind zu schlagen. Dennoch empfand es Johann als völlig ‹natürlich›,

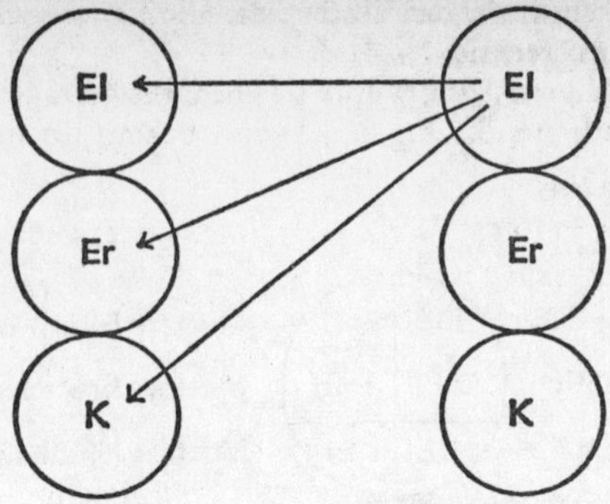

Äußere Wirkung des Eltern-Ich-Zustandes

Abbildung 25

seinen eigenen Sohn zu schlagen, wenn er sich schlecht benahm. Der feste Entschluß, dem ein Ende zu setzen, und Informationen des Erwachsenen-Ich waren nötig, damit Johann das Verhalten seines Eltern-Ich modifizieren konnte.

Fallbeispiel 2

Marias Mutter zog selten Ärzte zu Rate, wenn ihre Kinder krank waren. Maria erinnert sich, daß ihre Mutter sie stets mit Tee und Eierpudding versorgte, wenn sie krank war. Als Marias Baby später zum erstenmal Fieber hatte, flößte sie ihm mit einer Flasche Tee ein.

Die Menschen kopieren jedoch nicht nur Erziehungspraktiken, sie übernehmen auch Haltung, Mimik, Gestik und andere Formen der Körpersprache von elterlichen Modellen. Man stelle sich vor:

Eine Frau, die ihre Hände auf die Hüfte stemmt und jemand ausschimpft, wie ihre Mutter das tat.
Einen Mann, der genau wie sein Vater mit einem anklagenden Finger auf Leute zeigt.
Eine Frau, die das Kinn hebt, hochmütig unter gesenkten Lidern hervorschaut, die Schultern zuckt und sagt: «Das ist lächerlich», genau wie ihre Großmutter das tat.
Einen Mann, der wie sein Vater mit der Faust auf den Tisch schlägt,

um seinen Standpunkt zu unterstreichen.
Eine Frau, die ein Festessen vorbereitet, wie ihre Mutter das tat.
Einen Mann, der genau wie sein Vater bestätigend zwinkert und nickt.

Auch die Art und Weise, sich verbal auszudrücken, übernehmen Menschen von ihren Eltern. Später verwenden sie diese Worte des Eltern-Ich zusammen mit anderen. Manche Eltern gebrauchen Worte wie *sollen* oder *müssen*, um das deutlich zu machen, ‹was sich gehört›. «Du mußt alles an seinen Platz legen, dann hast du keine Schwierigkeiten.» «Jeder sollte sich seinen Lebensunterhalt selbst verdienen.» Andere, die nachsichtiger oder gleichgültiger sind, sagen Dinge wie: «Mir ist es gleich. Es liegt ganz bei dir ...» oder «Tu, was du für richtig hältst, Liebling.»
Die Menschen kopieren auch die psychologischen Spiele ihrer Eltern. Eine junge Frau kann mit ihrem Mann «Wenn du nicht wärst» auf eine ganz ähnliche Art spielen wie ihre Mutter. In diesem Spiel macht sie ihren strengen Mann für ihre eigene Erfolglosigkeit verantwortlich, während sie sich eigentlich davor fürchtet, etwas zu leisten.
Ein Lehrer kann mit seinen Schülern «Makel» spielen, indem er, wie einst seine Eltern bei ihm, nach unwichtigen Fehlern sucht und auf sie hinweist.
Ein Vorgesetzter kann mit seinen Mitarbeitern «Zwickmühle» spielen, indem er sie über seine Forderungen im unklaren läßt und sie kritisiert, egal was sie tun, genau wie seine Eltern ihm das Gefühl gaben, daß er ‹verdammt ist, wenn er's tut, und verdammt ist, wenn er's nicht tut›.
Ein junger Angestellter kann «Jetzt hab ich dich endlich, du Schweinehund!» spielen, wie er es bei seinem Vater beobachtet hat, wenn dieser darauf wartete, daß andere Fehler machten, und dann vor Zorn explodierte.

Innerer Einfluß des Eltern-Ich

Die Menschen nehmen nicht nur das Verhalten ihrer Eltern in sich auf, sondern auch ein System elterlicher Mitteilungen, die später wie Tonbänder in ihren Köpfen ablaufen. Manchmal sprechen zwei Menschen innerhalb des Eltern-Ich. Manchmal hört das Erwachsenen-Ich, was das Eltern-Ich sagt. Doch meistens findet der innere Dialog zwischen dem beeinflussenden Eltern-Ich und dem Kindheits-Ich statt (Abb. 26).

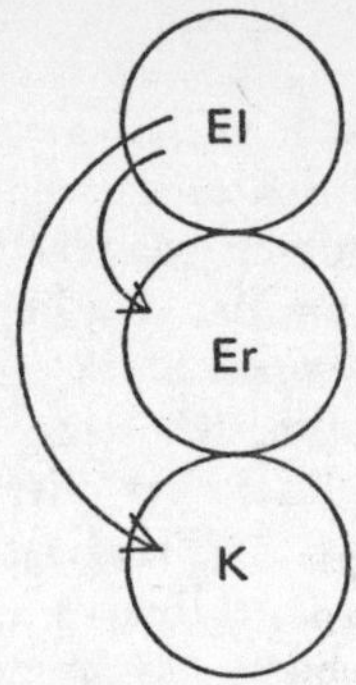

Innerer Einfluß des
Eltern-Ich-Zustandes

Abbildung 26

Diese Botschaften sind wie Wiedergaben von Gesichtsausdruck, Handlungen, Gesten, Äußerungen oder Anweisungen, die man einst bei den Eltern erlebt hat. Ein erwachsener Mann, der zum Beispiel gern Essen auf seinem Teller liegenlassen möchte, sieht das geistige Bild seines ungehaltenen Vaters vor sich und ißt den Teller leer wie ein braver kleiner Junge. Ein halbwüchsiges Mädchen möchte ein Halstuch stehlen, hört jedoch im Kopf die Stimme seiner Mutter: «Ordentliche Mädchen stehlen nicht.» In der gleichen Situation hört ein anderes Mädchen: «Laß dich nicht erwischen.» Wieder ein anderes hört: «Ich schlage dich halb tot, wenn du klaust.» Auf etwa die gleiche Weise hört und befolgt das Kindheits-Ich Rollenbuch-Anweisungen.

Manche Botschaften des Eltern-Ich sind ermutigend, andere sind entmutigend. Manche erlauben ein gewisses positives oder negatives Verhalten:

Was dir nicht auf Anhieb gelingt, mußt du immer wieder probieren.

Du kannst mehr, als du glaubst.

Du hast einen hellen Kopf, also streng ihn an.

Du hast dir die Suppe eingebrockt, jetzt mußt du sie auch auslöffeln.

Geh dahin, wo der Pfeffer wächst.

Da ein Kind nicht mit einem inneren Zensor geboren wird, entstehen seine ersten Gewissensbisse bei den Transaktionen zwischen Eltern und Kind. Ein Kind lernt schätzen, was seine Eltern schätzen. Für den Rest seines Lebens erfährt es dieses frühe Gewissen als inneren Dialog zwischen seinem Eltern-Ich und seinem Kindheits-Ich. Dieser innere Dialog kann nachsichtig, verwirrend, moralisch oder streng moralisierend sein.
Die Stimme des Gewissens wird zwar gehört, aber nicht immer befolgt. Schon ein kleines Kind kann eine unabhängige Entscheidung treffen oder seinen eigenen Wünschen nachgeben. Selma Fraiberg hat ein solches Kind beschrieben:

Die drei Jahre alte Julia ist allein in der Küche, während die Mutter telefoniert. Eine Schüssel mit Eiern steht auf dem Tisch. Julia überkommt große Lust, Rührei zu machen. Sie langt nach den Eiern, aber nun melden sich die Ansprüche der Wirklichkeit mit gleicher Stärke. Ihre Mutter würde es nicht erlauben. Der entstehende Konflikt im Ich wird empfunden als «Ich will» und «Nein, du darfst nicht». Die Forderungen der beiden Seiten stehen da – die Entscheidung wird innerhalb eines Augenblicks getroffen. Als Julias Mutter in die Küche zurückkommt, sieht sie, wie ihre Tochter fröhlich die Eier auf das Linoleum plumpsen läßt und sich dabei bei jedem Plumps streng ausschilt: «Nein-Nein-Nein. Darffs das nich tun. Nein-Nein-Nein. Darffs das nich tun!»[4]

Jedes Kind braucht ein paar «Nein», die es vor Schaden schützen, seine Fähigkeit, mit anderen zu leben, fördern und ihm bestätigen, daß seine Eltern sich kümmern.[5] Manche Kinder wachsen jedoch unter der Last des inneren «Nein» auf, was schädlich und unnötig ist. Übermäßig strenge Botschaften des Eltern-Ich hemmen das Ausleben von Freude, Sinnlichkeit und Kreativität.
Ein Kind, das einer strengen Programmierung durch das Eltern-Ich ausgesetzt war, kann die Anschauung vertreten: «Ich soll nicht selbständig denken» und sich dem unterwerfen, was Karen Horney als «die Tyrannei des Sollte» bezeichnet.

Er *sollte* ein Ausbund an Ehrlichkeit, Großzügigkeit, Freundlichkeit, Gerechtigkeit, Würde, Mut und Selbstlosigkeit sein. Er *sollte* der perfekte Liebhaber, Ehemann und Lehrer sein. Er *sollte* fähig sein, alles zu ertragen, *sollte* jeden mögen, *sollte* seine Eltern, seine Frau, seine Heimat lieben; oder er *sollte* sich an nichts und niemand binden, nichts *sollte* ihm etwas ausmachen, er *sollte* sich nie verletzt fühlen, und er *sollte* stets gelassen und gleichmütig sein. Er *sollte* immer das Leben genießen; oder er *sollte* über Vergnügen und Genießen erhaben sein. Er *sollte* spontan sein; er *sollte* sich stets beherrschen. Er *sollte* alles wissen, verstehen und voraussehen. Er *sollte* sofort jedes eigene Problem oder das anderer lösen können. Er *sollte* jede Schwierigkeit augenblicklich überwinden können. Er *sollte* nie müde oder krank sein. Er *sollte* immer einen Job finden können. Er *sollte* Dinge in einer Stunde erledigen können, die nur in zwei bis drei Stunden zu tun sind.[6] *

Ein Mann, der so belastend beeinflußt worden ist, kann bei der Lektüre eines vergnüglichen Buches plötzlich die innere elterliche Mahnung hören: «Erst die Arbeit, dann das Spiel.» Sein Kindheits-Ich will natürlich sein Vergnügen, doch er wurde programmiert, sich schuldig zu fühlen, wenn er sich amüsiert. Schuldbewußt und unfähig, mit diesem unbehaglichen Gefühl fertig zu werden, legt er das Buch weg und räumt die Garage auf.

Widerstreitender innerer Dialog

Viele Menschen leiden unter einem Kampf *zwischen* einem überlegenen Eltern-Ich und einem unterlegenen Kindheits-Ich. Das führt zu dem, was Perls das «Selbstquälerei-Spiel» nennt:

Ich bin sicher, daß Sie dieses Spiel sehr gut kennen. Ein Teil von Ihnen spricht mit dem anderen Teil und sagt: «Du solltest besser sein, du solltest so nicht sein, du solltest das nicht tun, du solltest nicht sein, was du bist, du solltest sein, was du nicht bist!»[7]

Ein widerstreitender Dialog *innerhalb* des Eltern-Ich-Zustandes schafft ebenfalls Spannung und Verwirrung. Barry Stevens drückt diese Verwirrung aus, mit der sie in ihrer inneren Welt den zunehmenden Druck äußerer Autoritäten empfand. Sie schreibt:

Am Anfang war ich, und ich war gut.
Dann kam ein anderes Ich hinzu. Eine Autorität von außen. Das war verwirrend. Und dann wurde das andere Ich *noch mehr* verwirrt, weil es so viele verschiedene äußere Autoritäten gab.
Setz dich ordentlich hin. Geh aus dem Zimmer, wenn du dir die Nase putzt. Tu das nicht, das ist dumm. Oh, das arme Kind weiß noch nicht einmal, wie man mit Messer und Gabel ißt! Zieh die Wasserspülung, wenn du nachts aufs Klo gehst, sonst wird die Toilette schmutzig. ZIEH NICHT DIE WASSERSPÜLUNG, WENN DU NACHTS AUFS KLO GEHST –

* Hervorhebungen durch die Autoren.

du weckst andere! Sei immer freundlich zu den Leuten. Selbst wenn du sie nicht leiden magst, darfst du sie nicht kränken. Sei ehrlich und aufrichtig. Wenn du den Leuten nicht sagst, was du von ihnen denkst, dann ist das feige. Das Buttermesser. Es ist wichtig, ein Buttermesser zu verwenden. Buttermesser. Was für ein Quatsch! Sprich anständig. Mamakind! Kipling ist wunderbar! Uff! Kipling (und wendet sich ab).
Das Wichtigste ist, einen Beruf zu haben. Das Wichtigste ist, sich zu verheiraten. Zum Teufel mit allen. Sei nett zu allen. Das Wichtigste ist Sex. Das Wichtigste ist, Geld auf der Bank zu haben. Das Wichtigste ist, von allen gemocht zu werden. Das Wichtigste ist, sich gut anzuziehen. Das Wichtigste ist, Stil zu haben, zu sagen, was man nicht meint, und niemand wissen zu lassen, was man empfindet. Das Wichtigste ist, allen voraus zu sein. Das Wichtigste ist ein schwarzer Persianermantel und Porzellan und Silber. Das Wichtigste ist Reinlichkeit. Das Wichtigste ist, immer seine Schulden zu bezahlen. Das Wichtigste ist, sich von niemandem betrügen zu lassen. Das Wichtigste ist, seine Eltern zu lieben. Das Wichtigste ist die Arbeit. Das Wichtigste ist Unabhängigkeit. Das Wichtigste ist eine korrekte Aussprache. Das Wichtigste ist die Treue zu deinem Mann. Das Wichtigste ist, dafür zu sorgen, daß deine Kinder sich gut benehmen. Das Wichtigste ist, die richtigen Theaterstücke zu sehen und die richtigen Bücher zu lesen. Das Wichtigste ist, daß man tut, was andere sagen. Und andere sagen all diese Sachen.[8]

Wer Elternfiguren in seinem Kopf hat, die sehr verschiedener Meinung sind, kann sich damit quälen, daß er ihrer Auseinandersetzung lauscht. Mit einem solchen Selbstquälerei-Spiel beschäftigte sich Harry, der von seiner Mutter gehört hatte: «Brave Jungen gehen sonntags in die Kirche.» Sein Vater aber hatte gesagt: «Der Kirchgang ist Zeitverschwendung und eine Menge Krampf. Wir gehen lieber fischen.» Harry stellte fest, daß er zeitweise hin- und herpendelte und zuerst tat, was seine Mutter sagte, und dann seinem Vater gehorchte. Er klagte: «Was ich auch tue, es kommt mir immer falsch vor. Wenn ich in die Kirche gehe, würde ich lieber fischen und die Natur genießen. Wenn ich aber fischen gehe, fühle ich mich schuldig. Was soll ich meinen eigenen Kindern sagen?»

Das fürsorgliche Eltern-Ich

Die meisten Eltern sind manchmal mitfühlend, beschützend und fürsorglich, manchmal kritisch, voreingenommen, moralisierend oder strafend. Manche Eltern neigen dazu, mehr fürsorglich als kritisch zu sein oder umgekehrt.
Wenn ein Kind fürsorgliche Eltern hat, entwickelt es ein Eltern-Ich mit fürsorglichem Verhalten. Falls sich dieser Mensch nicht als Erwachsener bewußt dagegen entscheidet, wird er wahrscheinlich gegenüber seinen eigenen Kindern die gleichen mitfühlenden, fürsorglichen Bemerkungen und Gesten wiederholen, die er von seinen Eltern gelernt hat:

Komm, Freund, du bist müde, ich trage dich ein bißchen.
Leg dich ein wenig hin, Schatz, dann geht's dir wieder besser.
Das ist schlimm, aber mach dir deshalb keine Sorgen.
Laß mich blasen, wo du dir weh getan hast.

Er wird wahrscheinlich seinen Kindern auch die gleichen beschützenden Grenzen setzen, die ihm gesetzt wurden:

Auf dieser verkehrsreichen Straße kannst du nicht spielen.
Streichle nie fremde Hunde.
Trink nur Wasser, wenn du weißt, daß es sauber ist.

Ein Mensch verhält sich nicht nur fürsorglich seinen Kindern gegenüber, er reagiert auch gegenüber anderen Menschen mit seinem fürsorglichen Eltern-Ich.

Ehefrau: (zu ihrem Mann)	John, du siehst heute abend so erschöpft aus. Was würdest du denn gern tun, damit es dir wieder besser geht?
Ehemann: (zu seiner Frau)	Komm, Liebling, weine nicht. Das hätte jedem passieren können.
Arzt: (zu einem Patienten, der operiert werden soll)	Haben Sie Vertrauen zu mir und machen Sie sich keine Sorgen. Ich werde mich um alles kümmern.
Patient: (zum Arzt)	Quälen Sie sich nicht, Doktor, ich kann die Wahrheit ertragen.

Lehrer: (zur Klasse)	Ihr habt in der letzten Zeit so hart gearbeitet, daß ich heute für alle Berliner Pfannkuchen mitgebracht habe.
Schüler: (zum Lehrer)	Sie sehen immer noch so blaß aus von Ihrer Grippe. Ich trage Ihnen gern Ihre Sachen.
Sekretärin: (zum Chef)	Es tut mir so leid, daß Ihnen der Etat nicht genehmigt worden ist, Herr Schmidt. Ich habe Ihnen ein Stück selbstgebackenen Kuchen mitgebracht, vielleicht heitert Sie der ein bißchen auf.
Chef: (zur Sekretärin)	Sie sehen unglücklich aus, seit wir die neue Datenverarbeitungsanlage eingeführt haben. Machen Sie sich keine Sorgen. Auf Sie können wir deshalb trotzdem nicht verzichten.
Arbeiter: (zum Kollegen)	Du hast so schwer für diese Beförderung gearbeitet. Es tut mir leid, daß du sie nicht bekommen hast. Beim nächstenmal hast du bestimmt mehr Glück.
Verkäuferin: (zur Kundin)	Hier ist ein Stuhl, setzen Sie sich und ruhen Sie sich aus, während wir Ihre Sachen einpacken.

Manchmal ist der fürsorgliche Ausdruck des Eltern-Ich übertrieben und wird von anderen abgelehnt. Betrachten wir ein paar Beispiele. Manche Leute haben es nicht gern, wenn sie krank sind und dann von einem anderen Erwachsenen ‹bemuttert› werden. Manche Patienten würden vom Arzt lieber die Wahrheit erfahren, als davor ‹beschützt› zu werden. Ein Chef klagte: «Wenn es nur im geringsten nach Regen aussieht, besteht meine Sekretärin darauf, daß ich einen Schirm mitnehme. Manchmal schleiche ich mich davon, bevor sie mich erwischt.»

Das voreingenommene Eltern-Ich

Der Eltern-Ich-Zustand ist gewöhnlich angefüllt mit Ansichten über Religion und Politik, über Tradition und die Geschlechterrollen, über Lebensweise, Kindererziehung, Kleidung und Redeweise sowie mit all den Facetten der Rollenbücher der Kultur und Familie. Diese häufig irrationalen Meinungen sind vielleicht vom Erwachsenen-Ich nicht bestätigt worden und können daher als voreingenommen gelten.

Wenn Eltern voreingenommen mit Kindern umgehen, versuchen sie Verhaltensmaßstäbe auf Grund solcher haltlosen Ansichten statt auf Grund von Fakten aufzustellen. Alle Eltern machen voreingenommene und kritische Bemerkungen:

Jungen sollten keine langen Haare tragen.
Mädchen sollten lieb und ruhig sein.
Kinder sollte man sehen, nicht hören.
Kinder sollten die Erwachsenen respektieren.

Häufig wenden Menschen ihr voreingenommenes Eltern-Ich auch bei Transaktionen mit anderen Erwachsenen an:

Ehefrau: (zu ihrem Mann)	Männer können keine Windeln wechseln. Das ist Frauenarbeit.
Ehemann: (zu seiner Frau)	Ich möchte, daß du keine Hosen trägst. Das ist unweiblich.
Krankenschwester: (zum Patienten)	Wenn Sie an die Medizin glauben, wirkt sie besser. Das hat meine Mutter immer gesagt.
Neuer Patient: (zum Oberpfleger)	Hat man so was schon gehört – eine männliche Krankenschwester!
Arbeiter: (zum Kollegen)	Ich glaube nicht, daß er für den Job geeignet ist. Schau nur mal, wie weit seine Augen auseinanderstehen.
Leiter der Finanzabteilung: (zum Personalchef)	Was Sie auch machen, stellen Sie auf keinen Fall eine Frau ein. Frauen kommen mit Zahlen nicht zurecht.
Lehrer: (zu Kollegen)	Die Jugend von heute ist wirklich schlimm. Niemand will mehr etwas lernen.

Das voreingenommene Eltern-Ich ist oft kritisch. Ein Mensch, der die kritische Seite seines Eltern-Ich zu Wort kommen läßt, kann wie ein arroganter Alleswisser wirken, dessen Verhalten das Kindheits-Ich seiner Mitmenschen einschüchtert. Ein Chef, Ehepartner, Lehrer oder Freund, der häufig sein kritisches Eltern-Ich einsetzt, kann andere irritieren und sie vor den Kopf stoßen.

Das unvollständige Eltern-Ich

Wenn ein Kind durch den Tod oder andere Umstände einen Elternteil verliert und dieser nicht durch jemanden gleichen Geschlechts ersetzt wird, entsteht in seinem Eltern-Ich-Zustand eine Lücke, er ist sozusagen unvollständig. Ein unvollständiges Eltern-Ich kann auch durch häufige physische oder psychische Abwesenheit eines Elternteils entstehen.

Wenn ein Elternteil lange fort ist, kann sich ein Kind in seiner Phantasie eine «ideale» Mutter oder einen «idealen» Vater konstruieren. Eleanor Roosevelts Vater, den sie zum Idol machte, war häufig längere Zeit abwesend. Dennoch träumte sie fünf Jahre lang, ihm den Haushalt zu führen. Sie schrieb über diese Phase in ihrem Leben: «Ich zog mich in diese Welt zurück, sobald ich zu Bett ging, sobald ich am Morgen erwachte, immer, wenn ich spazierenging und wenn irgend jemand mich langweilte.»[9]

Nietzsche schreibt, daß jemand, der keinen guten Vater hatte, sich einen erschaffen muß. Ein Kind kann sich einen perfekteren Elternteil als den verlorenen oder abwesenden «ausdenken». Diese erträumte Gestalt wird fast ohne Fehler sein, kann alle Bedürfnisse befriedigen, sie ist in jeder Hinsicht ideal. Es geschieht dann leicht, daß dieses Produkt der Einbildung in Widerspruch zur Realität gerät, und der Mensch, der diese ideale Vorstellung vom abwesenden Elternteil mit sich im Kopfe herumträgt, mag nie jemanden finden, der ihr entspricht.

In einer Untersuchung amerikanischer Jugendlicher aus Mittelschichtfamilien stellte Bronfenbrenner fest, daß Kinder, deren Eltern längere Zeit von zu Hause abwesend waren, im Hinblick auf Verantwortlichkeit und Führungseigenschaft wesentlich niedrigere Quoten zeigten als andere Kinder.[10] Bronfenbrenner schloß daraus, daß Kinder, vor allem Jungen, durch die Abwesenheit ihrer Väter auffallend beeinflußt werden. Wahrscheinlich fehlt es ihnen dadurch an Ehrgeiz, suchen sie unmittelbare Befriedigung, empfinden sich als NICHT O.K., suchen Vorbilder in ihrer Altersgruppe und neigen zur Jugendkriminalität.[11]

Das folgende Zitat aus *Mrs. Bridge* beschreibt den Typ des abwesenden Vaters, den viele Kinder heutzutage erleben.

Ihr Mann war ebenso klug wie energisch, und er wollte so viel für seine Familie erreichen, daß er schon früh am Morgen, wenn die meisten Männer noch schliefen, ins Büro ging und oft bis spät in die Nacht hinein dort ar-

beitete. Er arbeitete den ganzen Samstag und den halben Sonntag, Feiertage waren ihm nur lästig. Es dauerte nicht lange, da wußte man im Büro, daß bei Walter Bridge eine Sache in guten Händen war.
Die Familie sah sehr wenig von ihm. Es kam vor, daß die Kinder ihren Vater eine ganze Woche lang nicht zu Gesicht bekamen. Als sie an einem Sonntagmorgen herunterkamen, saß er bereits am Frühstückstisch. Er begrüßte sie freundlich, und sie antworteten respektvoll und ein wenig wehmütig, weil sie ihn vermißt hatten. Walter Bridge spürte das und verdoppelte seine Anstrengungen im Büro, um seinen Kindern alles zu geben, was sie sich wünschten.[12]

Ein unvollständiges Eltern-Ich führt oft zu deutlichen Verhaltensmustern. Zum Beispiel kann ein Mensch aus seinem Kindheits-Ich heraus ständig nach dem «verlorenen» Elternteil suchen und elterliches Verhalten von anderen Erwachsenen wie dem Ehepartner, Chef, Pfarrer, Freund oder selbst von seinen eigenen Kindern erwarten. Oder ein anderer sucht nicht den Eltern-Ersatz, sondern weist jeden zurück, der ihm gegenüber eine Elternrolle einzunehmen versucht. In jedem Fall wird oftmals diese Art Handikap dazu benutzt, Verantwortung aus dem Weg zu gehen und schlechte Leistungen zu entschuldigen. Später im Leben spielen sie vielleicht «Holzbein»: «Was erwartest du von mir? Mein Vater starb, als ich fünf war!»
Es kann auch vorkommen, daß jemand mit einem unvollständigen Eltern-Ich vielleicht andere Menschen vom gleichen Geschlecht wie der verlorene Elternteil ablehnt. Er kann sie demütigen, ihnen mißtrauen oder sich ihnen gegenüber sogar feindselig verhalten.

Fallbeispiel

Als Käthe ein Jahr alt war, kamen ihre Eltern bei einem Verkehrsunfall ums Leben, und sie wurde von ihrer Großmutter aufgezogen. Obwohl Käthe außerdem viele Freundinnen hatte, besaß sie keinen Ersatzvater. Es war allein ihre Großmutter, die sie ernährte, erzog, beurteilte und die für sie Vater und Mutter zugleich war. Als Käthe selbst Mutter wurde, übernahm sie die volle Verantwortung für die Kinder. Wenn ihr Mann versuchte, auf die Kinder einzuwirken, widersprach sie heftig und sagte: «Kinder sind Frauensache. Kümmere du dich um deine Angelegenheiten und überlaß mir meine.»

Wenn jemand aus einem unvollständigen Eltern-Ich heraus für andere die Elternrolle übernimmt, kann er daran scheitern.

Fallbeispiel

Karl war der Jüngste in einer großen Familie. Sein Vater starb, als er vier Jahre alt war. Als Erwachsener war er im allgemeinen tüchtig, arbeitete selbständig, litt aber zeitweise unter Depressionen.
«Ich weine jedesmal, wenn ich von meiner Kindheit erzähle, und verbringe jedes Jahr vor dem vierten Juli Wochen in tiefer Depression. Am vierten Juli ist er gestorben, an diesem Tag fiel der Boden aus meinem Leben! Ich weiß noch, wie ich zwischen dem Leichenwagen und einem anderen Auto fast zerquetscht wurde und wie die Erde klatschend auf den Sarg fiel. Seither empfinde ich nur Unsicherheit in meinem Leben.
Nun, danach zog ich mit meiner Mutter zu meiner Großmutter in eine Stadt, in der auch mehrere Onkel lebten. Ich hoffte immerzu, sie würden mich als Teil ihrer Familie akzeptieren. Aber sie bemerkten mich nie richtig, sondern streichelten mir nur den Kopf und gaben mir einen Zehner.
Jetzt habe ich Schwierigkeiten mit meinen Kindern. Irgend etwas muß mir fehlen. Ich kann nicht herausbekommen, was es ist. Ich möchte gern ein guter Vater sein, aber irgendwie weiß ich einfach nicht, wie man das macht.»

Menschen mit einem unvollständigen Eltern-Ich haben nicht nur Schwierigkeiten beim Umgang mit ihren Kindern, es fällt ihnen auch schwer, angemessenes Mitgefühl mit anderen Erwachsenen zu zeigen.

Ein Ehemann weiß nicht, wie er seine kranke Frau trösten soll.
Eine Frau weiß nicht, wie sie ihrem arbeitslos gewordenen Mann ihr Mitgefühl zeigen soll.
Ein Chef hat kein Gespür für die menschlichen Probleme seiner Angestellten.

In diesen Fällen können die Betreffenden die entsprechenden, nicht vorhandenen Verhaltensmuster lernen, indem sie sich durch Informationen dafür programmieren. Sie können dazu Bücher lesen und Kurse und Vorlesungen besuchen, aber auch andere, die erfolgreiche Eltern sind, beobachten und kopieren. Außerdem sollten sie ihre

Aufmerksamkeit bewußt auf die Bedürfnisse anderer lenken und versuchen, in angemessener Weise darauf einzugehen. Menschen werden nicht automatisch zu guten Eltern – sie müssen es lernen.

Neuprogrammierung des Eltern-Ich

Manche Menschen hatten so völlig unzulängliche Eltern, daß ihr Eltern-Ich kaum etwas Brauchbares enthält, sondern nur Deprimierendes. In solchen Fällen muß eine Therapie das Ziel haben, die Aufzeichnungen des Eltern-Ich auszulöschen. In ernsteren Fällen kann sogar eine Neuprogrammierung des Eltern-Ich erforderlich sein. Man hat nachgewiesen, daß dies unter spezifischen Bedingungen möglich ist. Das Schiffsche *Rehabilitation Project* bewirkt eine Neuprogrammierung des Eltern-Ich durch ein ganz neues Verfahren. In einer Umgebung mit häuslicher Atmosphäre werden junge Schizophrene bis auf das Säuglingsstadium zurückgeführt und dann erneut durch ihre Entwicklungsphasen geleitet, wobei ihre Abhängigkeitsbedürfnisse befriedigt werden. Während dieses Vorgangs wird das alte Eltern-Ich «gelöscht», und die Therapeuten haben die Möglichkeit, als Elternfiguren einen neuen Eltern-Ich-Zustand zu bilden.[13] Jacqui Schiff stellt das Verfahren folgendermaßen dar (Abb. 27):

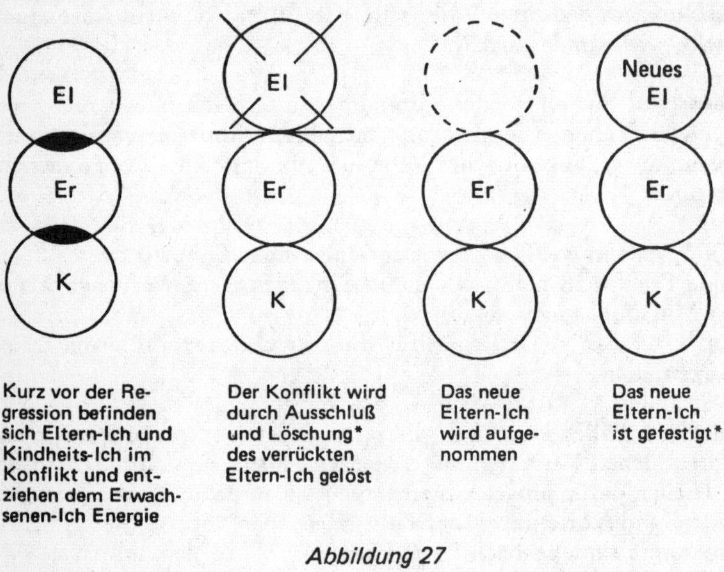

Abbildung 27

Zusammenfassung

Die Menschen, die wir auf dieser Welt wahrscheinlich am wenigsten kennen, sind unsere Eltern. Kinder sind durch ihr Abhängigkeitsverhältnis so gut wie nicht in der Lage, ihre Eltern objektiv wahrzunehmen. Selbst der Erwachsene gibt sich leicht Täuschungen über seine Eltern hin und sieht sie in der Rolle übernatürlicher Wesen statt als gewöhnliche Sterbliche mit allen ihren Schwächen. Vielleicht empfindet er es sogar als unloyal, Negatives über sie zu denken, und versucht, alle Gefühle des Zorns, der Kränkung oder des Kummers ihnen gegenüber zu unterdrücken.

Viele Menschen sehen ihre Eltern entweder durch eine «rosarote Brille» oder durch ein psychologisches Prisma, das sie verzerrt. Sie haben ihre Eltern nie so wahrgenommen, wie sie wirklich sind, sondern als Objekte, die ihre Kindheitswünsche und Kindheitsbedürfnisse entweder erfüllt oder nicht erfüllt haben. In jedem Fall kann ein Mensch sehr kritisch werden, wenn er erkennt, wer seine Eltern tatsächlich sind oder waren: Er kann sie vorübergehend verurteilen oder sogar hassen. Allmählich lernt er dann vielleicht, sie zu verstehen, zu akzeptieren und ihnen zu verzeihen. Oscar Wilde hat einmal gesagt, daß kleine Kinder ihre Eltern lieben, werden sie älter, fällen sie ihr Urteil – und manchmal verzeihen sie ihnen.

Jeder Mensch trägt die Elternfiguren, die sein Eltern-Ich bilden, mit sich herum. Manchmal handelt, spricht, gestikuliert und denkt er wie sie. Manchmal wird er von ihren inneren Botschaften beeinflußt.

Elterliche Transaktionen sind häufig fürsorglich oder voreingenommen. Diese Muster werden dann bei Transaktionen mit Erwachsenen ebenso angewendet wie mit Kindern. Zum Beispiel wird der fürsorgliche Teil des Eltern-Ich angemessen bei der Reaktion auf einen Kollegen eingesetzt, der verletzt oder krank ist oder auf andere Weise ein vorübergehendes Abhängigkeitsbedürfnis hat. Von einem unangemessenen Einsatz des Eltern-Ich kann man sprechen, wenn Fürsorge, Kritik oder Herabsetzung jemand aufgedrängt werden, der das alles weder braucht noch wünscht.

Das Eltern-Ich ist das Übermittlungszentrum von Rollenbüchern aus Kultur und Familie. Es ist für das Überleben der menschlichen

* Wenn ein Ich-Zustand gefestigt ist, dann ist er aktiviert und enthält psychische Energie. Wenn ein Ich-Zustand gelöscht wird, dann wird er inaktiv und verliert psychische Energie.

Spezies von Nutzen, weil es die automatische Durchführung elterlicher Aufgaben erleichtert und das Erwachsenen-Ich für die Auseinandersetzung mit wichtigen Problemen der Existenz freihält. Wenn das Eltern-Ich unvollständig oder unzulänglich ist, kann das Erwachsenen-Ich so programmiert werden, daß es die elterlichen Aufgaben zufriedenstellend übernimmt. Methoden zur Neuprogrammierung des Eltern-Ich wurden ebenfalls entwickelt.
Jeder hat sein eigenes, einzigartiges Eltern-Ich, das im Normalfall wahrscheinlich aus einer Mischung von hilfreichem und schädlichem Verhalten besteht. Wer sein Eltern-Ich kennt, verhält sich richtiger und hat damit mehr Chancen, ein Gewinner zu werden und auch seine Kinder zu Gewinnern zu erziehen.

Experimente und Übungen

1. Die Eltern als Menschen

Versuchen Sie zu erkennen, wie Ihre Eltern wirklich waren, um dadurch mit Ihrem Eltern-Ich in Kontakt zu kommen.

- Stellen Sie sich vor, Sie befänden sich in einem Raum mit einer audio-visuellen Anlage, auf der Sie die Aufzeichnungen in Ihrem Eltern-Ich abspielen können. Zu diesen Aufzeichnungen gehören Aufnahmen von Mutter, Vater, Großeltern, Stief- oder Pflegeeltern, älteren Geschwistern, Haushälterin oder irgendwelchen anderen Bezugspersonen Ihrer frühen Kindheit.
- Stellen Sie sich vor, daß die Filmbänder nach Themen beschriftet sind.
- Lesen Sie jede der folgenden Fragen und lassen Sie dann jeweils die entsprechenden Tonfilme ablaufen, um die Antworten zu erhalten. Beginnen Sie mit dem Thema:

Geld

- Wie reagierten Ihre Eltern auf Geldprobleme? Auf die Drohung, einen Arbeitsplatz zu verlieren? Auf einen plötzlichen, unerwarteten Geldsegen?
- Mußten sie um ihre Existenz kämpfen oder verdienten sie sich mühelos ihren Lebensunterhalt?
- Wofür gaben sie Geld aus? Wer verwaltete das Geld? Welche

Schlüsse kann man von ihren Ausgaben auf ihre Wertvorstellungen ziehen?
Wie sprachen sie von Geld?

Besitz

- Hatten Ihre Eltern irgendeinen Besitz, an dem sie sehr hingen, Haus, Auto, Kinderbilder? Wenn ja, war ihnen die Sorge um diesen Besitz wichtiger als die Sorge um Menschen oder umgekehrt?
- Waren sie stilbewußt? Versuchten sie, mit der Mode zu gehen und zu haben, was «man» hat?
- Wer traf die Entscheidungen über die Anschaffung von Haushaltsgegenständen, Autos, Kleidung usw.?

Krisen

- Was geschah in Familienkrisen wie Tod, Krankheit, Unfall, unerwünschte Schwangerschaft, Scheidung oder Naturkatastrophen?
- Reagierten Ihre Eltern unterschiedlich auf unterschiedliche Krisenarten?
- Auf wen konnte man sich verlassen? Wer brach zusammen?

Vergnügen

- Welche Arten von Vergnügungen bevorzugten Ihre Eltern? Wo?
- Hatten sie gemeinsame Vergnügen?
- Wie pflegten sie häusliche Gastlichkeit? Wen luden sie nach Hause ein? Wer lud ein?
- Welchen Unterhaltungen gingen sie außerhalb des Hauses nach?

Geschlechterrollen

- Welche Einstellungen hatten Ihre Eltern zur Männlichkeit und Weiblichkeit? Respektierte Ihr Vater Ihre Mutter, oder setzte er sie herab? Respektierte Ihre Mutter Ihren Vater, oder setzte sie ihn herab?
- Welche Rollen spielten sie, die ihrer Meinung nach «maskulin» oder «feminin» waren? Wurden häusliche Pflichten unter dieser Voraussetzung verteilt?

- Haben sie von Ihnen erwartet, daß Sie diese Rolle spielen? Gab es bei Ihnen zu Hause Bereiche, die der Mutter bzw. dem Vater zugeschrieben wurden?
- Hörten Sie die üblichen Klischees wie «Deine Mutter fährt wie die typische Frau am Steuer» oder «Das ist typisch Mann»?
- Wie verhielten sich Ihre Eltern zueinander? Waren sie kühl oder herzlich?
- Was wissen Sie über ihr Geschlechtsleben? Was vermuten Sie?

Familienmahlzeiten

- In welcher Atmosphäre fanden die Mahlzeiten statt? Kümmerte sich jeder um sich selbst? Gab es Kerzen und Wein? Oder wie war das?
- Worüber sprachen Ihre Eltern bei Tisch? Wie sprachen sie darüber?
- Hatten sie irgendwelche Angewohnheiten, die Sie irritierten?
- Gab es Familienrituale, zum Beispiel, daß keiner aß, bevor alle saßen oder bevor gebetet worden war?
- Welche Ansichten hatten sie über verschiedene Nahrungsmittel? Über die Art der Zubereitung und Anrichtung?
- Was wurde von Ihnen beim Essen erwartet? Was aßen Sie, und wie aßen Sie es?
- Waren Mahlzeiten quälend, angenehm oder beides?

Äußere Erscheinung

- Wie war die äußere Erscheinung Ihrer Elternfiguren? Waren sie gut, sauber gekleidet?
- Waren sie zu Hause schlampig und elegant, wenn sie ausgingen?
- Hatten sie einen besonderen Stil? Hatten sie Lieblingsfarben?
- War einer von ihnen extrem – ein Geck oder eine Vogelscheuche?
- Waren Ihnen ihre Kleidung, Größe, Aufmachung, Figur, körperlichen Merkmale oder Pflegegewohnheiten peinlich? Angenehm? Was?

Ausbildung

- Was sagten Ihre Eltern über Bildung? Hielten sie Bildung für einen Wert an sich oder für ein Mittel zum Zweck?

- Welche Ausbildung hatten sie? Waren sie damit zufrieden?
- Wurden Sie zu einer besseren Ausbildung ermuntert? Zur gleichen? Zu weniger?
- Waren sie interessiert, gleichgültig oder feindselig, wenn es um Ihre Ausbildung ging? Um Schulen? Um Lehrer?

Arbeit

- Was waren Ihre Eltern von Beruf? Waren sie mit ihrer Arbeit zufrieden?
- Was erzählten sie von ihren beruflichen Aufgaben? Wie führten sie diese Ihrer Meinung nach durch?
- Wünschten sie sich, daß Sie den gleichen Beruf erlernten? Oder einen besseren?
- Hatten sie besondere Ansichten über die Arbeit einer Frau und die Arbeit eines Mannes in der Berufs- und Geschäftswelt?

Werte[14]

- Welche moralischen und ethischen Werte vermittelten Ihnen Ihre Eltern?
- Waren diese Werte auf einen religiösen Hintergrund bezogen oder nicht?
- Waren Ihre Eltern Atheisten? Agnostiker? Gehörten sie einer besonderen religiösen Gruppe an? Wenn letzteres, waren Sie mit eingeschlossen, und wie?
- Hatten sie bestimmte Ansichten über Menschen einer anderen Konfession? Wie drückten sie ihre Ansichten aus? Benutzten sie die Religion zur Lenkung Ihres Verhaltens? Gaben sie Ihnen durch die Religion ein Gefühl der Achtung für die Wunder des Lebens? Ein Gefühl des Trostes und der Sicherheit? Eine Erklärung natürlicher Phänomene? Was sagten sie über religiösen Glauben? Stimmten sie zu?
- Wie praktizierten sie ihren Glauben? Stimmten ihre Worte und Taten überein?
- Verhielten sich Ihre Eltern freundlich, feindlich, kühl oder ängstlich gegenüber Menschen anderer Hautfarbe? Anderer ethnischer Herkunft? Wie urteilten sie über diese? Was taten sie mit ihnen?

Sprachmuster

- Wie sprachen Ihre Eltern miteinander?
- Wie sprachen sie mit anderen, etwa *ihren* Eltern? Mit Freunden? Mit Dienstboten? Mit Ihnen? Können Sie sich an ihre Worte und ihre Stimme erinnern?
- Gebrauchten sie im Gespräch mit verschiedenen Menschen verschiedene Arten von Sprache?

Muster des Zuhörens

- Hörten Ihre Eltern anderen zu? Ihnen?
- Wie hörten sie zu? Ablehnend? Nachsichtig? Verständnisvoll? Abwesend? Oder wie reagierten sie?
- Was wurde über das Zuhören gesagt?

Themen und Rollen des Rollenbuchs

- Was schien Ihre Eltern glücklich zu machen? Traurig? Zornig? Enttäuscht? Hilflos?
- Hatten sie ein Lebensthema wie «sich zu Tode trinken», «Selbstmord begehen», «es schaffen», «im Beruf erfolgreich sein», «es nie ganz schaffen», «eine Familie gründen», «das Leben genießen»?
- Hatten Ihre Eltern unterschiedliche Lebensthemen? Widersprachen sich die Themen oder ergänzten sie sich?
- Denken Sie an Ihre Elternfiguren in ihren verschiedenen Rollen. Wie spielten sie die Rollen des OPFERS, des VERFOLGERS oder des RETTERS? Welche Rollen spielten Sie im Verhältnis zu ihnen?

Elterliche Praktiken

- Wie verhielten sich Ihre Eltern als Eltern? Waren sie herzlich, grausam, laut, ruhig?
- Wie war ihr Gesichtsausdruck? Ihre Körperhaltung?
- Wie schimpften, straften oder lobten sie Sie?
- Falls Sie Geschwister hatten: Bevorzugten sie jemanden?
- Empfanden sie Ihnen gegenüber Zorn, Haß oder Liebe? Wie drückten sie das aus?
- Wie manipulierten sie Sie? Mit Schuldgefühlen? Furcht? Kritik?

Freundlichkeit? Falschen Komplimenten? Wie?

- Mit welchen Mottos oder Spruchweisheiten wurden Sie erzogen? Waren sie hilfreich? Schädlich? Irrelevant?
- Waren Ihre Eltern im allgemeinen vertrauenswürdig oder unzuverlässig?
- Rivalisierten sie miteinander oder mit Ihnen?
- Hatten Sie das Gefühl, sie seien auf Ihrer Seite?
- Was gefiel Ihnen an Ihren Eltern? Was nicht? Warum?
- Glauben Sie, daß sie sich als Gewinner oder als Verlierer fühlten? Haben Ihre Elternfiguren Sie Ihrer Meinung nach dazu ermuntert, ein Gewinner oder ein Verlierer zu sein?

2. *Die Einstellung der Eltern*

Wie hätten Ihre Eltern reagiert auf

- ein krankes Kind, das in der Nacht schreit,
- den kommenden Geburtstag eines Kindes,
- ein Kind, das ein wertvolles Familienstück zerbricht oder etwas Verbotenes tut,
- die sexuelle *Belästigung* eines Kindes,
- den Wunsch eines Kindes nach einem Haustier,
- ein junges Mädchen, das davonläuft oder schwanger wird,
- einen jungen Mann, der sich freiwillig zum Militär meldet,
- die Heirat des letzten Kindes, das noch zu Hause ist,
- neue Nachbarn anderer Religion oder Rasse,
- eine heftige Wahlkampagne,
- den Wunsch einer Verwandten, künftig bei ihnen zu wohnen.
- einen schmutzigen Lumpensammler, der um ein Almosen bittet,
- einen Verwandten, der entmündigt werden muß,
- einen Autounfall,
- das kommende Wochenende, Montagmorgen oder die Ferien?

3. *Ähnlichkeit mit den Eltern*

Nachdem Sie mehr darüber erfahren haben, wie Ihre Eltern wirklich waren, sollten Sie sich jetzt bewußt werden, ob und wie Sie ihnen gleichen.

- Betrachten Sie die Fragen und Antworten der Experimente 1 und 2 und fragen Sie sich: Wie kopiere ich sie?

- Wie ist Ihr fürsorgliches Eltern-Ich und wie wenden Sie es an? Bei Ihrer Familie? Bei Freunden? Bei Kollegen?
- Wie ist Ihr voreingenommenes Eltern-Ich und wie wenden Sie es an? Bei Ihrer Familie? Bei Freunden? Bei Kollegen?
- Welche Angewohnheiten, Gesten, welchen Tonfall haben Sie von Ihren Eltern übernommen?

Wieviel von Ihrem Verhalten beim Umgang mit Kindern kommt aus Ihrem Eltern-Ich?

- Stellen Sie sich vor, sie reden mit Kindern in verschiedenen Stimmungen. Wie würden sie reagieren auf: ein quengeliges Kind, ein verletztes Kind, ein unartiges Kind, ein prahlerisches Kind, ein neugieriges Kind, ein kicherndes Kind?

Welche Elternfiguren in Ihnen würden so reden? Ist das Muster angemessen? Wie setzen Sie die gleichen Ausdrucksmöglichkeiten gegenüber Erwachsenen ein?
Nehmen Sie jetzt Papier und Bleistift und schreiben Sie auf, wie Sie Sie sich ein perfektes Kind vorstellen.

- Glauben Sie, daß Ihre Elternfiguren das auch geschrieben hätten?
- Entsprachen Sie dieser Vorstellung oder nicht?
- Erwarten Sie jetzt von Kindern oder anderen Erwachsenen, daß sie dieser Vorstellung entsprechen?

4. *Der innere Dialog* (Wenn es Ihnen helfen sollte, fertigen Sie bei den folgenden Übungen jeweils ein Schema an.)

- Stellen Sie sich vor, Sie sind auf einer Elternversammlung. Etwa fünfundzwanzig Personen stehen zwanglos herum. Der Sprecher bittet die Gruppe um Aufmerksamkeit und sagt dann: «Ich brauche fünf Freiwillige, um einige Prinzipien unserer neuen Methode in der Mathematik zu demonstrieren.»
  Schließen Sie die Augen: Was ginge in Ihrem Kopf vor, wenn Sie mit dieser Bitte konfrontiert würden? Wer spricht (in Ihrem Kopf)? Wer gewinnt?
- Stellen Sie sich vor, Sie machen eine Abschlußprüfung in einem wichtigen Kurs. Hören Sie auf Ihren inneren Dialog.
  Was sagen Ihre Elternfiguren? Wie reagiert Ihr Kindheits-Ich? Wie sind Ihre körperlichen Gefühle? Ordnen Sie sie Ihren Ich-Zuständen zu. Kommen Ihnen ehemalige Lehrer in den Sinn?

- Stellen Sie sich vor, Sie erhalten einen Bescheid vom Finanzamt, daß Ihnen eine Steuerprüfung bevorsteht.
  Wie lautet Ihr innerer Dialog?
- Stellen Sie sich vor, Sie sind auf einer Festversammlung, und plötzlich wird Ihr Name genannt. Sie werden gebeten, aufzustehen und zum Rednertisch zu kommen. Während Sie dort stehen, bricht der Redner plötzlich in einen Lobgesang über Ihre ‹guten Taten› aus.
  Was sagen die Elternfiguren in Ihrem Kopf? Wie reagiert Ihr Kindheits-Ich?
- Stellen Sie sich verschiedene emotionale oder traumatische Situationen vor. Hören Sie auf Ihren inneren Dialog. Was wird tatsächlich gesagt?

5. Ihre Eltern-Ich-Zustände

Tragen Sie die wichtigen Botschaften ein, die Ihnen Ihre beiden wichtigsten Elternfiguren aus ihren Ich-Zuständen senden.

Welche dieser Botschaften haben Sie in Ihre eigenen Ich-Zustände übernommen? Notieren Sie auch Gefühle, Gedanken und Verhalten.

6. Die Naikan-Therapie (Japanische Selbstbeobachtungs-Methode)

Wer mit Zen oder anderen Formen der asketischen Meditation vertraut ist, kann auch die als *Naikan-Therapie* bekannte japanische Selbstbeobachtungs-Methode anwenden. Dabei handelt es sich um einen «Prozeß, in dem der Meditierende seine vergangenen Erlebnisse prüft und überdenkt und durch die Reflexion die Selbst-Reformation vollbringt»[15].

In Japan dauert Naikan eine Woche, wobei man von fünf Uhr morgens bis neun Uhr abends in einem kleinen Zimmer auf seinen Füßen sitzt und meditiert. Ein Lehrer (‹Sensei›) besucht den Meditierenden von Zeit zu Zeit und fordert ihn auf, nur über Menschen zu meditieren, die seine Persönlichkeit geformt haben, von seiner Mutter angefangen. Der Meditierende wird gebeten, sich darauf zu konzentrieren, was *er* zu der erinnerten Zeit tat oder zu seiner Mutter sagte, nicht nur, was sie tat oder sagte. Es geht dabei mehr um Selbstbeobachtung als um die Beobachtung anderer.

Modifiziert läßt sich Naikan folgendermaßen anwenden:

- Gehen Sie irgendwohin, wo Sie über längere Zeit absolut nicht abgelenkt werden.
- Stellen Sie sich vor, Sie schauen auf einen leeren Bildschirm.
- Bringen Sie dann Ihre Mutter auf den Bildschirm. Wenn Bilder von Episoden mit Ihrer Mutter aufsteigen, fragen Sie sich:

«Was habe *ich* damals gesagt oder getan?» Konzentrieren Sie sich darauf, was *Sie* taten oder nicht taten oder nicht tun wollten.

- Wiederholen Sie diesen Vorgang mit anderen Elternfiguren. Was haben Sie über *sich* erfahren?

6
Kindheit und Kindheits-Ich

Doch was bin ich?
Ein Kind, das schreit in der Nacht?
Ein Kind, das schreit nach dem Licht
Und keine Sprache hat, nur einen Schrei!

Alfred Lord Tennyson

Jedes Kind erbt bestimmte Eigenschaften, wird in eine bestimmte soziale, ökonomische und emotionale Umwelt hineingeboren und durch seine Bezugspersonen auf bestimmte Weise erzogen. Jedes Kind erlebt einschneidende Ereignisse wie Tod in der Familie, Krankheit, Leid, Unfälle, Ortswechsel und wirtschaftliche Krisen. Diese Einflüsse tragen dazu bei, daß die Kindheit eines jeden Menschen einzigartig und unverwechselbar ist. Keine zwei Kinder, noch nicht einmal aus derselben Familie, haben die gleiche Kindheit.

Das Kindheits-Ich

Jeder hat in seinem Gehirn und Nervensystem dauerhafte Aufzeichnungen darüber, wie er seine eigenen Impulse als Kind erlebt hat, wie er die Welt erfahren hat, wie er die erfahrene Welt empfand und wie er sich ihr angepaßt hat. Im Eltern-Ich sind die Persönlichkeiten der emotional wichtigen Bezugspersonen aufbewahrt, im Kindheits-Ich die eigene Welt der Gefühle, Erlebnisse und Anpassungen.

Wenn ein Mensch reagiert, wie er es in seiner Kindheit tat – neugierig, zärtlich, selbstsüchtig, gemein, spielerisch, quengelig, manipulativ –, dann reagiert er aus seinem Kindheits-Ich-Zustand heraus. Der Kindheits-Ich-Zustand gliedert sich in drei unterscheidbare Teile: das natürliche Kindheits-Ich, den ‹Kleinen Professor› und das angepaßte Kindheits-Ich.

Das *natürliche Kindheits-Ich* ist das sehr kleine, impulsive, unerzogene, spontane Kind, das noch in jedem Menschen steckt. Es ist oft wie ein egozentrisches, lustvolles Baby, das mit zutraulicher

Herzlichkeit reagiert, wenn seine Bedürfnisse befriedigt werden, oder mit zornigem Protest, wenn es nicht bekommt, was es braucht.
Der *‹Kleine Professor›* ist die unverbildete Weisheit eines Kindes. Dieser Teil des Kindheits-Ich ist intuitiv, reagiert auf nicht-verbale Mitteilungen und besitzt die Gabe der Vorahnung. Mit ihm findet ein Kind alles mögliche heraus, zum Beispiel, wann es weinen soll, wann es still sein soll und wie es Mama zum Lächeln bringt. Der ‹Kleine Professor› ist außerdem sehr kreativ.
Das *angepaßte Kindheits-Ich* zeigt eine Modifikation dessen, was das natürliche Kindheits-Ich enthält. Die Anpassungsformen natürlicher Impulse stellen die Reaktion auf Traumata, Erlebnisse, Lernen und vor allem auf die Anforderungen wichtiger Bezugspersonen dar. Zum Beispiel ist ein Kind von Natur aus programmiert zu essen, wenn es hungrig ist. Kurz nach der Geburt kann jedoch dieser natürliche Drang angepaßt werden, so daß es nach dem von den Eltern aufgestellten Stundenplan ißt. Ein Kind würde auch von Natur aus tun und nehmen, was es will, aber es kann so angepaßt werden, daß es teilt und zu anderen höflich ist, wie es von seinen Eltern bestimmt wurde. Abbildung 28 zeigt eine schematische Darstellung zweiten Grades vom Kindheits-Ich.

Das natürliche Kindheits-Ich

Das natürliche Kindheits-Ich im Kindheits-Ich-Zustand jedes Menschen ist das, was ein Baby «von Natur aus» wäre, wenn es von nichts anderem beeinflußt würde. Das natürliche Kindheits-Ich ist

liebevoll,
impulsiv,
sinnlich,
unzensiert,
neugierig.

Instinktiv reagiert ein Säugling auf die Brust der Mutter, füllt seinen Magen und erlebt die Berührung von Haut zu Haut. Wenn die Mutter sich über ihr Baby freut, lächeln beide zufrieden. Sie sind einander nahe und glücklich darüber.
Ein Säugling reagiert impulsiv auf die Empfindungen seines Körpers, er weint, wenn er hungrig oder naß ist, und stößt zufriedene Laute aus, wenn er satt ist und sich wohl fühlt. Er reagiert spontan

auf eine Veränderung der Situation. Instinktiv zieht er das Vergnügen dem Leid vor. Ein Säugling ist schamlos sinnlich. Er genießt lustvolle Gefühle wie das Herumrollen auf einer Decke, Wasserplanschen, die wärmende Sonne, Daumenlutschen, das Kauen an seiner Decke, lustvolles Schlürfen an der Flasche. Er erkundet seinen Körper und ist oft entzückt von dem, was er entdeckt. Er ist ohne einen inneren Zensor, der «Nein» sagen könnte.

Ein Säugling ist neugierig auf die Welt. Er betrachtet sie, fühlt sie und versucht oft, sie zu schmecken. Das Fell eines Teddybärs kitzelt ihn; die Bewegung eines Mobiles über seinem Körbchen fesselt seine Aufmerksamkeit. Aus diesen und anderen Dingen, die ein Säugling sieht, hört, riecht und berührt, formt er primitive geistige Bilder, die sein unzensiertes Phantasieleben ausmachen. Im späteren Leben können diese vor-verbalen Phantasien die Form wiederkehrender Träume von häufig symbolischer Natur annehmen.

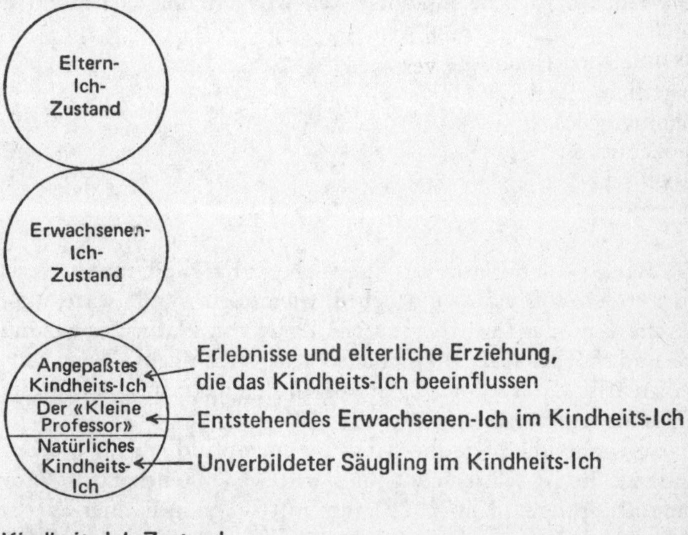

Der Kindheits-Ich-Zustand

Abbildung 28

Wenn ein Kind zu sprechen beginnt, werden seine Phantasien differenzierter und haben häufig ungehemmte Lust oder Aggression zum Inhalt. Ein erwachsener Mann kann sich in diesen Phantasien vorstellen, daß er von schönen Frauen umgeben ist, die ihm ohne Gegenleistung Freude und Vergnügen schenken. Oder er stellt sich

vor, daß er seinem Chef laut und heftig die Meinung sagt oder jemanden zusammenschlägt. Das Phantasieren ist eine Möglichkeit des Erwachsenen, sein natürliches Kindheits-Ich zu erleben.
Fast jeder hat schon einmal einen älteren Mann gesehen, der auf einer Parkbank saß und mit offensichtlichem Vergnügen eine Eiswaffel schleckte, oder eine Frau mittleren Alters, die einen Meeresstrand entlanghüpfte, oder ein Paar, das in glücklicher Selbstvergessenheit tanzte. In solchen Situationen drückt sich das natürliche Kindheits-Ich aus. Das natürliche Kindheits-Ich hat in jedem Alter eines Menschen seinen Wert. Es schenkt seiner Persönlichkeit Wärme und Charme, genau wie wirkliche Kinder einer Familie Wärme und Charme geben können. Wenn ein Mensch sich seine kindhaften Fähigkeiten zur Herzlichkeit, Spontaneität, Sinnlichkeit, Neugier und Phantasie erhält, kann er das Leben intensiver genießen und ist ein angenehmer Gesellschafter.
Doch das natürliche Kindheits-Ich ist nicht nur charmant. Es ist auch

ängstlich,
hemmungslos,
egozentrisch,
rebellisch,
aggressiv.

Ein Kind ist von Natur aus ängstlich. Es hat die Urangst, verlassen zu werden. Was würde geschehen, wenn niemand da wäre, um es zu beschützen oder für es zu sorgen? Es ist von Natur aus hemmungslos und möchte, daß alles nach seinem Willen geht. Wenn es etwas haben will, dann sofort. Es ist, als ob sich das Kind im Mittelpunkt des Universums sähe.
Das egozentrische Kindheits-Ich ist unempfindlich für die Gefühle anderer. Es ist selbstsüchtig und will weder teilen noch Veränderung akzeptieren. Ein Kind kann voll Vergnügen einer Spinne die Beine ausreißen und aggressiv einen Freund mit einem Spielzeug schlagen. Es setzt seinen Willen durch, manchmal auch mit Gewalt.
Wenn es frustriert wird, reagiert das natürliche Kindheits-Ich rebellisch. Das Kind wirft mit der Flasche, weigert sich zu essen, schreit vor Zorn. Es sagt auf vielerlei Weise «Nein». Manche Kinder drücken ihre Empörung durch Wutanfälle aus. Wenn solches Verhalten im erwachsenen Leben angewendet wird, kann es selbstzerstörerisch sein.

Fallbeispiel

Wenn Margarete als kleines Mädchen nicht bekam, was sie wollte, warf sie sich auf den Boden, strampelte wild mit den Beinen und brüllte. Ihre Mutter gab dann jedesmal nach.
Als erwachsene Frau war Margarete eine tüchtige Sekretärin und sollte Personalchefin werden. Doch als ihr zu einem bestimmten Termin kein Urlaub gewährt wurde, schrie sie: «Ich will an diesen Tagen frei haben, und wenn ich noch nicht mal *das* bekommen kann, dann könnt ihr hier alle zum Teufel gehen!» Sie stampfte mit dem Fuß auf, marschierte aus dem Büro ihres Vorgesetzten und warf die Tür hinter sich zu. Das Ergebnis war ein so negativer Bericht ihres Vorgesetzten, daß Margarete weder den gewünschten Urlaub bekam noch zur Personalchefin befördert wurde.

Manche Kinder würden zugrunde gehen, wenn sie keine selbstsüchtigen Forderungen stellen würden. Doch wenn Aggressivität und Widerspenstigkeit vollkommen unkontrolliert bleiben, kann der Mensch als Erwachsener blindlings und ohne Rücksicht auf eigene Gesundheit und Sicherheit oder die anderer die hemmungslose Erfüllung seiner Wünsche fordern. Vielleicht fährt er wie ein Irrer, trinkt zuviel oder ißt wie ein Vielfraß. Sein unangepaßtes natürliches Kindheits-Ich kann sich äußern in seiner Rolle als

Chef, der ohne Rücksicht auf andere verlangt, daß alles nach seinem Kopf geht.
Verwandter, der selbstsüchtig mehr nimmt, als ihm zusteht.
Elternteil, der seine Aggression dazu verwendet, seine Kinder zu prügeln.

Wenn umgekehrt die Gefühle der Aggressivität und Widerspenstigkeit in der Kindheit ganz ausgelöscht werden, ist der Mensch auch dann unfähig, sich durchzusetzen, wenn es nötig wäre. Er verliert das Gefühl für seine persönlichen Rechte und läßt sich oft von anderen übervorteilen.
Bei einem gesunden, glücklichen Menschen aber drückt sich das natürliche Kindheits-Ich jeden Tag auf angemessene Weise aus.

Der ‹Kleine Professor›

Der ‹Kleine Professor› ist der Teil des Kindheits-Ich-Zustandes, der von Geburt an

intuitiv,
kreativ,
manipulativ

ist. Ohne Kenntnis der Psychologie erfaßt ein Kind intuitiv viel von dem, was vorgeht. Es schaut in das Gesicht seiner Mutter und spürt, daß es besser aufhören sollte mit dem, was es gerade tut. Es fängt die nicht-verbale Mitteilung auf, die ihm durch einen mißbilligenden Blick gemacht wird, und reagiert darauf. Dann versucht es, sein Problem durch den Einsatz seines ‹Kleinen Professors› zu lösen, der aufspürt, was in der gegebenen Situation am besten zu tun ist.

Pu der Bär [1], ein wandelnder, sprechender Teddybär, ist ein literarischer Prototyp des intuitiven ‹Kleinen Professors›. Pu will Honig aus einem Baumwipfel, doch sein erster Versuch, ihn zu holen, mißlingt. Dann macht er einen Plan und bittet seinen sechsjährigen Freund Christopher Robin um einen Ballon. Damit kann er zu dem Baumwipfel schweben.

> «Wenn man sich mit einem Ballon Honig verschaffen will, ist es die Hauptsache, daß einen die Bienen nicht ertappen. Nimmt man einen grünen Ballon, halten sie einen vielleicht für ein Stück Baum und bemerken einen nicht; nimmt man aber einen blauen Ballon, halten sie einen vielleicht für ein Stück Himmel und nehmen einen auch nicht wahr. Die Frage ist nur: Welcher ist am ähnlichsten?»

Um seinen Plan noch perfekter zu machen, rollt sich Pu in einer Pfütze herum. Er bläst einen blauen Ballon auf, hält sich daran fest und schwebt zu den Baumwipfeln hinauf, wo er aussehen will wie «eine kleine schwarze Wolke am blauen Himmel». Aber die Bienen durchschauen seine Tarnung, und so mißlingt der Plan. Obwohl Pu viel Nachdenken darauf verwandt hatte, sein Problem zu lösen, fehlte es ihm an Information über die Intelligenz und Sehschärfe der Bienen.

Wie Pu ist der ‹Kleine Professor› im Kindheits-Ich-Zustand nicht immer gut informiert. Dazu hat er noch nicht lange genug gelebt und nicht genug Erfahrungen gesammelt. Er trifft oft falsche Ent-

scheidungen und zieht falsche Schlüsse. So sagte zum Beispiel der sechsjährige Raimund, der im Fernsehen einen Wildwestfilm gesehen hatte, zu seiner Großmutter: «Gib acht vor Räubern, wenn du die Tür aufmachst.» Sie fragte: «Und wie erkenne ich einen Räuber, wenn ich einen sehe?» Spöttisch sagte der Junge: «Aber Oma, die Bösen kann man immer erkennen, sie haben schwarze Hüte auf!»
Wenn der Mensch älter wird, ist sein intuitiver ‹Kleiner Professor› immer noch aktiv. Zum Beispiel kann jemand intuitiv erfassen, welche Bedeutung der gespannte Unterkiefer seines Chefs oder der Glanz in den Augen seines Freundes hat. Aber manchmal irrt der ‹Kleine Professor›. Der Chef kann Zahnweh haben, und der Freund kann irgendwelchen Träumen nachhängen.
Der ‹Kleine Professor› kann ohne Schuld und Furcht etwas Originelles schaffen. Er liebt es, die gesetzten Grenzen zu überspringen und nach eigenem Gutdünken etwas zu tun. Er kann aus Sand und Wasser ein Schloß bauen, aus Klötzen ein Haus, aus Lehm Kuchen bakken und aus hohen Absätzen und langen Röcken, Cowboyhüten und Pistolentaschen ein Drama schreiben. Phantasie ist eine Voraussetzung der Kreativität.
Menschen, die ihre Kreativität sinnvoll ausdrücken, verbinden ihren ‹Kleinen Professor› mit ihrem Erwachsenen-Ich. Wenn jemand einen Genieblitz erlebt, ist sein ‹Kleiner Professor› wahrscheinlich beteiligt. Das Erwachsenen-Ich und der ‹Kleine Professor› bilden ein gutes Team. Zusammen können sie

ein Gebäude entwerfen,
ein Musikstück komponieren,
eine Wohnung verschönern,
ein Buch schreiben,
menschliche Beziehungen verbessern,
ein zweckdienliches Curriculum aufstellen,
eine mathematische Formel entwickeln usw.

Der ‹Kleine Professor› spinnt kreativ Träume, die realistisch sein können. Wenn ein Mann sich vorstellt, wie sehr sich seine Freundin über einen Strauß Blumen freuen wird, kann er recht haben. Wenn jemand, müde von einem harten Arbeitstag, davon träumt, an einem Strand zu faulenzen, stellt er sich eine Möglichkeit vor, die Realität werden kann.
Doch die Phantasien des kreativen ‹Kleinen Professors› können auch vollkommen unrealistisch sein. Ein junger Mann war davon über-

zeugt, daß er eine gute Beziehung zu seinem lieblosen und sturen Vater hätte aufbauen können, wenn sie nur einmal gemeinsam zu einem Fußballspiel gegangen wären. Eine Frau, die aus Liebhaberei malte, träumte von einer Vernissage und der atemlosen Spannung eines großen Publikums, obwohl sie keinerlei Beweise dafür hatte, entsprechend talentiert zu sein.

Auch ohne Schauspielunterricht entdeckt jedes Kind sehr früh, wie man Menschen und Dinge manipulieren kann. Fast jeder Säugling findet heraus, wie er jemanden an sein Körbchen holen kann. Oft stellt er einfach durch die Methode des Ausprobierens fest, daß die Mutter herbeiläuft, wenn er vorgibt, ängstlich oder krank zu sein. Wenn die ersten Manipulationen eines Kindes erfolgreich sind, kommt es sich leicht wie ein Zauberer vor. «Wie alle Magier glaubt es, daß seine Wünsche, seine Gedanken und seine Worte die Werkzeuge seiner magischen Kraft sind.»[2] Wenn es in seinem Stühlchen sitzt und die Augen schließt, kann es immerhin die ganze Welt verschwinden lassen.

Ein kleines Kind schreibt auch seinen Elternfiguren magische Kräfte zu. Es kann fürchten, daß sie es in eine Schlange, eine Kröte, ein häßliches Entlein verwandeln oder es ganz und gar verschwinden lassen. Tatsächlich haben ja die Eltern Macht über Leben und Tod ihrer Kinder. Es ist kein Wunder, daß Kinder lernen, ihre Eltern für mächtige Riesen oder Hexen, die man überlisten muß, und sich selbst für machtlos zu halten. (Machtloses Ich, ICH BIN NICHT O. K., mächtiges Du, DU BIST O. K.) Manche Bezugspersonen nutzen den kindlichen Glauben an Zauberei aus, wenn sie andeuten, sie hätten Augen am Hinterkopf, oder Kindern beibringen, daß jemand sie immer beobachtete. Ein kleiner Junge schrieb:

> Mütter sind Leute mit Röntgenaugen. Sie wissen immer, wo du bist, was du tust, wie du es tust, mit wem du es tust und wo du es tust. Sie bekommen als erste heraus, was niemand wissen soll.
>
> Jack[3]

Kinder glauben häufig an die Magie von Gegenständen und Ereignissen. Sie glauben an Glückspfennige, vierblättrige Kleeblätter, schwarze Katzen, Zucker vorm Fenster, Zähne unter dem Kopfkissen oder zerbrochene Spiegel, sie sind abergläubisch, wenn sie auf Ritzen treten, spitze Gegenstände verschenken, sich bei einer Sternschnuppe etwas wünschen oder unter einer Leiter durchgehen. Manche Leute können noch als Erwachsene das magische Denken des ‹Kleinen Professors› nicht von der sachlichen Information un-

terscheiden, die ihr Erwachsenen-Ich verarbeitet hat. Sie verwechseln leicht Realität und Irrealität und geben sich dementsprechend entweder allmächtig oder hilflos, oder sie warten einfach ab und tun gar nichts.
Der sich allmächtig Dünkende manipuliert von der Position des Überlegenen aus. In dem Wahn, über besondere Macht zu verfügen und immer recht zu haben, versucht er, das Leben anderer zu bestimmen.
Der sich hilflos Gebende manipuliert von der Position des Unterlegenen aus. Er weigert sich, die Verantwortung für seine Hilflosigkeit zu übernehmen, und/oder findet es schwierig, direkte Entscheidungen zu treffen.
Viele Menschen erhalten sich den Kinderglauben, daß Wünschen hilft. Sie wünschen und warten auf Wunder, die ihr Leben wandeln. Inzwischen zerrinnt die Zeit, und sie manipulieren sich in die Ziellosigkeit. In der Transaktions-Analyse nennt man das «Warten auf den Nikolaus». Berne schreibt:

Für die meisten kommt der Nikolaus nie; wenn es an die Tür klopft, ist es bestenfalls der Milchmann. Den anderen hinterläßt er, wenn er kommt, nicht die magische Kugel, die sie nach ihren Kindermärchen erwarten, sondern nur Flitterkram, ein Stück Papier oder einen großen kleinen roten Wagen, den man auch in jedem Autosalon finden kann. Gesunde Menschen lernen, dieses Streben zugunsten der realen Welt aufzugeben, doch sie fühlen bis zu einem gewissen Grad die Verzweiflung, die aus diesem Verzicht entsteht.[4]

Dieser Glaube an das Magische hält sich bis ins Erwachsenenleben. Selma Fraiberg meint: «Lange nachdem die Vernunft den Magier seiner Magie beraubt hat, vielleicht sein ganzes Leben lang, lebt in einem geheimen Teil seines Inneren der Glaube weiter, daß Wünsche wirkliche Ereignisse herbeizaubern können.»[5] Ein Fischer, der die Böschung hinunterstieg, sagte zum anderen: «Wenn du auf den Gift-Sumach * gar nicht achtest, holst du dir auch nichts.»
Die manipulative Geschicklichkeit eines Kindes scheint magische Macht auf andere auszuüben. Mit dem aktiven ‹Kleinen Professor› kann jemand Ehepartner, Eltern, Lehrer, Chef oder Freund manipulieren.
Innerhalb der Familie versucht der Ehemann vielleicht, seine Frau

* Gift-Sumach = Kletterstrauch in Nordamerika, dessen giftiger Milchsaft beim Menschen Hautausschlag bewirken kann. (Anm. z. dt. Übers.)

mit einem Blumenstrauß und Komplimenten zu manipulieren, wenn er spät nach Hause kommt. Sie nutzt die Gelegenheit und bringt ihn dazu, sie zum Essen auszuführen oder ihr Geld für ein neues Kleid zu geben. Ihr Sohn erklärt, er müsse «in der Bücherei noch einiges nachschlagen», und schafft es so, den Familienwagen zu bekommen. Jeder wendet die gleichen alten Tricks an, mit denen er in seiner frühen Kindheit Erfolg hatte. Manipulatives Geschick mag manchmal zum Überleben nötig sein, doch wer davon abhängt, begibt sich auf eine Lebensebene, die vom Spiel und vom Klischee beherrscht wird.

Haben Sie je beobachtet, wie eine Sekretärin bei ihrem Chef erreicht, was sie will, indem sie ihm mit zitterndem Kinn und tränenfeuchten Augen erklärt, wie sehr sie sich anstrengt, mit ihrer Arbeit auf dem laufenden zu bleiben? Wie ein Chef bei seiner Sekretärin erreicht, was er will, indem er seufzt: «Meine Frau versteht mich einfach nicht»? Wie ein Verkäufer einen Abschluß macht, indem er sagt: «Dieser Wagen ist wie für Sie gemacht»? Wenn ja, dann haben Sie den manipulativen ‹Kleinen Professor› bei der Arbeit gesehen.

Das angepaßte Kindheits-Ich

Die ersten Formen einer Anpassung des Kindes an seine Welt entstehen bereits im Leib der Mutter, indem sich deren Emotionen, chemische Zusammensetzung, Ernährung und Gesundheit auf das ungeborene Kind auswirken. Danach folgt das Geburtstrauma: Das Kind wird zum erstenmal von seiner Mutter getrennt und erfährt den ersten Kontakt mit der äußeren emotionalen und physischen Umwelt. Diese neue Umwelt kann von schrecklicher Verarmung bis zu ungeheurer Superstimulierung und Superfürsorge reichen und trägt zu den O. K.- oder NICHT O. K.-Gefühlen bei, die es allmählich entwickelt.

Unmittelbar nach der Geburt beginnt der Säugling, sich den Forderungen der Macht des Außen anzupassen. Er tut das aus dem Willen zum Überleben heraus und dem Bedürfnis nach Zustimmung und/oder aus Angst. Weil ein Kind ohne Gefühl für das Richtige oder Falsche geboren wird, entwickelt sich die erste Spur seines Gewissens sehr langsam aus der Interaktion mit seiner Umwelt, besonders mit seinen Elternfiguren.

Lächeln und freundliche Reaktionen der Elternfiguren vermitteln dem Kind das Gefühl, belohnt zu werden, weil es das Richtige getan hat. Kühle oder heftige elterliche Reaktionen vermitteln ihm das Gefühl, bestraft zu werden und leiden zu müssen, weil es unrecht getan hat. So lernen kleine Kinder durch Lob oder Strafe, was sie tun sollen. Mit Hilfe des ‹Kleinen Professors› finden sie heraus, wie sie Leid vermeiden und Beifall bekommen können. In irgendeiner Weise passen sie sich dem «Sollte» an.

Die Anpassung des Kindes führt zu dem, was Berne das angepaßte Kindheits-Ich nennt. Das angepaßte Kindheits-Ich ist der Teil des Kindheits-Ich-Zustandes, der in erster Linie von den Eltern beeinflußt ist.

Während eine gewisse Anpassung natürlicher Impulse notwendig ist, erleben viele Kinder eine unnötig repressive Erziehung. Ein Kind hört zum Beispiel:

«Ich werde dir einen Grund zum Weinen geben!»
«Ich erwarte von dir, daß du bereitwillig tust, was ich dir sage!»
«Ich halte das nicht mehr aus! Hör auf, mir dumme Fragen zu stellen!»
«Ich schlage dich tot, wenn du das noch mal sagst!»

Es kann sich so anpassen, daß es die Fähigkeit verliert, eigenständig zu empfinden, mit Neugier die Welt zu betrachten, Zuneigung zu geben und zu empfangen. Seine natürliche Ausdruckskraft wird übermäßig gehemmt.

Wenn Kinder vernünftig angepaßt werden, lernen sie, an andere zu denken – zu teilen, sich zu ändern, höflich und gesellig zu sein. Sie lernen soziale Fähigkeiten, die ihnen helfen, mit anderen in Beziehung zu treten und ihre eigenen Bedürfnisse auf soziale Weise zu befriedigen.

Während das natürliche Kindheits-Ich tut, was es will, und sich als O. K. empfindet, tut das angepaßte Kindheits-Ich eher, was seine Eltern wünschen, ob das nun vernünftig oder unvernünftig ist, und lernt auf diese Weise, sich NICHT O. K. zu fühlen. Übliche Anpassungsmuster sind:

sich fügen,
sich zurückziehen,
zaudern.

Manche Kinder fügen sich, um Schwierigkeiten aus dem Weg zu gehen. Sie stellen fest, daß es leichter, praktischer und weniger ängstigend ist, sich ohne Widerspruch zu fügen, als für ihren eigenen Standpunkt oder ihre Ideen zu kämpfen.
Sie können sich fügen, indem sie eine Elternfigur kopieren oder ihr gehorchen. Manche Kinder erhalten die Anweisung: «Mach es wie ich» und fügen sich, indem sie die Eltern kopieren. Der Satz «Ich bin Spielführer gewesen, Junge; kein Grund, warum du das nicht auch schaffen solltest», ermuntert ein Kind dazu, seinen Vater zu kopieren. Andere Kinder empfangen die Botschaft: «Mach es nicht wie ich, sondern tu, was ich sage.» Sie fügen sich, indem sie trotz einer offensichtlich doppelten Moral gehorchen. Wenn zum Beispiel ein Vater mit vollem Mund brüllt: «Hier gelten noch Manieren, junger Mann!», wird der Sohn zu einem Verhalten ermahnt, das der Vater selbst nicht zeigt.
Obwohl sich viele Kinder den elterlichen Forderungen fügen, tun sie das nicht immer freundlich. Häufig zieht es ein Kind vor zu schmollen. Etwas ist geschehen, was ihn auf seine Bezugsperson wütend macht. Statt zu rebellieren, hält es an seinem Groll fest, tut widerwillig, was verlangt wird, schmollt weiter und gibt dann anderen die Schuld, wenn etwas schiefgeht.[6]
Manchmal resultiert dieses Schmollverhalten aus einem traumatischen Erlebnis, das bei einem Kind großen psychischen Schaden angerichtet hat.

Fallbeispiel

Bettina hatte in der Beratungsgruppe den Spitznamen «die Eingeschnappte». Sie schien die meiste Zeit zu schmollen und sprach wenig. Obwohl sie ständig leugnete, Ressentiments zu haben, geriet sie bei einer Sitzung in Wut, weil jemand in eine andere Gruppe überwechselte. Dieser Ausbruch erinnerte sie an jene alten Zorngefühle, die sie empfunden hatte, als ihre Mutter in eine psychiatrische Anstalt kam und ihr Vater das zuließ.
Als sie drei Jahre alt war, wäre Bettina beinahe getötet worden, denn ihre psychisch kranke Mutter hatte versucht, mit ihr aus einem Hotelfenster zu springen. Ihr Vater, der die Selbstmordgefahr kannte, betrat unerwartet das Zimmer und zog das Kind noch gerade rechtzeitig vom Fenstersims. Ihre Mutter kam daraufhin für immer in eine Anstalt.

Bettina wurde von einer Tante aufgenommen, der sie zwar gehorchte, doch äußerst unwillig. Ihr Vater besuchte sie kaum, und sie verbrachte viel Zeit schmollend in ihrem Zimmer. Wenn in der Schule etwas schiefging, machte sie stets «diesen blöden alten Lehrer» dafür verantwortlich.
Als Bettina älter wurde, freundete sie sich mit einem jungen Mann an, der selten sein Versprechen hielt und sie oft stundenlang warten ließ. Nach jeder Enttäuschung klagte Bettina: «Warum passiert das immer mir?»

Allmählich gab Bettina zu, daß sie ihr Leben lang auf ihre Eltern böse gewesen war, weil sie sie verlassen hatten. In der Beratung kann man oft ein ähnliches Verhalten bei Menschen beobachten, die in der frühen Kindheit einen Elternteil verloren haben.
Ein anderes Kind kann in der gleichen Situation völlig anders reagieren. Statt wie Bettina zu schmollen, verhält es sich vielleicht offen feindselig oder zieht sich ängstlich zurück. Ein Kind, daß sich durch Zurückziehen anpaßt, verschließt sich in sich selbst. Es fühlt sich einer direkten Auseinandersetzung mit seiner Umgebung nicht gewachsen. Oft isoliert es sich von anderen durch häufige Krankheiten oder Aktivitäten wie etwa Hobbies, denen es alleine nachgeht. Es kann sich im Wald, auf der Straße, in einem Baum, im Schlafzimmer oder in seiner Welt der Phantasie verstecken.
Ein dramatisches Verhalten dieser Art zeigt der Fall eines Mannes, der nach einem Familienstreit zwei Tage lang verschwunden blieb. Seine Frau, die außer sich vor Angst war, fand ihn zusammengekrümmt in einer Kellerecke. Als er später von seiner Kindheit erzählte, stellte sich heraus, daß er bei lauten Auseinandersetzungen seiner Eltern sich stundenlang mit einer Decke über den Ohren unter einem Bett verbarg. Seine Familie war so groß, daß man ihn selten vermißte. Wenn er sich als erwachsener Mann von einem Streit mit seiner Frau zurückzog, wiederholte er das gleiche Anpassungsmuster. Eine gewohnte Kindheitsszene lief erneut ab.
Ein Kind, das sich anpaßt, indem es sich zurückzieht, tut das eher emotional als physisch. In gewissem Sinne «schaltet es ab» und tut oft, als hörte es nichts. Auf diese Weise geht es äußeren Anforderungen aus dem Wege. Indem es «abschaltet», schafft es sich eine Phantasiewelt, die es vor dem Konflikt und der damit verbundenen möglichen Kränkung beschützt.
Phantasievorstellungen des angepaßten Kindheits-Ich reflektieren häufig frühe Lern- oder Erfahrungserlebnisse. Ein kleiner Junge,

der von seiner Mutter beim Naschen erwischt wurde, stellt sich vielleicht vor, daß er als «böser Junge» ins Gefängnis kommt. Wenn ein junges Mädchen einmal von ihrem Bruder dadurch erschreckt wurde, daß er unerwartet mit lautem Gebrüll aus einem Wandschrank sprang, stellt es sich möglicherweise vor, daß in jedem Wandschrank ein Mann versteckt sein könnte. Menschen, die man als Kinder dazu erzogen hat, «gesehen und nicht gehört zu werden», träumen oft von einer Situation, in der sie sprechen oder schreien müssen, aber keinen Laut herausbringen.

Die Massenmedien können ebenso wie elterliche Erwartungen die verzerrte Vorstellung eines Kindes von der Realität fördern. Es sieht sich vielleicht als

großspurig daherstolzierenden Cowboy, vor dem sich die anderen ducken, wenn er den Raum betritt,
Supermann, dessen Weitsicht den Raub der Kasse vereitelt,
die hilflose Frau, die von einem gutaussehenden Mann mit dem richtigen Waschmittel von ihrer Schmutzwäsche befreit wird,
das junge Mädchen, das durch strahlend weiße Zähne und einen gutsitzenden Bikini Freunde gewinnt.

Und es kopiert dann diese Vorbilder.

Zaudern ist ein weiteres, häufig angewandtes Verhaltensmuster des angepaßten Kindheits-Ich. Weil das natürliche Kindheits-Ich rebellieren und sagen will: «Ich mag nicht» und das angepaßte Kindheits-Ich das nicht wagt, beschließt der ‹Kleine Professor› zu zögern. Durch diese Taktik besänftigt ein Kind teilweise seine Bezugspersonen und befriedigt zugleich seinen inneren Wunsch zu rebellieren. Allmählich wird das Zaudern zu einem Anpassungsmuster.

Ein Junge, der seine Mutter rufen hört: «Fred, komm herein zum Essen», kann freundlich antworten: «Gleich, Mutter.» Durch diese Methode fordert er sie weder heraus, noch springt er auf ihr Kommando. Ein Mädchen, das daran erinnert wird, den Tisch zu dekken, kann antworten: «Sowie die Sendung vorbei ist, Mutter.» Oft geht das Zaudern weiter mit: «Gerade noch diese Sendung», oder «Ich mache es, wenn die Werbung kommt». Kinder lernen das Zaudern aus vielen Gründen:

Sie hören zu viele elterliche Befehle.
Wenn sie mit ihren Pflichten zu schnell fertig sind, bekommen sie neue Aufträge.

Besondere Tüchtigkeit könnte ihre Freunde oder Geschwister eifersüchtig machen.
Egal, was sie tun und wie sie es tun, es ist nie gut genug.
Wenn sie lange genug zögern, wird jemand anders die Dinge erledigen.

Zaudern kann zu einem wesentlichen Bestandteil des psychologischen Rollenbuchs werden – eine Methode, das Lebensdrama zu spielen. Man kann das an einem Menschen beobachten, der ständig unpünktlich ist: in der Schule, beim Essen, bei der Arbeit, bei Veranstaltungen. Selbst das Klingeln des Weckers am Morgen kann bei ihm die Reaktion auslösen: «Nur noch zehn Minuten, dann stehe ich auf.» Viele Zauderer scheuen endgültige Termine und bitten oft um etwas mehr Zeit.
Das Muster des Zauderns enthüllt sich manchmal bei einer Beratungsmethode, bei der der Betreffende gebeten wird, sich seinen Grabspruch vorzustellen. Häufig enthält das Epitaph in konzentrierter Form die Quintessenz des Lebensdramas. Grabsprüche, die auf Zauderer hinweisen, lauten:

Sie wollte stets, doch es kam immer etwas dazwischen.
Sie bemühte sich noch und noch, aber schließlich starb sie doch.
Die Zeit ging ihm aus.
Er fand nie den rechten Anfang.

Ein Mann gab seiner Grabschrift eine poetische Form:

Hier ruht jetzt ein Mann namens Klaus,
der wuchs nie übers Mittelmaß hinaus.
Er gab sich viel Müh', doch er schaffte es nie,
und schließlich war's mit dem Klaus aus.

Das berühmte Winchester House in San José in Kalifornien mit seinen endlosen Gängen, seinen Türen, die sich zum Nichts oder zu leeren Wänden öffnen, könnte von einer Frau erbaut worden sein, die glaubte, solange sie die Fertigstellung des Hauses hinauszögere, werde sie nicht sterben.
Das angepaßte Kindheits-Ich ist sehr oft der Teil der Persönlichkeit, der Unruhe stiftet. Das gilt besonders dann, wenn ein Kind, zum Gewinnen geboren, sich selbst als Verlierer empfindet, als NICHT O. K., und anfängt, sich NICHT O. K. zu verhalten. Wenn sich ein er-

wachsener Mann in seinem Zimmer versteckt, statt sich mit dem Familienstreit auseinanderzusetzen, wenn eine Frau zu allen Bitten «Ja, Liebling» sagt, obwohl sie ihr zuviel sind, oder wenn jemand verwirrt ist und nicht selbständig denken kann, dann wird die Persönlichkeit dieser Menschen vom angepaßten Kindheits-Ich beherrscht. Dann kann sich ein Mensch (von seinem angepaßten Kindheits-Ich her) verhalten wie

eine haftende Klette, ein Besserwisser, ein gemeiner Schinder, eine verführerische Sirene, eine Hexe, ein Heiliger, ein störrisches Scheusal oder ein bedrücktes OPFER.

Es gibt Millionen von Möglichkeiten. Häufig braucht der überangepaßte Mensch therapeutische Hilfe, damit er sein natürliches Kindheits-Ich wiederfinden und wieder mit Genuß lachen, lieben und spielen kann.

Wechsel zwischen natürlichem und angepaßtem Kindheits-Ich

Innerhalb des Kindheits-Ich-Zustandes mancher Menschen findet ein ständiger Kampf zwischen dem natürlichen und dem angepaßten Kindheits-Ich statt. In solchen Fällen wechseln Gefühl und Verhalten unentwegt zwischen Fügsamkeit gegenüber der elterlichen Anweisung und Rebellion. Häufig kann man den Konflikt an Menschen beobachten, denen die Eltern nur dann Glück und Vergnügen gestatteten, wenn bestimmte strenge Bedingungen erfüllt wurden. Als Erwachsener wird er von seinem verwirrten Kindheits-Ich zu einer ständigen Suche nach Beifall getrieben, und dann tritt laut Berne «... in seinem sozialen Verhalten apologetische Unbeholfenheit an die Stelle der Wahrhaftigkeit».[7]

Fallbeispiel

Noch mit vierzig machte sich Harald ständig Sorgen um die Beziehung zu seiner Mutter. Zwischen Besuchen bei ihr probte er im Geist, wie er ihr erklären wollte, daß er und seine Frau den Kindern erlaubt hatten, sonntags nicht mehr in die Kirche zu gehen. Doch als

Harald seiner Mutter dann gegenüberstand, konnte er ihr diesen Entschluß nicht mitteilen. Statt dessen erfand er Geschichten über die Kinder, die ihr gefielen. Die Kinder selbst wußten nicht, was sie in Gegenwart der Großmutter sagen oder tun sollten.

Haralds Mutter war die Hauptperson in seinem Lebensdrama und hörte nicht auf, es zu dirigieren. Obwohl er unglücklich war – hin- und hergerissen zwischen dem Wunsch, sich ihren Vorstellungen zu fügen, und dem Verlangen, dagegen zu rebellieren –, bemühte er sich letzten Endes stets um ihren Beifall.
Die Kolumnistin Ann Landers erhielt einen Brief, der das gleiche Persönlichkeitsproblem illustrierte:

Liebe Ann Landers,
mein Problem quält mich seit Jahren, und ich war oft versucht, Ihnen zu schreiben. Jetzt habe ich das Gefühl, ich muß es endlich tun. Es geht um meine Mutter.
Obwohl ich eine erwachsene Frau bin und eigene Kinder habe, ist meine Mutter immer noch der wichtigste Mensch in meinem Leben. Ich hatte stets das Gefühl, daß sie mich nie geliebt hat, und sosehr ich mich auch bemühe, ihr alles recht zu machen, schaffe ich es *irgendwie* nie.
Meine Geschwister kümmern sich praktisch überhaupt nicht um Mutter, doch sie behandelt sie viel besser als mich. Sie ruft sie ständig an und besucht sie (wobei sie sich selbst einlädt). Ich dagegen muß darum betteln, daß sie mal zu uns kommt.
Dieses Problem ruiniert meine Ehe und liegt wie eine dunkle Wolke über allem. Bitte sagen Sie mir, was ich falsch mache und wie ich es ändern kann. Mein Mann sagt: «Vergiß es.» Eine ungeliebte Tochter[8]

Das Bemühen um elterlichen Beifall, der nie kommt, kann einen Menschen so beschäftigen, daß er das «Hier und Jetzt», seine gegenwärtigen Beziehungen nicht mehr bewältigt. Statt auf der aktuellen Szene zu agieren, spielt er immer noch die vergangene Szene des inneren Konflikts.

Aktivierung des Kindheits-Ich

Camus schrieb in seiner Erzählung *Der Fall*, daß am Ende jeder Freiheit ein Urteilsspruch stehe. Darum sei die Freiheit so schwer zu ertragen, besonders wenn man Fieber oder Kummer oder niemand liebhabe. In Zeiten, wenn Menschen verletzt sind, krank, müde, sorgengeplagt oder unter Streß stehen, gelangt ihr Kindheits-Ich leicht an die Oberfläche. Da sie sich dann gerade ganz oder teilweise völlig unfähig fühlen, reagieren sie mit ihren unverkennbaren Verhaltensmustern aus der Kindheit, indem sie

sich von anderen Menschen zurückziehen,
sich immer mehr anstrengen,
über Schmerzen und Leiden klagen,
Hilfeleistungen fordern,
die Überbeanspruchung durch Fröhlichkeit verdecken.

Ein Kranker hat meistens das Verlangen nach den gleichen Nahrungsmitteln – Tee, Zwieback, Haferschleim oder Hühnerbrühe –, die er gewöhnlich bekam, wenn er als Kind krank war. Sein ‹Kleiner Professor› kann diese Nahrungsmittel für magisches Gebräu halten, und genauso ißt er sie, auch wenn sein natürliches Kindheits-Ich nur nach Speiseeis und Wackelpudding verlangt.
Wenn jemand müde ist, will sein natürliches Kindheits-Ich wahrscheinlich schlafen oder gar nichts tun. Sein angepaßtes Kindheits-Ich wagt es aber nicht, diesen Gefühlen nachzugeben, besonders wenn es Bravsein mit Geschäftigsein gleichsetzt. Um den inneren Konflikt beizulegen, schlägt der ‹Kleine Professor› dann womöglich ein Nickerchen vor.
Wenn sich jemand Sorgen macht, will sein natürliches Kindheits-Ich oft etwas lutschen: eine Zigarette, ein Kaugummi oder Bonbon, ein Getränk. Sein angepaßtes Kindheits-Ich zaudert wahrscheinlich und stellt sich dem Problem nicht, oder es erwartet von anderen eine Lösung. Wenn sich sein ‹Kleiner Professor› einmischt, fällt dem Betreffenden vielleicht eine kreative Lösung ein, oder er wendet eine Art Zauber an, damit das Problem verschwindet.
Wenn jemand schwer verletzt ist, will sein natürliches Kindheits-Ich schreien, weinen oder Hilfe haben. Sein angepaßtes Kindheits-Ich zieht sich in stilles Leiden zurück, besonders wenn es in seiner Kindheit gelernt hat, daß Weinen bestraft wird. Sein ‹Kleiner Professor› mag darauf verfallen, daß seine Bedürfnisse befriedigt werden, wenn er erbärmlich dreinschaut, oder daß er den Arztbesuch umgehen kann, wenn er die Verletzung verheimlicht. Jeder Mensch hat seine eigenen individuellen Reaktionen. In vielen Situationen wie etwa auf einer Party, bei einer Prüfung, an einem freien Tag, im Urlaub, bei einem unerwarteten Gewinn, einer Beförde-

rung oder einer Kündigung wird der Kindheits-Ich-Zustand aktiviert.
Auf einer Party zum Beispiel kann das angepaßte Kindheits-Ich eines Menschen schüchtern sein, empfinden, daß er fehl am Platze ist, und wünschen, er wäre nicht gekommen. Dann entdeckt sein ‹Kleiner Professor›, daß Alkohol das hemmende Eltern-Ich ausschaltet, und er verliert einiges von seiner Schüchternheit. Wenn er weitertrinkt, schaltet er auch sein Erwachsenen-Ich aus und ist jetzt dem unkontrollierten Kindheits-Ich ausgeliefert. Ohne innere Kontrollen kann er überraschendes Verhalten zeigen, das aus jedem Teil seines Kindheits-Ichs-Zustandes kommen kann. Vielleicht rauft er, flucht, singt, tanzt, beleidigt die Gastgeberin oder flirtet mit ihr. Allmählich unterliegt das Kindheits-Ich dem Alkohol, und der Betreffende ist «hinüber».
Ein anderer kommt auf eine Party mit seinem natürlichen Kindheits-Ich, das lachen, spielen und sich amüsieren will. Wenn sein Eltern-Ich sich weniger hemmend äußert, hat er nicht das gleiche Bedürfnis nach Alkohol wie im zuvor zitierten Fall. Er kann ein sehr angenehmer Gesellschafter sein oder, wenn ihn die Vernunft nicht mäßigt, den ganzen Abend selbstsüchtig die allgemeine Aufmerksamkeit an sich reißen. In diesem Fall provoziert er wahrscheinlich das kritische Eltern-Ich oder das empfindliche Kindheits-Ich eines anderen, der ebenfalls im Rampenlicht stehen will.
In Streß- und anderen besonderen Situationen wird das Kindheits-Ich auch durch bestimmte Transaktionen leicht aktiviert. Wenn der eine sein Eltern-Ich einsetzt, reagiert der andere sehr wahrscheinlich mit seinem Kindheits-Ich. Kommentare des Eltern-Ich wie die folgenden «ködern» gewöhnlich das Kindheits-Ich:

Ein Mann zu seiner Frau: (kritisch)	Hier sieht es furchtbar aus. Was hast du bloß den ganzen Tag getan!
Eine Sekretärin zum Chef: (fürsorglich)	Vergessen Sie nicht Ihren Schirm, wenn Sie zum Essen gehen. Schließlich wollen Sie sich doch nicht erkälten, nicht wahr?
Ein Achtjähriger zu einem anderen Achtjährigen: (verächtlich)	Du kannst überhaupt nichts. Du kannst noch nicht einmal einen Ball fangen.

Kommentare des Kindheits-Ich wie die folgenden können ebenfalls das Kindheits-Ich des anderen «ködern»:

Ein Junge zu einem Mädchen: (bewundernd)	Donnerwetter, bist du hübsch!
Ein Mädchen zu einem Jungen: (bewundernd)	Du bist groß und stark!
Ein Vertreter zur Empfangsdame: (mit glitzernden Augen)	Wie wär's mit einem Glas Wein nach Feierabend?
Eine Frau zu ihrem Mann: (zornig)	Ich bin so wütend auf dich, weil du mich vor deinem Chef blamiert hast, daß ich dir ins Gesicht spucken könnte!

Obwohl bestimmte Situationen und Transaktionen das Kindheits-Ich leicht aktivieren, braucht es nicht angewendet zu werden. Viele Menschen setzen dann wirkungsvoll ihr Erwachsenen-Ich ein, auch wenn in ihrem Kindheits-Ich die Aufzeichnungen von früher erneut ablaufen.

Zusammenfassung

In jedem von uns steckt ein kleiner Junge oder ein kleines Mädchen. Wer als Erwachsener handelt und fühlt wie in seiner Kindheit, handelt und fühlt aus seinem Kindheits-Ich-Zustand heraus.
Das ‹Natürliche Kindheits-Ich› fühlt sich frei und tut, was es will. Wer ungehemmt, herzlich, spielerisch, selbstsüchtig ist oder für seine eigenen Rechte eintritt, drückt sehr wahrscheinlich sein natürliches Kindheits-Ich aus.
Der ‹Kleine Professor› ist das kluge kleine Kind in jedem Menschen. Wenn jemand intuitiv empfindet, einen Genieblitz hat, aus Spaß an der Sache kreativ ist oder jemand dazu manipuliert, ihm zu geben, was er will, dann ist sein ‹Kleiner Professor› beteiligt.
Das ‹Angepaßte Kindheits-Ich› ist das erzogene Kind, das soziales Bewußtsein entwickelt, aber sich manchmal in hohem Maße NICHT O. K. fühlt. Wer höflich oder fügsam ist, Auseinandersetzungen meidet, zaudert oder sich NICHT O. K. fühlt, drückt wahrscheinlich sein

angepaßtes Kindheits-Ich aus.
Der Kindheits-Ich-Zustand wird aktiv, wenn jemand anders die Elternrolle spielt, außerdem in Zeiten der Abhängigkeit, zum Beispiel, wenn jemand krank ist, oder dort, wo man sich amüsieren kann, zum Beispiel auf einer Party.
Das Kindheits-Ich ist die Grundlage für das Selbstbild eines Menschen. Ob man sich als Gewinner oder als Verlierer empfindet, hängt mit großer Wahrscheinlichkeit vom Kindheits-Ich-Zustand ab.

Experimente und Übungen

Menschen haben in bezug auf ihre Kindheit verschiedene Erinnerungsebenen. Manche wissen noch sehr viel, anderen fällt es schwer, sich überhaupt an etwas zu erinnern. Wenn Sie die Erinnerung stimulieren, Kindheitsgefühle wiedererleben und Daten über ihren Kindheits-Ich-Zustand sammeln wollen, nehmen Sie sich Zeit für die folgenden Experimente und Übungen. Einige werden Ihnen sowohl emotionale wie intellektuelle Einsichten vermitteln.
Emotionale Einsicht geht mit einer Bewußtseinserweiterung einher. Beides kennzeichnet den Augenblick der Selbstentdeckung, in dem man «Aha» sagt. Perls beschreibt das Aha-Erlebnis als den Moment, «in dem etwas klickt, an die richtige Stelle fällt; immer dann, wenn eine Gestalt sich vollendet, kommt es zu diesem ‹Aha›, dem Schock der Erkenntnis»[9]. Intellektuelle Einsicht kommt mit dem Datensammeln. Es ist oft ein analytischer Denkprozeß, in dessen Verlauf der Betreffende folgert: «*So* ist das also!»

1. Das Zuhause Ihrer Kindheit

Schließen Sie die Augen. Stellen Sie sich vor, Sie seien in der ersten Wohnung, an die Sie sich erinnern können. Lassen Sie Bilder auftauchen. Schalten Sie aus, was Ihrer Meinung nach da sein *sollte*. Nur was Sie *sehen*, ist da.

- Was sehen Sie tatsächlich? Menschen? Möbel? Andere Gegenstände?
- Schauen Sie sich in dem Raum nach Einzelheiten um – Farben, Formen, Dekoration, Türen, Fenster usw.

Versuchen Sie dann mit Ihren anderen Sinnen dieses Zuhause wiederzuerleben.

- Was hören Sie? Riechen Sie? Schmecken Sie? Fühlen Sie?
- Achten Sie auf Ihre Empfindungen, während Sie die Vergangenheit wiedererleben.

Werden Sie sich jetzt der Menschen bewußt, die dort in Ihrem Kindheitsheim sind.

- Betrachten Sie ihre Gesichter, Gesten, Haltungen, Kleider.
- Wie verhalten Sie sich zueinander? Wie verhalten Sie sich zu Ihnen?
- Welches Drama wird gespielt? Eine Komödie? Eine Farce? Eine Tragödie? Ein Märchen? Was?
- Welche Rollen werden gespielt? Wer sind die OPFER, RETTER, VERFOLGER? Welche Rollen haben Sie in dem Drama?

Wahrscheinlich sind mehrere Besuche nötig, um die Erinnerungen an das Zuhause Ihrer Kindheit zu aktivieren. Vielleicht müssen Sie auch mehr als eine Wohnung besuchen.

2. Kontakt mit der Kindheit

Holen Sie das Familienalbum oder irgendein Foto, das Sie als Kind zeigt. Betrachten Sie die Bilder langsam. Lassen Sie Erinnerungen aufsteigen:

- Waren das damals glückliche Zeiten? Traurige Zeiten? Schwere Zeiten?
- Was geschah damals in Ihrem Leben?
- Vergleichen Sie sich als Säugling, Kleinkind, Schulkind.
- Was sehen Sie auf diesen Fotos, die Sie jetzt in sich selbst sehen?
- Sehen Sie irgend etwas auf den Fotos, das Sie jetzt gern in sich selbst sehen würden?

Nachdem Sie wieder ein Bild von sich selbst als Kind haben, nehmen Sie dieses Kind mit auf einen Phantasiespaziergang an einen stillen Ort, vielleicht in das Lieblingsversteck Ihrer Kindheit. Lernen Sie sich kennen.

- Hören Sie auf die Verletzlichkeiten, Glücksvorstellungen und Sehnsüchte Ihres Kindheits-Ich.
- Was denkt dieses Kind über sich selbst?
- Bleiben Sie bei ihm, bis Sie etwas ganz Neues über sich als Kind erfahren haben.

3. Ihr jetziges Kindheits-Ich

Versuchen Sie herauszubekommen, was gegenwärtig Ihr Kindheits-Ich aktiviert. Werden Sie sich bewußt, wie Sie sich verhalten:

- unter Streß, wenn Sie krank, müde, enttäuscht usw. sind?
- wenn jemand Ihnen gegenüber sein Eltern-Ich einsetzt?
- wenn das Kindheits-Ich eines anderen Ihr Kindheits-Ich provoziert oder herauslockt?
- wenn Sie auf eine Party gehen?
- wenn Sie von einem anderen etwas wollen?

Versuchen Sie herauszufinden, ob Sie ein Muster für den unangemessenen Einsatz ihres Kindheits-Ichs haben:

- Tun oder sagen Sie Dinge, die bei anderen Stirnrunzeln oder Spott hervorrufen?
- Tun oder sagen Sie Dinge, die anderen Menschen unangenehm oder peinlich sind und sie veranlassen, sich von Ihnen abzuwenden?
- Gibt es bestimmte Menschen, auf die Sie gewohnheitsmäßig mit Ihrem Kindheits-Ich reagieren? Wenn ja, warum?
- Was empfinden Sie und wie verhalten Sie sich bei Transaktionen mit ihnen? Welche Verantwortung übernehmen Sie für die Art der Transaktion?

Wenn Sie unangemessene Verhaltensmuster Ihres Kindheits-Ich entdecken, erproben Sie alternative Verhaltensweisen.

4. Phantasiebewußtsein

Wenn Sie das nächste Mal «abschalten» vor dem, was um Sie herum vorgeht, werden Sie sich bewußt, was in Ihnen geschieht.

- Unternehmen Sie eine Phantasiereise an einen bestimmten Ort?
- Sprechen Sie mit einer bestimmten Person? Debattieren Sie? Überreden Sie sie? Bitten Sie? Streiten Sie?
- Proben Sie ein künftiges Ereignis?
- Spielen Sie die Rolle eines Supermannes oder einer Superfrau, oder geben Sie sich anderen Wunschträumen hin?
- Können Sie den Teil Ihres Kindheits-Ich identifizieren, der hier träumt?
- Können Sie andere hören, während Sie phantasieren?

5. Ihre Erziehung zur Anpassung

Erinnern Sie sich an die verbalen und nicht-verbalen Methoden, mit denen Sie erzogen wurden. Versuchen Sie zu vergleichen, was Sie tun *wollten* (zum Beispiel auf Vaters Schoß klettern, lange aufbleiben, auf der Straße mit Kindern spielen) und was Sie tun *mußten* (zum Beispiel sich gleichmütig geben, früh zu Bett gehen, vor dem Spielen häusliche Pflichten erledigen).

- Mit welchen Worten, Blicken usw. wurden Sie ermahnt?
- Mit welchen Worten, Blicken usw. wurden Sie ermutigt?
- Welche Grenzen wurden Ihren Aktivitäten gesetzt?
- Waren diese Grenzen vernünftig und nötig, oder waren sie unnötig hemmend?

Wählen Sie nun einen besonderen Vorfall aus und erleben Sie ihn in Ihrer Phantasie wieder.

- Beobachten Sie, wer dabei war.
- Hören Sie, was gesagt wurde.
- Empfinden Sie wieder, was Sie damals empfanden.

Fragen Sie sich nun:

- Wann empfinden Sie heute so?
- Verhalten Sie sich *heute* jemandem gegenüber so, wie Ihre Eltern sich damals Ihnen gegenüber verhielten?
- Wie paßten Sie sich den elterlichen Forderungen an?
- Fügten Sie sich? Wann?
- Zogen Sie sich zurück? Wann?
- Zauderten Sie? Wann und wie?
- War eines dieser Verhaltensmuster vorherrschend?
- Wenden Sie diese Verhaltensmuster Ihrer Meinung nach gegenwärtig in Ihrem Lebensdrama an, und wie tun Sie es?

Sind die Anpassungsmuster aus Ihrer Kindheit Ihrem gegenwärtigen Leben angemessen? Welches Anpassungsverhalten haben Sie gelernt, das heute

- Ihnen nützlich ist?
- Sie verwirrt?
- Ihr Potential hemmt?
- für Sie oder andere destruktiv ist?

Wenn Sie Anpassungsmuster entdeckt haben, die Sie heute behindern, stellen Sie sich das *entgegengesetzte* Verhalten vor.

- Wenn Sie sich gewöhnlich den Forderungen anderer fügen, wie wäre es, wenn Sie sich weigerten?
- Wenn Sie sich häufig von anderen zurückziehen, wie wäre es,

wenn Sie versuchten, aktiv an ihnen teilzunehmen?

- Wenn Zaudern zu Ihrem Stil gehört, wie wäre es, wenn Sie aufhörten zu zögern und ein paar rasche Entscheidungen fällten?

Wurde eine alte Aufzeichnung in Ihrem Eltern-Ich aktiviert, als Sie über ein solches entgegengesetztes Verhalten nachdachten?

- Wenn ja, rufen Sie sich die Worte zurück. Sprechen Sie die Worte dann laut nach.
- Welche Erinnerungen in Ihrem Kindheits-Ich werden durch diese Worte aktiviert?
- Setzen Sie sich auf einen Stuhl. Stellen Sie sich vor, Ihre Eltern sitzen Ihnen gegenüber. Beginnen Sie mit den Worten, die Sie gerade gehört haben, einen Dialog.
- Sagen Sie dann Ihren Eltern, daß Sie ein anderes Verhalten erproben wollen, aber sich weder gegenüber sich selbst noch gegenüber anderen destruktiv verhalten werden.

Ihr angepaßtes Kindheits-Ich nimmt häufig die Position des Unterlegenen ein. Ihr Eltern-Ich nimmt dagegen häufig die Position des Überlegenen ein. Beide Positionen können Pole Ihrer Persönlichkeit darstellen. Ein überforderndes Eltern-Ich kann ein Pol sein, das störrische, fügsame oder in sich zurückgezogene Kindheits-Ich der andere.

- Können Sie irgendwelche Positionen des Unterlegenen und/oder Überlegenen in sich selbst zugeben?
- Können Sie diese Positionen mit Ihrem Eltern-Ich und Ihrem Kindheits-Ich in Beziehung setzen?

Nachdem Sie sich Klarheit über Ihre inneren Gegensätze verschafft haben, lassen Sie Ihre beiden Fäuste diese beiden Pole darstellen. Entscheiden Sie, welche Faust Ihre Unterlegenheit und welche Ihre Überlegenheit repräsentieren soll. Lassen Sie die beiden Fäuste miteinander reden.

- Besiegt eine die andere? Ist das die beste Möglichkeit, die Auseinandersetzung zu beenden? Wenn nicht, versuchen Sie einen Kompromiß oder eine Versöhnung oder nehmen Sie eine feste Haltung gegenüber der Opposition ein.

6. Verlust eines Elternteils

Dieses Experiment ist für Menschen gedacht, die einen Elternteil nicht durch Tod, sondern zum Beispiel durch Scheidung, Verlassen, Krankenhausaufenthalt, Einberufung in den Krieg, ausgedehnte Geschäftsreisen usw. entbehren mußten. Wenn Ihnen das widerfuhr, fragen Sie sich:

- Wie wurde die Abwesenheit des Elternteils erklärt? Durften Sie darüber sprechen?
- Welche Fragen stellten Sie? Wie wurden sie beantwortet?
- Haben Sie jemanden für die Abwesenheit des Elternteils verantwortlich gemacht?
- Wenn der Elternteil von Zeit zu Zeit zurückkam, waren Sie dann glücklich? Verwirrt? Ablehnend? Oder was fühlten Sie?
- Gab es Veränderungen, wenn der Elternteil zurückkam?

Wenden Sie jetzt die Stuhl-Methode an. Sagen Sie dem Elternteil, wie Sie das Verlassenwerden empfunden haben. Gestatten Sie dem Elternteil Antworten. Drücken Sie Ihre Gefühle aus. Wenn es Ihnen richtig erscheint, versuchen Sie dem Elternteil zu verzeihen.

Das folgende Experiment ist für Menschen gedacht, die als Kind einen Elternteil durch Tod verloren haben. Führen Sie es aus, wenn Sie sich stark fühlen, nicht deprimiert. Rufen Sie so viele Erinnerungen zurück, wie Sie ertragen können. Es empfiehlt sich, dieses Experiment in Abständen und in kleiner Dosierung auszuführen.

Gehen Sie in Ihrer Phantasie zurück bis zu dem Tag, an dem der Elternteil starb.

- Wer sagte es Ihnen? Was machten Sie?
- Wie fühlten Sie sich? Traurig? Zornig? Verlassen?
- Was sagten und taten andere?

Stellen Sie sich nun diesen Elternteil auf dem Stuhl Ihnen gegenüber vor. Sagen Sie ihm, was Ihnen damals geschah und wie Sie es empfanden. Teilen Sie Ihre Gefühle mit.

- Nachdem Sie alles ausgedrückt haben, was nötig ist (es können mehrere Sitzungen dazu erforderlich sein), sagen Sie «Ade».

7. Ihr ‹Kleiner Professor›

Wie sicher ist Ihre Intuition – Ihre Fähigkeit, nicht-verbale Mitteilungen zu erfassen oder Ihrem Gespür nachzugehen?

- Wählen Sie verschiedene Personen in unterschiedlichen Situationen aus, die bereit sind, Ihnen ein aufrichtiges Feedback ihrer Gedanken und Gefühle zu geben. Sie finden sie an Ihrem Familientisch, in Ihrem Verein, unter Ihren Kollegen usw. Nehmen Sie Menschen, die sich nach Geschlecht, Alter, Rasse usw. unterscheiden.

- Fragen Sie sich: «Was empfindet dieser Mensch im Hinblick auf mich oder die Situation? Was denkt er über mich (die Situation)?»
- Überprüfen Sie Ihr Ergebnis sofort mit Hilfe des anderen, um festzustellen, ob Ihre Intuition richtig war.
- Wie sicher ist Ihre Intuition? Haben Sie meistens recht? Manchmal? Selten?
- «Durchschauen» Sie manche Leute leichter als andere?

Prüfen Sie Ihre Kreativität.

- Haben Sie in der vergangenen Woche etwas Neues versucht? Sich etwas Neues ausgedacht? Alten Materialien, Gedanken, Beziehungen neue Formen gegeben?
- Können Sie Ihre Kreativität oder den Mangel an Kreativität auf irgendein Ereignis oder auf Umstände in Ihrer Kindheit zurückführen?
- Haben Sie irgendwelche Aufzeichnungen in Ihrem Gedächtnis, die Ihnen entmutigende oder ermunternde Mitteilungen über Ihre Kreativität machen?
- Wenn es Ihnen an kreativer Ausdrucksfähigkeit fehlt, nehmen Sie sich vor, diese Woche etwas Neues zu erproben.

Erinnern Sie sich an Ihre manipulativen Fähigkeiten.

- Was haben Sie getan, um zu bekommen, was Sie wollten? Krank gespielt? Gehorcht? Ihren Charme benutzt? Geschmollt? Einen Wutanfall bekommen? Oder was?
- Wen konnten Sie leicht manipulieren?
- Gab es irgend jemanden, den Sie nicht herumkriegen konnten?
- Denken Sie jetzt an Menschen, mit denen Sie gegenwärtig zu tun haben. Wie manipulieren Sie diese Leute Ihrer Meinung nach? Wenn möglich, fragen Sie sie danach.

Erinnern Sie sich, was Ihnen als Kind magisch vorkam?

- Wenn Sie sahen, wie etwas erschien oder verschwand?
- Wenn Sie sich wie ein Riese fühlten oder wie ein Zwerg, von Riesen umgeben?
- Wenn Sie glaubten, von jemandem oder durch etwas gerettet zu werden?
- Wenn Sie einen Talisman bei sich hatten oder trugen?

Wie hat sich das in Ihrem Erwachsenenleben fortgesetzt?

- Wollen Sie immer noch gerettet werden?
- Fühlen Sie sich manchmal wie ein Zwerg oder ein Nichts?
- Verlassen Sie sich auf den «Zauber» Ihres Lächelns? Ihrer Berührung? Ihrer Art zu reden? Ihrer Gesten?

Meinen Sie, daß Menschen in Ihrer gegenwärtigen Umgebung magische Qualitäten haben?

- Gibt es in Ihrem Leben jemanden, der wie eine Hexe wirkt? Ein Ungeheuer? Eine gute Fee? Ein Zauberer?
- Haben sie Ähnlichkeit mit Menschen aus Ihrer Vergangenheit?
- Sind sie Figuren in Ihrem Rollenbuch?

8. Ihr natürliches Kindheits-Ich

Vielleicht gehören Sie zu den vielen Menschen, die etwas von der Fähigkeit des Kindes verloren haben, die Welt auf seine eigene, unverwechselbare Art und Weise zu begreifen und wahrzunehmen. Dieses Experiment wird Ihnen helfen, Ihre Sinne intensiver zu erleben.

- Gehen Sie an einen Ort, wo Sie sich wohl fühlen, am besten im Freien. Konzentrieren Sie Ihre Augen auf einen Gegenstand, als hätten Sie ihn nie zuvor gesehen. Werden Sie sich seiner Größe, Gestalt, Farbe, Struktur usw. bewußt. Jetzt lassen Sie ihn verschwimmen und konzentrieren sich auf den Hintergrund. Wiederholen Sie das mit anderen Gegenständen.
- Danach konzentrieren Sie Ihre Aufmerksamkeit darauf, nach außen zu horchen. Welche Geräusche sind konstant? Welche hören Sie mit Unterbrechungen? Achten Sie auf Intensität und Tonhöhe.
- Konzentrieren Sie sich dann auf Gerüche. Wenn Sie Ihre Nasenflügel dehnen und einatmen, welche Gerüche werden Ihnen dann bewußt?
- Konzentrieren Sie sich auf den Geschmack in Ihrem Mund.
  Wie ist er? Fahren Sie mit der Zunge über die Zähne. Was fühlen Sie?
- Konzentrieren Sie sich auf Ihre Hautoberfläche. Empfinden Sie Wärme, Kälte, Schmerz? Lenken Sie Ihre Konzentration auf verschiedene Körperteile, wobei Sie am Kopf beginnen und bei den Zehen aufhören.
- Wiederholen Sie dieses Experiment täglich ein paar Minuten lang. Sinnliche Bewußtheit muß zur Gewohnheit werden.

Was haben Sie in Ihrer frühen Kindheit wirklich gern gemacht? Suchen Sie etwas aus, was Sie ohne weiteres wiederholen könnten, was Sie aber lange nicht getan haben. Versuchen Sie es wieder.

- Wenn Sie gern auf dem Rücken lagen und Bilder in den Wolken sahen, suchen Sie sich einen Platz, wo Sie wieder auf dem Rücken liegen und die Wolken beobachten können.

- Wenn Sie gern Ihre Schuhe auszogen und durch Pfützen wateten oder durch den nassen Sand liefen oder durch Herbstlaub stapften, probieren Sie es wieder bei nächster Gelegenheit.
- Lassen Sie die Sonne auf Ihre Haut scheinen und konzentrieren Sie sich auf die Gefühle, die Ihr Körper dabei empfindet.
- Suchen Sie einen Baum, auf den Sie klettern können, und bleiben Sie eine Zeitlang darin sitzen.
- Lassen Sie einen Drachen fliegen. Schlendern Sie quer durch den Wald. Schlecken Sie einen Lutscher.
- Freuen Sie sich wie ein Kind. Amüsieren Sie sich, genießen Sie das Leben – Gewinner tun das.

7
Persönliche und sexuelle Identität

Wir werden nicht aufhören zu forschen
Und am Ende aller unserer Erkundungen
Werden wir dort anlangen, wo wir aufgebrochen sind
Und den Ort zum ersten Male kennen.

T. S. Eliot

Jeder erlebt seine eigenen natürlichen Impulse, findet heraus, wie in der Welt am besten zu leben ist, und paßt sich auf seine Weise an. Jeder, egal wie alt, wie gebildet oder wie kultiviert, handelt von Zeit zu Zeit aus seinem Kindheits-Ich heraus. Das Kindheits-Ich enthält das erste Gefühl eines Menschen von seiner Identität, es enthält sein Rollenbuch, seine psychologischen Spiele, seine Lebensanschauungen sowie seine Disposition zum Gewinnen oder Verlieren. All das wird mit großer Wahrscheinlichkeit durch sein Eltern-Ich verstärkt. Wenn das Eltern-Ich sagt: «Warum mußtest du geboren werden?» denkt das Kindheits-Ich: «Ich tauge nichts.»

Name und Identität

Von größter Bedeutung für die Identität eines Menschen ist sein Name. Obwohl der Name eines Menschen nicht seinen Charakter bestimmen sollte, beeinflußt er häufig wegen der inneren Botschaft, die er dem Kind vermittelt, entweder negativ oder positiv das Rollenbuch seines Lebens.
Nach der Geburtsurkunde könnte der Name eines Jungen Michael Thomas Stein heißen. Gerufen aber wird er vielleicht

Micky (von einem Freund),
Michael (von seinem Vater),
Micha (von seiner Mutter, wenn sie sich über ihn freut),
Michael Thomas Stein (von seiner Mutter, wenn sie sich über ihn ärgert).

Jede dieser Varianten spiegelt eine Empfindung dessen wider, der sie benutzt. Jede vermittelt dem Jungen eine andere Botschaft, der er entsprechen soll. Jede aktiviert eine andere Reaktion ihn ihm.
Friedemann, heute ein Bankier, berichtet, daß er mit sieben beschloß, von nun an Fritz zu heißen. Dieser Ausweg seines ‹Kleinen Professors› hielt die anderen Kinder mit Erfolg davon ab, sich über ihn lustig zu machen. Ein anderer Mann hatte ständig darunter zu leiden, daß sein Familienname Klohocker war. Bertha, eine hübsche Hausfrau, nannte sich Maria, weil sie immer an einen Elefanten denken mußte, wenn sie den Vornamen Bertha hörte. Manche Leute gebrauchen statt ihres ersten den zweiten Vornamen oder ihre Initialen und zeigen damit ihre Abneigung gegen die Identität, die ihr erster Vorname für sie enthält.
Viele Kinder, die den Vornamen ihres Vaters tragen oder gar «Junior» genannt werden, leiten daraus ab, daß sie in die Fußstapfen ihres Vaters treten sollen. Das gleiche kann passieren, wenn der Sohn mit einer Kose- oder Verkleinerungsform vom Namen des Vaters gerufen wird, also etwa «Hansi» und «Hans». In jedem Fall besteht das Risiko, daß der Sohn fürchtet, das Vorbild des Vaters nie zu erreichen, und sich schließlich schuldig, unzulänglich oder NICHT O. K. vorkommt. Außerdem kann er das Gefühl haben, statt des Originals nur eine Kopie zu sein, und seine eigene Identität mit der des Vaters durcheinanderbringen.
Vielen Kindern gibt man symbolische Namen aus der Literatur, dem Familienstammbaum oder der Geschichte und erwartet von ihnen, daß sie sich dementsprechend entwickeln. Kinder mit biblischen Namen wie David oder Salomon, Martha oder Maria können sich zum Beispiel entweder mit den damit verbundenen Erwartungen identifizieren oder sie bekämpfen. Ein Salomon mag sich für weiser halten, als er ist, eine Martha mag sich gegen den Anspruch wehren, daß sie sich mehr für die Küche als für die Dinge des Kopfes interessiert.

Fallbeispiel

Als Philip und Sarah ihr zwölftes Kind bekamen, schlug Philip, ein Pfarrer, wahllos die Bibel auf, um mit Hilfe einer Schriftstelle einen guten Namen für seinen Sohn zu finden. Sein Blick fiel auf den Vers «Und sie wird einen Sohn gebären, des Namen sollst du Jesus heißen». Beide Eltern waren davon angetan, und Sarah fügte

hinzu, daß das Kind ohne Schmerzen geboren worden sei. Aus Angst, die Nachbarn könnten sie für allzu stolz halten, wandelten die Eltern den Namen Jesus zu Joseph ab. Er war der Liebling der Familie und wurde als ganz besonderes Kind behandelt, das einmal große Leistungen vollbringen werde.
Jo war dreiunddreißig, als er und seine Frau therapeutische Hilfe suchten. Sie wollte ihn verlassen und klagte: «Entweder verlangt er, wie ein König behandelt zu werden, oder er geht wie ein Märtyrer durchs Haus.» Zu Jos Lieblingskommentaren über seinen Beruf als Bewährungshelfer gehörte die Bemerkung, er fühle sich «ans Kreuz geschlagen».

Ausländisch klingende Vornamen sind wie symbolische Namen häufig belastend. Während der beiden Weltkriege wurden zum Beispiel in den USA viele Familien mit deutschen Namen verfolgt, zumindest aber schief angesehen. Im Laufe der Geschichte haben viele jüdische Familien das gleiche Schicksal erlitten. In den USA ist es üblich, daß Familien mit schwierigen ausländischen Namen eine Kurzform oder eine anglisierte Form wählen, um sich dem neuen Rollenbuch der Kultur anzupassen. Damit verleugnen sie jedoch ihre auf Tradition beruhende Identität, was oftmals zu einem Gefühl der Wurzellosigkeit führt und zu einer Übergangsgeneration, die zwischen der alten und der neuen Heimat gespalten ist.
Zunamen weisen meistens auf die Herkunft der Familie hin und geben erfreuliche oder unerfreuliche Hinweise auf das kulturelle Rollenbuch eines Menschen. Manche Leute identifizieren sich so sehr mit ihrem Familiennamen, daß sie ihn fast ausschließlich gebrauchen.
In den verschiedenen Kulturen hat der Familienname eine unterschiedliche Bedeutung. In Japan ist es zum Beispiel so:

Der Familienname und sein Fortbestand sind von solcher Wichtigkeit, daß ein finanziell gutsituiertes Ehepaar, das nur eine Tochter hat, oft den Mann adoptiert, den das Mädchen heiraten möchte. Er nimmt dann den Familiennamen an und sorgt damit für dessen Fortbestand. Diese Sitte, *mukotori* genannt, gilt in Japan als alltäglich. Falls ein wohlhabendes Ehepaar nur eine einzige Tochter hat, deren Mann aus eigenen Familienrücksichten seinen Namen nicht ändern kann, adoptiert es unter Umständen ein erwachsenes Ehepaar, das dann seinen Namen annimmt. Das geschieht häufig, um ein Familiengeschäft zu erhalten und fortzuführen. Beide Praktiken zeigen, welche Beachtung der Japaner dem Familiennamen schenkt![1]

Gegenwärtig ist es bei uns üblich, daß eine Frau bei der Heirat ihren Familiennamen aufgibt und den ihres Mannes annimmt. «In Ländern mit spanischem Kultureinfluß wird dagegen der Mädchenname der Mutter dem Familiennamen angehängt, so daß beide Abstammungslinien statt nur die des Vaters anerkannt werden.»[2]
Anfänglich gab es auch in den USA eine ähnliche Sitte wie bei den Spaniern, heute findet man sie jedoch hier wie dort selten. Wenn Frauen nur noch den Namen ihres Mannes tragen, verlieren sie – oft unbewußt – das Gefühl ihrer Frühidentität, das mit dem Mädchennamen zusammenhängt. Eine Frau erzählte: «Als ich eines Tages allein zu Hause war und mich langweilte, holte ich die Fotoalben aus meiner Studienzeit hervor und betrachtete sie. Ich war überrascht von der dynamischen jungen Frau, die da abgebildet war – wie sie Stipendien bekam, politisch aktiv war, in Diskussionen debattierte. Das war *ich*! Was war mit mir geschehen? Hatte mich die Tatsache, daß ich Frau Rothe geworden war, zu einem anderen Menschen gemacht?»
Mit dem Ausdruck «psychische symbiotische Vereinigung» bezeichnet Erich Fromm zwei Erwachsene, die auf ähnliche Weise voneinander leben wie ein ungeborenes Kind von seiner schwangeren Mutter.[3] Eine symbiotische Verbindung, die manchmal durch den Gebrauch eines Familiennamens symbolisiert wird, kann zum neurotischen Muster der Einverleibung/Identifikation führen. Zu einer solchen Verbindung kann es in der Ehe, in Arbeitsbeziehungen und sogar in Freundschaften kommen. Anthony Storr schreibt:

Sich einen anderen Menschen einzuverleiben, heißt, ihn zu verschlingen, zu überwältigen und zu zerstören und ihn dadurch letzten Endes so zu behandeln, als sei er weniger denn ein ganzer Mensch. Sich mit einem anderen zu identifizieren bedeutet, die eigene Identität in der des anderen aufgehen zu lassen, von ihr überwältigt zu sein und sich letzten Endes so zu behandeln, als sei man weniger denn ein ganzer Mensch.[4]

Obgleich Vornamen wie Familiennamen sich auf das Gefühl der Identität und die Vorstellung vom eigenen Schicksal auswirken können, beeinflussen Spitznamen, Kosenamen und Schimpfnamen manche Menschen noch mehr, denn solche Namen sind beschreibend, sie können schmeichelnd oder erniedrigend sein und entweder positiv oder negativ wirken. Wenn Spitznamen ein Kind in unrealistische oder ungerechte Bahnen lenken, ist die Wirkung immer negativ – der Mensch wird herabgesetzt.

Manche Spitznamen beschwören körperliche Vorstellungen herauf. Namen wie «Dicker», «Bohnenstange», «Krauskopf», «Blondschopf», «Knirps» beziehen sich auf die äußere Erscheinung. Andere Spitznamen weisen auf Verhaltensmerkmale hin. «Dummerchen», «Zuckerpuppe», «Trotzkopf», «beleidigte Leberwurst», «Tolpatsch», «Engel», «Hitzkopf» usw. geben dem Kind die «Erlaubnis», sich auf eine bestimmte Art zu verhalten.

Fallbeispiel

«Kicker» war der Spitzname eines vierjährigen Jungen. Sein Vater, in seiner Studienzeit ein guter Fußballer und stolz auf die kräftigen Beine seines kleinen Sohnes, nannte ihn so. Er sagte ständig: «Er ist ein richtiger Kicker.» Im Kindergarten trat der Junge häufig andere Kinder, wenn er nicht gleich bekam, was er wollte, einmal wandte er sich sogar gegen die Erzieherin. Als sie versuchte, sein Verhalten zu korrigieren, prahlte er: «Aber ich bin ein richtiger Kicker, frag nur mal meinen Papa.»

In gewissem Sinn stellte Kicker seinen Spitznamen dar, allerdings auf aggressive Weise und ohne Beziehung zu der ursprünglich konstruktiven, «guten» Bedeutung. Er ärgerte seine Familie, Freunde und Klassenkameraden, bis sich seine Eltern in der Beratung der Rollenbuch-Bedeutung seines Spitznamens bewußt wurden. Sie hatten ihm unbeabsichtigt «gestattet», sich anderen gegenüber aggressiv zu verhalten. Er hatte sein Rollenbuchthema entsprechend angepaßt, er «kickte wie der Teufel». Die Eltern verwendeten daraufhin den Spitznamen nicht mehr, sondern nannten ihn bei seinem richtigen Namen «Alfred» und baten andere, das gleiche zu tun. Sehr bald schon besserte sich das Verhalten des Kindes, und allmählich hörte er auf, der Kicker zu sein.
Manche Kinder werden mit entwürdigenden Beinamen gerufen oder bestraft. Diese Schimpfnamen sind eine bösartige Form der Herabsetzung. Andere Kinder werden fast völlig ignoriert oder «He, du» oder «Bübchen» genannt. Manchmal kommt ein Kind in den Kindergarten und weiß noch nicht einmal seinen Namen. Ohne ein Gefühl der Identität kommt sich ein solches Kind unwirklich oder wie ein Nichts vor.
Wenn ein Name ein Kind unnötig belastet, dann hat Goethe vielleicht *weniger* recht mit seinem «Name ist Schall und Rauch» als mit seinem Satz «Das Wort verwundet leichter, als es heilt».

Identität durch Spiele

Außer durch seinen Namen entdeckt ein Kind noch auf die verschiedenste Weise seine Identität, mit am natürlichsten durch das Spiel. Beim Spiel bringt der Einsatz körperlicher oder geistiger Aktivität Zerstreuung und Vergnügen und fördert die Entwicklung. Für ein Kind ist Spielen seine Möglichkeit, das Leben «auszuprobieren» und sich und seine Welt zu entdecken.

Die kindlichen Fähigkeiten zu lachen und zu spielen gehen oft Hand in Hand. Zu seinem Identitätsbewußtsein können Gefühle gehören, in denen es sich selbst als reserviert, nüchtern, spielerisch oder witzig empfindet. Der Erwachsene drückt im Guten wie im Schlechten die Aspekte seines Kindheits-Ich aus.

Ein Kind kann im Spiel aktiv seine Stärke und Fähigkeiten erproben und seine Emotionen, Phantasien und künftigen Erwartungen darstellen. Oder es kann passiv sein, eher Beobachter als aktiver Teilnehmer am Leben. Beim aktiven Spiel ist das Kind fast immer direkt mit seinem Körper beteiligt, es erprobt seine Muskelkraft und schärft seine Sinne. Es kann sich dabei um ein unstrukturiertes Spiel handeln – ein Säugling rollt im Gras, ein Kleinkind jagt eine Motte, ein Kind tanzt frei nach der Musik – oder um ein hochgradig strukturiertes mit vorbestimmten Regeln, die spezialisierte Geschicklichkeit und eine gewisse Verarbeitung durch das Erwachsenen-Ich erfordern.

Wenn das natürliche Kindheits-Ich aktiv spielt, gibt es wahrscheinlich Gekicher, Gelächter und Jubelrufe. Ist das angepaßte Kindheits-Ich beteiligt, kann das Besiegen eines Gegners wichtiger sein als der Spaß.

Manche aktiven Spiele sind Proben für die Zukunft. Familie spielen zum Beispiel – «Du bist die Mami, ich bin der Papi; und sie ist das Kind» – ist die Darstellung künftiger Sexualrollen. Kriegsspiele mit den «Guten» auf der einen und den «Bösen» auf der anderen Seite kann die Darstellung von Rollen aus dem Fernsehen oder dem Kino sein und eine Art Training, das künftigen Erwartungen entspricht. Wenn Arzt, Forscher, Lehrer, Chemiker oder Schreiner usw. gespielt wird, ist oft der ‹Kleine Professor› beteiligt, der künftige Berufsmöglichkeiten ausprobiert. Es kann aber auch das angepaßte Kindheits-Ich sein, das die Eltern kopiert oder Rollen probt, die ihm elterliche Erwartungen auftragen. In einer Familie wurde ein Junge, der sich stets sehr aktiv an sportlichen Wettkämpfen beteiligte, Sporttrainer. Sein Bruder, der am liebsten «Räuber und Gendarm» spielte, ist heute bei der Polizei. Ihre Schwester, die immer bereit war, sie mit Pflaster und Verbandszeug zu versorgen, wurde Krankenschwester.

Das passive Kind durchlebt ersatzweise die Erfahrungen anderer Menschen und träumt oft davon, wie es wäre, eine Figur auf dem Bildschirm zu sein oder zu einer Mannschaft zu gehören. Kinder schauen alle gern zu. Doch wenn sie ihre Freizeit überwiegend mit der Beobachtung anderer verbringen, kommt ihre eigene Geschicklichkeit, Kooperationsbereitschaft, Wettbewerbsfähigkeit oder Kreativität zu kurz. Ihre natürliche Ausdruckskraft wird gehemmt, und sie gewöhnen sich daran, das Leben zu beobachten, statt zu erleben. Als Erwachsener steht ein solcher Mensch bei gesellschaftlichen Anlässen oft am Rande und beobachtet, wie andere schwimmen, tanzen, lachen und sich amüsieren. Vielleicht grollt er jenen, die der Mittelpunkt der Aufmerksamkeit sind, vielleicht fühlt er sich auch einfach hilflos und unzulänglich.

Wenn der Typ des passiven Beobachters einen Beruf ergreift, dann wahrscheinlich einen, in dem er weiterhin passiv beobachten kann. Zum Beispiel könnte er über soziale Probleme schreiben und dabei völlig unbeteiligt bleiben. Oder er schreibt über gesellige Ereignisse, gibt aber selber nie eine Party. Oder er schreibt über die Liebe, kommt aber selbst niemals jemandem nahe.

Wo ein Mensch in seiner Kindheit gespielt hat, ist in seinem erwachsenen Leben genauso wichtig wie das Wie seines Spiels. Wir kannten einen Mann, der das Reisen haßte und noch nicht einmal einen Abend lang ausgehen wollte. Er sagte: «Ich bin noch genauso wie als Kind. Ich konnte nie woanders als in unserem eigenen Hof spielen.» Im Gegensatz dazu können viele Menschen in ihren eigenen vier Wänden nicht spielen, lachen und sich amüsieren. Gewöhnlich sind alte Aufzeichnungen im Eltern-Ich daran schuld, die sich in ihrer Kindheit gegen solche Aktivitäten wandten und immer noch vom Kindheits-Ich gehört werden.

«Geh nach draußen, im Haus wird nicht gespielt.»
«Sei ruhig, Mutter hat Kopfweh.»
«Sei still, sonst störst du Vater.»
«Ich will kein Durcheinander in der Wohnung haben.»
«In der Wohnung wird nicht getanzt. Wenn du hierbleiben willst, setz dich vor den Fernsehapparat.»

Ehepaare, die mit dem Gebot «Spiel nicht in der Wohnung» aufgewachsen sind, stellen vielleicht fest, daß sie sich nur dann wirklich amüsieren können, wenn sie «ausgehen».
Häufig kommt es in Ehen zu Konflikten, wenn ein Partner aktivere Freizeitmöglichkeiten bejaht als der andere. Ein Ehepaar hatte heftige Auseinandersetzungen, weil der Mann so gern wanderte. Seine Frau deutete das so: «Er liebt mich nicht, sonst würde er seine Zeit daheim mit mir verbringen. Warum muß er immer solche anstrengenden Dinge unternehmen!»
Ein anderes Ehepaar konnte sich nie darüber einigen, wie es den Urlaub verbringen sollte. Der Mann war in seiner Kindheit mit seinem Vater auf die Jagd gegangen. Er liebte das rauhe Leben in der freien Natur und freute sich jedes Jahr darauf, in der Jagdzeit in die Berge zu kommen und «ein bißchen zu schießen». Seine Frau dagegen hatte die Ferien ihrer Kindheit am Meer verbracht und im Sand und Wasser gespielt. Wenn es jetzt Zeit zum «Spielen» war, wollte sie ans Meer und er in die Berge. Jeder warf dem anderen vor: «Dir ist es ganz egal, ob es mir gefällt oder nicht.»
Gleichgültig, was sie schließlich taten, jedesmal zog sich der eine Partner grollend zurück, und der Urlaub glückte nie. Nachdem sie sich mit der Transaktions-Analyse beschäftigt hatten, konnten sie verstehen, daß ganz einfach ihre Kindheits-Ich-Zustände verschieden programmiert waren. Mit ihrem Erwachsenen-Ich konnten sie dann befriedigende Kompromisse ausarbeiten, so daß jeder zu seinem Recht kam, ohne daß der andere sich ärgerte. Sie suchten zum Beispiel neue Urlaubsgebiete und Aktivitäten, die keiner von beiden als Kind gekannt hatte. So glückte der Urlaub endlich.
In der Ehe ist es nicht ungewöhnlich, daß ein Partner aus seinem Kindheits-Ich heraus ständig als Hauptdarsteller auf der Bühne steht, während sich der andere gezwungen sieht, passiver Beobachter zu sein. Die Hauptrolle kann zum Beispiel die eines Clowns, eines Witzboldes oder einer tragischen Heroine sein. Vom Publikum wird erwartet, daß es applaudiert oder weint. Es kommt dann zu Konflikten, wenn der passive Partner ebenfalls im Rampenlicht stehen möchte.
Mancher hat die Fähigkeit zum Spielen verloren. Wenn jemand nicht spielen kann, leidet sein Kindheits-Ich wahrscheinlich unter dem Einfluß eines inneren Dialogs mit dem Eltern-Ich an Schuldgefühlen, weil es Sätze hört wie: «Spielen ist Zeitverschwendung», «Du darfst erst spielen, wenn du alle Arbeit getan hast», «Du hast kein Vergnügen verdient» oder «Müßiggang ist aller Laster An-

fang». Solche Menschen wählen oft einen Beruf, in dem es nur Arbeit und kein Vergnügen gibt. Wenn Kollegen dann eine Pause einlegen, fühlt sich das Kindheits-Ich unbehaglich, und das Eltern-Ich reagiert mißbilligend.

Anderen Erwachsenen fällt es wiederum leicht, zu spielen und zu lachen. Ihr natürliches Kindheits-Ich lacht, prustet oder kichert vor Vergnügen. Ihr ‹Kleiner Professor› lacht über die Komik oder die Absurdität, die er in einer Situation spürt. Ihr angepaßtes Kindheits-Ich lacht aus Nervosität und Höflichkeit und über das, worüber es zu lachen gelernt hat. Jemand mag gelernt haben, die Rolle eines Clowns zu spielen, um die Aufmerksamkeit auf sich zu ziehen und andere zum Lachen zu bringen. Ein anderer wieder hat gelernt, den Clown zu spielen, um ein tragisches Gefühl in seinem angepaßten Kindheits-Ich zu überdecken. Ein Mann wies darauf hin, als er sagte: «Auf einer Party spiele ich immer die Rolle eines jüdischen Spaßmachers. Es gelingt mir leicht, die Leute zum Lachen zu bringen. Aber manchmal, wenn sie über mich lachen, hasse ich sie zutiefst.» Dieser Mann gebrauchte sein Talent dazu, Kränkungen und zornige Gefühle zu sammeln.

Wer nicht mit anderen lachen kann, sei er nun sieben oder siebzig Jahre alt, ist wahrscheinlich dazu erzogen worden, die potentielle Intimität zu fürchten, denn gemeinsames Gelächter ist auch eine Möglichkeit, miteinander vertraut und füreinander transparent zu werden. Manche Leute aber sind immer auf der Hut.

Psychologische Spiele und Rollenidentität in der Kindheit

Nicht alle Spiele sind unschuldig. Wenn ein Kind die psychologischen Spiele übt, die es später im Leben spielen wird, sind verdeckte Motive beteiligt. Eine künftige RETTERIN verbindet zum Beispiel ihren unwilligen und protestierenden dreijährigen Patienten. Wenn der kleine Patient schließlich in Tränen ausbricht, macht die angehende RETTERIN eine verzweifelte Geste und ruft: «Ich will doch nur deine Wehwehs gesund machen, du Heulbaby.» («Ich versuche nur, dir zu helfen.») Eine andere künftige RETTERIN ist das kleine Mädchen, das ihren jüngeren Bruder hüten soll und ihn davonlaufen läßt. Wenn er vor Schreck schreit, nachdem er auf einen Zaun geklettert und hinuntergefallen ist, hebt sie ihn auf und

erklärt: «Du tust dir immer weh, wenn ich nicht dabei bin und auf dich achtgebe.» («Was wärst du ohne mich.»)
Ein künftiger VERFOLGER kann «zufällig» seinen Ball auf dem Schulhof liegen lassen und später seinen Freund dabei erwischen, wie er ihn stehlen will. An diesem Punkt droht er: «Ich habe dich gesehen. Du wirst Schwierigkeiten kriegen!» («Jetzt hab ich dich endlich, du Schweinehund.») Ein anderer Typ des künftigen VERFOLGERS ist das kleine Mädchen, das den Nachbarjungen herbeilockt, indem sie ihn freundlich einlädt: «Warum kommst du nicht herüber und spielst mit mir?» Wenn er kommt, sagt sie hochnäsig: «Oh, du bist zu schmutzig, meine Mama würde mir nicht erlauben, mit dir zu spielen.» («Hilfe, Vergewaltigung»)
Wenn der kleine Hans, der ebenfalls eine Verfolgerrolle übt, die Hanna reizt: «Mein Vater ist größer als deiner», gibt er das Stichwort zu einem Streit. Wenn Hanna antwortet: «Gar nicht. Mein Vater ist größer», hat das Spiel angefangen. Angriff und Verteidigung gehen weiter, bis Hans sie übertrumpft hat und sie weinend davonläuft. («Tumult»)
Ein künftiges OPFER kann die Einladung zu einer Party, vor der es sich fürchtet, ablehnen mit den Worten: «Ich kann leider wegen meiner Mutter nicht kommen. Sie gönnt mir nie ein Vergnügen.» («Wenn sie nicht wäre.») Ein anderes künftiges OPFER, das eine Rolle probt, klagt gegenüber seinen möglichen Rivalen: «Ich kann bei dem Rennen nicht mitmachen. Wenn ich zu schnell laufe, könnte ich Bauchweh bekommen wie mein kleiner Bruder.» Damit benutzt er erfolgreich eine eingebildete Krankheit dazu, nichts tun zu müssen. («Holzbein» – Was erwartet ihr eigentlich von einem Menschen mit einem Holzbein!) Und wieder ein anderes kleines OPFER sieht, daß die Plätzchen fast alle sind, bietet die Reste seinen Freunden an und stöhnt dann: «Für mich bleibt nie etwas Gutes.» («Armer Teufel»)
Im späteren Leben werden die Spiele wahrscheinlich härter gespielt, und das Erwachsenen-Ich vertuscht die verdeckten Motive des Kindheits-Ich.

Sexuelle Identität

Neben der persönlichen Identität entwickelt jeder Mensch auch eine sexuelle Identität. Während die meisten Kinder eine Grundvorstellung davon haben, ob sie als Persönlichkeit O. K. oder NICHT

O. K. sind, fühlen sie sich zugleich als Angehörige eines bestimmten Geschlechts O. K. oder NICHT O. K.[5] Manche Kinder entwickeln eine sexuelle Identität, die gesund und realistisch ist, andere nicht. Männlichkeit und Weiblichkeit sind biologische Tatsachen; ob ein Kind sich als männlich oder weiblich akzeptiert oder ablehnt, wird jedoch psychologisch bestimmt durch das, was es über sich als Geschlechtswesen zu empfinden lernt. Von Geburt an kann ein Kind einen schlechten Start mit seinen Eltern haben, weil es ihrer Meinung nach dem falschen Geschlecht angehört. Während die meisten Eltern lernen, das zu lieben, was sie nun mal bekommen haben, überwinden manche nie ihre Enttäuschung und übermitteln diese Botschaft dem Kind – eine extreme Herabsetzung dessen, wozu es geboren wurde. Merle Miller erinnert sich:

Fast die ersten Worte, an die ich mich erinnere, vielleicht die ersten Worte, an die ich mich erinnern will, waren die meiner Mutter: «Wir hatten ein kleines Mädchen bestellt, und als du dann kamst, waren wir etwas enttäuscht.» Sie behauptete immer, ich sei aus dem Versandhaus Montgomery Ward gekommen, und wenn ich darauf hinwies, daß im Katalog keine Babyabteilung verzeichnet war, sagte sie: «Du warst eben etwas Besonderes.»

Ich wußte nie, was sie damit meinte, aber fragte auch nicht. Ich wußte genug. Ich wußte, daß ich eine Enttäuschung war. «Aber wir lieben dich trotzdem», sagte meine Mutter, «und wir werden miteinander auskommen müssen.» ... Meine Decken als Baby waren alle rosa, man hatte sie gekauft vor der Katastrophe, vor meiner Geburt. Die Spitze an meinem Babykleidchen war rosa; mein Häubchen war rosa eingefaßt, und ständig spähten kleine alte Damen in den Kinderwagen und sagten: «Was für ein reizendes kleines Mädchen.»[6]

Kinder, deren Geschlecht von den Eltern abgelehnt wird, neigen dazu, ihr eigenes Geschlecht abzulehnen. Manche versuchen, oft auf Kosten ihrer eigenen realistischen Geschlechtsidentifikation, den Erwartungen ihrer Eltern zu entsprechen. Ein kleines Mädchen, das versucht, «Vatis kleiner Junge» zu sein, kann sich seinen natürlichen weiblichen Qualitäten entfremden. Ein kleiner Junge, der versucht, «Mamis kleines Mädchen» zu sein, kann sich seiner natürlichen männlichen Qualitäten begeben. Solche Einflüsse führen zwar selten zu Homosexualität, sie können aber in manchen Fällen Abweichungen vom Normalverhalten fördern.

Ein junger Homosexueller berichtete, daß seine Mutter ihn mehrmals täglich daran erinnerte, daß er eigentlich ein Mädchen hätte

sein sollen. Er wußte noch genau, wie er als Kind an Schaufenstern vorbeigeführt wurde und zu hören bekam, wenn er «bloß ein Mädchen wäre, könnten wir alle diese hübschen Kleidchen kaufen». Ein anderer Homosexueller sagte, er habe sich zum erstenmal als Mann gefühlt, als er die Fotos zerriß, die seine Mutter von ihm in Mädchenkleidern und mit Locken aufbewahrt hatte.
Homosexuelles Verhalten kann aus einer Vielzahl von Gründen einschließlich psychologischer, soziologischer, biologischer und situationsbedingter Umstände entstehen. Die Tendenz zu homosexuellem Verhalten hängt wahrscheinlich mit den frühesten Gefühlen des natürlichen Kindheits-Ich und mit dem Fehlen angemessener heterosexueller Anpassung zusammen. Bei der Geburt ist ein Säugling nicht programmiert, daß er weiß, auf wen sich seine sexuellen Gefühle richten sollen. Er will nur seine eigenen Bedürfnisse befriedigen und seine eigene Lust erleben. Sein natürliches Kindheits-Ich scheint sexuell undifferenziert zu sein. Die spätere Entwicklung der heterosexuellen *Bevorzugung* wird durch Kindheitserlebnisse in den ersten Jahren hochgradig beeinflußt.
Neuere Untersuchungen[7] haben ergeben, daß folgende Aspekte wesentlich zu dieser heterosexuellen Anpassung beitragen:

das Fehlen von Furcht vor Angehörigen des anderen Geschlechts,
Gelegenheit zum Kontakt mit Angehörigen des anderen Geschlechts,
eine persönliche sexuelle Identität, die eine realistische Annahme des eigenen Geschlechts bedeutet.

Die sexuelle Identität wird stark durch den Elternteil des anderen Geschlechts beeinflußt – bei der Tochter vom Vater, beim Sohn von der Mutter. Wenn ein Vater Frauen für NICHT O. K. hält, paßt sich die Tochter wahrscheinlich an, indem sie ihre eigene Weiblichkeit negiert. Sie kann auch andere Frauen als NICHT O. K. empfinden, weil sie sie mit den Augen ihres Vaters sieht. Die Mutter–Sohn-Beziehung ist ähnlich konstruiert.
Ein Mann, der Frauen vertraut und glaubt, daß sie O. K. sind, wird eine Frau heiraten, die ihren Töchtern ein gutes Vorbild sein wird. Ähnlich wählt eine Frau, die Männern vertraut und sie schätzt, wahrscheinlich einen vorbildlichen Vater für ihren künftigen Sohn. Andererseits entscheiden sich Männer und Frauen, die das andere Geschlecht nicht mögen, leicht für Partner, die ihren Kindern schlechte Vorbilder sein werden. Das gehört oft zu ihrem Rollenbuch.

Der Elternteil des gleichen Geschlechts ist als Vorbild wichtig. Jungen identifizieren sich gern mit ihren männlichen Elternfiguren. Von ihnen lernen sie, wie Männer *sein sollten,* sie kopieren deren Verhalten und übernehmen die negativen oder positiven Einstellungen zu den Geschlechtern. Ähnlich kopieren die Mädchen ihre weiblichen Vorbilder und übernehmen ebenfalls deren Verhalten und Einstellung. Ein Mädchen, das beim Vater eine angemessene Bestätigung seiner Weiblichkeit findet und dessen Mutter sich als Frau O. K. fühlt, hat alle Chancen, sich als Frau wie ein Gewinner zu empfinden.

Ein Kind ohne adäquates Vorbild vom gleichen Geschlecht hegt gegen seinesgleichen oft Mißtrauen oder Abneigung. Männer drükken das dadurch aus, daß sie sich bei der Arbeit und in der Freizeit von anderen Männern isolieren. Frauen tun das gleiche, wenn sie sich weigern, unter weiblichen Vorgesetzten zu arbeiten, oder ausschließlich männliche Gesellschaft bevorzugen.

Die Großfamilie der Vergangenheit bot viele Elternmodelle beiderlei Geschlechts als Ersatz, die gegenwärtige Kleinfamilie begrenzt dagegen häufig die Kontakte eines Kindes zu Erwachsenen. Kinder, die wenig Umgang mit Erwachsenen haben, suchen sich ihre sexuellen Vorbilder häufig bei ihren Altersgenossen oder in den Massenmedien, wo ihnen oftmals verlogene Bilder von Männlichkeit und Weiblichkeit geboten werden, die nur zum Konsum reizen sollen. Am meisten beeinflussen die Erwartungen der Eltern und ihre Definitionen von ‹männlichem› und ‹weiblichem› Verhalten die geschlechtsbezogenen O. K.- oder NICHT O. K.-Gefühle.

Wenn ein kleines Mädchen auf einen Baum klettert und ermahnt wird: «Das ist nicht weiblich» oder «In unserer Familie tun Mädchen so was nicht», kann es bezweifeln, ob es wirklich ein Mädchen ist. Wenn seine ungestüme Aktivität von den Eltern mit dem Satz «Das tut man nicht» etikettiert wird und es sich anpaßt, indem es übervorsichtig oder still wird, bleibt eine Seite seiner Persönlichkeit unterentwickelt oder wird zerstört.

Viele Frauen bemühen sich, schüchtern, emotional, zerbrechlich, sentimental, hilflos und intellektuell unbedarft zu wirken, um ihrem angepaßten Bild der «echten» Frau zu entsprechen oder einen «femininen» Eindruck zu machen.[8]

Während das Rollenbuch der europäischen und amerikanischen Kultur Intellekt und Aggression bei Mädchen meistens abwertet, fördert es gerade diese Aspekte bei Jungen. Gefühle und empfindsame Handlungen werden bei Jungen wenig geschätzt. Ein kleiner Junge,

der Cowboy und Indianer spielt, verletzt sich am Bein und läuft weinend zu seiner Mutter. Wenn er von ihr ein strenges «Jungen weinen nicht!» hört, empfängt er eine Botschaft über Männlichkeit, die übersetzt heißt: «Ein richtiger Mann zeigt seine Gefühle nicht.» Ein sensibler, stiller Junge, der Lesen oder andere, nicht auf Wettbewerb beruhende Aktivitäten den aggressiveren vorzieht, kann ebenfalls eine negative Botschaft über Männlichkeit empfangen, die etwa so lautet: «Du bist überhaupt nicht das, was wir uns unter einem richtigen Jungen vorstellen.» Dadurch könnte ein Rollenbuch wie das des *Little Lame Prince* gefördert werden.
Untersuchungen von Jourard weisen darauf hin, wie gefährlich es ist, wenn elterliche Botschaften den Kindern spontane Reaktionen auf Schmerz oder Angst untersagen. Dieses Verbot, das am häufigsten Jungen betrifft, kann später zu einer labilen Gesundheit, ja sogar zu einem vorzeitigen Tod bei jenen Männern beitragen, die glauben, keine Männer zu sein, wenn sie nicht «zäh, objektiv, strebsam, erfolgreich, unsentimental und emotional ausdruckslos» wirken.[9]
Viele Jungen bekommen zu hören: «Puppen sind etwas für Mädchen», ein Gebot, das oft den natürlichen Wunsch vereitelt, das emotionale Lebensdrama mit Puppen als Ersatzmenschen darzustellen. Viele Mädchen bekommen zu hören: «Autos sind etwas für Jungen», wodurch diesen oft der natürliche Wunsch versagt wird, Gegenstände zu formen und zu manipulieren. Solche Beiträge zum Rollenbuch lassen die traditionellen Geschlechterrollen in der europäischen und amerikanischen Kultur fortbestehen, wo die Sorge um Menschen weitgehend den Frauen und die Entwicklung und Pflege von Maschinen weitgehend den Männern übertragen wird. Wenn eine Gesellschaft solche starren Grenzen zwischen männlichem und weiblichem Spiel zieht, finden Grenzüberschreitungen oft in versteckter Form statt. Ein Mann, der sich dieser Dinge bewußt war, sagte: «Camping ist die männliche Art, Hausfrau zu spielen», worauf eine Frau antwortete: «Den Schulbus zu fahren ist meine Möglichkeit, mich stark zu fühlen.»
Der robuste, kurz angebundene Mann verleugnet oft seine weicheren Qualitäten; und die zerbrechliche, zarte Frau verleugnet oft ihre aggressiven Tendenzen. So leidet jeder an seiner Deprivation. Nach C. G. Jung hat jeder Mensch sowohl männliche wie weibliche Komponenten, und zur Förderung der Gesamtpersönlichkeit müssen alle Aspekte erkannt und entwickelt werden. Damit sollen die naturgegebenen echten Unterschiede zwischen den Geschlechtern weder geleugnet noch herabgewürdigt werden.

Sexuelle Ausdrucksmöglichkeiten

Neben dem Gefühl, als Mann oder Frau O. K. oder NICHT O. K. zu sein, besitzt jeder Mensch in seinem Kindheits-Ich auch archaische Gefühle darüber, ob die sexuellen Aspekte seines Körpers O. K. oder NICHT O. K. sind.

Kinder sind Sexualwesen. Sie wollen aktiv ihre Sinnlichkeit entdecken, indem sie alle Teile ihres Körpers erkunden. Dabei können sie feststellen, daß ihre Sexualorgane eine Quelle von Lust und Wohlbefinden sind. Zum Beispiel ist es üblich, daß Kinder beim Spiel in der Badewanne oder im Bett ihre Genitalien erkunden und neugierig auf die Genitalien anderer sind. Solche Untersuchungen sind natürlich, müssen aber in bestimmte Bahnen gelenkt werden, damit das Kind sozial akzeptiert wird. Wenn jedoch ein Kind geschlagen, beschimpft, bedroht wird und zu hören bekommt, daß dieser Teil seines Körpers «schmutzig» ist, kann eine entsprechende Einstellung zurückbleiben. Menschen, die an sexuellen Unzulänglichkeiten leiden, hat man häufig in ihrer Kindheit beigebracht, sich ihres Körpers zu schämen oder die Folgen ihrer sexuellen Erkundungen zu fürchten. Patienten, die als Kinder dabei ertappt wurden, wie sie sich und andere berührten, berichteten von Aufzeichnungen in ihrem Eltern-Ich, die drohten:

«Du wirst verrückt werden.»
«Du wirst gelähmt werden.»
«Du wirst keine Kinder haben können.»
«Es wird abfallen.»
«Gott wird dich strafen.»

Menschen, die ihre Sexualorgane als schmutzig oder schlecht empfinden oder glauben, daß sexuelle Lust Sünde ist, wurden gewöhnlich in jungen Jahren «ertappt» und wegen ihrer sexuellen Neugier lächerlich gemacht. Spott nährt ein Gefühl der Scham.

Erikson definiert Scham so: «Man fühlt sich den Blicken der Welt höchst unvorbereitet ausgesetzt; so träumt man in Scham-Träumen, daß man unvollständig bekleidet, im Nachthemd, ohne Hosen auf der Straße steht. Scham drückt sich schon früh in dem Impuls aus, das Gesicht zu verstecken oder am liebsten in die Erde versinken zu wollen.»[10] Ein Mann, der als Kind schwer dafür bestraft wurde, daß er durch ein Schlüsselloch seine Mutter beim Anziehen beobachtet hatte, konnte viele Jahre lang keiner Frau in die Augen

schauen. Wenn eine Frau zufällig seinen Blick auffing, errötete er gegen seinen Willen.
Auch beim Sauberkeitstraining wird die Einstellung der Kinder zu ihren Genitalien geprägt. Eine Frau berichtete, daß sie sich als Kind weigerte, auf der Toilette so schnell ihr Geschäft zu verrichten, wie ihre Mutter das forderte. Zur Strafe wurde ihr ein Nachttopf am Hintern festgebunden, und man zeigte sie so Besuchern. Als verheiratete Frau entkleidete sie sich nur im Bad und wurde von Scham überwältigt, wenn sie auf die Toilette mußte oder wenn jemand sie nackt sah – einschließlich ihres Mannes.
Manche Eltern halten alles, was mit Sexualität zu tun hat, für schlecht und versuchen auch ihre Kinder davon zu überzeugen. Manche Eltern mißbrauchen ihre Kinder zu ihrer eigenen sexuellen Befriedigung. Manche Eltern sind so extrem tolerant, daß ihre Kinder keine Vorstellung von angemessenem Sexualverhalten haben, während andere sich für ihr eigenes unbefriedigendes Sexualleben ersatzweise an ihren Kindern schadlos halten. Doch die meisten Eltern kämpfen mit dem Dilemma, wie sie in ihrem Kind eine gesunde Einstellung zur Sexualität wecken sollen, während sie ihm zugleich die Beschränkungen auferlegen müssen, die individuell und sozial nötig erscheinen.
Ein Kind hat das Bedürfnis, sich als sexuelles Wesen zu verstehen; Eltern, die dieses Bedürfnis fürchten oder gar nicht kennen, vermitteln ihren Kindern daher keinen präzisen Wortschatz, mit dem es denken und sprechen kann. Während Eltern vor Stolz strahlen, wenn ihr Kleinkind auf sein Auge deutet und «Auge» sagt, auf seine Nase zeigt und «Nase» sagt, verhindern sie oft sorgsam jeden Hinweis auf die Geschlechtsorgane oder beenden die Transaktionen mit dem Satz: «Darüber spricht man nicht.»
Wenn Eltern Worte zur Beschreibung der Geschlechtsorgane benutzen, sind es häufig Umschreibungen wie ‹da unten› oder ‹dein Ding› statt genaue wissenschaftliche Ausdrücke wie Anus, Penis, Testikel, Vulva, Vagina.[11] Gelegentlich wird ein informiertes Kind jedoch durch jemanden herabgesetzt, der «es besser wissen müßte». Das war zum Beispiel der Fall, als ein Arzt den dreijährigen Mark auf den Tisch setzte und sagte: «Jetzt will ich mal dein Wasserwerk untersuchen, junger Mann», worauf Mark verwirrt seine Mutter fragte: «Meint er meinen Penis?»
Häufig erfinden Kinder zur Bezeichnung ihrer Geschlechtsorgane Ersatzwörter: Würstchen, Ding-Dong, Rübchen, Muschi, Schlitz usw. Viele Kinder entwickeln ihr sexuelles Vokabular aus dem

Volksmund, das oft als obszön betrachtet wird. Wegen des negativen Beiklangs können solche Wörter leicht das Gespräch mit Erwachsenen über sexuelle Probleme blockieren. Manchmal haben solche Ausdrücke eine feindselige oder aggressive Bedeutung, mit der andere gedemütigt werden sollen, werden zu einem Zeichen der Rebellion gegen Herrschaft und dienen dazu, Leute zu schockieren, einen Streit vom Zaun zu brechen oder psychologische Spiele einzuleiten. In manchen Fällen weist der Gebrauch von Obszönitäten auf krankhaftes Verhalten hin.[12]

Viele junge Leute (und manche ältere) müssen ihr Erwachsenen-Ich durch präzise biologische, psychologische und soziologische Information über Sex stärken. Doch häufig wird das Sammeln von Daten durch Eltern, Lehrer oder Bibliothekare hintertrieben, die aus ihrem voreingenommenen Eltern-Ich heraus sagen:

Hab nicht so eine schmutzige Phantasie.
Das erfährst du noch früh genug.
Das wirst du verstehen, wenn du einmal verheiratet bist.
Solche Dinge brauchst du nicht zu wissen.
Was man nicht weiß, macht einen nicht heiß.

In sexuellen Angelegenheiten überlistet der ‹Kleine Professor› eines Kindes oft die Eltern. Er erspürt ihre Botschaften und versucht herauszufinden, was sie beim Sexualverhalten für richtig oder falsch halten. Er sammelt Informationen vor Schlüssellöchern und in Hinterhöfen, aus Filmen und Zeitschriften und versucht, hinter den Sinn der sexuellen Anspielungen zu kommen, mit denen er bombardiert wird. Er bemüht sich auch herauszubekommen, wie er andere dazu bringen kann, sexuelle Spiele zu treiben und zu tun, was er möchte – meist, wenn er unbeobachtet ist.

Wenn Kinder älter werden, tarnen sie ihr natürliches Interesse an Sex durch Doktorspiele aller Art.

Auch im Erwachsenen bleibt der ‹Kleine Professor› im Hinblick auf Sex aktiv. Er findet weiter heraus, wer für seine sexuellen Spiele in Frage kommt, wie man begehrenswert oder verführerisch erscheint, wann ein Antrag am Platz ist, wie man jemand in Stimmung bringt, wie man jemanden im Zaum hält und wie man eine sexuelle Reaktion heuchelt.

Manche Erwachsene wählen einen Beruf, in dem sie ihrem Interesse am Sex auf kulturell akzeptierte Weise nachgehen können. Andere jedoch bleiben bei den Gucklochspielen ihrer Kindheit, verstecken

weiterhin Pornographie unter dem Bett oder spähen, und das ist ernster zu nehmen, ins Fenster anderer Leute. In der amerikanischen Gesellschaft, in der die sexuellen Rollenbücher traditionell puritanisch sind, ist Voyeurismus weit verbreitet.
Alle Kulturen haben Rollenbücher, die erwartete sexuelle Ausdrucksformen vorschreiben. Was sexuell tabuisiert und was erlaubt ist, ergibt sich meist aus der Notwendigkeit einer sozialen Ordnung, die zum Überleben der Gruppe beiträgt. Kulturelle Sitten, sexuelle Werte der Familie und traumatische sexuelle Erlebnisse beeinflussen das angepaßte Kindheits-Ich.
Viele Filme, Fernsehsendungen, Schallplatten und der «nackte Look» in der Mode deuten auf eine zunehmende Beschäftigung mit dem Sex und auf eine steigende Toleranz hin. Dem natürlichen Kindheits-Ich werden auf gut Glück die Zügel gelockert. In vielen Menschen vertritt das angepaßte Kindheits-Ich andere Maßstäbe als in früheren Generationen, denn das Rollenbuch der europäischen und amerikanischen Kultur mit dem Thema Sexualverhalten veränderte sich rasch.
Das angepaßte Kindheits-Ich enthält die Gefühle eines Menschen über seine eigene sexuelle Identität, außerdem seine auf Kindheitserlebnissen basierenden Gefühle über Angehörige des anderen Geschlechts. Bei manchen Menschen ist das angepaßte Kindheits-Ich dazu erzogen, auf andere zu achten – sie nicht zu verletzen, nicht in Verlegenheit zu bringen und sie nicht hartnäckig zu belagern. In diesem Fall handelt es sich um angemessene Anpassungsformen, und der Betreffende ist als Erwachsener fähig,

Menschen des gleichen Geschlechts zu schätzen,
herzliche Beziehungen zum anderen Geschlecht herzustellen,
Verantwortung für seine sexuelle Aktivität zu übernehmen,
seine Sexualrolle zu akzeptieren,
die erregenden Gefühle des Sexualverkehrs zu genießen,
auf unmittelbare Befriedigung zu verzichten.

Wenn die Anpassungsformen unangemessen sind, leidet der Betreffende an sexuellen Problemen, von denen manche leicht, andere ernst zu nehmen sind. Krankhaftes Sexualverhalten kann wie der Fluch einer Hexe oder eines Ungeheuers im angepaßten Kindheits-Ich liegen. Wenn dieser Fluch aktiviert wird, kann der Mensch unter dem Zwang stehen

zu versuchen, dem anderen Geschlecht zu gleichen,
sich sadistisch oder masochistisch gegenüber anderen Erwachsenen zu verhalten,
Kinder zu verführen,
impotent oder frigid zu sein.

Bei schweren sexuellen Problemen ist therapeutische Behandlung angebracht, die häufig auch in weniger ernsten Fällen nützlich ist.

Fallbeispiel

Theodor und Alma, ein Ehepaar in einer Transaktions-Analyse-Gruppe, liebten einander, waren rührende Eheleute, konnten aber nicht verstehen, warum ihr Sexualleben so unbefriedigend war. Alma sagte, sie fühle sich selten sexuell erregt und empfinde «zu viele Berührungen» als peinlich. Theodor erklärte, er wolle ihr Sexualleben verbessern, wisse aber nicht, wie. Beide hatten in ihrem Eltern-Ich Aufzeichnungen über Sex, zu denen die Gebote gehörten: «Behalte deine Hände bei dir», «Schäme dich, daß du da hinlangst» und «Wenn ich dich noch einmal erwische, wirst du was erleben».

Bald wurde Theodor und Alma bewußt, daß die Aufzeichnungen in ihrem Eltern-Ich sehr repressiv waren und Unbehagen im angepaßten Kindheits-Ich aktivierten. Jeder hatte Schuldgefühle bei Berührungen. Jeder hatte Angst vor Sinnlichkeit. Jedem fehlte bei seinen sexuellen Ausdrucksmöglichkeiten Kreativität und Sensibilität. Als Folge waren ihre natürlichen sexuellen Impulse fast ganz unterdrückt. Weil ihr Erwachsenen-Ich sowohl uninformiert wie falsch informiert war, verstärkten sich diese Probleme noch.
Bei der Behandlung lernten Theodor und Alma Methoden zur Steigerung der körperlichen Bewußtheit. Sie erhielten eine Liste mit Büchern, deren Lektüre ihr Erwachsenen-Ich durch genaue Information und einen präzisen Wortschatz stärkte. Außerdem wurden sie ermutigt, mehr Sinnlichkeit von ihrem natürlichen Kindheits-Ich zum Ausdruck zu bringen. Allmählich lernten sie, ihre sexuellen Aktivitäten nicht auf alten negativen Aufzeichnungen aufzubauen.
Die Neigung des natürlichen Kindheits-Ich, seine Bedürfnisse sexuell zu befriedigen, kann konstruktiv oder destruktiv genutzt werden. Destruktiv kann das unangepaßte natürliche Kindheits-

Ich eines Menschen selbstsüchtige und/oder sadistische Gefühle ausleben und den Partner als Sexualobjekt mißbrauchen, statt in ihm einen Menschen mit eigenen Wünschen und Bedürfnissen zu sehen, die respektiert werden müssen. Auch die Über-Anpassung des natürlichen Kindheits-Ich hat einen destruktiven Effekt. Die Fähigkeit, sich seiner eigenen Bedürfnisse bewußt zu werden, kann völlig zerstört sein, oder der Wunsch, diese Bedürfnisse zu befriedigen, wird völlig den Bedürfnissen anderer untergeordnet. Wenn das geschieht, empfindet sich der Mensch als Opfer. Er mault, grollt, gibt sich dem Selbstmitleid hin und manipuliert andere von der Position des Unterlegenen aus.

Die natürlichen sexuellen Fähigkeiten können gewöhnlich auch dann zurückgewonnen werden, wenn sie stark unterdrückt worden sind. Es ist allerdings eine delikate Aufgabe, die lustvollen Aspekte des natürlichen Kindheits-Ich zurückzuholen, denn wenn das sinnliche natürliche Kindheits-Ich erst einmal zum Zuge kommt, sind immer ein paar rationale Einschränkungen durch das Erwachsenen-Ich nötig. Das Erwachsenen-Ich bedenkt stets Möglichkeiten wie Geschlechtskrankheit, Schwangerschaft und den Schaden, der dem Selbstwertgefühl eines Menschen zugefügt werden kann.

Wenn das natürliche Kindheits-Ich mit Unterstützung des Erwachsenen-Ich konstruktiv eingesetzt wird, kann ein Mensch «sich gehenlassen». Dann kann er lustvoll die warmen, herzlichen, neugierigen und spontanen Kapazitäten zum Ausdruck bringen, mit denen er geboren wurde. Diese Fähigkeit, körperliche Lust zu erleben und anderen Lust zu geben, kann das Leben um Jahre verlängern und es wesentlich bereichern.[13]

Zusammenfassung

Das Gefühl eines Menschen für seine Identität entwickelt sich als Reaktion auf die Früheinflüsse in seinem Leben. Selbst der Name auf seiner Geburtsurkunde spiegelt häufig den Hintergrund der Eltern und ihre Erwartungen für das Kind wider. Wenn Name, Spitzname oder Namenswechsel eines Kindes für die Eltern von – positiver oder negativer – Bedeutung ist, wirkt sich diese Bedeutung oft auf das Identitätsgefühl des Kindes aus.

Beim Spiel macht das Kind zugleich einen Selbstfindungsprozeß durch und probt, was es in seinen künftigen Rollen tun wird. Manche Formen des Spiels sind aktiv, das Kind gebraucht seinen Körper, um Fähigkeiten zu entwickeln und seine Emotionen darzustellen. Andere Spiele sind eher passiv, und das Kind erlebt seine Emotionen und seinen Körper mehr als Beobachter des Lebens denn als Teilnehmer. Er hält sich auf den Zuschauerrängen auf statt auf dem Spielfeld. Die aktiven und passiven Formen des Spiels in der Kindheit – das «Wie», «Wo», «Wann» und «Mit wem» des kindlichen Spiels – kommen manchmal in der späteren Berufswahl oder in der Freizeitgestaltung zum Ausdruck. Mit psychologischen Spielen verstärken Kinder ihr frühes Gefühl der Identität. Die Spiele sind Proben künftiger Szenen, in denen die Rollen des OPFERS, VERFOLGERS und RETTERS zum Zuge kommen.

Auch die Entwicklung sexueller Identität hängt mit Transaktionen in der frühen Kindheit zusammen. Ein Mensch, dessen Geschlecht von seinen Eltern akzeptiert und geschätzt wird, fühlt sich wahrscheinlich als Mann oder Frau grundsätzlich O. K. Wenn seine Erlebnisse mit dem anderen Geschlecht gesund sind, nimmt er eine positive Haltung zur sexuellen Identität anderer ein.

Jeder hat sowohl als Mensch wie als Sexualwesen eine Identität. Die Mitteilungen, die Sie über Ihren Namen empfangen haben, was und wo Sie spielten, wie Sie sich als Junge oder Mädchen fühlten und wie Sie gelernt haben, das andere Geschlecht zu empfinden, das alles hat Ihre Identität beeinflußt. Wenn diese Einflüsse gesund waren, haben Sie die grundsätzliche Lebensanschauung des Gewinners: ICH BIN O. K., DU BIST O. K. Wenn sie nicht gesund waren, können alte Einstellungen abgelegt werden.

Experimente und Übungen

1. Name und Identität

Überlegen Sie, welche Bedeutung Ihr Name im Hinblick auf Ihr Rollenbuch hat. Welche Identität hat er Ihnen gegeben?

- Wer hat Ihren Namen ausgewählt? Warum?
- Wurden Sie nach jemanden genannt? Wenn ja, waren mit dem Namen bestimmte Erwartungen verbunden?
- Waren Sie stolz auf Ihren Namen, oder mochten Sie ihn nicht?
- Gab man Ihnen einen Namen, der zu Ihrem Geschlecht nicht paßte oder zum Spott reizte?
- War Ihr Name so gebräuchlich, daß Sie nicht weiter auffielen,

oder so selten, daß Sie sich merkwürdig vorkamen?
- Hatten Sie einen Spitznamen? Einen Kosenamen? Wie kamen Sie dazu?
- Wie beeinflußten Ihre Namen oder Spitznamen Ihr Selbstbild?
- Wie werden Sie jetzt gerufen? Von wem?
- Wenn Sie verheiratet sind, nennen Sie Ihren Ehepartner «Mutti» oder «Vati»? Warum?
- Werden Sie zu Hause anders genannt als bei der Arbeit? Wenn ja, was bedeutet das?
- Wie werden Sie am liebsten genannt? Warum?
- Hätten Sie lieber einen anderen Namen? Warum? Gibt es einen Grund des Erwachsenen-Ich, Ihren Namen zu ändern? Ihn zu behalten?

Nur für verheiratete Frauen

- Wie hat es sich auf Ihre Identität ausgewirkt, als Sie bei Ihrer Heirat Ihren Mädchennamen abgelegt haben?
- Wenn jemand Sie fragt: «Wer sind Sie?», antworten Sie dann «Frau Peter Schmitt» oder «Ilse Schmitt»? Warum?
- Wenn Sie geschieden oder verwitwet sind: Welchen Namen benutzen Sie und warum?
- Wenn Sie im Berufsleben einen anderen Namen benutzen als den Ihres Mannes: Wie reagieren die Leute darauf?

2. Ihr Spiel in der Kindheit

Machen Sie dieses Experiment langsam. Schließen Sie die Augen. Versuchen Sie, sich als kleines Kind beim Spiel zu sehen. Wahrscheinlich sehen Sie flüchtige Bilder von sich in verschiedenen Altersstadien. Halten Sie einige dieser Bilder fest und erleben Sie sie deutlicher.

Stellen Sie sich jetzt den Raum in Ihrem Kopf vor, in dem Sie Ihre alten Filme aufbewahren. Wählen Sie eine Aufzeichnung mit dem Etikett «Eltern und Spiel». Legen Sie den Film in Ihren Phantasie-Projektor ein. Drehen Sie den Schalter und hören Sie zu.
- Was sagen Ihre Eltern zum Spielen?
- Welche nicht-verbalen Botschaften übermitteln sie?
- Hatten Sie Zeit zum Spielen, oder war Ihre Zeit überstrukturiert?

- Wurden Ihrem Spiel Einschränkungen auferlegt, weil Sie ein Junge oder ein Mädchen waren?

Sammeln Sie nun mit Hilfe der folgenden Fragen Daten:

- Was waren Ihre aktiven Spielformen?
- Wo haben Sie gespielt? Im Hof? Auf der Straße? In der Scheune? In einer Gasse? Im Park? Wo spielten Sie am liebsten? Warum?
- Spielten Sie allein? Hatten Sie Spielgefährten? Wenn ja, waren es Verwandte? Nachbarn? Schulkameraden? Hatten Sie einen Spielgefährten, den es nur in Ihrer Phantasie gab?
- Waren Ihre Spielgefährten einander ähnlich? Wenn nicht, worin unterschieden sie sich?
- Waren Sie auf Grund Ihrer Größe, Ihres Geschlechts, Ihrer Erscheinung, Fähigkeiten usw. mehr Zuschauer, Teilnehmer oder Star?
- Waren Sie hauptsächlich ein Führer, ein Mitläufer oder ein Schiedsrichter? Welche Rolle war Ihnen am liebsten? War es eine übergeordnete oder eine untergeordnete Rolle?
- Was war das Vergnüglichste, was Sie je getan haben?
- Was waren Ihre passiven Spielformen? Gehörte viel Lesen, Radiohören oder Fernsehen dazu?
- Was waren Ihre Lieblingssendungen? Komödien, die Sie zum Lachen brachten? Melodramen, die Sie zum Weinen brachten? Abenteuer, die Sie in eine andere Welt entführten?
- Wurden Sie dadurch zu Handlungen angeregt? In noch größere Passivität eingelullt?
- Mit welchen Charakteren identifizierten Sie sich? Warum? Inwiefern war Ihr Spiel eine Probe für Ihre heutigen Rollen? Häusliche, berufliche Rollen usw.?

Stellen Sie sich jetzt einen anderen Film vor mit der Aufschrift «Gelächter in der Kindheit». Spielen Sie ihn ab. Hören Sie, wie Ihr Gelächter klang.

- Was brachte Sie zum Lachen?
- Scheint das Gelächter von einem bestimmten Teil Ihres Kindheits-Ich-Zustandes zu kommen? Vom ungehemmten natürlichen Kindheits-Ich? Vom manipulativen, intuitiven ‹Kleinen Professor›? Vom höflichen angepaßten Kindheits-Ich?
- Sagt Ihnen jemand, Sie sollen nicht lachen, «Es ist nicht komisch»?
- Sehen oder hören Sie, wie jemand über Sie lacht? Wenn ja, freut Sie das oder ärgert es Sie?

3. Ihr heutiges Spiel

Bei manchen Leuten steht das Spiel im Mittelpunkt ihres Lebens, andere streben nach einem Gleichgewicht von Arbeit und Spiel. Wieder andere spielen nur selten. Vor allem außerhalb der Arbeit ist ihr Leben leicht eintönig und freudlos. Wie steht es mit Ihnen?

- Haben Sie genügend Erholung oder Spiel? Zuviel? Was sind Ihre liebsten Spielformen?
- Ist die Erholung ein wichtiger Teil Ihres Lebens? Oder betrachten Sie es als Zeitverschwendung?
- Wo spielen Sie am liebsten? An einem ähnlichen Ort wie in Ihrer Kindheit? Mit wem spielen Sie gern? Gestalten Sie Ihre Freizeit aktiv oder verbringen Sie sie passiv?

Für Ehepaare

- Nimmt Ihr Ehepartner an Ihrer Freizeitbeschäftigung teil? Haben Sie etwas dagegen, wenn er sich ohne Sie erholt und amüsiert?
- Wer macht in Ihrer Familie die Urlaubspläne? Hängen diese Pläne mit Ihren Ferien als Kind zusammen? Wie?
- Gibt es Konflikte über Ihre liebste Freizeitbeschäftigung und die Ihres Ehepartners? Was ist der Grund?
- Wenn es bei Ihnen einen Konflikt gibt, setzen Sie sich zusammen und erzählen Sie einander ohne Beschuldigungen, wie Sie sich am liebsten amüsieren und erholen und warum.
- Geben Sie dem anderen ein Feedback, um zu zeigen, daß Sie ihn wirklich verstehen. An diesem Punkt besteht Ihre Aufgabe darin, den anderen zu *hören* und sich zu versichern, daß Sie verstehen, was *ihm* oder *ihr* gefällt. Fällen Sie kein Urteil, seien Sie aber auch nicht gleichgültig und gehen Sie nicht in die Defensive.
- Diskutieren Sie dann mögliche Alternativen. Was wäre jeder von Ihnen bereit zu probieren? Was wäre jedem unerträglich? Was könnte aufregend sein?
- Versuchen Sie, mehr gemeinsame Vergnügungen zu planen. Machen Sie sich abwechselnd Gedanken über die Gestaltung des Wochenendes. Zeigen Sie guten Willen und versuchen Sie, an den Plänen des anderen Geschmack zu finden.
- Probieren Sie das zwei Monate lang aus. Sprechen Sie dann über Ihre Erfahrungen. Werden Sie sich einig, was vergnüglich war, was erträglich und was unmöglich. Hätten Sie irgendwie das Vergnügen vergrößern können? Müssen Abmachungen getroffen

werden, damit es in Zukunft besser klappt?

- Nehmen Sie sich jetzt vor, dem anderen soviel Vergnügen wie möglich zu bereiten, und planen Sie abwechselnd eine kreative, amüsante Freizeitgestaltung, die Ihrer Meinung nach dem Ehepartner am meisten gefallen würde.
- Erkunden Sie schließlich einige erholsame Aktivitäten, die noch keiner von Ihnen ausprobiert hat, die Sie aber interessieren. Womit läßt sich am leichtesten experimentieren? Planen Sie, machen Sie einen Versuch. Beurteilen Sie die Ergebnisse.

Das folgende Phantasie-Experiment ist für Leute, die vergessen haben, wie man spielt, die sich davor fürchten oder unfähig zum Spielen sind. Machen Sie die Experimente nach und nach und hören Sie auf, wenn Sie zu ängstlich werden. Warten Sie eine Zeitlang und fangen Sie dann wieder an. Hetzen Sie sich nicht.

- Stellen Sie sich vor, Sie machen sich für ein Volleyballspiel fertig.
- Wählen Sie aus, was Sie anziehen. Stellen Sie sich vor, wie Sie angezogen und spielbereit sind.
- Stellen Sie sich vor, die anderen Spieler seien ebenfalls Anfänger und mehr am Vergnügen als am Wettbewerb interessiert.
- Gehen Sie in Gedanken zum Spiel.
- Stellen Sie sich vor, wie Sie und andere auf dem Sportplatz ankommen.
- Stellen Sie sich vor, wie Sie beim Spiel ein paar gute Bälle landen und andere verfehlen.
- Lassen Sie Ihrer Erregung freie Bahn. Stellen Sie sich vor, wie Sie lachen, schreien, rennen, springen, den Ball hochschlagen und sich amüsieren.

Denken Sie jetzt an eine spielerische Aktivität, die Sie schon lange heimlich interessiert. Suchen Sie sich Spielsituationen aus, in denen Sie sich wohl fühlen würden, vielleicht beim «Sport für Jedermann», in einem Erholungszentrum oder einem Kurs für Erwachsene. Wählen Sie Mitspieler, die nicht einschüchternd sind.

- Wiederholen Sie den gleichen Vorgang wie eben, machen Sie das mehrere Tage lang. Werden Sie sich Ihres zunehmenden Selbstvertrauens bewußt. Wenn Ihnen der Zeitpunkt richtig erscheint, lassen Sie Ihre Phantasievorstellung Wirklichkeit werden.
- Denken Sie daran, zum Spaß zu spielen und keinen Leistungszwang daraus zu machen.

4. Ihre psychologischen Spiele

Wir beschränken dieses Experiment auf die Spiele, die in diesem Kapitel behandelt worden sind. Tragen Sie zuerst die wichtigste manipulative Rolle ein – OPFER, VERFOLGER oder RETTER –, die jedes Spiel initiiert.
Überlegen Sie dann, welche psychologischen Spiele Sie, Ihre Spielgefährten oder Geschwister in der Kindheit gespielt haben.

Name des Spiels	Manipulative Rolle	Ihre Spielbeteiligung
«Ich versuche nur, dir zu helfen»	______	______
«Was wärst du ohne mich»	______	______
«Jetzt hab ich dich endlich, du Schweinehund!»	______	______
«Hilfe! Vergewaltigung!»	______	______
«Tumult»	______	______
«Wenn sie/er nicht wäre»	______	______
«Holzbein»	______	______
«Armer Teufel»	______	______

Falls Sie einige dieser Spiele in Ihrer Kindheit gespielt haben – spielen Sie sie heute noch?

- Wie stellen Sie die Rollen des RETTERS, VERFOLGERS oder des OPFERS dar?
- In welchen Situationen und mit wem?
- Mit welcher Intensität spielen Sie Ihre Spiele?

5. Ihre sexuelle Identität und Ausdrucksmöglichkeit

Wenn Sie Ihre Kindheitsgefühle über Ihre sexuelle Identität und Ihre sexuellen Erfahrungen wieder aufleben lassen, können Sie wichtige Hinweise auf Ihre gegenwärtigen Einstellungen und Verhaltensweisen im Hinblick auf Ihre Sexualität gewinnen.
Erinnern Sie sich, was über Ihre Geburt gesprochen wurde.

- Gab es positive oder negative Äußerungen über die Schmerzen, die Sie Ihrer Mutter verursacht haben?
- Wissen Sie, was Ihre Eltern bei Ihrer Geburt über Ihr Geschlecht dachten? Waren Sie, was Ihre Eltern sich wünschten?

- Wenn ja, wie haben Sie das erfahren?
- Wenn nicht, wie bekamen Sie diese Mitteilung, und wie haben Sie sie aufgenommen?

Wer waren Ihre männlichen und weiblichen Vorbilder? Waren sie adäquat?

- Hatten Sie genügend Gelegenheit, mit Angehörigen des anderen Geschlechts zusammen zu sein? Mit Angehörigen des gleichen Geschlechts?
- Fürchteten Sie sich im allgemeinen in Ihrer Kindheit vor Angehörigen des anderen Geschlechts, oder waren Sie gern mit ihnen zusammen? Wie war das bei Menschen Ihres eigenen Geschlechts?
- Welche Bilder von Männlichkeit oder Weiblichkeit haben Sie verinnerlicht? Welche haben Sie abgelehnt? Welche verwirren Sie heute noch?
- Glaubte Ihr Vater, daß Frauen O.K. sind, und behandelte er sie entsprechend?
- Glaubte Ihre Mutter, daß Männer O.K. sind, und behandelte sie sie entsprechend?
- Wie waren Einstellungen und Verhaltensweisen Ihrer anderen Elternfiguren im Hinblick auf das andere Geschlecht?
- Welche dieser Einstellungen haben Sie übernommen?

Wenden Sie sich jetzt Ihren mit «Sex» etikettierten Aufzeichnungen in Ihrem Eltern-Ich zu.

- Was bekamen Sie über Ihre sexuelle Neugier zu hören? Sind die Bemerkungen vernünftig? Voreingenommen? Bedrohlich? Destruktiv? Nachsichtig?
- Ignorieren die Aufzeichnungen den Gegenstand einfach, oder sagen sie nichts dazu? Werden Sie verspottet oder beschämt?
- Mit welchen Wörtern oder Äußerungen werden Sie zurechtgewiesen?
- Wie werden Ihre Geschlechtsorgane bezeichnet? Wie haben Ihre Eltern Sie aufgeklärt?
- Haben sie Ihnen beigebracht, sich sexuell zu schützen? Haben sie Ihre Sexualität beschimpft? Es versäumt, Sie sexuell zu schützen? Mit Ihnen geflirtet? Sie geneckt? Ihnen schmutzige Geschichten erzählt, um Sie zu erregen?
- Hatte einer Ihrer Eltern eine Ersatzbefriedigung aus Ihren sexuellen Erlebnissen? Schienen sie über das Maß hinaus interessiert?

Befassen Sie sich jetzt mit den Gefühlen Ihres Kindheits-Ich über Sex.

- Was ist Ihr Grundgefühl im Hinblick auf Ihren Körper, besonders Ihre Sexualorgane? Schuld? Vergnügen? Scham? Was?

- Erinnern Sie sich an Ihre sexuellen Erlebnisse als Kind.
- Welche Gefühle weckt diese Erinnerung in Ihrem Kindheits-Ich?

Versuchen Sie, mit Ihrem Erwachsenen-Ich die Gefühle des natürlichen Kindheits-Ich von denen des angepaßten Kindheits-Ich zu trennen. War Ihr Anpassungsverhalten angemessen? Übermäßig repressiv? Ungenügend? Was?

- Waren Sie gezwungen, Ihre sexuelle Neugier zu verbergen? Wenn ja, wie hat sich Ihr ‹Kleiner Professor› aus der Affäre gezogen?

6. Ihre heutigen sexuellen Gefühle und Verhaltensweisen

Beantworten Sie die folgenden Fragen im Hinblick auf Ihre heutigen Gefühle und Verhaltensweisen.

- Welche Gefühle haben Sie jetzt in bezug auf Ihren Körper, besonders Ihre Sexualorgane?
- Welche Gefühle haben Sie in bezug auf das andere Geschlecht?
- Was halten Sie in Ihrem Lebensalter für angemessen sexuelles Verhalten? Haben Sie Daten und logische Gründe aus Ihrem Erwachsenen-Ich, die Ihre Ansichten unterstützen?
- Welcher Ich-Zustand beherrscht Ihre Gefühle? Ihr Verhalten?
- Handeln Sie in Übereinstimmung oder im Widerspruch zu Ihrem Eltern-Ich? Ist Ihr Erwachsenen-Ich auf Grund realer Daten mit Ihrem Eltern-Ich einer Meinung?
- Wenn Sie im entsprechenden Alter für einen Intimpartner sind, bewerten Sie Ihre sexuellen Transaktionen. Sind sie adäquat? Erfreulich? Frustrierend? Ausbeuterisch? Für beide befriedigend? Oder was?

Das folgende Experiment ist nur für Menschen mit einem sexuellen Problem.[14]

- Tragen die Aufzeichnungen in Ihrem Eltern-Ich zu Ihrem Problem heute noch bei? Wenn ja, finden Sie eine Möglichkeit, sie auszuschalten.

Eine Möglichkeit, den inneren Dialog zu unterbrechen, ist die Konzentration auf Ihre Sinnlichkeit. Werden Sie sich Ihrer Körpergefühle bewußt, erkennen Sie, was Sie als wohltuend empfinden.

Wenn Ihre Eltern in Ihrem Kopf wieder Negatives äußern, sagen Sie ihnen: «Das sind alte Geschichten.» Die Verbalisierung Ihrer Körpergefühle wird Ihnen helfen, die Aufzeichnung auszuschalten. Konzentrieren Sie Ihre Aufmerksamkeit wieder auf das, was Sie *jetzt fühlen.*

- Tragen die Aufzeichnungen in Ihrem Kindheits-Ich zu Ihren Problemen bei? Was sind die Wünsche Ihres natürlichen Kindheits-Ich? Welche davon können Sie ausdrücken? Brauchen Sie mehr Beherrschung? Weniger?
- Wie beeinflußt Ihr ‹Kleiner Professor› das Problem? Sind seine Intuition und Kreativität ausgeschaltet? Manipuliert er vernünftig, oder versucht er, andere auszubeuten?

Weil sehr viele sexuelle Probleme im angepaßten Kindheits-Ich entstehen, prüfen Sie Ihre Anpassungsweisen sorgfältig.

- Welche Gefühle über Sex wurden Ihnen anerzogen? Schuld? Angst? Verachtung? Oder was? Haben diese Gefühle mit traumatischen Kindheitserlebnissen zu tun, oder wurden sie durch langfristige negative Konditionierung entwickelt?
- Will Ihr angepaßtes Kindheits-Ich das sexuelle Problem aufrechterhalten, um seine frühen psychologischen Einstellungen zu bestätigen?
- Wie wirkt sich das Problem auf Ihr Rollenbuch aus?

Führen Sie jetzt mit Hilfe Ihrer Fäuste oder der Stühle einen Dialog zwischen Ihrem Eltern-Ich und Kindheits-Ich über Sex. Entwickeln Sie dann ein Gespräch zwischen Ihrem angepaßten Kindheits-Ich und dem natürlichen Kindheits-Ich. Sagen Sie, was Sie sagen wollen.

- Wenn sich das Gespräch erschöpft hat (wozu mehrere Versuche nötig sein können), lassen Sie Ihr Erwachsenen-Ich Ihrem Eltern-Ich klarmachen, daß Sie von nun an für Ihr sexuelles Verhalten allein verantwortlich sind.

Prüfen Sie jetzt Ihr Erwachsenen-Ich.

- Haben Sie ausreichende Information über Ihre Sexualität und die des anderen Geschlechts? Wenn nicht, sammeln Sie durch Lektüre, Kurse oder Gespräche mit Experten mehr Daten.
- Wird das klare Denken Ihres Erwachsenen-Ich durch Vorurteile des Eltern-Ich und/oder Erlebnisse und Trugschlüsse des Kindheits-Ich getrübt?
- Welches Sexualverhalten entspricht Ihrem gegenwärtigen Leben? Was bedeutet Ihr Verhalten jetzt für andere? Was könnte es bedeuten? Könnten Sie jemand glücklicher machen?

- Könnten Sie etwas im Hinblick auf Ihr Problem tun, was Sie unterlassen haben? Brauchen Sie eine Beratung? Eine körperliche Untersuchung? Urlaub? Eine Änderung in Ihrer Umwelt? Oder was?
- Welche neuen Entscheidungen müssen Sie treffen? Für welche neuen Richtlinien könnte sich Ihr Erwachsenen-Ich entscheiden?

8
Psychologische Spiele

Das Leben ist wie eine Zwiebel; man zieht
eine Haut nach der andern ab, und manchmal
muß man weinen.

Carl Sandburg

Bei den meisten Menschen sind Anschauungen und Traditionen im Eltern-Ich konzentriert, faktische Daten und ihre Verarbeitung im Erwachsenen-Ich und natürliche und angepaßte Empfindungen im Kindheits-Ich.

Ein Kind kann von Geburt an alle Gefühle von der Zuneigung bis zum Zorn empfinden. Zuerst reagiert es, wie es empfindet: Es schreit, es schnauft, es schmust. Nach einer gewissen Zeit lernt es jedoch, seine Gefühle den Erfahrungen anzupassen. Zum Beispiel sind Kinder von Natur aus zärtlich und schmusen gern, können aber lernen, sich ängstlich zurückzuziehen, wenn sich ihnen jemand nähert. Kinder ziehen von Natur aus die Lust dem Schmerz vor, können aber dazu gebracht werden, den Schmerz und selbst den Tod zu suchen. Kinder sind von Natur aus egozentrisch, können aber lernen, ein Schuldbewußtsein gegenüber ihren eigenen Wünschen zu entwikkeln.

Bei der Geburt sind die Gefühle des Kindes noch nicht auf Menschen und Gegenstände programmiert. Dann aber lernt jedes Kind, wem und was gegenüber es seine Zuneigung zeigen kann, lernt, vor wem und worüber es sich schuldig fühlen soll, und lernt, wen und was es hassen muß.

Obwohl jedes Kind alle Gefühle erlebt, schält sich bei jedem im Laufe des Anpassungsprozesses ein «Lieblingsgefühl» heraus, das besonders in schwierigen Situationen empfunden wurde.

Ein Kind, das ständig hört	gewöhnt sich an das Gefühl der
«Ich schäme mich für dich!» oder «Du solltest dich schämen!»	Schuld

«Warte nur, bis Vater nach Hause kommt, dann kannst du was erleben!»	Angst
«Sprich nicht mit diesen Juden/Katholiken/Protestanten; denen kann man nicht trauen.»	Haß oder Mißtrauen

Während diese Gefühle eine verständliche Reaktion auf die ursprüngliche Kindheitssituation sein können, neigen die Betroffenen dazu, später im Leben Situationen zu suchen, in denen sie die alten Gefühle wiedererleben. Diese Gefühle werden oft regelrecht gesammelt.

Psychologische Rabattmarken

In der Transaktions-Analyse werden die speziellen Gefühle, die das Kindheits-Ich sammelt, «Rabattmarken» genannt. Dieser Begriff leitet sich von der allmählich schwindenden Sitte ab, beim Einkauf Rabattmarken zu sammeln, die man später wieder gegen Waren oder Geld eintauscht.[1] Ein ähnliches Phänomen läßt sich im menschlichen Verhalten beobachten. Viele Menschen legen Sammlungen archaischer Gefühle an und lösen sie später für einen psychologischen Preis ein.

Wenn jemand seine Märkchen sammelt, manipuliert er andere dazu, ihn zu verletzen, zu verspotten, zu erzürnen, zu ängstigen, seine Schuldgefühle zu wecken usw. Er erreicht das, indem er andere dazu provoziert oder verlockt, bestimmte Rollen zu spielen, oder indem er sich vorstellt, daß ihm jemand etwas getan hat.

Wenn Menschen andere Menschen dazu manipulieren, diese alten Gefühle wiederzuerleben und zu sammeln, erreichen sie damit (häufig mit Erlaubnis und Unterstützung des Eltern-Ich) eine Befriedigung. Diese Form der Selbstbefriedigung ist ein *Manöver.* Berne definiert Manöver als «Schwelgen in Gefühlen der Schuld, Unzulänglichkeit, Kränkung, Angst und des Hasses ...»[2]

Nicht alle Gefühle sind Manöver. Manche sind echt. Wenn sich jemand zum Beispiel eines Fehlverhaltens wegen schuldig fühlt, aus seinen Fehlern lernt und sein Verhalten ändert, setzt er sich reali-

stisch von seinem Erwachsenen-Ich aus mit sich selbst auseinander. Er ist auf dem Wege, ein Gewinner zu werden.
Umgekehrt mag ein Verlierer sich zwar auch einer Handlung wegen schuldig fühlen, aber er ändert sein Verhalten nicht. Er schwelgt vielmehr in seiner Emotion, indem er absichtlich Situationen sucht, die ihm das Gefühl der Schuld geben. Er ist wie ein Kind, das etwas verspricht und dabei auf dem Rücken die Finger kreuzt (dann gilt das Versprechen nämlich nicht). Wenn es ihm gelingt, vielleicht durch psychologische Spiele das alte Gefühl neu zu erleben, hält er seinen alten Status quo aufrecht.
Das folgende Fallbeispiel zeigt, wie verschieden zwei Menschen mit ihren Schuldgefühlen umgehen.

Fallbeispiel

Mehrere Mitarbeiter hatten gebeten, aus der Abteilung B eines Elektronik-Labors versetzt zu werden. Der Abteilungsleiter berief daraufhin eine Versammlung ein und ermunterte die Männer, ihrem Ärger Luft zu machen. Der Grund wurde deutlich, als ein Mitarbeiter explodierte: «Mir hängt es zum Hals heraus, daß Franz und Fred immer zwei Stunden Mittagspause machen und uns die ganze Arbeit überlassen.» Sowohl Franz wie Fred bekannten sich schuldig, entschuldigten sich und versprachen Besserung.
Franz hielt sein Versprechen, Fred jedoch nicht. Er dehnte weiterhin seine Mittagspause aus und hatte dann Entschuldigungen wie: «Hört mal, es tut mir wirklich leid. Irgendwie scheint immer etwas dazwischenzukommen, selbst wenn ich die besten Absichten habe. Ich komme mir ganz schäbig deshalb vor, und ich weiß, ich muß mich einfach mehr anstrengen.» Die Mahnungen des Abteilungsleiters häuften sich. Schließlich wurde Fred entlassen.

Zwischen dem Abteilungsleiter und Fred kam es zu ganz anderen Transaktionen als zwischen dem Abteilungsleiter und Franz (vgl. Abb. 29). Franz sah ein, daß seine ausgedehnte Mittagspause die anderen ungerechterweise belastete, und besserte sich. Fred dagegen sammelte Schuld-Marken, indem er ein hartes Spiel von «Tu mir etwas an» spielte und seinen Nutzeffekt schließlich auch erzielte: Er wurde entlassen. «Tu mir etwas an» ist weit verbreitet unter Leuten, die häufig ihren Arbeitsplatz verlieren.

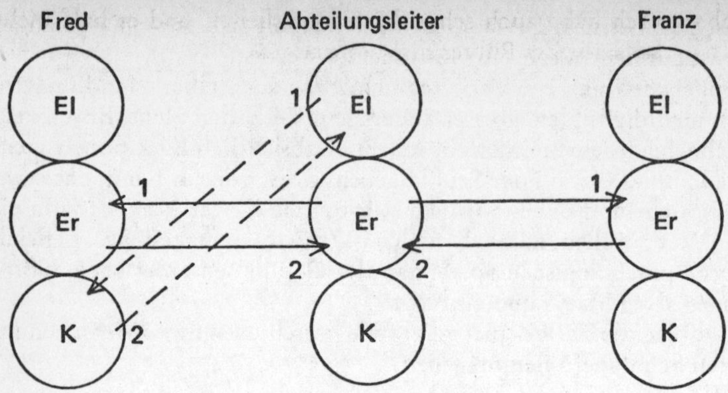

Abbildung 29

Wer als Kind am liebsten mit dem Gefühl der Unzulänglichkeit reagiert hat, neigt auch im späteren Leben dazu, Gefühle der Unzulänglichkeit (manchmal als ‹braune Marken› oder ‹graue Marken› bezeichnet) zu sammeln. Er hat gewöhnlich die Einstellung ICH BIN NICHT O. K. und manipuliert aus der OPFER-Rolle heraus.
Ein Spiel, mit dem Gefühle der Unzulänglichkeit gesammelt werden, ist «Blöd». Das folgende, von Ginott[3] aufgezeichnete Gespräch illustriert die Entschlossenheit eines Sohnes, eine Unzulänglichkeits-Marke von seinem Vater zu bekommen, und die Bereitschaft des Vaters, sie ihm zu geben.

Sohn: «Ich bin dumm.»
Vater: «Du bist nicht dumm.»
Sohn: «Doch, ich bin dumm.»
Vater: «Nein, du bist es nicht. Weißt du noch, wie geschickt du im Lager warst? Der Leiter meinte, du seiest der Intelligenteste.»
Sohn: «Wie kannst du wissen, was er von mir denkt.»
Vater: «Er sagte es mir.»
Sohn: «Ja – weshalb nannte er mich dann stets einen Querschädel?»
Vater: «Er machte nur Spaß.»
Sohn: «Ich bin dumm, und ich weiß es. Man sieht es meinen Zeugnisnoten an.»
Vater: «Du hättest dich bloß etwas anstrengen müssen.»

Sohn: «Ich habe auch schon härter gearbeitet, und es half nichts. Ich habe das Pulver nicht erfunden.»
Vater: «Du bist schlau, ich weiß es.»
Sohn: «Ich bin dumm, ich weiß es.»
Vater (mit erhobener Stimme): «Du bist nicht dumm.»
Sohn: «Doch, ich bin es.»
Vater: «Du bist nicht dumm, du Dummkopf!»

Wenn jemand, der meint, dumm zu sein, niemanden findet, der ihn «Dummkopf» nennt, bildet er sich vielleicht ein, daß man sich über ihn lustig macht, und sammelt so ein ‹gefälschtes› Märkchen.
Menschen, die als Kind auf Herabsetzungen gekränkt und deprimiert* reagiert haben, neigen später dazu, Gefühle der Depression (manchmal als ‹blaue Marken› bezeichnet) zu sammeln und sich dadurch Befriedigung zu verschaffen. Eine Frau, die gewohnheitsmäßig Gefühle der Depression sammelte, entdeckte, daß sie an allzu sorglosen Tagen stets ein paar Depressions-Märkchen dadurch sammeln konnte, daß sie ihre Schwiegermutter anrief. Ein Mann sammelte seine Depressions-Marken, indem er ständig zu spät zu Abteilungskonferenzen kam und auf diese Weise jedesmal einen Rüffel des Konferenzleiters provozierte. Anschließend klagte er stets: «Diese Konferenzen deprimieren mich wirklich. Sie ruinieren mir den ganzen Tag.»
Wer Depressions-Marken sammelt, operiert meist aus der psychologischen Einstellung ICH BIN NICHT O. K. heraus und manipuliert andere, indem er die Rolle des OPFERS spielt. Er läßt sich durch beiläufige Bemerkungen leicht verletzen und ist immer darauf aus, verletzt zu werden, damit er sich deprimiert fühlen kann.
Das Spiel «Überlastet» bietet ebenfalls die Möglichkeit, Depressions-Marken zu sammeln. Wer «Überlastet» spielt, sieht sich schließlich berechtigt, eine schwere Depression oder einen Nervenzusammenbruch zu erleiden. Berne beschreibt die typische Hausfrau bei diesem Spiel:

Sie akzeptiert die Kritik ihres Gatten und erfüllt sämtliche Wünsche ihrer Kinder. Erwartet sie Gäste zum Abendessen, dann fühlt sie nicht nur die Verpflichtung, die Funktionen als Gesprächspartnerin, als Beschließerin

* Depression ist etwas anderes als Verzweiflung. Verzweiflung ist eine echte Reaktion auf die unerfreulichen Tatsachen des Lebens. Depression hingegen beruht auf der Wiedergabe alter Aufzeichnungen von Situationen, in denen sich das Kind gegenüber seinen Eltern hilflos fühlte.[5]

und Personalchefin, als Innendekorateurin, als Proviantmeisterin, als Reklameschönheit, als jungfräuliche Königin und als Diplomatin auf gleich perfekte Weise zu erfüllen; sie erklärt sich auch noch freiwillig bereit, am Vormittag des gleichen Tages einen Kuchen zu backen und die Kinder zum Zahnarzt zu begleiten. Fühlt sie sich bereits abgespannt, dann gestaltet sie den Tagesablauf noch aufreibender. Verständlicherweise bricht sie dann am Nachmittag plötzlich zusammen, und alles bleibt liegen. Sie läßt praktisch ihren Mann, ihre Kinder und ihre Gäste im Stich, und die Vorwürfe, die sie sich macht, vergrößern nur noch ihr Elend. Ereignet sich ein solcher Vorfall zwei- oder dreimal, dann ist ihre Ehe ernsthaft in Gefahr; die Kinder sind verstört, sie selbst verliert an Gewicht, ihr Haar ist unordentlich, ihr Gesichtsausdruck ist verhärmt und ihre Schuhe sind abgetragen.[4]

Wenn ein Angestellter «Überlastet» spielt, sagt er zu allem ja, erklärt sich freiwillig bereit, früher zu kommen und länger zu arbeiten, übernimmt Aufträge am Wochenende und nimmt Arbeit mit nach Hause – vielleicht arbeitet er sogar im Bus. Eine Zeitlang steht er da wie Supermann, aber allmählich macht sich seine Abgespanntheit auch äußerlich bemerkbar. Er kommt leicht derangiert zur Arbeit, ist vielleicht unrasiert oder hat Ringe unter den Augen. Er kann seine Arbeit nicht bewältigen. Seine physische und psychische Gesundheit läßt nach. Er sammelt und hortet so viele Gefühle der Depression, daß er schließlich deprimiert über seine Leistungsunfähigkeit zusammenbricht.

Viele Menschen sammeln auch wütende und feindselige Gefühle (manchmal als ‹rote Marken› bezeichnet). Diese Art Markensammler operieren gewöhnlich von der Einstellung aus: ICH BIN O. K. – DU BIST NICHT O. K. Ein solcher Mensch wird vielleicht unabsichtlich im Gedränge angerempelt und verhält sich wütend, wenn der andere versucht, sich zu entschuldigen. Ein Geschäftsmann verlegte häufig seine Verträge und wurde dann wütend auf seine Sekretärin, weil sie nicht für Ordnung auf seinem Schreibtisch sorgte.

Ein Spiel, mit dem manchmal Zorn-Marken gesammelt werden, ist «Sieh bloß, was du angerichtet hast»[6]. Im Büro findet dieses Spiel statt, wenn eine Stenotypistin sich vertippt, während der Chef ihr über die Schulter sieht. Statt die Verantwortung für ihren Fehler zu übernehmen, sucht sie ihn bei ihrem Chef, indem sie wütend zu ihm sagt: «Sehen Sie bloß, was Sie angerichtet haben!» Sie sammelt eine rote Marke, indem sie jemand anders für ihren Fehler verantwortlich macht. Geschieht das häufiger, sammelt der Chef vielleicht genügend eigene Furcht- oder Schuld-Marken und läßt die Stenotypistin in Ruhe, womit das Ziel des Spiels erreicht ist: die Isolation.

Ein anderer Spieler von «Sieh bloß, was du angerichtet hast» sammelt vielleicht Gefühle der Schuldlosigkeit: «Es ist schließlich nicht *meine* Schuld. Es ist *deine* Schuld, daß ich einen Fehler gemacht habe.»

Manche Leute sammeln Gefühle der Schuldlosigkeit, Tugend und Selbstgerechtigkeit (manchmal als ‹weiße Marken› bezeichnet). Eine Mutter, die auf der Suche nach einer Selbstgerechtigkeits-Marke ist, klagt vielleicht: «Ich kann nichts dazu, daß niemand zum Essen kommt. Selbst wenn ich Kopfweh habe, tu ich alles, damit es hübsch wird.» Ein Kind, das eine Tugend-Marke haben will, verrät vielleicht seine Klassenkameradin, um das ersehnte weiße Märkchen zu bekommen, und erhält es auch, wenn der Lehrer antwortet: «Ich bin wirklich froh, daß du mir gesagt hast, wer diese schmutzigen Briefchen herumgibt.» Ein Chef kann auf der Suche nach weißen Marken versäumen, die Arbeit zu verteilen, und dann ‹pflichtgetreu› Überstunden machen und sie selbst erledigen.

«Lunch-Paket» ist ein beliebtes Spiel von Angestellten, die Tugend- und Selbstgerechtigkeits-Marken sammeln. In diesem Spiel benutzt der Angestellte seine selbstgerechte Position dazu, andere zu manipulieren und zu beherrschen. Das Spiel hat sowohl zu Hause wie im Büro seinen Nutzeffekt.

Der Ehemann, der es sich sehr wohl leisten könnte, mittags in einem guten Restaurant zu essen, macht sich trotzdem jeden Morgen ein paar belegte Brote und nimmt sie dann in einem Papierbeutel in sein Büro mit. Auf diese Weise findet er eine nützliche Verwendung für die Brot- und Wurst-Reste vom Abendessen und für die Papierbeutel, die die Frau immer für ihn aufhebt. Damit stärkt er seine Position bei der Verwaltung der Familien-Finanzen, denn welche Frau würde es angesichts solch selbstloser Opferbereitschaft schon riskieren, sich eine Nerzstola anzuschaffen. Der Ehemann erzielt mit seinem Verhalten auch eine Reihe anderer Nutzeffekte, so hat er zum Beispiel das Privileg, in der Mittagspause sein Essen ungestört allein einnehmen zu können und danach noch liegengebliebene Arbeiten vom Vormittag zu erledigen![7]

In diesem Fall sammelt der Angestellte genügend Tugend-Marken, um die «frivolen» Forderungen anderer abzuwehren. Seine verdeckte Botschaft heißt: «Wenn ein großer Mann wie ich so sparsam sein kann, dann kannst du das auch.» Indem er für sich Selbstgerechtigkeit und Demut in Anspruch nimmt, verursacht er bei anderen Schuld- oder Angstgefühle, so daß sie sich nicht mit ihren Forderungen an ihn wenden können.

Die Farbe, die wir den psychologischen Rabattmarken zuschreiben,

ist natürlich unwichtig. Wichtig dagegen ist, daß psychologische Rabattmarken ein Schwelgen in archaischen Gefühlen bedeuten, die gesammelt und allmählich «eingelöst» werden.
Wenn jemand die alten Gefühle in den Griff bekommen will, die er ständig verstärkt, dann muß er sich der Gefühle bewußt werden, die einer bestimmten Situation angemessen sind. Wer weiß, daß seine gefühlsmäßige Reaktion nicht vernünftig ist, kann sie vielleicht zu ihrem Ursprung zurückverfolgen, wie es Diana im folgenden Fall tat:

Fallbeispiel

Diana empfand ihrer Beschreibung nach Depression und Angstgefühle, wenn ihr Mann am Abend fernsah. Sie sagte, ihre Gefühle seien unvernünftig, denn in Wirklichkeit arbeite er angestrengt, sei zu Hause auch nicht grantig und liebe die beiden Söhne.
Eines Abends war Dianas Depression so stark, daß sie in ihr Schlafzimmer ging und versuchte, ihre Gefühle zurückzuverfolgen. Mit Hilfe dieser Methode, die sie in der Beratung gelernt hatte, klärte sie zunächst, was sie wirklich empfand. Dann fragte sie sich: «Woran erinnert mich das?» «Wann habe ich das zuvor empfunden?»
Nach einigen Minuten fielen ihr Kindheitserinnerungen an ihren Vater ein. Wenn dieser Schwierigkeiten hatte, floh er in ein abnormes Verhalten, und zwar saß er dann lange Zeit in einem Sessel und starrte ins Leere. Jedesmal wenn Dianas Vater das tat, wurde sie zunächst deprimiert und hatte dann eine panische Angst. Doch wenn sie versuchte, darüber zu reden, wehrte ihre Mutter ab: «Es ist besser, über solche Dinge nicht zu sprechen. Das bringt nur alle durcheinander.»
Diana berichtete, daß diese alten Erinnerungen so schmerzlich waren, daß sie in Tränen ausbrach. Doch später stellte sich heraus, daß nun ihr Mann ruhig fernsehen konnte, ohne daß sie die alten Gefühle aus ihrer Vergangenheit erneut durchleiden mußte.

Wer ein Gewinner werden will, muß bereit sein, das Sammeln negativer Marken aufzugeben und bewußt ‹goldene Marken› zu sammeln: Gefühle der Selbstwürdigung. Statt positives Streicheln zurückzuweisen und seine alten Verlierer-Gefühle zu horten, lernt er neue Reaktionen:

Stimulus:	Das Essen hat sehr gut geschmeckt, Barbara.
Alte Reaktion:	Ach, das war nichts Besonderes.
Neue Reaktion:	Danke. Chop Suey ist meine Spezialität.

Stimulus:	Der Kostenanschlag, den Sie ausgearbeitet haben, ist ausgezeichnet. Er ist so exakt, daß man meinen könnte, Sie hätten hellseherische Fähigkeiten.
Alte Reaktion:	Na ja, aber es tut mir leid, daß ich nicht früher damit fertig geworden bin.
Neue Reaktion:	Danke, ich freue mich, daß es so gut geklappt hat. Vielleicht bekommen wir daraufhin weitere Aufträge.

Stimulus:	Dein Solo beim Konzert war großartig.
Alte Reaktion:	Ich fand mich nicht so toll.
Neue Reaktion:	Oh, danke. Ich bin froh, daß es dir gefallen hat.

Wenn man sich goldene Marken gibt, freut sich das Kindheits-Ich. Sie können allerdings unecht sein. Wenn jemand glaubt, er gehe großzügig mit seinem Geld um, während er in Wirklichkeit jemanden besticht, ihn zu mögen, holt er sich eine gefälschte goldene Marke, die ihm ein vorübergehendes oder falsches Gefühl des o. k. vermittelt.

Wer genügend inneren Halt gewonnen hat, steht nicht mehr unter dem Zwang, psychologische Rabattmarken irgendwelcher Art zu sammeln – noch nicht einmal goldene. Nur wenige Menschen erreichen diesen Grad der Unabhängigkeit. Die meisten von uns finden es tröstlich, ein paar goldene Marken für trübe Tage zu haben – selbst als Gewinner.

Die Einlösung

Psychologische Rabattmarken werden schließlich gegen einen Preis eingetauscht. Bis zum Zeitpunkt der Einlösung hat der Betroffene bei seiner Markensammlung so viele Ressentiments angehäuft, daß er sich nun berechtigt fühlt, sie auszuleben. Der Prozeß verläuft so:

Sammeln von Marken	→	Anwachsen von Ressentiments	→	Rechtfertigung für Verhalten

Ein Sammler kann seine Marken dadurch einlösen, indem er: sich selbst verletzt, durch eine Prüfung fällt, jemanden angreift, dasitzt und grübelt usw. Wenn er goldene Marken einlösen will, sucht er vielleicht nach Möglichkeiten, seine Stellung zu verbessern, einen angenehmen Urlaub zu machen, neue Freunde zu finden, Meinungsverschiedenheiten mit alten Freunden zu klären, eine destruktive Beziehung aufzugeben usw.
Menschen besitzen verschieden große Sammlungen und unterscheiden sich auch darin, wann, wo und wie sie ihre Sammlungen einlösen. Manche warten jahrelang, bis sie eine einzige negative Marke eintauschen, wie zum Beispiel im Fall von Kurt. Er berichtete, wie sein Bruder eine rote Marke bei ihm einlöste, die er viele Jahre lang gehütet hatte. Beim Spielen hatte sein älterer Bruder früher einmal verlangt, er solle ein Stück Brot von den Geleisen ihrer Spieleisenbahn entfernen. Obwohl Kurt erst fünf war, weigerte er sich hartnäckig. Sein Bruder drohte: «Das vergesse ich dir nie. Das wirst du eines Tages noch büßen.» Sie lebten trotzdem in gutem Einvernehmen, bis zwanzig Jahre später Kurt seinen Bruder um Hilfe bat, als er auf einer Landstraße eine Autopanne hatte. Sein Bruder hatte ihm zuvor immer geholfen, doch diesmal rächte er sich und löste seine Marke ein mit der Erklärung: «Diesmal nicht, Freundchen. Denk nur an das Brot auf dem Geleis!»
Manche Leute sammeln sozusagen ein Heft voll Marken und tauschen es für einen relativ kleinen Gegenwert ein: Sie weinen in ihrem Zimmer, haben Kopfweh, werfen Teller kaputt, lassen einen Kuchen fallen, putzen einen Angestellten herunter, werfen den Führerschein in den Mülleimer oder stecken einen Brief in den falschen Umschlag. Bei anderen ist der Preis oft größer.

Fallbeispiel

Den ganzen Tag lang hatte sich Ursula nicht darüber beschwert, wenn ihr kleiner Sohn mit schmutzigen Schuhen ins Haus kam. Geduldig wischte sie den Schmutz auf und schickte ihn wieder hinaus. Später beschmierte er sogar den neuen Sessel mit Kreide. Immer noch ohne ein Zeichen der Mißbilligung schickte sie ihn in ein anderes Zimmer und säuberte den Sessel. Auch als der Junge noch weiter Unordnung stiftete, akzeptierte sie das. Am Abend aber hatte Ursula endlich «genug» (ihr Markenheft war voll, und es war an der Zeit, die Sammlung einzulösen). Als der Kleine zum Abendessen hereinkam und wieder Schmutz an den Schuhen hatte, ohrfeigte sie ihn wütend, schimpfte ihn aus und schickte ihn in sein Zimmer.

Manche Menschen horten mehrere Markenhefte und fühlen sich dann völlig im Recht, wenn sie Dinge tun, wie den Wagen kaputtfahren, von Zuhause weglaufen, einen Laden plündern, einen guten Angestellten entlassen, am Arbeitsplatz kündigen, wenn sie am meisten gebraucht werden, eine Liebesaffäre haben usw.
Andere Menschen legen noch größere Sammlungen an und lösen sie für einen noch größeren Preis ein, etwa für einen Nervenzusammenbruch, eine Verhaftung, dafür, der Gesellschaft den Rücken zu kehren, für eine Scheidung. Ehepaare formulieren manchmal bei ihrem ersten Besuch bei einem Berater die vielen Ressentiments, die sie seit Jahren gesammelt haben.

Eine Frau sagt etwa:

«Wir waren kaum verheiratet, da hat er...»
«Und am 8. Juni 1958 hat er...»
«Und an meinem fünfunddreißigsten Geburtstag hat er...»

Und ein Mann sagt etwa:

«Bei unserer Hochzeit hat sie sogar...»
«Als wir unser Haus kauften, hat sie...»
«Und als ich dann meinen Chef zum Essen mit nach Hause brachte, hat sie...»

Die Höchstpreise bei der Einlösung einer lebenslangen Sammlung brauner Marken sind Selbstmord und/oder Mord. Daß der Zeitpunkt dazu gekommen ist, wird oft dadurch angekündigt, daß jemand sagt:

«Ich habe das lange genug ertragen!»
«Das ist der letzte Tropfen.»
«Ich bin am Ende meiner Kräfte.»
«Das reicht!»
«Mir langt's!»

Übertragen bedeuten diese Äußerungen: «Das ist die letzte Marke, die mir noch gefehlt hat. Jetzt ist es Zeit, die Sammlung für einen entsprechenden Preis einzulösen.» Gewöhnlich stellt diese letzte

Marke im Vergleich zu dem, was folgt, eine Kleinigkeit dar.
Die Einlösung goldener Marken kann angekündigt werden durch Äußerungen wie:

Ich bin für eine neue Aufgabe bereit.
Ich habe ein gutes Gefühl bei dieser Sache.
Ich werde eine Gehaltserhöhung fordern, und ich wette, daß ich sie auch bekomme.

Das Schild auf der Brust

Das Kindheits-Ich schickt – oft mit Hilfe des ‹Kleinen Professors› – fortlaufend eine Mitteilung aus, mit der es andere zu Manövern, Spielen und zum Markensammeln einladen will. Diese Botschaft wird oft so deutlich ausgestrahlt, als trage man ein Schild auf der Brust.
Wer mit hängenden Schultern umhergeht, klagt und ängstlich dreinschaut, trägt vielleicht ein Schild mit der Aufschrift: «Bitte tu mir nichts. Ich bin ein OPFER.» Seine unsichtbare Botschaft fordert seine Umgebung auf, ihn entweder zu demütigen oder zu versuchen, ihm zu helfen.
Wer die Augen aufreißt und verwirrt aussieht, kann ebenfalls OPFER spielen und ein Schild tragen mit der Mitteilung: «Du meine Güte, was erwartet ihr schon von einem Dummkopf wie mir?» Er «tut» dumm und kann nicht verstehen, warum andere gereizt sind.
Ein Mann in einer Tweedjacke mit Lederflicken an den Ellbogen, der sich in seinen Stuhl zurücklehnt, mitfühlend seinen Besucher betrachtet und dabei lässig seine Pfeife stopft, trägt wahrscheinlich ein RETTER-Schild: «Mir kannst du alle deine Sorgen anvertrauen.»
Ein Mann, der die Brauen zusammenzieht und das Kinn vorschiebt, mit festem Schritt daherkommt und mit anklagendem Finger auf andere deutet, trägt das Schild des VERFOLGERS: «Du tust besser, was ich sage, sonst ...»
Eine Frau, die aufreizend gekleidet ist, vielsagend die Augen auf- und niederschlägt und die Hüften schwingt, trägt das Schild: «Ich bin zu haben.» Vielleicht will sie die Männer glauben machen, sie könne sie retten. In Wirklichkeit ist sie ein VERFOLGER, und ihr Lieblingsspiel heißt «Hilfe, Vergewaltigung». Sie klagt wie ein OPFER: «Die Frauen im Büro sind zickig, und die Männer stellen mir immer nach.»

Andere beliebte Schilderaufschriften, die man leicht erkennen kann, sind:

Ich erwische dich, wenn du nicht achtgibst.
Bau auf mich, ich bin wie ein Fels im Meer.
Mach dir keine Sorgen, ich kümmere mich um dich.
Du mußt mich einfach lieben.
Ich bin besser als du.
Fang mich, wenn du kannst.
Abstand halten!
Ich bin so zart.

Eine Frau berichtete, sie trage verschiedene Schilder, die einen offener, die anderen versteckter. Auf der Brust trage sie ein Schild: «Ich bin so gut und tugendhaft.» Auf dem Rücken heiße es jedoch: «Nicht berühren. Vielleicht bin ich doch nicht so tugendhaft.» Und dann habe sie noch eine dritte Aufschrift auf ihrem Pullover, die etwa laute: «Zum Teufel mit dir! (Ich liebe die Menschheit, aber meine Nachbarn kann ich nicht ausstehen).» Diese verschiedenen Botschaften halfen ihr bei ihren beiden Markensammlungen: weiße für Tugend und rote für Zorn.
Diese Botschaften gehörten zu ihrem Rollenbuch, nach dem sie Menschen durch selbstgerechte Hilfe in eine falsche Intimität lockte und sie dann auf Distanz hielt. Wenn sie ihr zu nahe kamen, wechselte sie das Schild und erteilte ihnen eine Abfuhr, indem sie entweder sarkastisch wurde oder den Ruf der Leute durch Klatsch schädigte. Das war ihre Version des «Bärenfänger-Spiels». Perls beschreibt Bärenfänger folgendermaßen:

Die Bärenfänger umgarnen und umschmeicheln dich, und wenn du umgarnt bist, fällt das Beil, und du stehst da mit blutiger Nase, blutigem Kopf oder was auch immer. Und wenn du dumm genug bist, mit dem Kopf gegen die Wand zu rennen, bis du anfängst zu bluten, und fast verzweifelst, dann amüsiert sich der Bärenfänger und genießt die Gewalt, die er über dich hat, daß er dich kaputt- und impotent machen kann, und genießt sein siegreiches Selbst, was sein schwaches Selbstbewußtsein enorm hebt.[8]

Wenn Bärenfänger Mitarbeiter einstellen, übermitteln sie gern die Botschaft: «Mir können Sie vertrauen.» Sie sehen wie nette Menschen aus, scheinen zuzuhören, sind höflich und machen Versprechungen (der Köder):

Nach einem Jahr haben Sie die besten Aufstiegschancen.
Natürlich steht es Ihnen frei, reine Forschung zu betreiben.
Hier werden Sie eine große Zukunft haben.

Später schnappt die Falle zu, wenn der Angestellte entdeckt, daß er nicht befördert wird, daß «reine» Forschung dem Interesse der Firma zu dienen hat oder daß er in dieser Firma keine Zukunft hat.

Spiele des Kindheits-Ich

Wenn Spiele vom Kindheits-Ich aus gespielt werden, will der Mensch damit seine Lebensanschauungen stärken und sein Rollenbuch weiter aufführen. Gewöhnlich werden Spiele vom VERFOLGER oder vom RETTER gespielt, um eine negative Einstellung zu anderen zu verstärken: DU BIST NICHT O. K. (du mußt bestraft oder gerettet werden). Die Spiele des OPFERS sollen eine negative Einstellung zu sich selbst verstärken: ICH BIN NICHT O. K. (ich brauche dich, damit du mich strafst oder rettest). Wir wollen diese Spiele einmal untersuchen.

Thema	Name des Spiels	Ziel des Beweises
Anderen die Schuld geben	«Wenn du nicht wärst» «Sieh bloß, was du angerichtet hast»	DU BIST NICHT O. K.
Andere retten	«Ich versuche nur, dir zu helfen» «Was wärst du ohne mich»	DU BIST NICHT O. K.
Fehler finden	«Makel» «Zwickmühle»	DU BIST NICHT O. K.
Sich rächen	«Hilfe! Vergewaltigung!» «Jetzt hab ich dich endlich, du Schweinehund!»	DU BIST NICHT O. K.
Demütigungen provozieren	«Tu mir etwas an» «Blöd»	ICH BIN NICHT O. K.

Unglück genießen	«Armer Teufel» «Holzbein»	ICH BIN NICHT O. K.
Sich drücken	«Überlastet» «Frigide Frau» («Frigider Mann»)	ICH BIN NICHT O. K.

Die dramatische Handlung eines Spiels beginnt mit der Einladung eines oder mehrerer potentieller Spieler. Die Einladung wird oft durch das ‹Schild auf der Brust› oder einen anderen «Köder» unterstützt wie etwa

ein unverschlossen abgestelltes Auto mit Wertgegenständen, die man durchs Fenster sehen kann, oder steckendem Zündschlüssel;
Geld oder Streichhölzer auf einem niedrigen Tisch, wenn kleine Kind im Haus sind;
unzureichende Instruktionen für Mitarbeiter oder Untergebene;
ein zu ausgedehnter Abend, so daß man nicht pünktlich zur Arbeit kommt;
vier Martini zum Mittagessen;
vergessen, einen wichtigen Bericht abzugeben.

Wenn der andere Spieler zeigt, daß er am Spiel interessiert ist, dann ist er geködert, und das Drama beginnt. Die folgenden Aktionen sind komplementär und haben ein verdecktes Motiv, das zum abschließenden Nutzeffekt führt. Zum Nutzeffekt gehört eine Marke, vielleicht die letzte, die in der Sammlung noch fehlt.
Ein Rundfunkmoderator berichtete von einer Frau, die unter dem Zwang stand, ein sehr gefährliches Spiel zu spielen. Als er am frühen Morgen durch eine dunkle Straße fuhr, sah er, wie auf dem Bürgersteig ein Mann eine Frau festhielt und sie ins Gesicht und auf die Schultern schlug. Der Moderator sprang aus seinem Wagen, befreite die Frau von dem Schläger und rief: «Polizei!» Die blutende Frau richtete sich auf und erklärte entrüstet: «Das hier geht Sie gar nichts an.»
Jedes Spiel hat seine Rollen, seinen Moment der Mißachtung, seine Spielerzahl, seinen Intensitätsgrad, seine Länge und seine verdeckten Botschaften. Jedes Spiel hat seinen eigenen dramatischen Stil und kann in verschiedenen Kulissen gespielt werden. Weitere Spielbeschreibungen folgen.

Das «Ja, aber»-Spiel

Um das Spiel «Ja, aber» dreht es sich sehr wahrscheinlich, wenn der Vorsitzende bei einer Geschäftskonferenz ein Problem schildert und dann alle Vorschläge ablehnt, wenn ein Rektor das gleiche bei einer Lehrerkonferenz tut, wenn eine Frau alle hilfreichen Ratschläge ihrer Freunde zurückweist. Wer «Ja, aber» spielt, hält an der Einstellung fest: «Mir braucht keiner zu sagen, was ich zu tun habe.» Als Kind versuchten ihm die Eltern entweder alle Antworten zu geben, oder sie gaben ihm gar keine, und er bezog Stellung gegen sie (DU BIST NICHT O.K.).

Zur Einleitung dieses Spieles schildert ein Spieler ein Problem und tut, als suche er Rat von einem oder mehreren der Mitspieler. Wenn der Mitspieler sich ködern läßt, rät er: «Warum tust du nicht...» Der Initator verwirft alle Vorschläge mit «Ja, aber...», gefolgt von den «Gründen», warum der Ratschlag nichts taugt. Allmählich geben die «Warum nicht»-Ratgeber auf und verstummen. Der Nutzeffekt des Spieles stärkt die Einstellung «Eltern können mir gar nichts sagen».

In diesem Spiel ködert das Kindheits-Ich das fürsorgliche Eltern-Ich der Mitspieler. Obwohl sich die Transaktionen an der Oberfläche zwischen Erwachsenen-Ich und Erwachsenen-Ich abzuspielen scheinen («Ich habe ein Problem. Sag mir die Lösung.»), findet die verdeckte Transaktion zwischen Kindheits-Ich und Eltern-Ich statt («Ich habe ein Problem. Wehe, du versuchst mir die Lösung zu sagen. Ich lasse das nicht zu.») (vgl. Abb. 30).

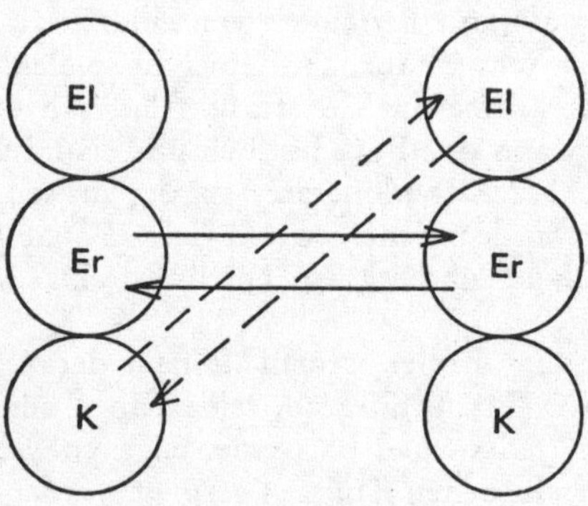

Abbildung 30

Das Spiel «Macht den Sieger unter euch aus»

Gewöhnlich wird das Spiel «Macht den Sieger unter euch aus» zu dritt gespielt. Dabei schürt einer einen Streit zwischen den anderen und bestätigt damit seine Einstellung: «Die Menschen sind dumm.»
Eine in diesem Spiel erfahrene Frau hört pflichtbewußt zu, wie ihr Mann von einem unerfreulichen Zusammenstoß mit seinem Chef berichtet. Dann versucht sie ihn zum Kampf anzustacheln und sagt: «*Das* wirst du dir doch wohl nicht von ihm gefallen lassen? Du solltest ihm ordentlich die Meinung sagen.» Wenn er ihr am nächsten Abend von dem Streit erzählt, den er mit seinem Chef hatte, ist ihr Nutzeffekt erzielt.
Ein Arbeiter kann dieses Spiel mit einem Kollegen bei der Arbeit beginnen, indem er sagt: «Mensch, Willi, ich finde, du solltest wissen, was Andersen über dich gesagt hat. Es war schrecklich.» Er hat seinen Nutzeffekt, wenn Willi und Andersen «ein Wörtchen miteinander reden».
Dieses Spiel kann auch mit einer sexuellen Dimension gespielt werden. Eine Frau kann zum Beispiel zwei Männer dazu bringen, um sie zu kämpfen, und dann mit einem dritten davonlaufen, wobei sie sich lachend sagt: «Männer sind wirklich Trottel.»

Das Spiel «Sieh bloß, was du angerichtet hast»

Zur Stärkung der Einstellung DU BIST NICHT O. K. wird oft das Spiel «Sieh bloß, was du angerichtet hast» gespielt. Es hat das Ziel, sich durch wütende Beschuldigungen anderer selbst zu isolieren, statt die Verantwortung für die eigenen Fehler auf sich zu nehmen. Wenn eine Mutter sich beim Kartoffelschälen in den Finger schneidet und wütend ihre hereinkommenden Kinder anschreit: «Seht bloß, was ihr angerichtet habt», will sie damit die Kinder wahrscheinlich davon abhalten, sie weiter zu belästigen. (Wenn schon allein ihre Anwesenheit die Mutter dazu bringt, sich zu verletzen, ist es wohl am gescheitesten, wegzubleiben.) Um ein ähnliches Beschuldigungsspiel geht es, wenn ein Vorarbeiter stehenbleibt und die Arbeit eines Mechanikers betrachtet, worauf dieser etwas fallen läßt und den Vorarbeiter beschimpft: «Sieh bloß, was du angerichtet hast.» Eine härtere Variante wird gespielt, wenn ein Manager seine Juniorpartner um Vorschläge bittet, sie akzeptiert und dann seine Angestellten verantwortlich macht, wenn das Ergebnis nicht befriedigend ist.

Das «Tumult»-Spiel

Bei dem Spiel «Tumult» streiten sich beide Spieler, indem der eine den anderen anklagt und der andere sich verteidigt. Oft beginnt das Spiel mit einer kritischen Bemerkung, die ein verdecktes DU BIST NICHT O.K. enthält. Der Nutzeffekt besteht darin, Intimität zu vermeiden.
Wenn ein Vater mit seiner halberwachsenen Tochter «Tumult» spielt, fängt er vielleicht so an: «Wo um alles in der Welt hast du gesteckt? Kannst du noch nicht einmal auf die Uhr schauen?» Dann verteidigt sich die Tochter. Es folgt ein lauter Streit, auf dessen Höhepunkt sie zu weinen beginnt, in ihr Zimmer läuft und die Tür hinter sich zuschlägt. Eine Mutter kann das Spiel mit ihrem Sohn beginnen, indem sie sagt: «In diesem Zeug siehst du wie ein Mädchen aus. Kein Wunder, daß die Lehrer dich nicht leiden können.»
Berne beschreibt «Tumult» als ein Spiel, mit dem zwei Menschen sexuelle Intimität verhindern wollen. Variationen von «Tumult» werden aber auch in Büros und Klassenzimmern gespielt. Der einleitende Angriff, der immer eine Herabsetzung enthält, könnte lauten:

Chef: (zum Angestellten)	Haben Sie immer noch nicht gelernt, einen Bericht zu schreiben?!
Sekretärin: (zum Lehrling)	Sie würden sogar noch Ihren Kopf falsch ablegen, wenn er nicht angewachsen wäre.
Vertreter: (zum Kollegen)	Was ist mit dir los? Bist du so dumm, daß du nicht einmal das Kleingedruckte im Vertrag lesen kannst?

Wenn als Reaktion auf den Angriff eine verteidigende Antwort gegeben wird, ist der Streit da. Der Nutzeffekt ist erzielt, wenn der Angegriffene in zorniger Frustration aufgibt und beide Spieler sich empört trennen.

Das Spiel «Gerichtssaal»

Das Spiel «Tumult» geht manchmal in das Spiel «Gerichtssaal» über. Im bereits zitierten Fall von Vater und Tochter könnten beide die Mutter auffordern, Richter in ihrem Streit zu sein. «Gerichtssaal» wird mit drei oder mehr Spielern gespielt. Wer «Gerichtssaal» spielt, hat häufig in seiner Kindheit gelernt, Autoritätsfiguren auf seine Seite zu bringen. Seine Einstellung ist: ICH BIN O. K. – DU BIST NICHT O. K. Die Hauptrollen sind Kläger, Beklagter und Richter. Manchmal gibt es auch eine Jury: die Kinder, das Büropersonal, den Betriebsrat usw.

Ehepaare tragen ihren «Fall» oft einem Berater vor und erwarten von ihm das Urteil; Büroangestellte können mit ihren Beschwerden zum Chef gehen oder sie den Kollegen in der Kaffeepause darlegen; Dozent und Student suchen das Urteil des Rektors, des Studentenausschusses oder eines anderen Gremiums. Jeder trägt seine Argumente dann dem Berater vor und hofft, daß der andere verurteilt wird.

Frau als Klägerin:	Ich bin immer sorgsam mit dem Geld umgegangen. Und dann überzieht er einfach das Konto, und wir können unsere Rechnungen nicht bezahlen.
Ehemann als Beklagter:	Sie gibt mir so wenig Taschengeld, daß ich nicht einmal meine Freunde zum Bier einladen kann.
Zum Vorgesetzten:	
1. Büroangestellter:	Ich bin länger in der Firma als er. Trotzdem kann er seinen Urlaub im Juli nehmen, und mir bleibt nur der September.
2. Büroangestellter:	Ich kann nichts dazu, daß meine Frau nur im Juli freinehmen kann. Man kann mir schließlich nicht zumuten, allein in Urlaub zu fahren, oder?
Zum Direktor:	
Lehrer als Kläger:	Er hat diese schlechte Note verdient. Er hat seine Arbeiten ständig zu spät abgegeben. Selbst wenn ich ihm zusätzlich Zeit gab, hat er sie nicht abgeliefert.
Schüler als Beklagter:	Er gibt mehr Aufgaben als sonst jemand in der ganzen Schule. Als ich ihn nach dem Unterricht um Hilfe bat, dachte ich, damit könnte ich meine Arbeiten verbessern.

«Gerichtssaal» kann zum Kriminalspiel werden, in dem zwei Leute ihren Fall einem wirklichen Richter vortragen und einer verurteilt und der andere freigesprochen wird. Dieses Spiel wird zum Beispiel immer noch von den Scheidungsgesetzen verlangt.

Das Spiel «Räuber und Gendarm»

Manche Kriminelle werden durch den Profit motiviert, andere spielen «Räuber und Gendarm». Das Spiel ähnelt sehr dem Versteckspiel der Kinder, bei dem der «Räuber» sich versteckt, den eigentlichen Nutzeffekt aber dadurch erzielt, daß er sich ärgerlich verhält, wenn er gefunden wird. Falls er sich zu gut versteckt hat, kommt es sogar vor, daß er hustet oder etwas fallen läßt, um damit dem «Gendarm» einen Hinweis zu geben.

Wenn ein «Räuber und Gendarm»-Spieler Einbrecher oder Bankräuber ist, schafft er es, eine Spur zu hinterlassen oder eine unnötige Gewalttat zu verüben. Er befriedigt die Gefühle seines Kindheits-Ich und den Zwang zu verlieren, indem er seinem Ärger Luft macht und die Polizei dazu provoziert, ihn zu fassen. Im Gegensatz dazu vermeidet es der professionelle Verbrecher peinlichst, Spuren zu hinterlassen und gewalttätig zu werden, denn er will nicht erwischt werden.

Die Dynamik von «Räuber und Gendarm» gleicht der Dynamik von zwei anderen Spielen, die sich einander ergänzen, von: «Jetzt hab ich dich endlich, du Schweinehund!» und «Tu mir etwas an».

Wie gibt man Spiele auf?

Spiele verstärken alte Entscheidungen. Alte Entscheidungen müssen nicht permanent sein und können geändert werden. Wenn jemand beschließt, seine Spiele aufzugeben, muß er sich ihrer bewußt werden, vor allem der Spiele, die er beginnt. Er muß herausfinden, wie er sie erkennt, wie er seine Rollen darin identifiziert und wie er sie unterbrechen und vermeiden kann; er muß lernen, wie er *positives* Streicheln geben und empfangen kann und wie sich seine Zeit im Hier und Heute besser strukturieren läßt. So findet er Zugang zu seinem Potential und wird mehr zu dem, zu dem er geboren wurde, zu einem Gewinner.

Mit der Weigerung zu spielen oder den Nutzeffekt zu gewähren, kann man jedes Spiel vereiteln. Wenn man zum Beispiel einem «Ja, aber»-Spieler keine Ratschläge oder Anregungen gibt, hört das Spiel gewöhnlich auf. Dabei wird das Spiel mit Hilfe einer Überkreuz-Transaktion beendet.[9] Wenn man einem «Wenn du nicht wärst»-Spieler statt mit einer autoritären Einschränkung mit Toleranz begegnet, wird dessen Spiel ebenfalls verhindert. Wer auf eine kritische Bemerkung nicht defensiv reagiert oder wer sich davor hütet, überkritisch zu sein, macht das Spiel «Tumult» unmöglich.

Eine junge Frau, die jahrelang mit ihrem Vater «Tumult» gespielt hatte, lernte dieses Spiel abzubrechen, indem sie sich nicht verteidigte, wenn er sie kritisierte. Statt dessen dachte sie darüber nach, wie ihm ihrer Meinung nach zumute war, sie machte also Gebrauch von der Feedback-Transaktion. Als er in die Küche stürmte und brüllte, weil sie sein Mittagessen nicht gemacht hatte, verteidigte sie sich nicht, sondern sagte: «Es scheint dich zu ärgern, daß ich dein Mittagessen nicht gemacht habe.» Überrascht platzte er heraus: «Das ist nicht das, was du sagen sollst!» Die Feedback-Transaktion machte dem Spiel daraufhin ein Ende.

Nach der Methode von Franklin Ernst[10] kann man sich auch erfolgreich mit seinem Körper dagegen wehren, ein Spiel zu beginnen oder daran teilzunehmen. Dabei steht oder sitzt man mit den Füßen flach auf dem Boden, läßt die Arme parallel zum Körper herunterhängen, richtet sich gerade auf, hält den Kopf ebenfalls gerade und das Kinn parallel zum Boden. Denn es fällt schwerer, ein schiefes Spiel zu spielen, wenn der Körper aufgerichtet ist.

Der Verzicht auf Herabsetzung ist eine weitere Möglichkeit, ein Spiel zu beenden. Wer damit operieren will, muß zuerst den Augenblick der Herabsetzung im Spiel finden. Bei dem Spiel «Tumult» gehört eine Herabsetzung gewöhnlich zur ersten Transaktion. Bei den Spielen «Hilfe! Vergewaltigung!» oder «Bärenfänger» ist es gewöhnlich die letzte Transaktion, mit der jemand gedemütigt wird. Man braucht den Namen des Spiels überhaupt nicht zu kennen, denn jeder, der aufhört, andere oder sich selbst herabzusetzen, gibt auch seine Spiele auf.

Wenn man ein Spiel nicht mehr spielt, kann ein Gefühl der Verzweiflung und des «Was jetzt?» entstehen. Manche Leute geben sich damit zufrieden, ein Spiel in weniger verletzender und milderer Form zu spielen. Doch wenn ein Spiel ganz aufgegeben wird, muß gewöhnlich etwas an seinen Platz treten. Um die Lücke zu füllen, muß der Betreffende seine Streicheleinheiten auf legitimere Weise bekommen und seine Zeit konstruktiver strukturieren. Vielleicht verleihen ihm seine Interessen neue Aktivitäten oder er gestattet sich die Freiheit größerer Intimität. Beides sind Möglichkeiten, die dem Gewinner eigen sind.

Zusammenfassung

Menschen sammeln Marken, um ihre alten Kindheitsgefühle zu verstärken. Eine Möglichkeit, zu Marken zu kommen, bieten die psychologischen Spiele. Ein Spieler erhält neben Marken auch Streicheleinheiten (obwohl sie negativ sein können), er strukturiert seine Zeit (obwohl sie verschwendet sein mag), verstärkt seine psychologischen Einstellungen (obwohl sie irrational sein können), spielt sein Rollenbuch weiter (obwohl es destruktiv sein kann), fühlt sich dazu berechtigt, alte Ressentiments auszuleben (obwohl er dabei übertreiben kann), und vermeidet echte Begegnungen (obwohl er so *tun* kann, als sei ihm gerade daran gelegen). Ein ernsthafter Spieler nimmt nicht die Chance wahr, ein Gewinner zu werden.
Ein Gewinner verzichtet dagegen darauf, negative Marken zu sammeln und die immer gleichen alten Spiele zu spielen, und verringert so seine negativen «Einlöse»-Momente. Indem er lernt, sich realistischer mit dem Hier und Heute auseinanderzusetzen und seine Ressentiments so rasch und offen zu bewältigen, wie es praktisch ist, werden die Möglichkeiten geringer, ein Verlierer zu sein. Er wird mehr zu dem Menschen, zu dem er geboren wurde.

Experimente und Übungen

Bei jedem Schritt zur Selbstverwirklichung können alte Gefühle Sie daran erinnern, wie Sie «früher waren». Die Chance zur Veränderung liegt darin, sich seiner Gefühle bewußt zu sein, auch wenn sie nicht rational erscheinen.

1. Ihre Markensammlung

Manche Gefühle sind echt und relevant. Doch wenn Sie Ihre Gefühle ausschlachten, wenn Sie der gegenwärtigen Situation nicht angemessen sind, dann sammeln Sie Marken. Beantworten Sie die folgenden Fragen, um sich über Ihre Sammlung klarzuwerden.

- Wenn es in Ihrer Kindheit Schwierigkeiten und heftige Emotionen gab oder sich Unheil zusammenbraute, wie fühlten Sie sich in dem Augenblick?
- Was hörten, sahen oder spürten Sie, oder was war die Ursache für dieses Gefühl?
- Welche Gefühle (Marken) empfinden Sie als Erwachsener am häufigsten, wenn es Schwierigkeiten gibt? Furcht? Unzulänglichkeit? Zorn? Schuld? Hilflosigkeit? Angst? Oder was?
- In welcher Situation entsteht dieses alte Gefühl? Entspricht sie einer Kindheits-Situation?
- Lösen Sie häufig Ihre Marken ein, indem Sie lange schmollen? Dampf ablassen? Einen Weinkrampf haben? Auf eine Sauftour gehen? Ihr Konto überziehen? Jemanden anbrüllen?
- Horten Sie Ihre Marken für eine große Sammlung?
- Wenn Sie jetzt sammeln, wie beabsichtigen Sie Ihre Marken einzulösen? Haben Sie einen Preis im Sinn?
- Wo lösen Sie Ihre Marken ein?
- Sind Sammel- und Einlöseort identisch, oder sammeln Sie zum Beispiel bei der Arbeit und lösen Sie die Marken zu Hause ein?

2. Eingliederung alter Gefühle

Die folgenden Experimente sollen Ihnen helfen, spezifische Gefühle zu integrieren, die in der Vergangenheit konditioniert wurden und in der Gegenwart lästig sind. Wenden Sie sie an, wenn eine archaische Erinnerungsaufzeichnung aktiviert wird, die für die gegenwärtige Situation irrelevant ist.

Wählen Sie Ihre Experimente danach aus, welche Gefühle Sie am liebsten in Form von Marken sammeln. Wenn es für Sie zu belastend wird, hören Sie auf. Ein möglichst großer Spiegel kann dabei als praktisches Requisit dienen.

Unzulänglichkeit

Wenn Sie sich unzulänglich fühlen, versuchen Sie Ihre Empfindungen und Handlungen zu übertreiben.

- Erzählen Sie sich, wie unzulänglich und dumm Sie sind. Machen Sie ein dummes Gesicht. Übertreiben Sie Ihren Gesichtsausdruck.
- Bewegen Sie sich dumm und täppisch durch das Zimmer.

Kehren Sie jetzt Ihre Gefühle um.

- Schauen Sie sich im Spiegel gerade ins Gesicht und sagen Sie: «ICH BIN O. K.!»
- Sagen Sie das täglich mindestens eine Woche lang laut und leise, wenn Sie sich in einem Glas oder Spiegel sehen. Machen Sie weiter, bis das ICH BIN O. K. stimmig klingt.
- Fragen Sie sich: «Was hat mich je davon überzeugt, daß ich NICHT O. K. bin?»

Schalten Sie Ihr inneres Tonbandgerät ein und hören Sie die Bänder Ihres Eltern-Ich über Ihre Unzulänglichkeit ab.

- Seien Sie sich in den nächsten zwei Tagen aller Methoden bewußt, mit denen Sie sich herabsetzen.
- Unterbrechen Sie sich dann in den folgenden beiden Tagen jedesmal, wenn Sie sich schlechtmachen, und weigern Sie sich, Herabsetzungen von anderen zu akzeptieren.
- Stellen Sie eine Liste der Dinge auf, die Sie gut machen. Übersehen Sie kein Detail Ihres Lebens, das Sie gut bewältigen.
- Legen Sie eine Sammlung goldener Marken an und geben Sie sich jedesmal eine goldene Marke, wenn Sie etwas mit Selbstvertrauen tun. Sagen Sie sich: «Das habe ich gut gemacht.»

Hilflosigkeit

Beginnen Sie die Übung damit, daß Sie sich auf die Realität Ihres physischen Alters konzentrieren.

- Betrachten Sie sich in einem großen Spiegel. Prüfen Sie, wie Sie von vorne, hinten, von der Seite aussehen.
- Untersuchen Sie genau Ihren Kopf vom Haaransatz bis zum Hals. Sehen Sie Ihre Haut, Ihre Züge, Ihre Haare, wie sie wirklich sind.
- Machen Sie weiter bis zu den Zehen.
- Stimmt das Bild, das Sie von sich haben, mit der Realität, die Sie sehen, überein? Bemerken Sie etwas, was Sie zuvor übersehen haben? Lächeln Sie darüber oder runzeln Sie die Stirn?

- Empfinden Sie einseitig – wie ein Kind –, oder wissen Sie, wer Sie sind, ein erwachsener Mann (eine erwachsene Frau)?

Auf welchen Gebieten verhalten Sie sich unangemessen abhängig oder hilflos?

- Wenn es um Geld geht? Um Entscheidungen? Beim Autofahren? Wenn Sie Kleidung kaufen? Oder wobei?
- Wem gegenüber verhalten Sie sich hilflos? Wem gegenüber verhalten Sie sich kompetent? Warum der Unterschied?
- Welche Vorteile bringt es Ihnen, sich hilflos zu geben? Beherrschen Sie damit jemanden? «Schützt» es Sie vor etwas?

Wenn Sie übermäßig abhängig vom Beistand anderer sind, stellen Sie sich das Gegenteil vor. Stellen Sie sich vor, Sie seien in einer Situation, wo andere von Ihnen abhängig sind. Wiederholen Sie das in kurzen Zeitspannen eine Woche lang.

- Wenn Sie sich dazu bereit fühlen, übersetzen Sie Ihre Vorstellung verkleinert in die Realität.
- Erproben Sie dann Ihre Fähigkeiten in größerem Maßstab. Probieren Sie eine neue Idee aus, erklären Sie sich bereit, bei Kommunalproblemen mitzuhelfen, planen Sie einen Wochenendausflug, treffen Sie eine Entscheidung, die seit langem fällig ist, tun Sie etwas für sich, was Sie immer anderen überlassen haben.

Perfektion

Wenn Sie in Einzelheiten bei Ihrer Arbeit, Ihrem Wagen, Ihrer Kleidung, Ihren Akten, auf Ihrem Schreibtisch, im Garten, im Haus usw. übertrieben pedantisch sind, versuchen Sie es mit einer Übung, die Ihren zwanghaften Perfektionismus *übertreibt.*

- Wenn es Ihnen zum Beispiel darum geht, alles immer perfekt zu tun, übertreiben Sie diese Manier, stauben Sie zum Beispiel die Unterseite des Tisches ab, ordnen Sie die Papiere auf Ihrem Schreibtisch immer neu.
- Verbalisieren Sie zugleich Ihre Symptome. «Schau nur, wie perfekt ich bin. Bewundere mich, weil ich so vollkommen bin. Ich kann Menschen beherrschen, weil ich so perfekt bin. Niemand kommt gegen mich an, weil ich so vollkommen bin.»
- Wenn Sie sich von Ihrem Perfektionismus getrieben fühlen, wiederholen Sie diese Übung und übertreiben Sie Ihr Verhalten.

Beantworten Sie diese Fragen:

- Welche alte Aufzeichnung wird in mir laut, die behauptet, ich müsse perfekt sein?

- Welche Gefühle vermeide ich, indem ich versuche, perfekt zu sein?
- Wie wirkt sich der Perfektionismus auf meinen Umgang mit der Zeit aus?
- Was ist so wichtig, daß es perfekt getan werden muß? Was nicht?

Depression

Wenn Sie deprimiert sind, betrachten Sie sich aufmerksam im Spiegel.
- Erforschen Sie Ihr Gesicht sorgfältig. Wie sehen Sie aus, wenn Sie deprimiert sind?
- Betrachten Sie jetzt Ihren ganzen Körper. Wie halten Sie Ihre Schultern, die Hände, den Bauch usw.?
- Gleichen Sie einer Elternfigur?

Übertreiben Sie jetzt die Symptome Ihrer Depression.
- Übertreiben Sie zunächst Ihren Gesichts- und Körperausdruck.
- Wenn Sie dazu neigen, sich zurückzuziehen und zu schmollen, rollen Sie sich zu einem Ball zusammen, ziehen den Kopf ein, schieben die Unterlippe vor und schmollen in Großformat.
- Wenn Sie weinen, holen Sie ein paar eingebildete Eimer und füllen sie mit eingebildeten Tränen.
- Übertreiben Sie jedes Symptom, das Ihnen bewußt ist.

Machen Sie sich nun klar, wie Ihr Körper sich *fühlt*, wenn Sie deprimiert sind.
- Wenn Sie sich um Schultern und Hals gespannt fühlen, versuchen Sie festzustellen, ob die Verspanntheit mit einer bestimmten Person zusammenhängt.
- Wenn ja, sagen Sie leise: «Hör auf, mir im Nacken zu sitzen.» Wenn diese Redensart «paßt», sagen Sie es immer lauter mit zunehmender Stärke, bis Sie schreien.

Fragen Sie sich jetzt:
- Was könnte ich mit meiner Zeit anfangen, wenn ich nicht hier säße und unglücklich wäre?

Kehren Sie dann Ihre Depressions-Symptome um.
- Wenn Sie traurige Augen haben und Ihre Mundwinkel nach unten ziehen oder etwas Ähnliches, versuchen Sie, das Gegenteil zu tun.
- Wenn Sie Kopf und Schultern hängen lassen, heben Sie den Kopf und nehmen Sie die Schultern zurück. Ziehen Sie den Bauch ein und sagen Sie: «Ich bin nicht für alles und jeden verantwortlich!» oder «ICH BIN O. K.».

Furcht

Setzen Sie sich hin und denken Sie an alle Dinge oder an alle Menschen, vor denen Sie sich fürchten. Machen Sie eine Liste.

- Nehmen Sie Ihre Liste und stellen Sie sich vor, Sie würden nacheinander mit jedem Punkt auf Ihrer Liste konfrontiert.
- Übertreiben Sie das Erlebnis. (Es findet schließlich nur in der Phantasie statt.)
- Was wäre das Schlimmste, was passieren könnte?
- Wie würden Sie damit fertig?

Erproben Sie jetzt das entgegengesetzte Gefühl von Furcht, nämlich Wildheit.

- Schauen Sie so wild drein, daß sich jemand vor Ihnen fürchtet.
- Gehen Sie durch das Zimmer und seien Sie wütend auf alle Gegenstände. Empfinden Sie Ihre Macht.

Wechseln Sie jetzt hin und her, übertreiben Sie zunächst Ihre Furcht (fürchten Sie sich vor allen Gegenständen im Raum), dann Ihre Wildheit. Haben Sie irgend etwas gemerkt? Wenn Ihre Furcht auf eine Person konzentriert ist, stellen Sie sich vor, diese Person sei hinter Ihnen.

- Was empfinden Sie?
- Verwandeln Sie diese Person in einen riesigen Bären oder ein anderes furchterregendes Tier. Was empfinden Sie jetzt?
- Sehen Sie sich in Ihrer Phantasiewelt um nach irgend etwas, was diesem Tier gefallen würde. Werden Sie ruhig und tun Sie dem Unhold etwas Gutes. Was geschieht?

Wenn Sie von immer wiederkehrenden Angstträumen geplagt werden, in denen jemand oder etwas Sie verfolgt, sagen Sie sich, daß Sie sich beim nächsten Traum umdrehen und sich Ihrem Gegner stellen werden. Bleiben Sie ruhig und zuversichtlich. Sie werden Herr der Lage sein.

- Stellen Sie sich nun vor, daß Sie selbst Ihren Verfolger aus dem Traum verfolgen. Sehen Sie sich groß und stark.

Schuld

Wenn Sie sich häufig schuldig fühlen, strafen Sie sich wahrscheinlich selbst. Stellen Sie sich vor, Sie seien als Angeklagter in einem Gerichtssaal. Betrachten Sie die Szene aufmerksam.

- Wer ist anwesend?
- Wer ist der Richter?

- Wer sind die Geschworenen, falls es sie gibt?
- Ist jemand da, der Sie verteidigt? Jemand, der Sie anklagt (verfolgt)?
- Gibt es Zuschauer? Wenn ja, welches Urteil wollen sie hören?
- Lautet das Urteil schuldig oder nicht schuldig? Wenn schuldig, was ist die Strafe?
- Verteidigen Sie sich jetzt. Sprechen Sie für sich.

Wenn in Ihrem inneren Dialog ein selbstquälerisches Spiel zwischen Ihrem Eltern-Ich als Richter und Ihrem Kindheits-Ich als Angeklagtem stattfindet, stellen Sie beide Pole mit der Stuhl-Methode dar.

- Setzen Sie den Richter (den Überlegenen) auf einen und den Angeklagten (den Unterlegenen) auf den anderen Stuhl. Beginnen Sie Ihren Dialog mit einer Anklage. Setzen Sie sich dann auf den anderen Stuhl und verteidigen Sie sich.
- Wenn Sie sich im Alltag schuldig fühlen, halten Sie einen Augenblick inne und verbalisieren Sie Ihren inneren Dialog zwischen dem Überlegenen und dem Unterlegenen.

Überdenken Sie nun die folgenden Fragen:

- Entschuldigen Sie sich häufig und/oder schauen schuldbewußt drein, um der Verantwortung für Ihre Handlungen aus dem Weg zu gehen?
- Hat man Ihnen das Sammeln von Schuld-Marken anerzogen, oder sind Sie wirklich auf irgendeine bedeutsame Weise schuldig?

Wenn Ihre Schuld aus einem «Verbrechen» resultiert, das Sie tatsächlich einem anderen gegenüber begangen haben, oder aus einer wichtigen Unterlassung, dann fragen Sie sich:

- Was bedeutet diese Last für mein gegenwärtiges Leben?
- Was füge ich anderen deshalb zu? Kann ich jetzt noch irgend etwas tun, um die Situation zu bereinigen?
- Wenn nicht, kann ich lernen, diese Geschichte als etwas Vergangenes zu akzeptieren, das nicht geändert werden kann?
- Habe ich ernsthaft erwogen, mir zu vergeben? Was könnte Vergeben in meinem Leben bedeuten?

Manchmal hilft es, über die Sache zu reden. Wählen Sie dazu einen guten Zuhörer, der Ihr Vertrauen nicht enttäuschen und Ihr Verhalten weder verurteilen noch entschuldigen wird. Sprechen Sie mit ihm darüber.

Das Vergeben könnte leichter sein, wenn Sie irgendeine Form der «Wiedergutmachung» finden gegenüber jemandem, der eine neue Chance oder Hilfe braucht. Versuchen Sie, soziale Ungerechtigkeiten auszugleichen, das könnte Ihnen ebenso helfen wie Ihrer Umgebung. Spielen Sie nicht die Rolle des RETTERS, seien Sie einer!

Angst

Wenn Sie häufig Angst haben, fragen Sie sich:

- Vergeude ich den Augenblick, indem ich an die Zukunft denke?
- Bin ich ängstlich, weil ich ein Problem übertreibe oder zaudere?
- Kann ich *jetzt* etwas zur Beschwichtigung der Angst tun – einen Bericht fertigstellen, eine Liste machen, ein Buch zurückgeben, jemanden anrufen, für eine Prüfung lernen, einen bestimmten Termin ausmachen, einen Plan entwerfen, endlich mit dem Saubermachen fertig werden?

Versuchen Sie dann, das *Jetzt* zu erleben. Sie werden weniger ängstlich sein, wenn Sie ganz im Hier und Heute leben. Konzentrieren Sie Ihre volle Aufmerksamkeit auf die *äußere* Umgebung. (Vgl. Übung 8, S. 184 f)

- Gebrauchen Sie Ihre Sinne. Werden Sie sich dessen bewußt, was es in Ihrer Umgebung zu sehen, zu hören, zu riechen gibt.
- Schreiben Sie Ihr Erlebnis auf. Beginnen Sie mit: «Hier und heute bin ich mir bewußt geworden, daß ...»

Konzentrieren Sie dann Ihre Aufmerksamkeit auf Ihre *innere* Welt.

- Werden Sie sich Ihres Körpers bewußt, Ihrer Haut, Muskeln, Ihres Atems, Herzschlags usw.
- Schreiben Sie wieder: «Hier und heute bin ich mir bewußt geworden, daß ...»

Nachdem Sie diese Übung einige Minuten fortgesetzt haben, fragen Sie sich:

- Welche meiner Sinne habe ich gebraucht, welche nicht?
- Habe ich, als ich mich auf meinen Körper konzentrierte, bestimmte Teile ignoriert? (Bei diesem Experiment werden häufig die Genitalien und Ausscheidungsorgane ignoriert.)
- Wenn Sie feststellen, daß Sie nicht alle Ihre Sinne gebraucht oder bestimmte Körperteile ignoriert haben, wiederholen Sie die Übung unter besonderer Beachtung der vernachlässigten Bereiche.
- Jedesmal, wenn Sie merken, daß Sie ängstlich werden, sollten Sie sich auf ein *Jetzt*-Erlebnis konzentrieren.

Angst und Atembeschwerden hängen zusammen. Wenn Sie ängstlich werden, achten Sie darauf, wie Sie atmen. Perls empfiehlt die folgende Übung:

Atmen Sie gründlich vier- oder fünfmal aus. Atmen Sie dann weiter leicht aus, aber ohne Anstrengung. Spüren Sie den Luftstrom in Ihrer Kehle, Ihrem Mund, Ihrem Kopf? Lassen Sie die Luft aus Ihrem Mund blasen und fühlen Sie den Strom mit der Hand. Bleibt Ihre Brust gedehnt, auch wenn keine Luft hereinkommt? Ziehen Sie beim Einatmen den Bauch ein? Können Sie das Einatmen in der Magengrube und der Pelvis spüren? Fühlen Sie, wie sich Ihre Rippen an den Seiten und im Rücken dehnen? Beachten Sie die Spannung Ihrer Kehle, Ihrer Kiefern, das Schließen der Nase. Achten Sie besonders auf die Straffheit Ihrer Taille (Zwerchfell). Konzentrieren Sie sich auf diese Spannungen, achten Sie auf Unterschiede.[11]

Wenn Sie das nächste Mal merken, daß Sie sich wegen eines Menschen, einer Situation usw. aufregen, werden Sie sich Ihrer Atmung bewußt.[12]

- Halten Sie den Atem an?
- Wenn ja, was halten Sie zurück?
- Versuchen Sie, tiefer zu atmen.

Zorn

Gefühle des Zorns werden oft von dem Wunsch begleitet, andere zu verletzen und kaputtzumachen.
Wenn Sie in Ihrer Kindheit häufig zornig auf eine Elternfigur waren und heute zornige Gefühle gegenüber Ihrem Chef, Ihrem Ehepartner, Ihren Kollegen, Lehrern, Schülern usw. empfinden, versuchen Sie das Rollenspiel. Wenden Sie die Stuhlmethode an!

- Stellen Sie sich vor, der Mensch, der Sie ärgert, sitzt Ihnen gegenüber. Sagen Sie ihm, wie zornig Sie sind und warum.
- Werden Sie sich bewußt, wie Ihr Körper auf Ihren Zorn reagiert. Spannen Sie irgendeinen Teil Ihres Körpers oder halten Sie ihn zurück? Pressen Sie die Zähne zusammen? Ballen Sie die Faust? Verkrampfen Sie den Dickdarm? Übertreiben Sie Ihre Verkrampfung. Was entdecken Sie?
- Wenn Sie sich dazu fähig fühlen, tauschen Sie die Rollen und *seien* Sie jetzt der andere. Reagieren Sie so, wie er reagieren würde, wenn er da wäre.
- Lassen Sie den Dialog hin- und hergehen.
- Wenn Sie auf einen Satz stoßen, der auf Sie paßt oder stimmig wirkt, etwa «Hören Sie auf, mein Leben zu bestimmen», «Hören Sie auf, mich zu verletzen», «Hör auf, mich zu blamieren», «Warum schützt du mich nicht?», dann wiederholen Sie den Satz mehrmals, wobei Sie immer lauter werden, bis Sie wirklich schreien.

Stellen Sie sich dann auf einen Stuhl. Stellen Sie sich vor, der Mensch, auf den Sie zornig sind, kauere unter Ihnen.

- Schauen Sie auf ihn hinunter und sagen Sie ihm, worüber Sie zornig sind und warum. Sagen Sie alles, was Sie schon immer sagen wollten, aber nicht zu sagen wagten.
- Wenn Sie die Stellung wechseln wollen, tun Sie es.

Manche Menschen brauchen Methoden, um ihren Zorn körperlich abzureagieren. Dazu gehört es, «sich gehenzulassen»[13]. Die folgende Übung ist nur für Personen mit guter körperlicher Kondition gedacht.

- Stellen Sie sich neben ein Bett oder Sofa, heben Sie die Arme über den Kopf, ballen Sie die Fäuste, krümmen Sie Ihren Rücken. Schlagen Sie mit den Fäusten zu. Stärker! Stoßen Sie dabei Laute aus. Brummen Sie, stöhnen, weinen, schreien Sie. Wenn Worte sich aufdrängen, sagen Sie sie laut. Brüllen Sie so lange, bis Sie erschöpft sind.
- Wenn Sie an diesem Punkt der Erschöpfung oder Erleichterung angekommen sind, legen Sie sich hin und achten Sie auf Ihren Körper und Ihre Gefühle. Lassen Sie sich dazu mindestens fünf Minuten Zeit. Was entdecken Sie?
- Versuchen Sie als Variation, auf einen Sandsack einzuschlagen, oder machen Sie Schattenboxen mit kräftigen Bewegungen. Stoßen Sie dabei Laute aus.

Ressentiments

Zu jeder negativen Markensammlung gehören Ressentiments. Unter einem Ressentiment ist die «Forderung» zu verstehen, «daß *der andere sich schuldig fühle*»[14].

Wenn Sie sich bewußt werden, daß Ihre Ressentiments wachsen, setzen Sie sich aktiv mit der Situation auseinander, sowie sie entsteht und mit wem sie entsteht, statt Ihre Gefühle zu sammeln und zurückzuhalten und sie vielleicht später für einen großen Gegenwert oder gegenüber einem «Unschuldigen» einzulösen.

- Versuchen Sie das Problem mit dem zu besprechen, der Sie irritiert.
- Vermeiden Sie es dabei, den anderen zu beschuldigen.
- Sagen Sie ihm, wie die Situation auf Sie wirkt. Gebrauchen Sie das Wort «ich» statt eines anklagenden «du» oder «Sie». (Zum Beispiel: «Ich kann Rauch nicht ertragen; er stört mich» statt «Es ist wirklich gedankenlos, wie Sie Ihren Rauch in die Gegend blasen.»)

Wenn Sie in einer Familie leben, versuchen Sie gemeinsame Aussprachen einzurichten. Um eine gewisse Effektivität zu garantieren, müssen dabei bestimmte Regeln beachtet werden:

- Jeder äußert abwechselnd den Groll, den er gegen die anderen hegt. (Es ist wichtig, daß die anderen zuhören, sich *aber nicht verteidigen.* Die Ressentiments müssen ohne Reaktion ausgesprochen werden.)
- Danach sagt jeder den anderen, was er an ihnen schätzt.
- Um diese Art der Auseinandersetzung zu lernen, üben Sie täglich. Wenn sie Ihnen keine Mühe mehr macht, genügt es, sie einmal pro Woche zu üben.

In manchen Arbeitssituationen könnten solche Aussprachen über Ressentiments und Anerkennung nützlich sein, besonders dort, wo Menschen eng zusammenarbeiten und es leicht zu persönlichen Spannungen kommt.

- Wenn man sich dazu entschließt, sollten sich *alle* Teilnehmer auf eine Probezeit einigen, vielleicht auf zwei Monate.
- Am Ende dieser Probezeit sollte der Nutzen des Verfahrens bewertet werden. Wenn sich die Teilnehmer für eine Fortsetzung entschließen, können sie Änderungen vorschlagen und regelmäßige Zusammenkünfte festsetzen, vielleicht eine Sitzung alle zwei oder drei Wochen oder wie es am besten durchführbar ist.

Besondere individuelle Gefühle

Wenn Sie von Gefühlen geplagt werden, die in den vorausgegangenen Übungen nicht behandelt wurden,

- übertreiben Sie Ihre Symptome. Bewegen Sie sich entsprechend, stoßen Sie Laute aus, betrachten Sie sich.
- Achten Sie auf Ihren Körper und übertreiben Sie Ihre physischen Reaktionen.
- Kehren Sie Ihre Gefühle um und erleben Sie das Gegenteil.
- Entwickeln Sie einen Dialog zwischen Überlegenem und Unterlegenem.
- Übernehmen Sie die Verantwortung für Ihre eigenen Gefühle. Sagen Sie zum Beispiel nicht: «Er/sie deprimiert mich», sondern: «Ich lasse es zu, daß ich deprimiert werde.»

3. Alten Gefühlen nachspüren

Wenn Sie sich das nächste Mal bewußt werden, daß Sie in einer Situation maßlos übertrieben oder unangemessen reagiert haben, versuchen Sie, Ihre Gefühle bis zu der ursprünglich auslösenden Situation zurückzuverfolgen.[15]*

- Sobald die Situation entsteht, fragen Sie sich: «Was empfinde ich im Augenblick?»
- Liegt unter dem oberflächlichen Gefühl ein anderes Gefühl? Zorn unter dem Gefühl der Schuld? Furcht unter dem Gefühl des Hasses? Hilflosigkeit unter dem Gefühl des Zorns?
- Fragen Sie sich: Woran erinnert es mich? Wann habe ich das zuvor empfunden? Beschäftigen Sie sich mit der ursprünglich auslösenden Szene.
- Wo fand sie statt?
- Wer war der Regisseur?
- Welche Figuren traten auf?
- Welche Rollen wurden gespielt?
- Was empfanden Sie?

Wiederholen Sie die Szene im Rollenspiel, wenn Sie Mitspieler haben. Wenn nicht, versuchen Sie die verschiedenen Rollen selbst darzustellen.

4. Ihr Schild auf der Brust

Schicken Sie Botschaften aus, die andere veranlassen zu sagen, Sie seien

weise wie eine Eule,
raffiniert wie eine Schlange,
ein Wolf,
stolz wie ein Pfau,
ein Stinktier,
ein Gockel,
störrisch wie ein Esel, dumm/stark wie ein Ochse,
nichts als ein Hengst,
stumm wie ein Fisch,
eine alte Ziege,

* Diana (vgl. S. 224) hat diese Methode angewandt. Vielleicht beschäftigen Sie sich noch einmal mit diesem Fall.

schlau wie ein Fuchs,
glücklich wie eine Lerche,
ein Schwein,
flink wie ein Wiesel,
sanft wie ein Lamm oder
ungeschickt wie ein Elefant im Porzellanladen?

- Wenn ja, wie vermitteln Sie diesen Eindruck? Welchen Gesichtsausdruck, welche Haltung, Gestik, welchen Ton in der Stimme usw. verwenden Sie?

Fragen Sie jetzt mindestens fünf Menschen [16], wie sie Sie sich vorstellen würden; wenn Sie eine Farbe wären?
Ein Land?
Ein Nahrungsmittel?
Ein Musikstück?
Ein berühmter Mensch?
Eine Art von Wetter?
Ein Hund?
Ein Körperteil?
Ein Kleidungsstück?
Eine Literaturgattung?
Ein Möbelstück?

Wenn Sie diese Feedbacks erhalten haben, beschäftigen Sie sich damit. Beantworten Sie dann die folgenden Fragen:

- Welche Botschaften strahlen Sie aus, die andere veranlassen, Sie so zu sehen?
- Welche dieser Botschaften sind einladend? Abwehrend? Demütigend?
- Haben Sie eine Sammlung von Schildern, die Sie an verschiedenen Orten bei verschiedenen Menschen tragen?
- Wollen Sie diese Botschaften ausstrahlen? Wenn nicht, was könnten Sie anders machen?

5. Kontrolliste zum Rollenbuch

Lesen Sie das Folgende rasch. Schreiben Sie hin, was Ihnen als erstes in den Sinn kommt. Beginnen Sie dann noch einmal und füllen Sie den freien Raum nach längerer Überlegung aus. Vervollständigen Sie die Kontrolliste [17], wenn Sie das vorliegende Übungsbuch zu Ende gelesen haben.

Bewerten Sie die Gefühle, die Sie meistens über sich und andere haben:

ICH BIN O. K. ______________________________ ICH BIN NICHT O. K.

Andere sind O. K. ______________________________ Andere sind NICHT O. K.

Dinge, bei denen ich mich O. K. fühle ______________________________

Dinge, bei denen ich mich NICHT O. K. fühle ______________________________

Bewerten Sie sich jetzt im Hinblick auf Ihre sexuelle Identität:

ICH BIN O. K. ______________________________ ICH BIN NICHT O. K.
(männlich/weiblich) (männlich/weiblich)

Männer sind O. K. ______________________________ Männer sind NICHT O. K.

Frauen sind O. K. ______________________________ Frauen sind NICHT O. K.

Meine Schilder auf der Brust sagen ______________________________

Meine Markensammlung ______________________________

Wie ich meine Marken einlöse ______________________________

Meine manipulative Hauptrolle ist ______________________________
(VERFOLGER, RETTER, OPFER)

Die Komplementärrollen des ________ werden gespielt von

Meine Lieblingsspiele:

als VERFOLGER ______ mit wem?

als RETTER ______ mit wem?

als OPFER ______ mit wem?

Art des Rollenbuchs ______
(konstruktiv, destruktiv, unproduktiv)

Thema des Rollenbuchs ______

Mein Grabspruch, wenn der Vorhang jetzt fiele ______

______

Art des Dramas ______
(Farce, Tragödie, Melodrama, Komödie, Schwank usw.)

Reaktion des Publikums auf mein Stück ______
(begeistert, gelangweilt, erschrocken, tränenreich, feindselig)

Neues Rollenbuch, falls erwünscht ______

Neuer Grabspruch, falls erwünscht ______

Abmachung mit sich selbst über das neue Rollenbuch ______

9
Das Erwachsenen-Ich

Wenn der Geist des Menschen eine neue Idee entdeckt,
kehrt er nie mehr zu seinem Ursprung zurück.

Oliver Wendell Holmes

Oft erscheint es den Menschen unmöglich, sich aus einer unangenehmen oder unglücklichen Situation zu befreien. Ihrer Meinung nach sind sie gefangen in einem Beruf, in einer Stadt, in ihrer Ehe, Familie oder in einem bestimmten Lebensstil. Sie sehen keine Alternative, den Beruf zu wechseln oder den jetzigen auszubauen, aus der Stadt wegzuziehen, ihre Ehe zu ändern, eine Beziehung abzubrechen oder ihre Kinder mehr zu lieben und anders zu erziehen. Sie nehmen nur noch einen Teil des Problems wahr und sehen keine andere Möglichkeit, geschweige denn eine Lösung. Sie gehen von einem falschen Ansatz aus und bleiben bei ihm, obwohl auf diese Weise ihre Situation weder geändert noch gelöst wird.

Das Gummizellen-Phänomen

Die Abneigung oder Weigerung, die Situation insgesamt zu betrachten, führt manchmal dazu, daß der Betroffene das Selbstverständliche meidet – die selbstverständliche Diagnose, Lösung, den deutlichen Ausweg usw. Berne bezeichnet dieses Verhalten als «Gummizelle». Wenn ein Mensch in einer Gummizelle gefangen ist, fährt er zwanghaft fort, gegen die gleiche Situation anzurennen. Er ähnelt darin etwa einer Ziege, die mit dem Kopf gegen einen Fels rennt, weil sie etwas auf der anderen Seite des Felsens haben will und nicht sieht, daß es andere Möglichkeiten gibt, dorthin zu kommen, als sich den Kopf einzuschlagen. Mensch wie Ziege glauben, sie brauchten sich nur noch mehr anzustrengen, dann würden sie schon irgendwie die Barriere durchbrechen können und bekommen, was sie wollen.

Menschen, die in «Gummizellen» gefangen sind, behaupten etwa von sich:

Ich strenge mich unentwegt an und erreiche nie etwas.
Tagtäglich kommt es mir vor, als würde ich mit dem Kopf gegen eine Mauer anrennen.
Ich bemühe mich seit Jahren und komme nicht weiter.
Ich sage das diesem Kind immer und immer wieder, aber ich dringe einfach nicht zu ihm durch.

Wer sein Erwachsenen-Ich stärkt, hört vorübergehend auf, mit dem Kopf gegen die Wand zu rennen, und erkennt dabei, daß er das offensichtlich nicht zu tun braucht. Er ist dann frei, seine Situation von einem objektiveren Standpunkt zu betrachten und die ganze Kapazität seines Erwachsenen-Ich einzusetzen, um die Realität zu prüfen, eine alternative Lösung zu suchen, die Konsequenzen solcher Alternativen einzuschätzen und sich zu entscheiden.

Das Erwachsenen-Ich

Jeder Mensch besitzt ein Erwachsenen-Ich, und jeder Mensch kann, falls sein Gehirn voll funktionsfähig ist, die Fähigkeit des Erwachsenen-Ich zur Datenverarbeitung nutzen. In der Struktur-Analyse ist die oft diskutierte Frage von Reife kontra Unreife irrelevant. Was «unreif» genannt wird, ist kindhaftes Verhalten, das gewohnheitsmäßig und unangemessen zum Ausdruck kommt.
Das Erwachsenen-Ich kann dazu benutzt werden, logisch zu denken, Reize zu bewerten, technische Informationen zu sammeln und diese Informationen für den künftigen Gebrauch aufzubewahren. Es befähigt den Menschen außerdem dazu, selbständig zu überleben und seine Reaktionen genauer auszuwählen. Nach Berne ist das Erwachsenen-Ich

... ein unabhängiges System von Gefühlen, Einstellungen und Verhaltensmustern, die der gegenwärtigen Realität angepaßt sind und nicht durch Vorurteile des Eltern-Ich oder archaische Einstellungen aus der Kindheit beeinflußt werden ... Das Erwachsenen-Ich ist der Ich-Zustand, der das Überleben ermöglicht.[1]
... vorwiegend damit beschäftigt, Reize in Informationsteile umzuwandeln

und diese Information auf Grund vorausgegangener Erfahrung zu verarbeiten und einzuordnen.[2]

... mit dem autonomen Sammeln und Verarbeiten von Daten und dem Einschätzen von Wahrscheinlichkeiten als der Grundlage zum Handeln beschäftigt.[3]

... geordnet, anpassungsfähig und intelligent und wird als eine objektive Beziehung zur äußeren Umwelt erlebt, welche auf der autonomen Prüfung der Realität beruht.[4]

Bei der Realitätsprüfung wird festgestellt, was wirklich ist. Dazu gehört die Trennung der Tatsachen von Phantasie, Tradition, Meinungen und archaischen Gefühlen, außerdem die Wahrnehmung und Bewertung der gegenwärtigen Situation. Diese Daten werden dann zu vorhandenem Wissen und vergangenen Erfahrungen in Beziehung gesetzt. Die Realitätsprüfung ermöglicht es, alternative Lösungen auszuarbeiten.

Wer alternative Lösungen kennt, kann dann die wahrscheinlichen Konsequenzen der verschiedenen Handlungsmöglichkeiten abschätzen. Die dem Erwachsenen-Ich eigenen Funktionen der Realitätsprüfung und Wahrscheinlichkeitsberechnung dienen dem Zweck, die Möglichkeit des Verlierens und Bedauerns einzuschränken und die Möglichkeit des kreativen Erfolgs zu vergrößern.

Ein Mensch, der mit seinem Job unzufrieden, aber darauf programmiert ist, «auf jeden Fall durchzuhalten», sollte diese Haltung einer Realitätsprüfung unterziehen und entscheiden, ob sie angemessen ist oder nicht. Wenn er beschließt, daß seine Haltung, «auf jeden Fall durchzuhalten», ihm nichts nützt, kann er auf Grund seiner Fähigkeiten, Talente, Interessen, der Arbeitsmarktlage usw. nach Alternativen suchen. Daten sammelt er bei der Berufsberatung, aus einem Berufseignungstest, aus Interviews mit Personalchefs, aus Stellenanzeigen und anderem Material, das seine Kenntnis über andere berufliche Möglichkeiten bereichert.

Er kann sorgsam prüfen, was er wirklich will: Sicherheit, gleitende Arbeitszeit, ein Spesenkonto, Aufgaben im Außendienst, geregelte Arbeitszeit, eine intellektuelle Herausforderung, die Möglichkeit, mit Menschen zusammen zu sein usw. Er kann entscheiden, welche Vorteile ihm am meisten bedeuten und inwiefern er Kompromisse schließen kann. Danach kann er alle möglichen Alternativen bedenken, die wahrscheinlichen Konsequenzen berechnen und dann den Weg wählen, der ihm ein Maximum an Befriedigung garantiert.

Das Kriterium für den Einsatz des Erwachsenen-Ich beruht nicht

auf der Korrektheit der Entscheidungen, sondern auf der Realitätsprüfung und Wahrscheinlichkeitsberechnung, wodurch die Entscheidungen getroffen werden. Um in der Umgangssprache zu sprechen: ‹Das ist dein Erwachsenen-Ich› bedeutet: ‹Du hast soeben ein autonomes, objektives Erfassen der Situation erkennen lassen, und du trägst diese gedanklichen Prozesse bzw. die erkannten Probleme oder die gezogenen Schlußfolgerungen in unvoreingenommener Form vor.›[5]
Die Qualität der Entscheidungen hängt davon ab, wie gut das Erwachsenen-Ich informiert ist und wie gut es Informationen aus dem Eltern-Ich und dem Kindheits-Ich auswählen und einsetzen kann. Wenn jedoch ein Mensch Entscheidungen auf Grund von Tatsachen trifft, die er verarbeitet hat, sind seine Entscheidungen nicht unbedingt zwangsläufig auch «richtig». Da wir «nur» Menschen sind, müssen wir manchmal Entscheidungen auf Grund unvollständiger Daten treffen und können zu den falschen Schlüssen kommen.

Eine alte Frau kann nach links und rechts schauen, bevor sie die Fahrbahn überquert, aber einen rasch näher kommenden Lastwagen nicht bemerken.
Ein junger Mann kann alle erreichbaren Fakten bedenken, bevor er eine neue Stelle annimmt, und später feststellen, daß der Chef eine einsame und anspruchsvolle Frau hat.
Ein Wissenschaftler kann jahrelang an einem Forschungsprojekt arbeiten und erfolglos bleiben, weil ihm eine wesentliche Information fehlt.

Manche Leute sind auf einem Gebiet gut informiert, in anderen Bereichen schlecht informiert.

Ein fähiger Bankier kann völlig unerfahren in der Lösung von Problemen sein, bei denen es um zwischenmenschliche Beziehungen geht.
Eine fähige Hausfrau wäre wahrscheinlich in einer Diskussion über Turbinenmotoren überfordert.
Ein geschickter Mechaniker könnte wohl kaum die Krankheit eines Kindes diagnostizieren.

Grenzen der Ich-Zustände

Ein Mensch kann in jedem der Ich-Zustände sein *wahres Ich* erleben, je nachdem wo sich die freie psychische Energie in diesem bestimmten Augenblick befindet. Wenn das Gefühl des «wahren Ich» in einem bestimmten Ich-Zustand erlebt wird, können die anderen inaktiv sein. Dennoch sind sie stets vorhanden und haben die Möglichkeit, aktiv zu werden.

In dem Augenblick, in dem der Mensch den Zorn seines Eltern-Ich zum Ausdruck bringt, empfindet er: ‹Das bin wirklich ich›, obwohl sich dieses Selbst in einem geborgten Ich-Zustand befindet. Zu einem anderen Zeitpunkt, wenn er objektiv die Konten seiner Kunden aufrechnet, fühlt er wieder: ‹Das bin wirklich ich, der diese Zahlen addiert.› Wenn er schmollt wie der kleine Junge, der er tatsächlich einmal war, empfindet er in dem Moment: ‹Das bin wirklich ich, der hier schmollt.› In diesen Beispielen befand sich die freie Energie, die das Erlebnis des ‹wahren› oder ‹wirklichen Ich› entstehen läßt, jeweils im Eltern-Ich, Erwachsenen-Ich und Kindheits-Ich.[6]

Es ist sinnvoll, sich jeden Ich-Zustand begrenzt vorzustellen. Nach Berne kann man sich diese Ich-Grenzen als halb durchlässige Membranen vorstellen, durch welche die psychische Energie von einem Ich-Zustand zum anderen strömt.[7] Ich-Grenzen müssen halb durchlässig sein; andernfalls wäre die psychische Energie an einen Ich-Zustand gebunden und könnte sich nicht spontan von einem zum andern bewegen, wenn sich die Situation ändert.
Bei sehr erfolgreichen Menschen kann die Energie sehr rasch strömen, bei anderen eher träge. Der Mensch, dessen freie Energie rasch strömt, kann erregend und stimulierend wirken, doch anderen fällt es vielleicht schwer, mit ihm Schritt zu halten. Wenn jemand einen trägen Energiestrom hat, gebraucht er für Anfang und Ende seiner Aktivitäten einschließlich des Denkens Zeit, so daß seine Langsamkeit andere irritieren kann, obwohl seine Reaktionen von hoher Qualität sind.
Die Physiologie der Ich-Zustands-Grenzen ist noch nicht erforscht, doch daß sie existieren, ist durch die Beobachtung spezifischer Verhaltensstörungen nachgewiesen worden. Manche Menschen handeln stets unberechenbar, während das Verhalten anderer wiederum so genau vorauszusehen ist, daß sie langweilig wirken. Manche explodieren bei der geringsten Provokation oder geraten völlig durcheinander, andere wiederum werden durch Vorurteile und Täuschun-

gen am genauen Denken gehindert. Diese Störungen werden durch Ich-Zustands-Grenzen verursacht, die zu durchlässig oder zu starr sind, die beschädigt sind oder einander überschneiden.

Durchlässige Ich-Grenzen

Samuel Butler schreibt, daß ein aufgeschlossener Geist auf seine Weise vorzüglich ist, doch sollte er nicht so aufgeschlossen sein, daß nichts drinnen oder draußen bleiben kann. Er meint, es wäre besser um ihn bestellt, wenn man zuweilen die Pforten schließen könnte, sonst dürfte es ein bißchen zugig werden. Ein Mensch mit durchlässigen Ich-Grenzen kann die Pforten zwischen seinen Ich-Zuständen nicht schließen. Es scheint ihm an Identität zu fehlen; sein Verhalten wirkt ungeordnet.[8] Die psychische Energie reagiert auf den geringsten Stimulus und wechselt dabei von einem Ich-Zustand zum andern. Dem Betroffenen kann es sehr schwerfallen, sich in der realen Welt zu behaupten. Er benötigt daher meistens therapeutische Hilfe.
Eine Frau mit diesem Grenzproblem wurde von anderen Teilnehmern einer Beratungsgruppe folgendermaßen beschrieben: «Man weiß nie, was in ihr vorgeht oder was sie als nächstes tun wird.» Eine Persönlichkeit mit durchlässigen Ich-Grenzen kann schematisch so dargestellt werden (Abb. 31).

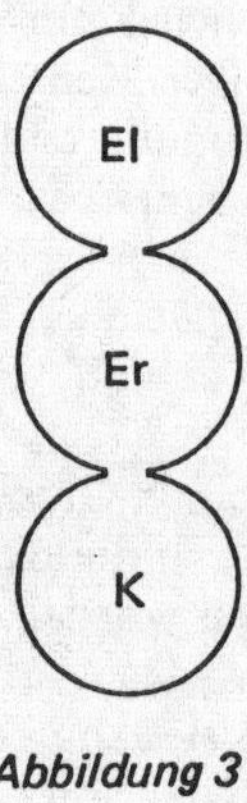

Abbildung 31

Ein Mensch mit durchlässigen Ich-Grenzen hat wenig Kontrolle durch das Erwachsenen-Ich. Er verhält sich anders als jemand, dessen psychische Energie rasch von einem Ich-Zustand zum anderen strömt, aber vom Erwachsenen-Ich beherrscht wird. Im letzteren Falle kann das Verhalten sehr vernünftig sein, im ersteren ist es unberechenbar und oft irrational.

Starre Ich-Grenzen

Wenn die Grenzen der Ich-Zustände starr sind, verhindern sie den freien Strom der psychischen Energie. Es ist, als halte eine dicke Mauer die psychische Energie in einem Ich-Zustand zurück und schließe die beiden anderen aus. Dieses Phänomen wird als *Ausschluß* bezeichnet. Das Verhalten von Menschen mit diesem Problem erscheint *starr*, weil sie gewöhnlich nur mit *einem* ihrer Ich-Zustände auf die meisten Stimuli reagieren. Der Betroffene handelt stets aus seinem Eltern-Ich, stets aus seinem Erwachsenen-Ich oder stets aus seinem Kindheits-Ich heraus (vgl. Abb. 32).*

Wenn jemand nur sein Eltern-Ich oder sein Kindheits-Ich einsetzt und auf das Erwachsenen-Ich verzichtet, leidet er mit großer Wahrscheinlichkeit unter schweren Störungen. Er ist ohne Kontakt mit dem, was gegenwärtig geschieht. Er prüft nicht die Realität im Hier und Heute.

* Eine Variante dieses Problems stellt man bei Menschen fest, die nur einen Ich-Zustand ausschalten. In manchen Fällen kann das in Ordnung sein, dann nämlich, wenn der Betroffene in seinem Eltern-Ich wenig einlösbare Qualitäten hat. Er kann lernen, aus seinem Erwachsenen-Ich heraus die Elternfunktion gegenüber anderen zu übernehmen und sein Kindheits-Ich der Kontrolle des Erwachsenen-Ich zu unterstellen, oder sein Eltern-Ich kann neu programmiert werden.

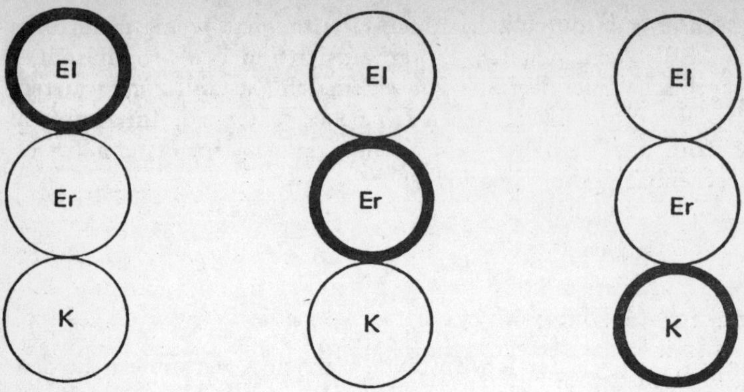

Eltern-Ich schließt Erwachsenen-Ich und Kindheits-Ich aus

Erwachsenen-Ich schließt Eltern-Ich und Kindheits-Ich aus

Kindheits-Ich schließt Erwachsenen-Ich und Eltern-Ich aus

Abbildung 32

Wer sein Eltern-Ich und Kindheits-Ich ausschließt und nur sein Erwachsenen-Ich anwendet, kann ein Langweiler oder ein Roboter ohne Leidenschaft oder Fähigkeit zum Mitleiden sein. Nach Berne ist das allein regierende Erwachsenen-Ich «ohne Charme, Spontaneität und Freude, Eigenschaften, die zum gesunden Kind gehören, und unfähig, mit der Überzeugung oder Empörung Stellung zu nehmen, die man bei gesunden Eltern findet»[9]. Die starre Reaktion aus nur einem Ich-Zustand heraus ist ein so ernstes Persönlichkeitsproblem, daß therapeutische Hilfe angezeigt erscheint.

Manche Leute leiden unter Schwierigkeiten, die denen des Ausschlusses ähneln, aber weniger gravierend sind. Sie setzen mit Vorliebe nur einen Ich-Zustand ein, doch sind die beiden anderen nicht völlig ausgeschaltet. In den folgenden Beispielen wird dieses besondere Problem der Ich-Grenzen am ‹Konstanten Eltern-Ich›, ‹Konstanten Erwachsenen-Ich› und ‹Konstanten Kindheits-Ich› aufgezeigt.

Das konstante Eltern-Ich

Wer hauptsächlich mit seinem Eltern-Ich operiert, behandelt häufig andere, selbst Kollegen, als ob sie Kinder wären. Dieses Verhalten kann man an der Sekretärin beobachten, die sich um die Probleme sämtlicher Mitarbeiter «kümmert», oder an dem Firmenchef, der versucht, das Privatleben seines Personals zu bestimmen, der auf keine vernünftigen Argumente eingeht und wenig oder gar keinen Sinn für Humor zeigt. Entweder bewußt oder unbewußt sammelt das konstante Eltern-Ich Menschen um sich, die zur Abhängigkeit oder Unterordnung bereit sind. Häufig wird ein solcher Mensch mit jemandem zusammengeführt, der die Komplementär-Rolle des konstanten Kindheits-Ich spielt.

Ein Typ des Menschen mit konstantem Eltern-Ich arbeitet schwer und hat ein stark ausgeprägtes Pflichtbewußtsein. Er kann mit seinem Kindheits-Ich weder lachen noch weinen, noch mit seinem Erwachsenen-Ich objektiv vernünftig sein. Er «weiß alle Antworten», manipuliert andere aus der Position des Überlegenen heraus und ist dominierend, übermächtig und autoritär.

Dieser Menschentyp interessiert sich deshalb für bestimmte Berufe, weil sie Autorität über andere versprechen. Manche Firmenpräsidenten, Hausfrauen, Funktionäre in Kirche oder Schule, Politiker oder Generäle und natürlich manche Diktatoren haben diese Positionen angestrebt, weil sie ihr Bedürfnis nach elterlicher Macht über andere befriedigen. Viele Konzerne wurden ursprünglich von einem starken, entschlossenen Mann dieses Typs gegründet, dessen Arbeitnehmer/Arbeitgeber-Beziehungen denen zwischen einem fügsamen Kindheits-Ich und einem autoritären Eltern-Ich entsprachen.

Ein anderer Typ mit konstantem Eltern-Ich ist der unentwegte «Kümmerer» oder Retter. Er kann die Rolle des gütigen Diktators spielen oder als Beinah-Heiliger auftreten, der sein Leben dem Einsatz für andere widmet. Die folgenden Redensarten können typisch für ihn sein.

Der Mensch, der hundertprozentig für einen da ist: «Ruf mich jederzeit an, wenn du mich brauchst.»
Der Mensch, der sich unentwegt aufopfert: «Ich komme ohne das aus; nimm du es lieber.»
Der unentwegte Retter: «Mach dir keine Sorgen. Ich werde dir immer helfen.»

Ein Mensch, der sich ständig um andere kümmert und sie umsorgt, ergreift häufig einen sozialen Beruf, in dem er sehr erfolgreich sein kann. Doch hält er andere in unnötiger Abhängigkeit, überstrapaziert seine fürsorgerische Kapazität und richtet eher Schaden an.

Das konstante Erwachsenen-Ich

Der Mensch mit dem konstanten Erwachsenen-Ich ist durchweg objektiv, unbeteiligt und in erster Linie an Tatsachen und der Verarbeitung seiner Daten interessiert. Er kann gefühllos und mitleidlos wirken, mit Achselzucken reagieren, wenn ein anderer Kopfweh hat, und bei einer Party ein Langweiler sein.

Menschen, die durch starre Ich-Grenzen an einem konstanten Erwachsenen-Ich leiden, wenden sich gern Berufen zu, die mehr sachorientiert als auf Menschen bezogen sind. Ihnen sagt eine Arbeit zu, in der emotionsloses abstraktes Denken geschätzt wird. Sie sind zum Beispiel gern Buchhalter, Programmierer von Datenverarbeitungsanlagen, Ingenieure, Chemiker, Physiker oder Mathematiker.

Durch das konstante Erwachsenen-Ich kommt es oft zu Schwierigkeiten, wenn der Betroffene Leitungsfunktionen hat. Weil das fürsorgliche Eltern-Ich oder das vergnügte Kindheits-Ich nur kleine Rollen spielen, sind seine Beziehungen leicht steril. Seine Angestellten können darunter leiden, daß er ihnen so wenig Streicheleinheiten zukommen läßt. In vielen Arbeitssituationen kann man kaum auf ein fürsorgliches Eltern-Ich verzichten. Ein Arzt mit diesem Problem stellt vielleicht eine zuverlässige Diagnose, doch seine Patienten klagen darüber, daß er kein Vertrauen einflößt, kalt und gleichgültig ist und keinen Anteil an ihnen nimmt. Ein Mann auf dem Operationstisch ist emotional besser auf den Eingriff vorbereitet, wenn der Arzt väterlich sagt: «Jetzt machen Sie sich nur keine Sorgen. Wir geben gut auf Sie acht», als wenn er sachlich konstatiert: «Ihre Chance, diese Operation zu überleben, steht fünfzig zu fünfzig.»

Das konstante Kindheits-Ich

Wer hauptsächlich aus seinem konstanten Kindheits-Ich heraus operiert, ist das ewige Kind, das wie Peter Pan nicht erwachsen werden will. Er denkt nicht selbständig, trifft keine eigenen Entscheidungen und übernimmt keine Verantwortung für sein Verhalten. Im

Umgang mit anderen kann er gewissenlos sein. Der Mensch mit dem konstanten Kindheits-Ich klammert sich an jemanden, der sich um ihn kümmert. Wer umsorgt, bemuttert, bestraft, belohnt oder bewundert werden will, sucht sich wahrscheinlich einen Partner mit einem konstanten Eltern-Ich, der dies leisten kann.
Menschen mit diesem Problem der Ich-Grenzen haben oft großen Erfolg als Schauspieler oder Unterhalter. Doch ohne angemessene Kontrolle durch das Erwachsenen-Ich verschwendet der Star impulsiv seine große Gage und endet oft in Armut. Andere Arbeitsbereiche, die das konstante Kindheits-Ich reizen, sind Routinejobs, die keine Entscheidungen verlangen, zum Beispiel Fließbandarbeit.

Das getrübte Erwachsenen-Ich

Das Erwachsenen-Ich wird oft durch *Trübung* am klaren Denken gehindert. Trübung tritt dann ein, wenn das Eltern-Ich und/oder das Kindheits-Ich in den Erwachsenen-Ich-Zustand eindringen.
Um Trübung handelt es sich, wenn das Erwachsenen-Ich unfundierte Ansichten des Eltern-Ich oder Verzerrungen des Kindheits-Ich als *wahr* akzeptiert und diese Einstellungen rationalisiert und begründet. Auch hier geht es um Probleme der Ich-Grenzen, die wie in Abb. 33 schematisch dargestellt werden können.

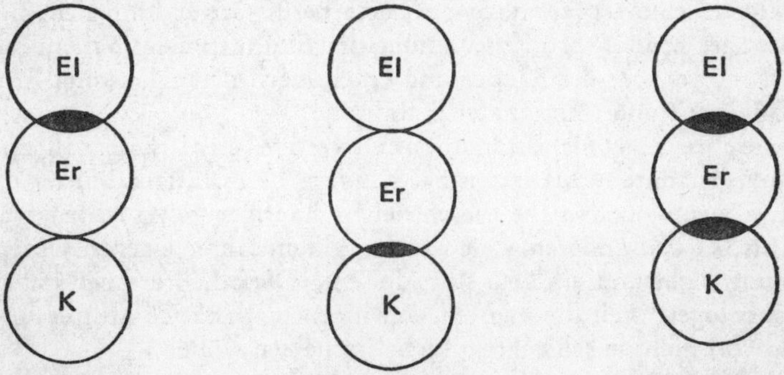

Erwachsenen-Ich durch Eltern-Ich getrübt

Erwachsenen-Ich durch Kindheits-Ich getrübt

Erwachsenen-Ich durch Eltern-Ich und Kindheits-Ich getrübt

Trübung des Erwachsenen-Ich

Abbildung 33

Trübung durch das Eltern-Ich

In extremen Fällen wird die Trübung durch das Eltern-Ich als Halluzination[10] erlebt, als *sinnliche* Wahrnehmung von Dingen, die nicht wirklich sind. Wer halluziniert, sieht etwas, was nicht da ist, oder er bildet sich ein, Stimmen zu hören, die ihn beschuldigen oder ihm Befehle geben, zum Beispiel: «Du bist ein Ungeheuer», «Bring diese Schweine um. Sie verdienen es nicht zu leben».

In geringerem Grad sind Trübungen durch das Eltern-Ich Vorurteile – hartnäckig aufrechterhaltene Meinungen, die nicht auf Grund objektiver Daten untersucht worden sind. Elternfiguren vertreten ihre Vorurteile Kindern gegenüber häufig mit solcher Überzeugung, daß sie wie Tatsachen erscheinen. Wer diese Ansichten des Eltern-Ich glaubt, ohne sie zu prüfen, hat ein getrübtes Erwachsenen-Ich.

Butler beobachtete, daß der Unterschied zwischen einer Überzeugung und einem Vorurteil darin besteht, daß man eine Überzeugung erklären kann, ohne wütend zu werden. Trübungen durch das Eltern-Ich sind oft mit beachtlicher Emotion verbunden und treten meist bei bestimmten Themen wie Ernährung, Religion, Politik, Klasse, Rasse und Sex usw. auf.

Bei Helen tangierte die Trübung den Bereich der weiblichen Rolle. Sie glaubte wie ihre Mutter, daß berufstätige Mütter ihre Kinder ruinieren. Als ihre Ansicht in Zweifel gezogen wurde, führte sie zum Beweis eine Untersuchung in einem Vorort durch. Zuerst interviewte sie eine repräsentative Auslese berufstätiger und nicht berufstätiger Mütter. Mit Zustimmung der Eltern sprach sie dann mit den Lehrern über die Kinder und fragte nach deren Leistung, Unabhängigkeit und emotionaler Stabilität.

Als sie ihre Ergebnisse statistisch auswertete, ergab sich, daß diese drei genannten Qualitäten bei Kindern berufstätiger Mütter etwas – wenn auch nicht wesentlich – häufiger festzustellen waren als bei den anderen. Doch Helen glaubte ihrer eigenen Untersuchung nicht und erklärte statt dessen: «Diese Lehrerinnen haben mich belogen, weil die meisten von ihnen berufstätige Mütter sind und selbst nicht in schlechtem Licht erscheinen wollen.»

Vorurteile werden gewöhnlich als Fakten formuliert:

Schwarzen kann man nicht trauen.
Weißen kann man nicht trauen.
Männern kann man nicht trauen.
Frauen kann man nicht trauen.

Kindern kann man nicht trauen.
Leuten über dreißig kann man nicht trauen.

Es kann durchaus vorkommen, daß der überwiegende Teil einer Gruppe einem Vorurteil zustimmt. Zum Beispiel kann die Mehrheit der Bewohner einer Stadt zu der Ansicht kommen, daß Häuser aus Ziegelsteinen gebaut werden müssen, obwohl die Stadt auf einem Erdbebenbruch liegt.

Die Trübung des Erwachsenen-Ich schlägt sich oft auch in der Gesetzgebung nieder. Bis vor kurzem beging nach den Gesetzen des amerikanischen Bundesstaates Texas ein Mann, der seine Frau wegen Ehebruchs tötete, einen entschuldbaren Totschlag; wenn jedoch eine Frau ihren Mann unter gleichen Voraussetzungen umbrachte, war es Mord ersten Grades. Die gleiche Triebkraft beeinflußte wohl im Jahre 1969 einen Gesetzgeber im Staate Wyoming, eine Vorlage einzubringen, nach der Neunzehnjährigen das Wahlrecht zuerkannt werden sollte, allerdings junge Männer mit langen Haaren ausgenommen. Er erklärte: «Wenn sie Bürger sein wollen, sollen sie auch aussehen wie Bürger.»

Trübung durch das Kindheits-Ich

Eine schwere Trübung durch das Kindheits-Ich tritt häufig infolge eines Wahns auf. Weit verbreitet ist der Größenwahn, der in seiner extremen Form jemand glauben machen kann, er sei der Retter oder Herr der Welt. Ebenfalls weit verbreitet ist der Verfolgungswahn. Wer darunter leidet, glaubt irrigerweise, er werde vergiftet, beobachtet oder sei Gegenstand einer Verschwörung.

Eine weniger gravierende Form der Trübung des Erwachsenen-Ich durch das Kindheits-Ich stellen verzerrte Wahrnehmungen der Wirklichkeit dar. Jemand kann zum Beispiel glauben oder sagen:

«Die Welt schuldet mir das.»
«Die Leute reden hinter meinem Rücken über mich.»
«Es ist unmöglich, daß jemand: mir verzeiht / mich liebt / mir widersteht / mich nicht mag.»
«Eines Tages werde ich gerettet.»

Eine Frau in dem Wahn, daß eines Tages ihr Prinz kommen werde, bleibt wie Aschenputtel bei ihrer unbefriedigenden Arbeit und

«wartet» auf den Erlöser. Sie lebt in der Annahme, daß sie heiraten wird, und läßt nur die Zeit verstreichen, bis «er» kommt.*
Ein Kind lernt Verzerrungen der Realität auf vielfache Weise. Manche werden ihm beigebracht, andere erfindet es selbst. Ein Kind kann zum Beispiel einen Alptraum haben, in dem ein Ungeheuer unter seinem Bett liegt und droht, es zu verschlingen. Wenn die Mutter das Ungetüm warnt: «Wag du es bloß nicht, meinen kleinen Jungen aufzufressen, du böser Kerl! Hinaus mit dir!», verstärkt sie die Täuschung. Wenn sie statt dessen sagt: «Ich habe unters Bett geschaut, da ist kein Ungeheuer. Du mußt einen bösen Traum gehabt haben, der dir nur echt vorkam», dann hilft sie dem Kind, Realität und Traumwelt voneinander zu trennen, indem sie ihm exakte Informationen gibt, ohne seine Fähigkeit, «sich etwas auszudenken», herabzusetzen.
Zu einer Doppeltrübung kommt es, wenn sowohl Vorurteile des Eltern-Ich wie Einbildungen des Kindheits-Ich den Erwachsenen-Ich-Zustand wie Schichten umklammern. Statt sich objektiv der Tatsachen bewußt zu sein, versucht das Erwachsenen-Ich, die Trübungen zu rationalisieren. Werden diese Verzerrungen beseitigt, kann der Mensch das, was wirklich ist, klarer wahrnehmen.
Werden die Grenzen der Ich-Zustände wiederhergestellt, dann versteht der Mensch sein Kindheits-Ich und Eltern-Ich, statt sein Erwachsenen-Ich von diesen Einflüssen trüben zu lassen. Ein Patient illustrierte diesen Vorgang, als er sagte: «Ich hatte diese merkwürdige Vorstellung, daß niemand mich je gern haben könnte. Jetzt sehe ich ein, daß ich genau dieses Gefühl als Kind zu Hause hatte. Und nun ist mir klar, daß mich zwar nicht alle mögen, daß mich aber manche Leute wirklich gern haben.» Eine solche Erkenntnis vergrößert die Chancen, ein Gewinner zu werden.

* Wenn diese Frau ihre Annahme umkehren und glauben würde: «Ich werde nie heiraten», könnte sie die Trübung ihres Erwachsenen-Ich neu bedenken und ihre Einstellungen zu Ausbildung, Beruf, Wohnort und dem Ziel ihres Lebens überprüfen.

Beschädigte Ich-Grenzen

Ein Mensch mit beschädigten Ich-Grenzen zeigt unkontrolliertes Verhalten, wenn seine «wunden Punkte» berührt werden. Seine Psyche wurde durch ein traumatisches Ereignis oder durch eine Reihe unglücklicher Erlebnisse in seiner Kindheit ernstlich verletzt. Wenn daher jemand an den wunden Punkt rührt, kann die Verletzung «aufbrechen», wobei starke irrationale Emotionen frei werden. In einer Beratungsgruppe konnte ein solcher Fall beobachtet werden: Eine Frau bat einen Mann: «Würden Sie mich bitte anschauen, wenn Sie mit mir sprechen?» Auf diese einfache Bitte hin explodierte er vor Zorn und brüllte: «Sie wissen genau, wo Sie mich kriegen können, verdammt noch mal!»
Um eine solche Grenzbeschädigung handelt es sich etwa, wenn jemand beim Anblick einer Maus in Ohnmacht fällt, bei einem Donnerschlag hysterisch wird, bei dem Gedanken an ein öffentliches Auftreten in Panik gerät und sich versteckt usw. Manche Leute brechen in Tränen aus oder werden depressiv, wenn sie auch nur leicht kritisiert werden. Eine Beschädigung zeigt sich durch überstarke Reaktion auf die Realität des Stimulus. Macht sie ein angemessenes Verhalten unmöglich, dann ist therapeutische Hilfe nötig.

Das Erwachsenen-Ich als Exekutive der Persönlichkeit

Jeder Mensch hat das Potential, sein Erwachsenen-Ich als ausführendes Kontrollorgan seiner Ich-Zustände einzusetzen. Von negativen oder irrelevanten Einflüssen des Eltern-Ich und Kindheits-Ich befreit, ist er dann so weit emanzipiert, daß er seine eigenen autonomen Entscheidungen treffen kann.
Wenn die vom Erwachsenen-Ich vermittelte Bewußtheit fehlt, werden die meisten äußeren Stimuli zunächst entweder vom Eltern-Ich oder vom Kindheits-Ich oder von beiden empfunden und beantwortet. Ist das Erwachsenen-Ich aber Exekutivorgan, dann lernt der Mensch, immer mehr Stimuli durch diesen Ich-Zustand zu empfangen. Er hält inne, schaut selbst hin, hört zu, zählt vielleicht bis zehn und denkt. Er überlegt, bevor er handelt, und übernimmt die volle Verantwortung für seine Gedanken, Gefühle und Verhaltensweisen. Er entscheidet, welche der möglichen Reaktionen seiner Ich-Zustände angemessen sind, und wählt vom Eltern-Ich und Kindheits-Ich jene aus, die O. K. sind (vgl. Abb. 34).

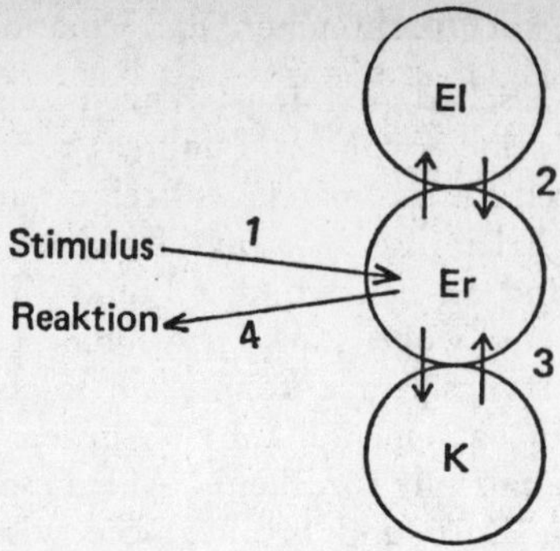

Das Erwachsenen-Ich als Exekutive

Abbildung 34

Manchmal mag jemand vielleicht in einer Situation entscheiden, daß es am besten ist, das zu tun, was seine Mutter oder sein Vater getan hätten. Er kann zum Beispiel beschließen, ein weinendes, verirrtes Kind in einem großen Warenhaus mitleidig zu trösten, wie seine Eltern es getan hätten (Abb. 35a). Ein andermal verwirft er die Reaktion seines Eltern-Ich und hält eine kritische Bemerkung zurück, die er von seinem Vater gelernt hat (Abb. 35 b).

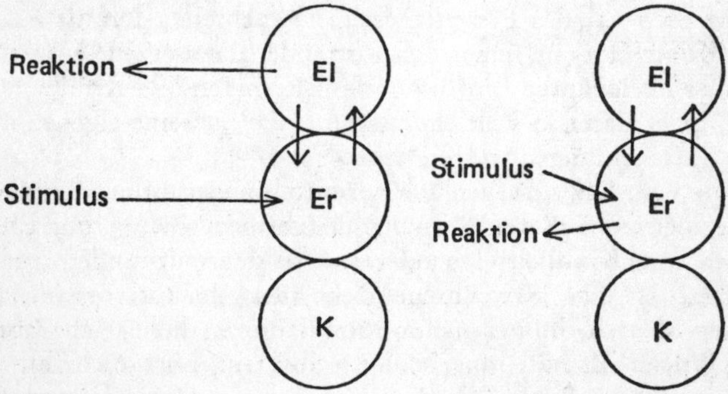

a) Das Erwachsenen-Ich verwendet die Reaktion des Eltern-Ich

b) Das Erwachsenen-Ich verwirft die Reaktion des Eltern-Ich

Abbildung 35

Manchmal kann es auch vorkommen, daß jemand in einer Situation beschließt, so zu reagieren, wie er es als Kind getan hat. Wenn er zum Beispiel an einem heißen, schwülen Tag an einem Stausee vorbeifährt, hält er vielleicht an, vergewissert sich, daß sein Unternehmen ungefährlich ist, und beschließt, in das Wasser zu springen und sich abzukühlen. Ein andermal kann er einen Impuls des Kindheits-Ich, sich «auszutoben», zurückweisen (Abb. 36 a und b).
Nach Berne lernt ein Mensch mit dem Erwachsenen-Ich als ausführendem Kontrollorgan, «die Einsicht und Kontrolle des Erwachsenen-Ich so einzusetzen, daß die kindhaften Qualitäten nur zur rechten Zeit und in der richtigen Gesellschaft in Erscheinung treten. Zu diesen Erfahrungen disziplinierter Bewußtheit und disziplinierter Beziehungen gesellt sich die disziplinierte Kreativität»[11].

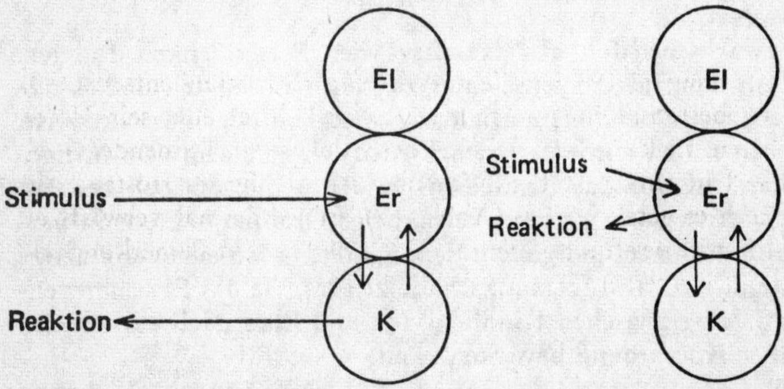

a) Das Erwachsenen-Ich verwendet die Reaktion des Kindheits-Ich

b) Das Erwachsenen-Ich verwirft die Reaktion des Kindheits-Ich

Abbildung 36

Zur bewußten Wahl gehört die Kontrolle der psychischen Energie, damit man tatsächlich von einem Ich-Zustand in den anderen wechseln kann, wenn es die Situation erfordert. Zum Beispiel kann jemand durch einen Akt des freien Willens von der Geringschätzung des Eltern-Ich zur Besorgnis des Erwachsenen-Ich überwechseln oder vom Groll des Kindheits-Ich zu konstruktiven Aktionen des Erwachsenen-Ich. Diese Fähigkeit beweist ein Vorfall, von dem zwei Studentinnen berichteten.
Juliane und Susanne, beide in der Transaktions-Analyse ausgebildet, lernten zusammen für einen Fremdsprachenkurs, den sie besuchten, während ihre Kinder ruhig in der Küche spielten. Plötzlich

hörten die beiden Frauen, wie etwas krachend zu Boden fiel und die Kinder ängstlich und erschreckt schrien. Juliane lief sofort in die Küche, um zu sehen, was passiert war – genau wie ihre eigenen fürsorglichen, einfühlsamen Eltern es getan hätten. Ihre Erfahrung hatte sie gelehrt, daß sie ohne Nachdenken aus ihrem Eltern-Ich-Zustand heraus fürsorglich sein konnte.
Susanne reagierte anders. Als sie den Lärm hörte, entsprach ihre erste Reaktion genau dem, was ihre Mutter gesagt hätte, wenn sie nicht gestört werden wollte: «Diese verflixten Kinder können uns noch nicht einmal fünf Minuten in Ruhe und Frieden lassen!» Susanne hatte nicht genügend elterliche Zuwendung erfahren und war sich dessen bewußt. Darum aktivierte sie ihr Erwachsenen-Ich durch eine *bewußte Entscheidung,* wodurch sie angemessen reagieren konnte: Sie ging wie Juliane in die Küche, um nach dem Rechten zu sehen.
Das Erwachsenen-Ich als Exekutive der Persönlichkeit fungiert vor allem dann als Schiedsrichter zwischen Eltern-Ich und Kindheits-Ich, wenn der innere Dialog schmerzlich oder destruktiv ist. In solchen Fällen wird das Erwachsenen-Ich zu einem vernünftigeren Eltern-Ich für das Kindheits-Ich, als es die tatsächlichen Eltern gewesen waren: Es setzt vernünftige Grenzen, erlaubt in vernünftigem Rahmen und gesteht dem Kindheits-Ich eine vernünftige Befriedigung zu. Die folgenden Fälle zeigen, wie das Erwachsenen-Ich im Dialog zwischen Kindheits-Ich und Eltern-Ich entscheiden oder einen Kompromiß bewirken kann.

Peter

(K) Diese Woche feiere ich krank und gehe nicht zur Arbeit.

(El) Mamas Junge sollte daheimbleiben, wenn er sich nicht wohl fühlt.

(Er) Ich könnte damit durchkommen, aber ich müßte doppelt soviel arbeiten, um mein Fehlen auszugleichen. Es hat keinen Sinn, daheimzubleiben.

Maria

(K) Wenn ich viel Geld verdiene, mögen mich vielleicht die Männer nicht.

(El) Frauen sollten nicht soviel Geld verdienen wie Männer.

(Er) Ich bin tüchtig, aber hier werde ich nie eine Gehaltserhöhung bekommen. Ich glaube, ich suche mir einen neuen Job.

Ludwig

(K) Ich bin in dieser Ehe *gefangen.*

(El) Etwas Besseres kommt selten nach, Ludwig. Außerdem hat es in unserer Familie nie eine Scheidung gegeben.

(Er) Was spricht für und gegen meine Ehe? Was spricht für und gegen eine Scheidung? Ich werde ein paar objektive Daten sammeln, bevor ich mich entscheide.

Willi

(K) Heute abend ist mir nach Sex zumute.

(El) Zuhause hat der Mann zu bestimmen. Was er sagt, gilt!

(Er) Meine Frau hat gerade eine schwere Grippe hinter sich. Ich kann warten.

Susi

(K) Willi liebt mich nicht, sonst wäre er heute abend zu Hause.

(El) Ich habe dir schon immer gesagt, daß man Männern nicht trauen kann! Sie denken immer nur an das eine.

(Er) Ich weiß, daß Willi heute abend arbeiten muß. Ich werde Margot anrufen, vielleicht können wir zusammen ins Kino gehn.

Thomas

(K) Ich verstehe das Wort nicht, das der Lehrer gerade gebraucht hat, aber wenn ich frage, wird man mich für dumm halten.

(El) Wenn jemand spricht, darfst du ihn nie unterbrechen. Du könntest dich blamieren.

(Er) Wenn ich meine Frage nicht stelle, verstehe ich die ganze Lektion nicht. Also los, selbst wenn ich mir dabei dumm vorkomme.

Beschwichtigung des Eltern-Ich

Manchmal fühlt sich das Kindheits-Ich ständig unter dem Druck oder Einfluß eines Eltern-Ich, das übermäßig kritisch, brutal, bedrohend, strafend ist oder Beifall und Zuneigung verweigert. Mit dem Erwachsenen-Ich als Exekutive kann der Betroffene lernen, seinem Eltern-Ich «ein Bröckchen hinzuwerfen». Dadurch wird das belastende Unbehagen gemildert, das sich bei der Übertretung eines elterlichen Gebots oder Verbots einstellt.

«Ein Bröckchen hinwerfen» besagt, daß der Einfluß des Eltern-Ich durch etwas abgeschwächt wird, das diesen Teil des Ich-Zustands erfreut. Wenn Leute an Weihnachten und Ostern in die Kirche oder am Versöhnungsfest in die Synagoge gehen, handelt es sich häufig um eine Beschwichtigung des Eltern-Ich.

Fallbeispiel

Eine Frau lebte unter dem Zwang, alle Familienrelikte aufzuheben. Sie hatte ein ganzes Zimmer voll Puppen, Bilder, bestickte Sofakissen usw. gesammelt. Obwohl sie den Raum brauchte, konnte sie sich nicht dazu entschließen, die Dinge wegzuwerfen. Sie behauptete, sie fühle sich schuldig, wenn sie auch nur daran denke, denn das sei pietätlos ihrer Familie gegenüber. Später berichtete sie: «Meine Mutter freute sich immer, wenn man den Armen etwas gab. Also habe ich ihr zwei Bröckchen hingeworfen, die mir wirklich wohltaten. Zuerst habe ich eine kleine Schachtel voll Erinnerungen aufbewahrt, damit meine Mutter in meinem Kopf glücklich ist. Dann habe ich ein ganzes Zimmer voller Dinge weggegeben an Leute, die sie wirklich brauchen konnten. Welche Erleichterung!»

Beglückung des Kindheits-Ich

Die meisten Menschen müssen zuweilen ihr Erwachsenen-Ich längere Zeit hindurch ununterbrochen einsetzen. Vielleicht werden sie mit einer Krise konfrontiert, mit Tod, Krankheit, Behinderung, Kündigung oder Unfall. Oder sie stehen vielleicht unter dem Druck, ein Examen machen, einen Artikel zu Ende lesen oder ein neues Unternehmen aufbauen zu müssen. In solchen Fällen vernachlässigt man das Kindheits-Ich leicht, und es wird wie ein wirkliches Kind zum Plagegeist. Der Betroffene stellt dann fest, daß er desorganisiert ist, nicht klar denken kann, irritiert oder weinerlich ist oder sich fühlt, als würde ihn irgend etwas zurückhalten. Zu solchen Gefühlen kommt es zum Beispiel, wenn ein neues Baby in der Familie am meisten Aufmerksamkeit fordert und erhält: Folglich kommt sich der Vater überflüssig vor, und die Mutter wird schwermütig. Wer durch Automatisierung seinen Arbeitsplatz verliert, ein Opfer der Rezession wird oder durch einen jüngeren Mitarbeiter «ersetzt» wird, erlebt ähnliche Empfindungen.
Wenn die Last des unentwegten Erwachsenseins oder Elternseins zu schwer wird, ist es nützlich, bewußt etwas Besonderes für das Kindheits-Ich zu tun. Die Aktivität kann beruhigend wirken, manchmal ist sie erfrischend, gar verjüngend.

Fallbeispiel

Donald hatte schwer arbeiten müssen, um neben seinem Jurastudium für seine Familie zu sorgen. Obwohl er seinen Stoff beherrschte, fiel er dreimal durchs Staatsexamen. Donald klagte: «Ich konnte nicht denken. Ich hatte solche Angst vorm Durchfallen, daß mir sogar der Bleistift in der Hand klebte und ich nicht schreiben konnte.»

Als Donald gefragt wurde, was ihn als sehr kleines Kind am meisten beglückt hatte, antwortete er sofort: «Schokoladenriegel mit Nüssen, aber ich bekam sie nicht, weil ich so schlechte Zähne hatte.» Er beschloß, sein Kindheits-Ich glücklich zu machen. Als er zum viertenmal zum Examen ging, nahm er Schokoladenriegel für die Pausen mit.

Donald bestand die Prüfung mit fliegenden Fahnen. Seither wendet er diese Methode bei seltenen, aber wichtigen Anlässen an.

Viele Menschen haben die ihnen eigenen Möglichkeiten entdeckt, ihr Kindheits-Ich zu beglücken. Jeder muß seine eigene Methode finden, indem er die Wünsche seines Kindheits-Ich feststellt und sich mit seinem Erwachsenen-Ich für etwas Passendes entscheidet.

Ein Mann befreite sich von der Spannung, in die ihn sein reizbarer Chef versetzte, indem er mit seinen Kindern Fußball spielte.

Ein anderer Mann erholte sich während seiner Genesung von schweren Verbrennungen durch kurze Ausflüge in die Berge.

Eine Frau, die für ein behindertes Kind sorgen mußte, gönnte sich ein warmes, luxuriöses Schaumbad, während ihr Kind seinen Mittagsschlaf hielt.

Eine andere Frau hielt mehrere Monate lang eine strenge Diät ein, indem sie sich gestattete, einmal im Monat zu schlemmen: Sie aß dann ein Sahnebaiser.

Diese Methode, einmal für das Kindheits-Ich «über die Stränge zu schlagen», hilft dem Menschen, weiterzumachen und weiter hart zu arbeiten, wenn es nötig ist. Dazu gehört, etwas zu genießen, was in der Kindheit besonders lustvoll war, oder sich einen unbefriedigten Wunsch zu erfüllen. Jeder Mensch kann feststellen, was seinem Kindheits-Ich wohltut, muß aber eine solche Selbstbefriedigung sinnvoll begrenzen können.

Aktivierung und Stärkung des Erwachsenen-Ich

Das Erwachsenen-Ich wird durch ständigen Gebrauch gestärkt, «ähnlich wie ein Muskel, der durch Übung stärker wird»[12]. Je mehr ein Mensch von seinem Erwachsenen-Ich Gebrauch macht, desto besser kann er es gebrauchen.

Bildung

Bildung trägt zu einem exakteren Urteil des Erwachsenen-Ich bei, wenn sie die menschliche Fähigkeit zum Sammeln, Organisieren und Bewerten von Informationen intensiviert. Das Erwachsenen-Ich eines jeden Menschen wird durch die Art des Lernens beeinflußt, die er erfahren hat. Manchmal wird dadurch das Funktionieren des Erwachsenen-Ich behindert, ein anderes Mal gefördert. Berne warnt: «Im Einzelfall müssen vergangene Lernerfahrungen entsprechend berücksichtigt werden.»[13]

Bildung als «vergangene Lernerfahrung» kann vielerlei bedeuten. Sie kann akademisch oder nicht-akademisch, konventionell oder nicht-konventionell sein. Die meisten Menschen empfangen ihre Bildung in Geschichte, Mathematik und Sprachen in einer konventionellen Schulsituation von ausgebildeten Lehrern. Doch ihre sexuelle Bildung geschieht wahrscheinlich weniger konventionell: durch Altersgenossen, in Duschräumen, an der Straßenecke, hinter der Scheune. Auf solche Weise erworbene Information kann korrekt oder unkorrekt sein. Wenn das Gelernte nicht korrigiert und nicht kritisch beurteilt wurde, nützt es dem Erwachsenen-Ich nichts. Der Begriff «Gigo»* aus der Datenverarbeitung läßt sich auch auf die Qualität dessen anwenden, was in das Erwachsenen-Ich oder überhaupt in jeden Ich-Zustand eingegeben wird.

Zu den Daten, die das Erwachsenen-Ich in der Ausbildung sammelt, kommen noch Daten aus Erfahrungen mit der Realität. Der Mensch hört, riecht, fühlt und sieht seine Umgebung und beobachtet, wie bestimmte Phänomene in voraussehbaren Intervallen immer wieder auftreten. Er beobachtet, daß die Bäume jedes Jahr etwa um die gleiche Zeit grün werden, daß die Samen aufgehen und Früchte bringen. Er lernt, wie weit er mit einer Tankfüllung Benzin fahren kann, wo er am besten parken kann, wie lange er für den Weg zur Arbeit braucht oder wo man den besten Fisch kaufen kann. Sein Erwach-

* «Gigo»: «garbage in, garbage out»; auf gut deutsch: «Mist rein, Mist raus» (Anm. z. dt. Übers.)

senen-Ich sammelt ständig durch alltägliche Erlebnisse neue Daten. Manchmal wird die Information falsch bewertet. Selbst wenn man ganz sicher ist, kann sie falsch sein. Die Erde mag flach aussehen, doch sie ist es nicht. Und welcher Strafverteidiger hätte noch nicht drei «ehrliche», aber einander widersprechende Aussagen von drei verschiedenen Zeugen des gleichen Vorfalls gehört?
Wer sein Erwachsenen-Ich als ausführende Instanz einsetzt und die Qualität seiner Reaktionen verbessern will, kann sein Erwachsenen-Ich dadurch stärken, daß er Daten von vielen äußeren Quellen sammelt und sich nicht nur auf das verläßt, was er selbst innerlich weiß. Das Sammeln und Bewerten von Information befähigt dazu, genauer zu bestimmen, welche Reaktion auf die Realität des Hier und Heute angemessen ist. Ein Mensch mit dem Erwachsenen-Ich als ausführendem Kontrollorgan muß sich ständig weiterbilden und seine innere Welt immer neu ordnen, damit er weise das gebraucht, was von seinem Eltern-Ich o. k. ist und was von seinem Kindheits-Ich o. k. ist.

Verträge

Ein sehr wichtiges Instrument der Transaktions-Analyse zur Stärkung des Erwachsenen-Ich ist der Vertrag, der mit ihm geschlossen wird. Ein Vertrag ist in der Sprache der Transaktions-Analyse die Verpflichtung des Erwachsenen-Ich gegenüber sich selbst und/oder einem anderen, sich zu ändern. Verträge können abgeschlossen werden über die Änderung von Gefühlen, Verhaltensweisen oder psychosomatischen Problemen. Nach Berne

... kann sich der Vertrag auf Symptome beziehen, die für bestimmte Störungen charakteristisch sind wie etwa hysterische Paralysen, Phobien, Obsessionen, somatische Symptome, Ermüdung und Herzklopfen bei den Neurosen; Fälschung, exzessives Trinken, Drogenabhängigkeit, Kriminalität und anderes psychologisches Spielverhalten bei den Psychopathien; Pessimismus, Pedanterie, sexuelle Impotenz oder Frigidität bei den Persönlichkeitsstörungen; Halluzinationen, Euphorie und Depression bei den Psychosen.[14]

Ein Vertrag muß klar, präzise und direkt sein. Er umfaßt 1. einen Beschluß, etwas wegen eines spezifischen Problems zu unternehmen, 2. eine Aussage über ein klares Ziel, das angestrebt wird, und zwar in so einfacher Sprache, daß das Kindheits-Ich es verstehen kann,

und 3. die Möglichkeit, daß das Ziel erreicht wird.
Um einen Vertrag zu schließen, muß sich der Mensch so klar über seine Einstellung zum Leben sein, daß er weiß, was ihm oder anderen Unzufriedenheit oder unnötiges Mißbehagen bereitet. Unzufriedenheit ist oft das Motiv für eine Änderung.
Wichtig ist, daß der Vertrag vom Erwachsenen-Ich geschlossen wird. Das Eltern-Ich könnte etwas versprechen, um das Kindheits-Ich zu vertrösten, und das Kindheits-Ich könnte «gute Vorsätze zum neuen Jahr» fassen ohne die ehrliche Absicht, sie zu halten. Das Erwachsenen-Ich aber ist aufrichtig!
Obwohl die Transaktions-Analyse ursprünglich als eine Therapie auf Vertragsbasis konzipiert war, kann jemand auch einen Vertrag mit sich selbst, seinem Ehepartner, seinem Chef, seinem Kollegen oder seinem Freund schließen, um

nicht länger in Selbstmitleid zu schwelgen,
sich nicht länger zu demütigen,
sich nicht länger wie ein Märtyrer zu verhalten,
nicht länger andere herabzusetzen,
nicht länger seine Gesundheit zu ruinieren;

von jetzt an Leuten zuzuhören,
von jetzt an freundlich zu sein,
von jetzt an sich zu entspannen,
von jetzt an zu lachen,
von jetzt an seinen Verstand zu gebrauchen.

Verträge schließen zu lernen, sie einzuhalten, sie bei Bedarf zu ändern und sich dann dem nächsten Problem und dem nächsten Vertrag zuzuwenden, sind Zeichen der Autonomie, Kennzeichen des Gewinners.

Die richtigen Fragen stellen

Sobald jemand sein Problem definiert und seinen Vertrag geschlossen hat, kann er sein Erwachsenen-Ich mit einer Frage programmieren, die dem besonderen Problem entspricht. Im kritischen Augenblick, das heißt wenn er gerade dabei ist, ein Verhaltensmuster anzuwenden, das er ändern will, sollte er sich die Frage stellen, die sein Erwachsenen-Ich aktiviert.

Wer auf Kritik defensiv, verletzt oder leicht deprimiert reagiert, kann etwa den Vertrag schließen: «Ich will lernen, Kritik richtig einzuschätzen.» Dann kann er die Frage stellen: «Ob diese Kritik tatsächlich angebracht sein könnte?» Oder: «Ob sie vielleicht falsch sein könnte?»

Wer dazu neigt, sich zurückzuziehen, kann den Vertrag schließen: «Ich werde meine Meinung sagen.» Wenn ihm danach zumute ist, sich aus der Sache herauszuhalten, kann er die Frage stellen: «Welcher Verantwortung will ich aus dem Wege gehen?» Oder: «Stimmt etwas nicht an dem, was ich zu sagen habe?» Oder: «Was wäre das Schlimmste, was passieren könnte, wenn ich meine Meinung sage?»

Wer immer im Mittelpunkt stehen will, kann den Vertrag schließen: «Ich werde auch andere zu Wort kommen lassen und ihnen zuweilen die Bühne allein überlassen.» Wenn ihn die Gier nach dem Rampenlicht überkommt, kann er die Frage stellen: «Habe ich etwas zu sagen oder zu zeigen, was jeder hören oder sehen muß?» Oder: «Wann ist es genug?» Oder: «Was könnte ich lernen, wenn ich andere beobachte oder ihnen zuhöre?»

Wer ein unvernünftig autoritäres Eltern-Ich hat, das auf die meisten Bitten, besonders die der eigenen Kinder, «nein» sagt, kann einen Vertrag mit dem Erwachsenen-Ich abschließen: «Ich werde alle Bitten anhören und versuchen, vernünftig zu reagieren.»

Bei der nächsten Bitte kann er dann sein Erwachsenen-Ich aktivieren, indem er sich fragt: «Warum nicht?» Wenn die Erfüllung der Bitte Gesundheit oder Sicherheit des Kindes tatsächlich gefährden würde, kann er aus seinem Erwachsenen-Ich heraus «nein» sagen, seine Gründe angeben und bei seinem Entschluß bleiben. Falls es keine triftigen Gegengründe gibt, kann er «ja» sagen und die Einschränkungen und Bedingungen nennen. Durch dieses Verfahren kommt das «Ja» oder «Nein» aus dem Erwachsenen-Ich, obwohl es sich um einen elterlichen Akt handelt.

Wer feststellt, daß er auch zu sich selbst zu häufig «nein» sagt, daß sein Kindheits-Ich immer noch auf ein zu häufiges «Das darfst du nicht» des Eltern-Ich reagiert, daß er seinem Kindheits-Ich nicht erlaubt, Spaß und Vergnügen auszudrücken, kann den Vertrag schließen: «Ich werde mir erlauben, zu lachen, zu lieben und zu spielen.» Wenn er dann den Impuls hat, spielen zu wollen, kann er sich fragen: «Warum nicht?» Falls gute Gründe (nicht Rationalisierungen) dagegen sprechen, kann er das Vergnügen auf ein andermal verschieben, falls nicht, kann er nachgeben und seinen Spaß haben.

Wer ein allzu nachgiebiges Eltern-Ich hat, das gedankenlos «ja» zu fast allen seine Impulsen (Alkohol, Drogen, Essen, Schlaf usw.) oder zu den Forderungen anderer sagt, kann mit dem Erwachsenen-Ich den Vertrag schließen: «Ich werde nicht zu mir oder anderen ‹ja› sagen, wenn es um destruktives Verhalten geht.» Er kann die Frage stellen: «Warum sollte ich mir das antun?» Oder: «Warum sollte ich andere verletzen oder zulassen, daß sie sich selbst verletzen?»

Soll diese Methode zur Aktivierung des Erwachsenen-Ich funktionieren, so muß der Betroffene seine eigene spezielle Frage im Hinblick auf den Vertrag formulieren, um seine Intelligenz einsetzen zu können, damit er die Situation rationaler beurteilen kann. Auf diese Weise wagt er es, die Verantwortung für seine Handlungen zu übernehmen.

Aus Projektionen lernen

Indem er sein Erwachsenen-Ich einsetzt, kann der bewußte Mensch aus seinen Projektionen einiges über seine entfremdeten Persönlichkeitsteile lernen. Projektion ist eine häufig auftretende Erscheinung des menschlichen Verhaltens. Perls schreibt:

Eine Projektion ist eine Eigenart, Haltung, Empfindung oder Verhaltensweise, die tatsächlich zur eigenen Persönlichkeit gehört, so aber nicht erlebt wird. Statt dessen wird sie Gegenständen oder Personen aus der nächsten Umgebung zugeschrieben und dann so erlebt, als sei sie *gegen* einen selbst gerichtet statt umgekehrt ...

Der Neurotiker gibt sich große Mühe, deutlich zu machen und daran festzuhalten, wie er zurückgewiesen wird – zuerst von seinen Eltern und jetzt von seinen Freunden. Dazu kann er zwar eine gewisse Berechtigung haben, doch sicher stimmt auch das Gegenteil – daß nämlich der Neurotiker andere zurückweist, weil sie nicht irgendeinem phantastischen Ideal oder Maßstab entsprechen, den er ihnen aufzwingt. Sobald er seine ablehnende Haltung auf den anderen projiziert hat, kann er sich, ohne irgendwelche Verantwortung für die Situation zu empfinden, als das passive Objekt aller möglichen unverdienten Schwierigkeiten, unfreundlicher Behandlung oder sogar Verfolgung fühlen.[15]

Ein Mensch kann jede positive oder negative Eigenheit projizieren, die er aus seinem Bewußtsein verdrängt hat. Unbewußt kann er andere beschuldigen, wütend auf ihn zu sein, wenn eigentlich er auf

sie wütend ist. Er kann andere als sanft und gütig wahrnehmen, während eigentlich seine harte Schale einen Zug zur Güte verbirgt. Er kann behaupten, daß sein Ehepartner nicht liebevoll sei, während er keine Zuneigung zu seinem Ehepartner empfindet.
Manche Spiele wie etwa «Makel» entstehen dadurch, daß man eigene Charakterzüge einem anderen Menschen anlastet. Statt sich persönliche Gefühle der Unzulänglichkeit einzugestehen, reagiert der «Makel»-Spieler mit seinem Eltern-Ich und kritisiert die Unzulänglichkeiten, die er anderen zuschreibt.
Wer aus seinen Projektionen Selbsterkenntnis gewinnen will, muß seine Beschuldigung und Bewunderung anderer hinterfragen. Wenn er eine Anklage oder ein Kompliment formuliert, muß er lernen zu fragen: «Wäre es möglich, daß diese Eigenschaft eigentlich meine eigene ist?» Mit dieser Frage könnte

eine Mutter, die klagt: «Niemand schenkt mir Anerkennung», entdecken, daß sie diejenige ist, die selten anderen gegenüber Anerkennung zeigt;
ein Freund, der schwärmt: «Du bist so großartig – niemand könnte das gleiche tun wie du», entdecken, daß er (sie) die Fähigkeit zu ähnlichem hat;
ein Lehrer, der sagt: «Das dumme Kind», seine eigene Dummheit entdecken;
ein Junge, der sagt: «Diese Tür schlägt mir immer ins Gesicht», feststellen, daß er sich anstrengt, gegen die Tür zu knallen;
ein Chef, der ständig klagt: «Niemand hört mir zu», herausfinden, daß er derjenige ist, der nie zuhört;
ein Teilnehmer einer Beratungsgruppe, der sagt: «Ihr seid mir gegenüber einfach nicht offen», entdecken, daß er nicht bereit ist, offen zu sein;
eine sexuell gehemmte Frau, die klagt: «Männer stellen mir ständig nach», feststellen, daß sie die Männer begehrt.

Aus Träumen lernen

Genau wie aus seinen Projektionen kann man auch aus seinen Träumen lernen. Perls nennt Träume «den spontansten Ausdruck der menschlichen Existenz»[16]. Träume sind wie Bühnenvorstellungen, doch Regie und Handlung stehen nicht unter der gleichen Kontrolle wie im wachen Leben.

Die Gestaltpsychologie sieht ihre Aufgabe darin, Träume mehr zu integrieren, statt sie zu analysieren. Eine solche Integration kann erreicht werden, indem man bewußt den Traum erneut erlebt, die Verantwortung dafür übernimmt, daß die Gegenstände und Menschen im Traum nur Aspekte des eigenen Ich sind, und sich der Botschaften bewußt wird, die der Traum enthält. Um aus Träumen zu lernen, muß man nicht den ganzen Traum durcharbeiten. Die Beschäftigung mit kleinen Ausschnitten genügt oft vollkommen.

Um einen Traum wiederzuerleben, kann der wache «Träumer» sein Gedächtnis dadurch auffrischen, daß er den Traum als eine Geschichte, die *jetzt* geschieht, erzählt oder aufschreibt. Dabei sollte er am besten die Präsensform benutzen und zum Beispiel sagen: «Ich gehe durch eine verlassene Straße...»; «Ich sitze im Flugzeug...» Er muß alles erwähnen, was und wie er es im Traum erlebt hat, darf aber nichts hinzufügen.

Als nächstes beginnt er laut einen Dialog, den er damit eröffnet, daß er jeden Menschen, jeden Gegenstand, jedes Ereignis fragt: «Was machst du in meinem Traum?» Dann wird er selbst jede Person, jeder Gegenstand oder jedes Ereignis und gibt sich die Antwort, wobei er mit «Ich» beginnt und wieder die Präsensform benutzt. Zum Beispiel: «Ich bin ein toller roter Sportwagen...»; «Ich bin ein Teppich auf dem Boden...»; «Ich bin eine alte Frau, die versucht, eine Treppe hinaufzugehen...»

Jeder Teil eines Traums enthält eine Mitteilung über den Träumer. Sobald er diese Mitteilung verstehen lernt, kann er sagen: «Aha! So bin ich also!»

Eine Frau, die im Traum ein tyrannischer Chef war, entdeckte daran, daß sie selbst tyrannisch und nicht bereit war, sich zu ändern. Ein Mann, der sich im Traum als Straßenwalze sah, stellte fest, daß er andere Leute überrollte, wenn sie ihm in den Weg kamen. In beiden Fällen wurde der entfremdete Persönlichkeitsteil «zurückerobert» und so in die Gesamtpersönlichkeit integriert. Perls warnt:

> ... wenn Sie sich mit Träumen beschäftigen, tun Sie das besser mit einem anderen, der darauf hinweisen kann, wo Sie ausweichen. Einen Traum verstehen, heißt zu erkennen, wo Sie dem offenkundig Selbstverständlichen ausweichen. Die einzige Gefahr liegt darin, daß der andere Ihnen vorschnell zu Hilfe kommt und Ihnen erklärt, was in Ihnen vorgeht, statt Ihnen die Chance zu geben, das selbst herauszufinden.[17]

Tage der Verzweiflung

Wer sein Erwachsenen-Ich aktiviert, fängt an, das Leben realistischer zu sehen. Er kann Dinge entdecken, die schwer zu akzeptieren sind, zum Beispiel:

daß sein Beruf in eine Sackgasse führt;
daß der Ehepartner seelisch gestört ist;
daß manche Leute einander wirklich hassen;
daß manche Leute einander wirklich weh tun.

daß die Kinder ihm entfremdet sind;
daß die Ölrechnung bezahlt werden muß;
daß echte Freundschaften selten sind;
daß vieles in seinem Potential ungenutzt ist.

Außerdem stellen manche Menschen fest, daß die magische Person oder das wunderbare Ereignis, von dem sie sich eine Wendung ihres Schicksals erhofften, nicht eintreffen wird:

daß ihr Schiff nie im Hafen einlaufen wird;
daß das Glück verborgen bleiben wird;
daß morgen kein neues Leben beginnt.

daß Schönheit keine Zauberkraft hat;
daß es keine gute Fee und keinen Magier gibt;
daß der Frosch wirklich ein Frosch ist und kein Prinz.

Wenn Menschen das bewußt wird, verzweifeln viele und geben alle Hoffnung auf, daß ein anderer sie erlösen wird. Vielleicht erkennen sie zum erstenmal, daß sie sich auf sich selbst verlassen und ihre eigenen Kräfte stärken müssen, falls sie erlöst werden wollen, denn vieles im Leben ist ein «Do-it-yourself»-Projekt.

Obwohl das Gefühl der Verzweiflung schmerzt, ist es eine Aufforderung, sein Leben zu ändern. An diesem Punkt kann ein Mensch 1. sich von der Gesellschaft lösen, indem er mit einem Segelboot allein über den Atlantik fährt, indem er freiwillig in eine Heilanstalt geht oder indem er sich in einem Hotelzimmer einschließt; 2. versuchen seine Probleme zu beseitigen, indem er mit Alkohol oder Drogen «abschaltet», oder entschlossener, indem er Selbstmord begeht; 3. die Leute loswerden, die in seinen Augen schuld an seinem Unglück sind; die Kinder wegschicken, den Ehepartner verlassen oder jemanden umbringen; 4. nichts tun und abwarten; 5. sich erholen und anfangen, in der realen Welt zu leben. Berne beschreibt das so:

Letzten Endes muß der Patient es auf sich nehmen, in einer Welt zu leben, in der es keinen Weihnachtsmann gibt. Er steht dann vor den existentiellen Problemen des Unvermeidlichen, der Freiheit der Wahl und der Absurdität, vor alldem, das er zuvor irgendwie umgangen hat, indem er mit den Illusionen seines Rollenbuchs lebte.[18]

Wer beschließt, in der realen Welt zu leben, wer erkennt, daß er zum Gewinnen geboren ist, stimmt mit Disraeli überein, daß das Leben zu kurz ist, um klein zu sein.

Zusammenfassung

Das Erwachsenen-Ich setzt sich objektiv mit der Realität auseinander. Es ist nicht vom Alter abhängig, sondern wird durch Lernen und Erfahrung beeinflußt. Wenn es aktiviert ist, kann der Mensch Informationen sammeln und ordnen, mögliche Konsequenzen verschiedener Handlungsweisen vorausberechnen und bewußte Entscheidungen treffen. Wenn aber eine Entscheidung vom Erwachsenen-Ich getroffen wird, ist sie nicht unbedingt richtig, falls bestimmte Informationen fehlen. Doch der Einsatz des Erwachsenen-Ich kann dazu beitragen, unangemessene Handlungen auf ein Mindestmaß zu reduzieren und das Erfolgspotential eines Menschen zu vergrößern.

Wenn es zu inneren Konflikten oder selbstzerstörerischen Interaktionen zwischen Kindheits-Ich und Eltern-Ich kommt, kann das Erwachsenen-Ich eingreifen: Es kann Schiedsrichter sein, kann schlichten, Kompromisse finden und neu entscheiden, wie das Kindheits-Ich zum Ausdruck kommen soll. Es kann außerdem Ansichten des Eltern-Ich auf der Basis von Realität und Angemessenheit akzeptieren oder verwerfen. Voraussetzung für diese Integration der Persönlichkeit sind Kenntnisse des Erwachsenen-Ich über das Kindheits-Ich und Eltern-Ich. Das gehört zum Selbstbewußtsein.

Der spontane Einsatz der einzelnen Persönlichkeitsbereiche kann durch Probleme der Ich-Grenzen beeinträchtigt werden. Wenn die Ich-Grenzen zu durchlässig sind, kann die psychische Energie regellos von einem Ich-Zustand zum anderen überwechseln und das Verhalten höchst unberechenbar gestalten. Wenn die Ich-Grenzen zu starr sind, ist die psychische Energie in einem der drei Ich-Zustände «eingeschlossen», und die beiden anderen Ich-Zustände haben keine Reaktionsmöglichkeit. Dieses Problem äußert sich im ständigen Einsatz eines Ich-Zustandes: Der Betroffene setzt fast ausschließlich sein Eltern-, Erwachsenen- oder Kindheits-Ich ein. Beschädigt können Ich-Grenzen durch ein Trauma oder die Häufung negativer Erlebnisse werden. Daraus resultiert ein Emotionsstrom, der angesichts des Stimulus übertrieben erscheint. Die klare Wahrnehmung der gegenwärtigen Realität durch das Erwachsenen-Ich kann auch von voreingenommenen Ansichten und kindhaften Einbildungen getrübt werden.

Wer zum erstenmal das Bewußtsein des Erwachsenen-Ich erfährt, verzweifelt oft. Er kann auf dieses deprimierende Gefühl dadurch reagieren, daß er sich versteckt, sich davonschleicht, andere loswird, nichts tut oder das Erwachsenen-Ich zum ausführenden Kontrollorgan der Persönlichkeit macht und sich entschließt, von nun an sein eigenes Leben zu umarmen.

Das Erwachsenen-Ich als Exekutive bedeutet nicht, daß der Mensch ständig mit seinem Erwachsenen-Ich reagiert. Es besagt vielmehr, daß unter der Regie des Erwachsenen-Ich jeder Ich-Zustand zum Ausdruck kommt, weil jeder seinen Beitrag zur Gesamtpersönlichkeit leistet. Das Erwachsenen-Ich ist «eingeschaltet» und weiß, wann auf einen Impuls mit viel Vergnügen reagiert werden kann und wann es zurückgehalten oder modifiziert werden muß, um der Realität des Augenblicks zu entsprechen.

Damit das Erwachsenen-Ich die Exekutivgewalt übernehmen kann, muß es aktiviert und gebraucht werden. Jeder hat dieses Potential, auch wenn es nicht so scheint. Berne wählte dafür folgenden Vergleich: «... wenn man in einer Wohnung kein Radio hört, dann heißt das nicht, daß keines vorhanden ist; vielleicht hat der Besitzer ein sehr gutes Gerät, das erst eingeschaltet werden und warmlaufen muß, bevor man es deutlich hören kann»[19].

Wenn Ihr Erwachsenen-Ich eingeschaltet und eingestimmt ist, kann es Ihnen helfen, Ihren Lebensweg intelligenter und selbstbewußter zu gestalten. Ein altes polnisches Sprichwort rät: «Wenn kein Wind weht, mußt du rudern.»

Experimente und Übungen

Der bewußte Mensch weiß um die Dringlichkeit des Lebens, weil er um die unvermeidliche Realität des Todes weiß. Der bewußte Mensch trifft seine Wahl unter dem Aspekt, was sein Leben ihm bedeuten soll.

1. Auf dem Totenbett (Phantasie)

Suchen Sie sich einen ruhigen Platz, wo Sie sich hinsetzen können und nicht gestört werden. Stellen Sie sich vor, Sie seien sehr alt und lägen auf dem Totenbett. Ihr Leben zieht an Ihnen vorüber. Schließen Sie die Augen. Projizieren Sie Ihr Lebensdrama auf eine eingebildete Leinwand, die vor Ihnen hängt. Betrachten Sie es vom Anfang bis zum gegenwärtigen Augenblick. Danach überlegen Sie:

- Welche Erinnerungen sind Ihnen am schmerzlichsten? Welche am erfreulichsten?
- Welche Erlebnisse, Verpflichtungen und Erfolge haben Ihrem Leben Sinn gegeben?
- Bereuen Sie irgend etwas? Wenn ja, was könnten Sie anders gemacht haben? Was können Sie jetzt noch anders machen?
- Wünschen Sie, daß Sie mit jemand Bestimmtem mehr Zeit oder weniger Zeit verbracht hätten?
- Hatten Sie Wahlmöglichkeiten, die Ihnen nicht bewußt waren? Oder vor denen Sie vielleicht Angst hatten?
- Welche Wertvorstellungen entdecken Sie dabei? Sind es welche, die Sie sich wünschen?
- Haben Sie etwas entdeckt, was Sie jetzt ändern wollen?

2. Ihre letzte Stunde (Phantasie)

Betrachten Sie nun Ihr Leben aus einer anderen Perspektive. Stellen Sie sich vor, daß Sie noch eine Stunde zu leben haben und diese Zeit verbringen können, mit wem Sie wollen.

- Wen hätten Sie gern bei sich?
- Wie und wo würden Sie am liebsten diese letzte Stunde zusammen verbringen?
- Weiß der andere (die anderen), daß Sie so empfinden?

3. Ausbruch aus der Gummizelle

Wenn Sie sich in irgendwelchen Lebensbereichen gefangen fühlen oder glauben, gegen eine Wand zu rennen, versuchen Sie es mit den folgenden Phantasievorstellungen.

- Schließen Sie die Augen und stellen Sie sich vor, daß Sie mit Ihrem Kopf gegen eine hohe Ziegelmauer schlagen, um etwas auf der anderen Seite zu bekommen.
- Beobachten Sie, wie Sie Ihren Kopf anschlagen.
- Suchen Sie eine Möglichkeit, über die Mauer, unter ihr hindurch oder um sie herum zu gelangen, ohne mit dem Kopf dagegenzurennen. Wenn Sie jemanden brauchen, der Ihnen hilft, erfinden Sie ihn.

Wenn Sie sich «wie im Käfig» fühlen, stellen Sie sich vor, Sie besichtigen einen Käfig.

- Stellen Sie sich vor, Sie lägen zusammengerollt darin. Wie ist Ihnen zumute? Fühlen Sie sich vor etwas oder jemandem beschützt?
- Stellen Sie sich verschiedene Möglichkeiten vor, aus dem Käfig herauszukommen. Tun Sie es.
- Nachdem Sie Ihrem Käfig entkommen sind, beobachten Sie sich, wie Sie draußen unter einem Baum sitzen.
- Schauen Sie sich um. Schauen Sie zurück zum Käfig, betrachten Sie dann Ihre neue Umgebung.

Wenn Ihnen zumute ist, als müßten Sie gegen eine Wand rennen oder Sie seien gefangen, und wenn Sie nicht auf alte Aufzeichnungen hören, die Ihnen sagen: «Erwachsene tun so etwas nicht», dann:

- Bauen Sie sich eine Wand aus Pappe, Zeitungen usw. Rennen Sie mit dem Kopf dagegen. Schauen Sie sich um. Gibt es einen einfacheren Ausweg?
- Beschaffen Sie sich einen großen Pappkarton. Setzen Sie sich hinein und ziehen Sie den Deckel zu. Bleiben Sie eine Zeitlang sitzen und achten Sie auf Ihre Empfindungen. Brechen Sie dann aus. Betrachten Sie den Karton. Betrachten Sie Ihre Umgebung.

Fragen Sie sich dann:

- Wäre es möglich, daß ich mir meine eigene Wand baue, in meinen eigenen Käfig krieche?
- Wenn ja, was habe ich davon?
- Was bedeutet dieses Verhalten für andere?
- Welche Einstellungen bestätige ich in mir?
- Welche Marken sammle ich dadurch?

- Wie paßt dieses Verhalten zu meinem Rollenbuch?
- Will ich das wirklich?
- Hören Sie jetzt auf, um sich zu schlagen, und schauen Sie sich um.

4. Konstantes Eltern-Ich, konstantes Erwachsenen-Ich, konstantes Kindheits-Ich

Überlegen Sie: Wäre es möglich, daß ich zu häufig und/oder unangemessen mit dem Eltern-Ich operiere?

- Werfen andere Ihnen vor, für sie zu denken, ihnen Worte in den Mund zu legen, sie nie auf eigenen Beinen stehen zu lassen, immer schon alle Antworten zu wissen, unnahbar oder unerreichbar zu sein?
- Wollen Sie andere missionieren, machen Sie dauernd Propaganda, oder überrollen Sie sie?
- Prüfen Sie genau die Gruppen, denen Sie angehören.
- Gibt es dort Raum für verschiedene Meinungen, oder sind die meisten Gruppenmitglieder der gleichen Ansicht?
- Hätten Ihre Eltern diesen Gruppen angehört oder gewünscht, ihnen angehören zu können?
- Wird kreatives Denken in diesen Gruppen geschätzt oder unterdrückt?
- Welche Meinungen herrschen in den Gruppen vor?
- Wenn Sie dazu neigen, sich Initiativgruppen anzuschließen, fragen Sie sich, ob sie wirklich Probleme lösen oder nur darüber reden. Sehen Sie ein Problem nur von einem Standpunkt aus oder von verschiedenen?
- Verlassen sich die Mitglieder der Gruppen darauf, daß Sie Entscheidungen für sie treffen?
- Sagen Sie ihnen, was sie tun sollen? Ermuntern Sie sie zu eigenem Denken und Handeln?
- Wie oft sagen Sie zu anderen «sollte», «müßte» oder «muß»? Kommen diese Worte aus dem Erwachsenen-Ich oder aus dem Eltern-Ich?
- Über welche Themen sprechen Sie Ihrer Meinung nach wiederholt und leidenschaftlich?
- Wäre es möglich, daß Sie die Werturteile eines anderen von sich geben, ohne das Thema selbst zu bedenken und zu prüfen?

Überlegen Sie: Wäre es möglich, daß ich zu häufig und/oder unangemessen mit dem Erwachsenen-Ich operiere?

- Verhalten Sie sich Ihrer Meinung nach die meiste Zeit übertrieben analytisch, zu rational, nicht spontan genug, zu roboterhaft?
- Reagieren Sie ständig mit Informationen und Daten und äußern nur selten elterliche Besorgnis oder kindhafte Lust am Spiel?
- Gehen Sie mit Geld immer vernünftig um und verschwenden es nie impulsiv oder machen jemandem ein großes Geschenk, das er schon immer haben wollte?
- Haben Sie wenig Zeit zur Entspannung oder zum Nichtstun?
- Gehören Sie Gruppen mit gemeinsamen beruflichen Interessen an, Gruppen, die vor allem Daten austauschen?
- Denken Sie jetzt an Ihre engen Freunde. Sind es nur Kollegen?
- Wenn Sie zu einer gesellschaftlichen Zusammenkunft gehen, fachsimpeln Sie ständig oder setzen sich in eine stille Ecke und sammeln Daten aus Zeitschriften?
- Wirft man Ihnen vor, langweilig zu sein oder sich nicht genug um die Kinder zu kümmern?
- Neigen Sie dazu, sich wie eine Maschine zu verhalten, wie ein Computer, der nur Informationen und Entscheidungen auswirft?
- Setzen Sie Ihr Erwachsenen-Ich zum Rationalisieren ein, um Fehler und Vorurteile wegzuerklären?
- Setzen Sie es dazu ein, Meinungen des Eltern-Ich zu verteidigen und zu verewigen, die einmal bei einer rationalen Überprüfung zu bedrohlich waren?
- Verwenden Sie es dazu, Ihrem Kindheits-Ich beim «Beschwindeln» anderer zu helfen und ihm «gute» Gründe für psychologische Spiele zu geben?

Überlegen Sie: Wäre es möglich, daß ich zu häufig und/oder unangemessen mit meinem Kindheits-Ich operiere?

- Räumen Sie anderen oftmals Macht über sich ein?
- Denken andere für Sie, nehmen Ihnen das Wort aus dem Mund, unterdrücken Sie, antworten für Sie, kommen Ihnen häufig zu Hilfe oder verweisen Sie auf Ihren Platz?
- Prüfen Sie die Gruppen, denen Sie angehören.
- Ist ihr Hauptzweck das Vergnügen?
- Der Sturz oder die Belästigung von Herrschenden?
- Ratschläge, wie man sein Leben gestalten soll?
- Wie reagieren Sie auf Probleme und Entscheidungen? Mit Flucht, Panik oder Schwäche?

- Suchen Sie bei anderen ständig Beifall, Kritik oder Unterstützung?
- Denken Sie an Ihre zehn besten Freunde. Haben sie etwas gemeinsam? Sind sie Spielgefährten? Dienen sie als Elternfiguren?
- Sagen Sie oft: «Ich kann nicht», wenn Sie eigentlich meinen: «Ich mag nicht» oder «Ich will nicht»?

5. Das Porträt Ihrer Ich-Zustände

Zeichnen Sie mit Kreisen von verschiedener Größe ein Porträt Ihrer Ich-Zustände, und zwar so, wie Sie sich selbst die meiste Zeit sehen. Ihr Porträt könnte einer der Darstellungen in Abb. 37 gleichen:

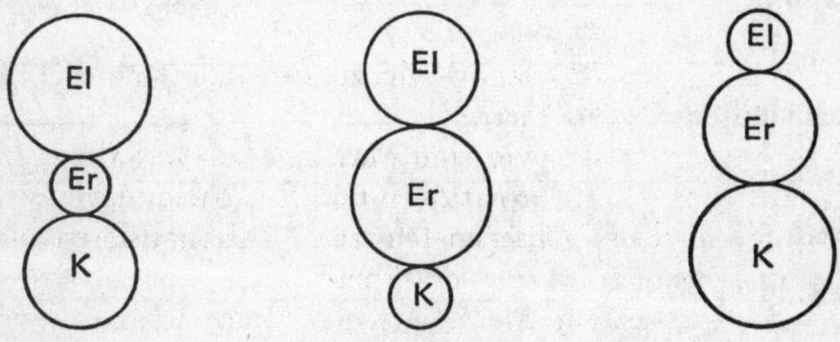

Abbildung 37

- Sehen Sie sich so, als hätten Sie einen Ich-Zustand, der Ihnen besonders lieb ist?
- Ändert sich Ihr Porträt mit der Situation? Bei der Arbeit? Daheim? In der Schule? Auf einer Party? Wo sonst?
- Ändert es sich im Beisein bestimmter Menschen? Eines Chefs? Angestellter? Ehepartner? Kinder? Freunde? Bei wem sonst?
- Bitten Sie nun ein Kind, einen Ehepartner, Freund, Verwandten und/oder Kollegen, Ihre Ich-Zustände so zu zeichnen, wie er sie sieht. Bemerken Sie Unterschiede?

Nachdem Sie nun die Porträts Ihrer Ich-Zustände aus Ihrer eigenen Perspektive und aus der anderer vor sich haben, fragen Sie sich:

- Bin ich damit zufrieden? Wenn nicht, was muß geändert werden?
- Welche Verträge muß ich schließen? Welche Fragen des Erwachsenen-Ich muß ich stellen?

6. Aufhebung der Trübung Ihres Erwachsenen-Ich

Eine wirksame Methode zur Aufhebung der Trübung Ihres Erwachsenen-Ich von den Vorurteilen Ihres Eltern-Ich und den Einbildungen Ihres Kindheits-Ich besteht darin, Ihre Ansichten umzukehren.

Gegen Trübungen durch das Eltern-Ich:

- Schreiben Sie vier Adjektive auf, die Sie gebrauchen, wenn Sie über Menschen anderer Rasse, anderen Geschlechts, Alters, anderer Religion, Bildung, Schicht usw. sprechen. Zum Beispiel:

Männer sind __________, __________, __________, __________

Frauen sind __________, __________, __________, __________

Juden sind __________, __________, __________, __________

Christen sind __________, __________, __________, __________

Schwarze sind __________, __________, __________, __________

Weiße sind __________, __________, __________, __________

_____ sind __________, __________, __________, __________

_____ sind __________, __________, __________, __________

- Haben Sie genügend genaue Daten, die Ihre obigen Ansichten bestätigen, oder könnte es sein, daß Ihrer Einstellung ein Erlebnis zugrunde liegt? Oder Hörensagen? Oder Programmierung durch die Massenmedien?
- Kehren Sie jetzt Ihre Ansichten um, verwenden Sie Adjektive, die das Gegenteil aussagen. Was stellen Sie fest?

Gegen Trübungen durch das Kindheits-Ich:

- Verwenden Sie häufig Worte, die andeuten, daß Sie auf eine magische Person oder ein wunderbares Ereignis warten? Worte wie
  Wenn (wenn nur) er/sie sich ändert ...
  Wenn ich (wenn ich nur) verheiratet bin ...
  Wenn ich (wenn ich nur) geschieden bin ...
  Wenn ich (wenn ich nur) den richtigen Job bekomme ...

Wenn (wenn erst mal) die Kinder erwachsen sind...

- Verwenden Sie häufig Worte, die zeigen, daß Sie sich einseitig sehen und sich nicht ändern können, Worte wie
  Ich bin so hilflos, daß...
  Ich bin so dumm, daß...
  Ich bin so deprimiert, daß...
  Ich bin so verwirrt, daß...
- Was behaupten Sie häufig von sich selbst?
  Ich bin so..., daß...
- Kehren Sie jetzt einige der obigen Erwartungen um, zum Beispiel:
  Er/sie wird sich wohl nie ändern, also...
  Ich bin so stark, daß...
  Ich bin so..., daß...

Nachdem Sie sich mit den Möglichkeiten einer Trübung durch das Eltern-Ich oder das Kindheits-Ich beschäftigt haben, fragen Sie sich:

- Bin ich zufrieden mit dem, was ich festgestellt habe?
- Was muß ich tun, um neue Werturteile zu bekommen?
- Was muß ich ändern?
- Welche Verträge muß ich schließen?
- Welche Fragen des Erwachsenen-Ich muß ich stellen?

7. *Lernen Sie aus Ihren Projektionen*

Andere dienen uns oft als Spiegel. Wenn wir hineinschauen, sehen wir uns selbst. Aus den eigenen Projektionen zu lernen ist ein nützliches Instrument der Selbsterkenntnis. Betrachten wir für den Anfang eine Möglichkeit:

Stellen Sie sich jemanden vor, der Ihnen besonders unsympathisch ist.

- Was gefällt Ihnen nicht an diesem Menschen?
- Kennen Sie andere, die ebenso sind? Sind sie Ihnen ebenfalls unsympathisch?
- Stellen Sie sich nun vor, Sie hätten die gleichen Eigenschaften. Sehen Sie sich in Aktion.
- Tun oder seien Sie genau das, was Ihnen an anderen mißfällt.
- Stellen Sie sich jetzt die Frage: Wäre es möglich, daß ich derjenige bin, der diese Dinge tut oder so ist?

Stellen Sie sich nun jemanden vor, den Sie besonders bewundern.

- Was gefällt Ihnen an diesem Menschen?

- Kennen Sie andere mit ähnlichen Eigenschaften? Bewundern Sie sie auch?
- Stellen Sie sich jetzt vor, daß Sie so reden, gehen, sich verhalten, so sind, wie Sie es bei den anderen bewundern. Sehen Sie sich mit deren Eigenschaften.
- Stellen Sie sich nun die Frage: Wäre es möglich, daß ich das Potential habe, diese Dinge tatsächlich selbst zu tun und so zu sein?

Führen Sie eine Woche lang zwei getrennte Listen.

- Notieren Sie auf der einen alles, was Sie anderen vorwerfen (sie lehnt mich ab, er ist dumm, mein Mann/meine Frau flirtet herum, sie ist immer sauer, er haßt mich, usw.).
- Auf der anderen Liste notieren Sie alle bewundernden Feststellungen, die Sie treffen (sie ist so herzlich, er ist so aufmerksam, meine Frau/mein Mann sagt stets das Richtige, er geht so nett mit den Kindern um, sein Stil ist sehr klar, usw.).
- Prüfen Sie am Ende der Woche Ihre Listen. Erkennen Sie irgendwelche Muster?
- Stellen Sie sich jetzt die Frage: Wäre es möglich, daß ich...? Zum Beispiel: «Wäre es möglich, daß ich Ursula aus den gleichen Gründen ablehne, aus denen sie meiner Meinung nach mich ablehnt?»; «Wäre es möglich, daß ich diese Ehe so satt habe, wie ich es Richard vorwerfe?»

8. Lernen Sie aus Ihren Träumen

Viele Leute behaupten, ihre Träume zu vergessen. Wenn sie zu diesen gehören, legen Sie sich Bleistift und Papier ans Bett und schreiben Sie Ihre Träume sofort auf. Jeder Traum hat eine bestimmte Bedeutung. Um sie zu entdecken, schlägt Perls folgende Methode vor:

Schreiben Sie den Traum auf und notieren Sie *alle* Einzelheiten, die darin vorkommen. Schreiben Sie jede Person, jedes Ding, jede Stimmung auf und versuchen Sie dann, jedes einzelne zu *werden*. Übertreiben Sie und verwandeln Sie sich wirklich in jeden dieser verschiedenen Punkte. *Werden* Sie wirklich zu dem Ding – was immer es auch im Traum gewesen sein mag –, *werden* Sie es. Machen Sie Gebrauch von Ihren magischen Kräften. Verwandeln Sie sich in den häßlichen Frosch, oder was es sonst war – das tote Ding, das lebendige Ding, der Dämon –, und hören Sie auf zu denken. Dann nehmen Sie nacheinander diese verschiedenen Punkte, Charaktere und Rollen und lassen Sie sie sich miteinander auseinandersetzen. Schreiben Sie ein Rollenbuch. Damit meine ich einen Dialog zwischen den entgegengesetzten Rollen. Sie werden feststellen – besonders wenn Sie die richtigen Gegensätze erkannt haben –, daß sie immer anfangen zu streiten.[20]

- Nachdem Sie nach Perls' Methode einen Traum oder ein Traumfragment durchgearbeitet haben, fragen Sie sich: «Habe ich etwas von dem Traum ausgelassen? Bin ich davongelaufen? Habe ich mich versteckt? Versagten meine Beine oder meine Stimme? Oder was?»
- ... Wenn ja, entspricht das meinen Vermeidungsmustern im wirklichen Leben?

9. *Methode zur Problemlösung*

Wenn Sie ein Problem haben, das gelöst werden muß, zum Beispiel: Wie finde ich einen Job, wie ändere ich ein Verhaltensmuster, wie verbessere ich die Familienbeziehungen, aktivieren Sie Ihr Erwachsenen-Ich durch die folgende stufenweise Methode. Manche Stufen mögen sich nicht auf alle Ihre Probleme anwenden lassen, aber Sie sollten sie im Laufe des Prozesses wenigstens bedenken.

1. Definieren Sie das Problem und schreiben Sie es auf. (Sie stellen vielleicht fest, daß das, was Sie für das Problem hielten, nicht das eigentliche war.)

2. Welche Meinungen, Informationen und Verhaltensweisen hat Ihr Eltern-Ich zu diesem Problem?

- Schreiben Sie auf, was jede Ihrer Elternfiguren dazu sagen, was sie tun würde.
- Hören Sie auf die Stimmen Ihres Eltern-Ich in Ihrem Kopf. Schreiben Sie deren Gebote und Verbote auf. Notieren Sie dann, was die Stimmen vermieden haben zu sagen, sowie die nicht-verbalen Mitteilungen Ihrer Elternfiguren.

3. Berücksichtigen Sie jetzt die Gefühle, Einstellungen und Informationen Ihres Kindheits-Ich zu dem Problem.

- Schreiben Sie Ihre Gefühle auf, die mit dem Problem zusammenhängen. Handelt es sich um Marken oder um echte Gefühle?
- Kommt es im Zusammenhang mit dem Problem zu irgendwelchen psychologischen Spielen?
- Paßt das Problem in Ihr konstruktives, destruktives oder unpro-

duktives Rollenbuch? Werden irgendwelche manipulativen Rollen gespielt?

4. Beurteilen Sie die obigen Daten aus Eltern-Ich und Kindheits-Ich mit Ihrem Erwachsenen-Ich.

- Welche Einstellungen des Eltern-Ich hindern Sie daran, das Problem zu lösen?
- Welche Einstellungen des Eltern-Ich helfen Ihnen, das Problem zu lösen?
- Welche Gefühle und Anpassungen des Kindheits-Ich hindern Sie daran, das Problem zu lösen, welche helfen Ihnen dabei?
- Welche Lösung würde Ihrem Eltern-Ich gefallen? Wäre diese Lösung für Sie angemessen oder destruktiv?
- Welche Lösung würde Ihrem Kindheits-Ich gefallen? Wäre sie angemessen oder destruktiv?

5. Stellen Sie sich alternative Möglichkeiten zur Lösung des Problems vor. Zensieren Sie Ihre Ideen nicht. Setzen Sie statt dessen Ihren ‹Kleinen Professor› ein und unternehmen Sie ein ‹Brainstorming›. Sammeln Sie so viele Möglichkeiten, wie Ihnen einfallen, selbst wenn manche lächerlich scheinen.

6. Bedenken Sie dann die inneren und äußeren Hilfsmittel, die für jede Lösung erforderlich sind. Stehen diese Hilfsmittel zur Verfügung? Sind sie angemessen?

7. Schätzen Sie die Erfolgschancen jeder Alternativlösung ein. Scheiden Sie die unmöglichen aus.

8. Wählen Sie zwei oder drei Möglichkeiten, die den meisten Erfolg versprechen. Entscheiden Sie dann auf Grund der Tatsachen und Ihrer kreativen Phantasie.

9. Seien Sie sich der Auswirkungen Ihrer Entscheidung bewußt. Entscheidungen, bei denen Sie «ein gutes Gefühl» haben, befriedigen wahrscheinlich alle Ihre Ich-Zustände. Eine Entscheidung, bei der Ihnen unbehaglich zumute ist, wird vielleicht von Ihrem Eltern-Ich und/oder Kindheits-Ich bekämpft, könnte vielleicht wirklich Ihnen oder anderen schaden oder ist vielleicht einfach die falsche Entscheidung.

10. Schließen Sie den Vertrag, der nötig ist, um die Entscheidung durchzuführen. Stellen Sie die zum Vertrag passenden Fragen Ihres Erwachsenen-Ich.

11. Handeln Sie jetzt nach Ihrer Entscheidung. Testen Sie sie nach Möglichkeit erst im kleinen Rahmen. Machen Sie dann mit größerem Einsatz weiter.

12. Beurteilen Sie während des Prozesses Stärken und Schwächen

Ihres Plans. Treffen Sie die nötigen Änderungen.
13. Genießen Sie Ihre Erfolge. Lassen Sie sich durch Mißerfolge nicht übermäßig niederdrücken. Lernen Sie daraus und fangen Sie von neuem an. Denken Sie an John Deweys Ausspruch: «Wer wirklich denkt, lernt aus seinen Fehlern ebensoviel wie aus seinen Erfolgen.»

Wenn Verlierer Entscheidungen treffen und die Dinge schiefgehen, machen sie gewöhnlich jemand anders dafür verantwortlich. Wenn Gewinner Entscheidungen treffen, übernehmen sie gewöhnlich die Verantwortung dafür, ob die Entscheidungen nun richtig oder falsch waren.

10
Autonomie und Ethik des Erwachsenen-Ich

Letzten Endes muß der Mensch sich selbst entscheiden!
Und Erziehung muß darum letztlich
Erziehung zur Entscheidungsfähigkeit sein.

Victor Frankl

Die Erringung der Autonomie ist das höchste Ziel der Transaktions-Analyse. Autonom sein heißt, selbständig sein, das eigene Schicksal bestimmen, die Verantwortung für die eigenen Handlungen und Gefühle übernehmen und Verhaltensmuster aufgeben, die für das Leben hier und heute irrelevant und unangemessen sind.
Jeder hat die Kapazität, ein gewisses Maß an Autonomie zu erringen. Doch obwohl Autonomie ein menschliches Geburtsrecht ist, erreichen nur wenige dieses Ziel. Berne schreibt:

Der Mensch wird frei geboren, doch das erste, was er lernt, ist, das zu tun, was ihm gesagt wird, und sein ganzes weiteres Leben lang tut er nichts anderes. So wird er zuerst einmal der Sklave seiner Eltern. Er befolgt ihre Anweisungen und behält sich nur in seltenen Fällen das Recht vor, seine eigenen Wege zu gehen, was ihm eine tröstliche Illusion von Autonomie verschafft.[1]

Wer meint, er habe sein Rollenbuch geändert, in Wirklichkeit aber nur Kulissen, Darsteller, Kostüme usw. geändert hat und nicht den Inhalt des Dramas, leidet unter der Illusion der Autonomie. So kann zum Beispiel jemand, der von seinem Eltern-Ich zum Evangelisten programmiert wurde, drogenabhängig werden und dann andere mit religiösem Eifer bekehren, ihm zu folgen. Daß er seine eigene Kulisse für die Bekehrung gewählt hat, gibt ihm die Illusion, ganz frei zu sein, während er in Wirklichkeit seine sklavische Befolgung der elterlichen Gebote nur getarnt hat.
Ähnlich mag eine Frau mit einem Rollenbuch wie dem von *La belle et la bête* glauben, sie habe sich durch die Scheidung von einem «Ungeheuer» und durch ihre neue Heirat aus einem elenden Leben befreit, während sie in Wirklichkeit nur ein «Ungeheuer» gegen das andere vertauscht hat.

Ein wahrhaft autonomer Mensch ist nach Berne, wer «die Freisetzung oder Wiedergewinnung von drei Fähigkeiten» demonstriert: «Bewußtheit, Spontaneität und Intimität»[2].

Bewußtheit

Bewußtheit ist das Wissen um das, was jetzt geschieht. Ein autonomer Mensch lebt bewußt. Er durchbricht die Schichten der Trübung seines Erwachsenen-Ich und fängt an, selbst zu hören, zu riechen, zu berühren, zu schmecken, zu untersuchen und zu beurteilen. Er wirft alte Ansichten über Bord, die die Wahrnehmung des Heute verzerren. Er begreift die Welt durch seine eigene persönliche Begegnung mit ihr und nicht so, wie er «gelehrt» wurde, sie zu sehen. Weil er weiß, daß seine Lebenszeit begrenzt ist, genießt ein bewußter Mensch die Natur *jetzt*. Er erlebt sich selbst als Teil des Universums, das er kennt, und als Teil vom Geheimnis jener Welten, die noch zu entdecken sind. Er kann an einem See stehen, eine Butterblume betrachten, den Wind auf seinem Gesicht fühlen und ein Gefühl der Ehrfurcht erleben. Er kann mit einem Ausruf der Begeisterung den Sonnenuntergang erleben.

Ein bewußter Mensch hört auf die Sensationen seines Körpers und weiß, wann er sich verkrampft, sich entspannt, sich öffnet oder verschließt. Er kennt seine innere Welt der Gefühle und Phantasien und empfindet über sie weder Furcht noch Scham.

Ein bewußter Mensch hört auch andere. Wenn sie reden, hört er zu und gibt ein aktives Feedback. Er verwendet seine psychische Energie nicht dazu, sich eine Frage auszudenken, abzulenken oder einen Gegenangriff zu planen. Statt dessen versucht er, mit dem anderen in echten Kontakt zu kommen, indem er die Künste des Redens und des Zuhörens übt.

Ein bewußter Mensch ist ganz da und ganz bewußt. Körper und Geist reagieren übereinstimmend auf das Hier und Heute. Sein Körper widmet sich daher auch nicht einer Sache, während sein Geist sich auf etwas anderes konzentriert.

Er sagt nicht mit lächelndem Gesicht zornige Worte.

Er runzelt nicht die Stirn, wenn die Situation ein Lachen herausfordert.

Er schlingt nicht das Essen herunter, um dann etwas zu tun, was «wirklich wichtig ist».

Er denkt nicht an einen wichtigen Geschäftsbrief, während er mit jemandem schläft.
Er träumt nicht von dem, was gestern nacht geschah, während er diesen wichtigen Brief im Büro schreibt.
Er trägt keine rosarote Brille, um die harten Tatsachen des Lebens nicht sehen zu müssen.
Er geigt nicht, während Rom brennt.

Ein bewußter Mensch weiß, wo er ist, was er tut und wie ihm dabei zumute ist. Wie Abraham Lincoln erklärte: «Wenn wir nur wüßten, wo wir sind und wohin wir gehen, könnten wir besser beurteilen, was zu tun ist und wie man es tun muß.»
Der erste Schritt zur Integration ist das Sich-Bewußt-Werden, daß das Erwachsenen-Ich als Exekutive fungieren kann. Wer sich bewußt wird, daß er sich wie ein Tyrann oder ein Griesgram verhält, kann entscheiden, was er mit diesem Verhalten tun will. Er kann es bewußt beibehalten, oder er kann es bewußt über Bord werfen, wenn er sich dazu entschließt. Perls sagt: «Alles gründet sich auf *Bewußtheit*.»[3]

Spontaneität

Spontaneität ist die Freiheit, aus dem vollen Spektrum des Angebots von Verhalten und Empfindungen auf der Ebene des Eltern-, Erwachsenen- und Kindheits-Ich auszuwählen.[4] Ein autonomer Mensch lebt spontan. Er ist flexibel – nicht unüberlegt impulsiv. Er sieht seine vielen Wahlmöglichkeiten und setzt das Verhalten ein, das nach seiner Beurteilung Situation und Ziel angemessen ist.
Ein spontaner Mensch ist befreit. Er trifft seine eigene Wahl und akzeptiert die Verantwortung dafür. Er wirft den Zwang ab, einem vorbestimmten Lebensstil zu folgen. Statt dessen lernt er, sich mit neuen Situationen auseinanderzusetzen und neue Möglichkeiten des Denkens, Fühlens und Reagierens zu erkunden. Er versucht ständig, sein Repertoire möglichen Verhaltens zu vergrößern und neu zu bewerten.
Der spontane Mensch gewinnt wieder die Fähigkeit, für sich selbst zu entscheiden, und nutzt diese Fähigkeit. Er akzeptiert sein Eltern-Ich und Kindheits-Ich als seine persönliche Geschichte, doch er entscheidet selbst, statt sich der Gnade seines «Geschicks» zu über-

lassen. Wenn jemand sich selbst scheut, Entscheidungen zu treffen, sind seine Kraft ziellos und seine Ethik klar oder labil, wobei die Entscheidungen keineswegs immer richtig sein müssen. Nach Martin Buber ist Unentschiedenheit böse, sie sei der ziellose Strudel menschlicher Potentiale, ohne die nichts erreicht werden kann und durch die, wenn sie ohne Richtung und in sich selbst gefangen sind, alles schiefgeht[5]. In diesem Sinne zeichnet sich der autonome Mensch dadurch aus, daß er Entscheidungen trifft, die seinem eigenen Potential eine sinnvolle Richtung geben. Innerhalb realistischer Grenzen ist er für sein eigenes Schicksal verantwortlich und weiß das. Bewußt mit dem Erwachsenen-Ich über sich selbst zu entscheiden, heißt frei sein – frei trotz Urinstinkten und Trieben, frei trotz ererbten Eigenarten und Umwelteinflüssen. Victor Frankl schreibt:

Gewiß hat der Mensch Instinkte, doch diese Instinkte beherrschen ihn nicht. Wir haben nichts gegen Instinkte oder dagegen, daß der Mensch sie akzeptiert. Aber wir sind der Ansicht, daß dieses Akzeptieren auch die Möglichkeit des Verweigerns voraussetzen muß. Mit anderen Worten: Es muß eine Freiheit der Entscheidung gegeben haben ...
... Was die Vererbung angeht, so haben Untersuchungen gezeigt, wie groß das Maß menschlicher Freiheit angesichts der Prädisposition ist. Zum Beispiel können Zwillinge auf der Basis identischer Prädispositionen ein ganz unterschiedliches Leben aufbauen. Von einem eineiigen Zwillingspaar wurde der eine ein gewiefter Verbrecher, während sein Bruder ein ebenso gewiefter Kriminologe wurde ...
... Was die Umwelt angeht, so wissen wir, daß sie nicht den Menschen macht, sondern daß alles davon abhängt, was der Mensch aus ihr macht, welche Einstellung er zu ihr hat.[6]

Ein Mensch muß jedoch mehr tun als sich entscheiden. Er muß seine Entscheidung durchführen, sonst ist sie sinnlos. Nur wenn seine innere Ethik und sein äußeres Verhalten zusammenpassen und übereinstimmen, ist er ein ganzer Mensch. Wenn er spontan lebt, hat er die Freiheit, «nach seiner Fasson zu leben», was nicht Ausbeutung anderer und/oder Gleichgültigkeit anderen gegenüber bedeutet.

Intimität

Intimität heißt, das natürliche Kindheits-Ich, das Gefühl der Wärme, Zärtlichkeit und Vertrautheit mit anderen auszudrücken. Viele Menschen leiden darunter, eine solche Vertrautheit nicht ausleben zu können. Maslow meint, daß dies besonders für Amerikaner gilt:

... Amerikaner brauchen deshalb mehr Therapeuten als die übrige Welt, weil sie nicht wissen, wie man intim miteinander umgehen kann, weil sie im Vergleich zu den Europäern keine intimen Freundschaften und darum auch keine wirklich nahen Freunde haben, bei denen sie alles abladen können.[7]

Ein autonomer Mensch wagt, Freundschaft und Intimität zu empfinden, wenn es ihm richtig erscheint. Das fällt manchem nicht leicht, der seine zärtlichen Gefühle unterdrückt hat und nicht gewöhnt ist, sie auszudrücken. Er kann sich linkisch, vielleicht sogar heuchlerisch vorkommen, wenn er zum erstenmal versucht, sein altes Programm auszuschalten. Trotzdem versucht er es.

Sobald ein Mensch seine Fähigkeit zur Intimität entwickelt, wird er offener. Er lernt, «sich gehenzulassen», verrät mehr von sich selbst, indem er einige Masken ablegt, behält aber stets die Bewußtheit seines Erwachsenen-Ich bei. Er meidet Transaktionen mit anderen, die Vertrautheit verhindern. Er geht Herabsetzungen, Überkreuz-Transaktionen und psychologischen Spielen aus dem Weg. Er beteiligt sich an solchen Spielen nur, wenn er sich bewußt dafür entscheidet – vielleicht, weil er in einen bestimmten Menschen oder eine bestimmte Situation keine Zeit oder Energie investieren will. Er zwingt andere nicht dazu, die Rollen des VERFOLGERS, RETTERS oder OPFERS zu spielen oder mit dem konstanten Kindheits-Ich, konstanten Eltern-Ich oder konstanten Erwachsenen-Ich zu reagieren. Statt dessen versucht er, offen und wahrhaftig zu sein und mit anderen im Hier und Heute zu leben. Er bemüht sich auch, andere in ihrer eigenen Einmaligkeit nicht verzerrt durch seine vergangenen Erlebnisse zu sehen. Er äußert keine Beschuldigungen wie:

Du bist genauso schlampig wie deine Mutter!
Mein Vater konnte alles in Ordnung bringen. Warum kannst du nicht mal den Wasserhahn reparieren?

Du bist wie mein Bruder – ständig bettelst du um etwas!
Du bist genau wie meine Schwester – alles mußte nach ihrem Kopf gehen!

Wer Bewußtheit, Spontaneität und Intimität ablehnt, lehnt auch die Verantwortung ab, sein eigenes Leben bewußt zu gestalten. Er hält sich entweder für glücklich oder für glücklos und nimmt ohne Frage an:

Es hat so sein sollen, man kann es nicht ändern.
Es hat so sein sollen, man darf es nicht ändern.
Es hat so sein sollen, und nur ... kann es ändern.

Im Gegensatz dazu bemüht sich der autonome Mensch «zu sein». Er entwickelt seine eigenen Fähigkeiten und ermuntert auch andere dazu, das gleiche zu tun. Er projiziert seine eigenen Möglichkeiten als realistische Ziele in die Zukunft, die seinem Leben Sinn und Zweck geben. Er bringt nur Opfer, wenn er nach seinem eigenen Wertsystem einen geringeren Wert einem größeren opfert. Ihm geht es nicht darum, mehr zu bekommen, sondern mehr zu *sein*.

Das integrierte Erwachsenen-Ich

Wer auf dem Weg zur Autonomie ist, erweitert seine Kapazität der Bewußtheit, Spontaneität und Intimität und entwickelt zugleich ein integriertes Erwachsenen-Ich. Zu diesem Prozeß gehört es, immer mehr Material aus dem Eltern-Ich und dem Kindheits-Ich durch das Erwachsenen-Ich zu filtern und neue Verhaltensmuster zu lernen. Berne beschreibt das integrierte Erwachsenen-Ich so:

... es scheint, daß in vielen Fällen bestimmte kindhafte Qualitäten auf andere Weise als durch den Trübungsvorgang in den Erwachsenen-Ich-Zustand integriert werden. Der Mechanismus dieser ‹Integration› muß noch geklärt werden, doch man kann feststellen, daß bestimmte Menschen dann, wenn sie mit ihrem Erwachsenen-Ich operieren, einen Charme und eine Aufgeschlossenheit zeigen, wie man sie sonst nur bei Kindern findet. Damit gehen bestimmte Gefühle der Verantwortung gegenüber der übrigen Menschheit einher, die man mit dem klassischen Begriff ‹Pathos› bezeichnen könnte. Andererseits stellt man moralische Qualitäten fest, die nicht nur lokalen Erwartungen, sondern einem weltweiten ‹Ethos› entsprechen und allgemein Menschen kennzeichnen, die die Verantwortung des Erwachsenen übernehmen, nämlich Attribute wie Mut, Aufrichtigkeit, Loyalität und Zuverlässigkeit. In diesem Sinne kann vom Erwachsenen-Ich behauptet werden, daß es kindhafte und ethische Aspekte hat, doch da es sich hier um den dunkelsten Bereich der Struktur-Analyse handelt, kann das klinisch noch nicht geklärt werden. Für theoretische Zwecke und zur Erläuterung gewisser klinischer Phänomene wäre es jedoch vertretbar, das Erwachsenen-Ich in drei Bereiche zu unterteilen.[8]

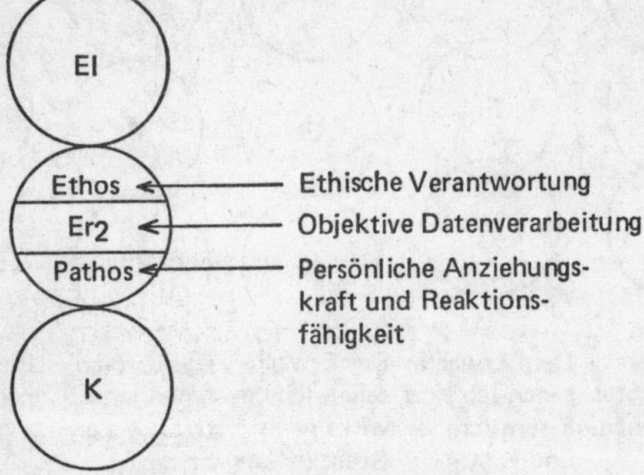

Struktur-Analyse zweiten Grades
vom Erwachsenen-Ich
Abbildung 38

... Für die Transaktion bedeutet das, daß jeder, der mit dem Erwachsenen-Ich operiert, idealerweise dreierlei Tendenzen zeigen sollte: persönliche Anziehungskraft und Reaktionsfähigkeit, objektive Datenverarbeitung und ethische Verantwortung ... Dieser ‹integrierte› Mensch *ist* ungeachtet der Qualitäten in seinem Kindheits-Ich und Eltern-Ich charmant usw. und mutig usw. Der ‹nicht-integrierte› Mensch kann zu dem Zustand *zurückkehren,* in dem er charmant ist, und empfinden, daß er mutig sein *sollte.*[10]

Wer sich in dem *Prozeß* der Integration befindet, übernimmt Verantwortung für alles, was er fühlt, denkt und glaubt. Entweder hat er oder entwickelt er ein ethisches System für sein Leben: sein Ethos. Außerdem sammelt er Informationen und verarbeitet sie objektiv:

seine Methodik.[11] Und er entwickelt gesellschaftliche Anmut und erlebt die Empfindungen der Leidenschaft, Zärtlichkeit und des Leidens: sein Pathos.
Im Laufe dieses Prozesses machen die Ich-Zustände eine Reihe von Veränderungen durch, wie in Abb. 39 dargestellt.

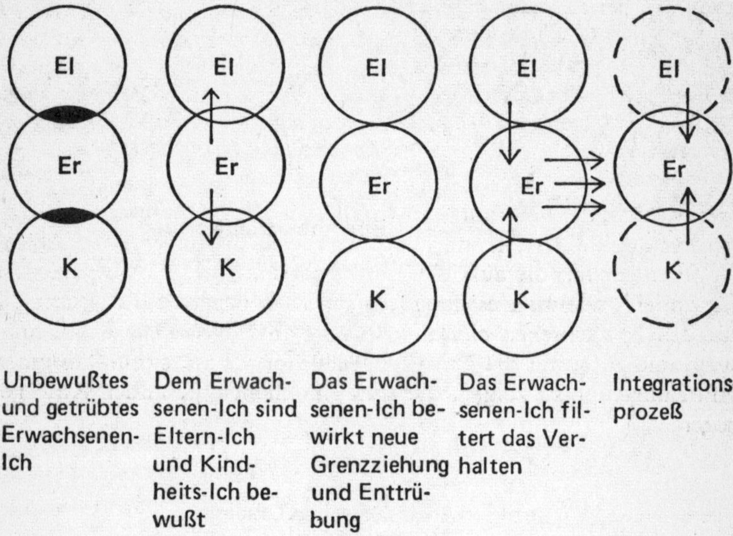

Abbildung 39

Ein Mensch mit integriertem Erwachsenen-Ich kann zuweilen zum archaischen Verhalten in seinem Eltern-Ich oder Kindheits-Ich zurückkehren. Perls meint, totale Integration gebe es nicht. Doch im fortlaufenden Prozeß der Integration wird der Mensch immer mehr die Verantwortung für sein eigenes Leben übernehmen.
Das integrierte Erwachsenen-Ich scheint dem zu entsprechen, was Erich Fromm den «neuen Menschen»[12] und Abraham Maslow den «sich selbst verwirklichenden Menschen» nennt. Maslow sieht die Kennzeichen dieses Typs darin, daß er nicht nur seine eigenen Talente und seinen eigenen Verstand nutzt, sondern auch Verantwortung für sich selbst und andere übernimmt und eine kindhafte Fähigkeit zur Bewußtheit und zur Freude hat.

Gewöhnlich haben solche Menschen irgendeine Mission im Leben, irgendeine Aufgabe zu erfüllen, irgendein Problem außerhalb ihrer selbst, das viel von ihren Energien in Anspruch nimmt ... Meistens haben diese Aufgaben nicht einen bestimmten Menschen oder die eigene Person zum Ziel, sondern betreffen mehr das Wohl der Menschheit im allgemeinen oder einer Nation im allgemeinen ... Während sie sich mit Grundproblemen und ewigen Fragen beschäftigen, leben diese Menschen in dem größtmöglichen Bezugsrahmen ... Sie arbeiten innerhalb eines Systems von Werten, die großzügig und nicht kleinlich, universal und nicht lokal begrenzt sind und eher ein Jahrhundert betreffen als einen Augenblick ... Sie haben die wunderbare Fähigkeit, immer wieder frisch und naiv, mit Ehrfurcht, Freude, Erstaunen und sogar Ekstase die elementaren Qualitäten des Lebens zu erkennen, so schal diese Erlebnisse auch für andere sein mögen.[13]

Der Mensch, der den innigsten Kontakt mit seinem eigenen menschlichen Potential hat, ist auf dem Wege, sein Erwachsenen-Ich zu integrieren. Er hat die aufrichtige Anteilnahme und das Engagement für andere, wie man es bei guten Eltern beobachtet, er besitzt die für den Erwachsenen charakteristische Intelligenz zur Problemlösung, und er besitzt die Fähigkeit, schöpferisch zu sein und Staunen und Zuneigung zu zeigen, die zum glücklichen, gesunden Kind gehören.

Gefühle des Erwachsenen-Ich

Während wir dieses Buch schreiben, laufen immer noch Untersuchungen, die Gefühle im Erwachsenen-Ich und im integrierten Erwachsenen-Ich besser zu verstehen. Unserer Meinung nach funktioniert das nicht-integrierte Erwachsenen-Ich wie eine Datenverarbeitungsanlage.

Eine gefühllose Maschine als Exekutive der Persönlichkeit würde eine unzulängliche Persönlichkeit bedeuten. Eine Maschine hat kein ethisches Wertsystem, keine emotionale Kapazität. Sie kann sich weder ändern noch sich selbst programmieren. Darum meinen wir, daß nur das integrierte Erwachsenen-Ich die Empfindungen und ethischen Werte, ebenso die technischen Gaben und Fähigkeiten enthält, die den autonomen Erwachsenen auszeichnen.

Gefühle, die gewöhnlich als Einstellungen oder Ansichten *kopiert* werden, finden sich wahrscheinlich im Eltern-Ich. Gefühle, die in der Kindheit *erlebt* wurden, enthält wahrscheinlich das Kindheits-

Ich. An Gefühlen, die eine *echte Reaktion auf eine aktuelle Situation* sind, muß das Erwachsenen-Ich beteiligt sein. Entweder informiert das Erwachsenen-Ich das Kindheits-Ich über die Situation, so daß es zu einer echten Reaktion kommt, oder bestimmte Gefühle wurden ins Erwachsenen-Ich integriert.

Zum Beispiel sind Wutanfälle Manöver des Kindheits-Ich, doch berechtigte Empörung oder Entrüstung, die auf der Beobachtung einer tatsächlichen Ungerechtigkeit beruhen, weisen auf die Verantwortlichkeit des Erwachsenen-Ich hin.

Vertrauen und Bewunderung sind Empfindungen des Kindheits-Ich, das daran glaubt, daß die Menschen O. K. sind. Der echte Respekt vor anderen auf Grund objektiver Beobachtungen gehört zum Erwachsenen-Ich.

Depression ist ein Nachgeben des Kindheits-Ich, während Verzweiflung bedeutet, daß sich das Erwachsenen-Ich einer tragischen Realität bewußt ist.

Schuldgefühle können eine Marke für die Sammlung des Kindheits-Ich sein oder eine echte Reaktion auf wirkliches Unrechttun.

Mitleid ist wahrscheinlich ein kopiertes elterliches Gefühl; zum Verständnis gehört die Information des Erwachsenen-Ich.

Ethik des Erwachsenen-Ich

Der Integrationsprozeß dient als Katalysator, der den Menschen motiviert, sein gegenwärtiges Wertsystem neu einzuschätzen und seinen eigenen ethischen Kodex aufzustellen.

Wenn jemand etwas «Gutes» tut, weil er meint, durch die Programmierung seines Eltern-Ich dazu verpflichtet zu sein, dann ist das eher ein Akt des Gehorsams als die Auswirkung eines ethischen Prinzips. Obwohl eine vom Eltern-Ich programmierte Handlung nützlich sein kann, beruht sie nicht unbedingt auf einer autonomen ethischen Entscheidung. Die Geschichte ist voll von menschlichen Tragödien unbewußten Gehorsams, Tragödien, die entstanden, weil Menschen sich blind einer Autorität unterordneten, die nur den einen Zweck hatte, andere zu unterdrücken, Veränderungen zu verhindern oder sie zu zerstören.

Um einen ethischen Kodex aufzustellen, muß das Erwachsenen-Ich die Meinungen und Gefühle der beiden anderen Ich-Zustände objektiv prüfen. Das bedeutet nicht, daß vergangene Lehren unbedingt vom rebellischen Kindheits-Ich über Bord geworfen werden müssen, denn viele Eltern übermitteln ein durchaus rationales ethisches System. Es werden vielmehr sowohl die Werte des Eltern-Ich wie die des Kindheits-Ich untersucht. Was sich als unvernünftig, irrelevant oder destruktiv herausstellt, wird abgelehnt und ausgeschieden; was sich als förderlich für das Wachstum herausstellt, wird integriert. Durch diesen Prozeß werden viele liebgewordene Ansichten hinterfragt – Meinungen, die vielleicht von Generation zu Generation vom Eltern-Ich weitergegeben und von dem fügsamen Kindheits-Ich fraglos übernommen werden.

Der Mensch braucht kein Sklave seiner Vergangenheit zu sein. Er kann frühere Einflüsse überwinden und frei reagieren. Mit Hilfe seines Erwachsenen-Ich kann er *erneut entscheiden*, was richtig und was falsch ist, und zwar diesmal auf Grund von Aktionen, die bei realistischer Prüfung zur Gesundheit und Würde des einzelnen und der Menschheit beitragen.

Ein erwachsenes ethisches System beruht auf der Einstellung des Erwachsenen-Ich: ICH BIN O. K. – DU BIST O. K. Diese Einstellung unterscheidet sich von der ungeprüften gleichlautenden des Kindheits-Ich, die zwar eine Voraussetzung für seelische Gesundheit ist, aber entweder ein naives, übertriebenes Gefühl im Sinne von «Alles ist gut» bleiben kann oder eine manische Weigerung, irgend etwas Negatives wahrzunehmen.[14] Eine ethische Einstellung, die vom Erwachsenen-Ich bestätigt wurde, spiegelt einen grundsätzlichen Respekt vor sich selbst und anderen wider; bis die Realität den Gegenbeweis erbringt. Diese Einstellung unterscheidet und erkennt das Negative wie das Positive.

Der Schutz, die Förderung und das Wohlbefinden der Menschen sowie der belebten und unbelebten Natur sind die Grundsätze einer Ethik des Erwachsenen-Ich. Sie unterstützt das menschliche Leben – unterstützt die Gewinner.

Eine Entscheidung ist dann ethisch, wenn sie die Selbstachtung fördert, die persönliche Integrität und die Integrität der Beziehungen stärkt, unnötige Schranken zwischen den Menschen abbaut, echtes Vertrauen bei sich und anderen schafft und die Verwirklichung menschlichen Potentials erleichtert, ohne anderen zu schaden.

Eine Entscheidung ist dann unethisch, wenn sie dazu führt, daß jemand ausgebeutet und als Objekt mißbraucht wird, wenn sie menschliches Leben aus verdeckten Motiven bedroht, wenn sie Schranken zwischen Menschen aufbaut, menschliche Potentiale schmälert, unterdrückt oder ignoriert und wenn sie keine Möglich-

keit zur freien Wahl läßt.
Das Wertsystem eines Menschen läßt sich danach beurteilen, wie sein Verhältnis zu den Dingen um ihn herum ist. Der ethische Mensch hat zu seiner *gesamten* Umgebung eine praktische, funktionsfähige, teilnehmende und förderliche Beziehung.
Das Überleben des Menschen und seine Weiterentwicklung hängen nicht nur davon ab, wie er mit seinen Mitmenschen umgeht, sondern auch von seinem Verhältnis zur übrigen Umwelt. Die unbelebte Welt, zu der Felsen, Sonnenuntergänge, Wasser und Luft gehören, und die belebte Welt der Pfanzen und Tiere hängen von der Gnade des Menschen ab. Er hat die Macht, sie zu genießen, zu fördern oder zu zerstören. Wenn er sie durch die Verschmutzung der Luft und der Wasserwege, durch Landversteppung, durch die Ausrottung einer Spezies oder die Störung des ökologischen Gleichgewichts mißbraucht, dann ist letzten Endes seine Existenz und Zukunft als Gattung bedroht. Die Ausbeutung der Umwelt durch den Menschen kann ihn zu einem tragischen Ende verdammen, das noch vermeidbar ist.
Ein ethischer Mensch mißachtet weder die Probleme noch ihre Bedeutung. Statt dessen geht er davon aus, daß er und andere sie gemeinsam lösen können. Ein ethischer Mensch nimmt an seinen eigenen persönlichen Problemen teil, den Problemen seiner Kommune und so weltweiten Problemen wie Ungeziefer und Krankheit, die das Leben von Kindern bedrohen, wie Überbevölkerung und Kriegen, die für Millionen Menschen Tod und Hoffnungslosigkeit bedeuten. Ein ethischer Mensch kann, wie Berne[15] es vorschlägt, gegen die vier apokalyptischen Reiter kämpfen – Krieg, Pest, Hungersnot und Tod –, deren unschuldige Opfer die Kinder der Völker sind, und gegen die Öde, die entsteht, wenn ästhetische Werte mißachtet werden und dem Häßlichen Platz machen. Ein ethischer Mensch erkennt, daß Teilnahmslosigkeit das gleiche bedeutet wie Zustimmung, wenn es um Dinge geht wie Säuglingssterblichkeit, Kindesmißhandlung, Verfall der Städte und Ungerechtigkeit in Arbeits-, Bildungs- und Wohnungsfragen. Ein ethischer Mensch empört sich über Unbill und Ungerechtigkeit, die der Menschheit widerfahren, und bemüht sich um Änderung. Ein ethischer Mensch ist sich der gesamten Schöpfung bewußt und reagiert entsprechend.
Ein ethischer Mensch setzt sich ein für eine Umwelt, in der Menschen Gewinner werden können. Ein ethischer Mensch pflegt und verwirklicht sein eigenes Potential und wird der Gewinner, zu dem er geboren wurde.

Epilog

Es gehört Mut dazu, ein wirklicher Gewinner zu sein – nicht in dem Sinne, daß er den anderen schlägt und ständig besiegt, sondern als Gewinner in seiner Reaktion auf das Leben. Es gehört Mut dazu, die Freiheit zu erleben, die zur Autonomie gehört, es braucht Mut, Intimität zu akzeptieren und anderen Menschen direkt zu begegnen, Mut, eine unpopuläre Sache durchzufechten, Mut, immer wieder die Wahrhaftigkeit dem Beifall vorzuziehen, Mut, die Verantwortung für die eigenen Entscheidungen zu übernehmen, und schließlich Mut, der einmalige Mensch zu sein, der man wirklich ist. Neue Wege sind oft unsicher, oder wie Robert Frost es ausdrückte: «Mut ist die menschliche Tugend, die am meisten zählt – der Mut, trotz begrenzten Wissens und ungenügender Beweise zu handeln. Denn mehr haben wir alle nicht.»

Der ethische Mensch, der autonom, bewußt, spontan und zur Intimität fähig ist, hat nicht immer einen leichten Weg vor sich. Doch wenn er seine Tendenz zum Verlieren erkennt und sich entschließt, dem nicht mehr nachzugehen, wird er wahrscheinlich feststellen, daß er zu dem geboren wurde, was man zum Gewinnen braucht.

Nur du selbst zu sein in einer Welt, die sich Tag und Nacht bemüht, aus dir einen wie alle anderen zu machen – das ist der schwerste Kampf, den ein Mensch bestehen kann; und er hört nie auf.[16]

E. E. Cummings

Experimente und Übungen

1. Die Ethik Ihres Erwachsenen-Ich

Wenn Sie Ihren eigenen ethischen Kodex entwickeln, prüfen Sie alle Bereiche, in denen Ihr Leben mit dem anderer in Berührung kommt, Ihre Meinungen sich auf Menschen auswirken, die vielleicht weit entfernt von Ihnen leben und/oder ganz anders sind als Sie.

Prüfen Sie auch Ihr Verhalten und Ihre Einstellung zu Ihrer gesamten Umwelt, der belebten ebenso wie der unbelebten Welt.

Fragen Sie mit Ihrem Erwachsenen-Ich:

- Wen und was schätze *ich*?
- Für wen und was lebe *ich*?
- Für wen und was würde *ich* sterben?
- Was bedeutet mein Leben jetzt für mich?

- Was könnte es bedeuten?
- Was bedeutet mein Leben jetzt für andere? Für künftige Generationen?
- Trage ich durch mein Verhalten zur Erhaltung und Förderung der Schöpfung bei?
- Was ist *wirklich* wichtig?

Notieren Sie die fünf Dinge, die Sie in Ihrem Leben am meisten schätzen.

1. ______________________________
2. ______________________________
3. ______________________________
4. ______________________________
5. ______________________________

Stellen Sie jetzt eine Rangordnung dieser fünf Werte auf.

1. ______________________________
2. ______________________________
3. ______________________________
4. ______________________________
5. ______________________________

Betrachten Sie die Rangordnung. Fragen Sie sich:
- Welches Verhältnis haben meine Werte zu meinem häuslichen Leben, meinem gesellschaftlichen Leben, meinem Beruf?
- In welchem Verhältnis stehen sie zu meinem Eltern-Ich und Kindheits-Ich?
- Reflektiert meine jetzige Lebensweise das, was ich über Werte sage?

2. *Fragen des Erwachsenen-Ich an Ihr Leben*

Wenn Sie intensiv darüber nachdenken, wer Sie wirklich sind, warum Sie sind, was Sie wirklich mit Ihrem Leben tun und wohin Ihre gegenwärtigen Muster Sie führen werden, machen Sie Ihr Erwachsenen-Ich bewußter, indem Sie fragen:

- Als wer fühle ich mich? (Aus der Erfahrung meines Kindheits-Ich)
- Wer glaube ich zu sein? (Nach den Meinungen meines Eltern-Ich)
- Wer glaube ich zu sein? (Nach den Informationen meines Erwachsenen-Ich)
- Behandeln mich andere (Ehepartner, Kinder, Freunde, Kollegen) wie einen Elternteil, wie einen Erwachsenen oder wie ein Kind?
- Wer will ich sein? (Heute, in fünf Jahren, zehn Jahren, zwanzig Jahren)
- Welche Möglichkeiten habe ich, dieser Mensch zu werden?
- Was sind die Hindernisse?
- Was werde ich angesichts der Möglichkeiten und Hindernisse tun?
- Weiß ich das zu schätzen, was meine Möglichkeiten fördert?
- Weiß ich das zu schätzen, was anderen hilft, ihre Möglichkeiten zu entwickeln?
- Wie kann ich mehr zu dem Gewinner werden, zu dem ich geboren wurde?

Anhang

Anmerkungen

Kapitel 1

1 BUBER, MARTIN: Hasidism and Modern Man. New York: Harper & Row 1958. S. 138–144

2 HORNEY KAREN: Self Analysis. New York: Norton 1942. S. 23

3 PERLS, FREDERICK S.: Gestalt Therapy Verbatim. Lafayette, Calif.: Real People Press 1969. S. 29

4 DERS.: In and Out the Garbage Pail. Lafayette, Calif.: Real People Press 1969

5 LEVITSKY, ABRAHAM, und PERLS, FREDERICK S.: The Rules and Games of Gestalt Therapy. In: FAGAN, JOEN, und SHEPHERD, IRMA LEE (Eds.): Gestalt Therapy Now. Palo Alto: Science and Behavior Books 1970. S. 140–149

6 MORENO, J. L.: The Viennese Origins of the Encounter Movement, Paving the Way for Existentialism, Group Psychotherapy, and Psychodrama. In: Group Psychotherapy 22 (1969), S. 7–16

7 PERLS, FREDERICK S.: Gestalt Therapy Verbatim, a. a. O., S. 121

8 Ebenda, S. 66

9 Ebenda, S. 67

10 Ebenda, S. 236

11 BERNE, ERIC: Spiele der Erwachsenen. Reinbek b. Hamburg: Rowohlt 1968

12 DERS.: Principles of Group Treatment. New York: Oxford Univ. Press 1964

13 Ebenda, S. 216

Kapitel 2

1 Perls, Frederick S.: Gestalt Therapy Verbatim. Lafayette, Calif.: Real People Press 1969. S. 40

2 Berne, Eric: Transactional Analysis in Psychotherapy. New York: Grove Press 1961. S. 17–43
Vgl. McCormick, Paul, und Campos, Leonard: Introduce Yourself to Transactional Analysis: A TA Handbook. Stockton, Calif.: San Joaquin TA Study Group. Vertrieb: Transactional Pub., 3155 College Ave., Berkeley, Calif., 94705, 1969
Siehe auch Dusey, John M.: Transactional Analysis. In: Berne, Eric, A Layman's Guide to Psychiatry and Psychoanalysis. 3. Aufl. New York: Simon und Schuster 1968. S. 277–306

3 Berne, Eric: Principles of Group Treatment. New York: Oxford Univ. Press 1964. S. 364

4 Penfield, W.: Memory Mechanism. In: Archives of Neurology 67 (1952), S. 178–198

5 Berne, Eric: Principles of Group Treatment a. a. O., S. 281

6 Ders.: Transactional Analysis in Psychotherapy a. a. O., S. 32

7 Ders.: Spiele der Erwachsenen. Reinbek b. Hamburg: Rowohlt 1968. S. 36–43

8 Ebenda, S. 37

9 Siehe Berne, Eric: The Structure and Dynamics of Organizations and Groups. Philadelphia: J. B. Lippincott 1963

10 Siehe Steiner, Claude M.: Games Alcoholics Play: The Analysis of Life Scripts. New York: Grove Press 1971
Vgl. Steere, David: Freud on the ‹Gallows Transaction›. In: Transactional Analysis Bulletin 9 (Jan. 1970), S. 3–5

11 Berne, Eric: Transactional Analysis. In: Greenwald, Harold (Ed.): Active Psychotherapy. New York: Atherson Press 1967. S. 125

12 Berne, Eric: Spiele der Erwachsenen a. a. O., S. 83

13 Ders: Principles of Group Treatment a. a. O., S. 269–278

14 Siehe Harris, Thomas A.: Ich bin o.k. – Du bist o.k. Reinbek b. Hamburg: Rowohlt 1972

15 Berne, Eric: Standard Nomenclature, Transactional Nomenclature. In: Transactional Analysis Bulletin 8 (Okt. 1969), S. 112
Vgl. Selinger, Zelig: The Parental Second Position in Treatment. In Transactional Analysis Bulletin 6 (Jan. 1967), S. 29

16 Greenwald, Harold, a. a. O., S. 128

Kapitel 3

1 Berne, Eric: Spiele der Erwachsenen. Reinbek b. Hamburg: Rowohlt 1968. S. 18
2 Spitz, R.: Hospitalism: Genesis of Psychiatric Conditions in Early Childhood. In: Psychoanalytic Study of the Child 1 (1945), S. 53–74. Siehe auch: R. Spitz, Hospitalism: A Follow-Up Report; ders., Anaclitic Depression. In: Psychoanalytic Study of the Child (1945), S. 113–117; 312–342
3 Berne, Eric: The Structure and Dynamics of Organizations and Groups. Philadelphia: Lippincott 1963. S. 157
4 Film: Second Chance. Hoffmann-LaRoche Laboratory, Nutley, New Jersey, 07110
5 Schiff, Jacqui Lee, und Day, Beth: All My Children. New York: M. Evans 1971. S. 210–211
6 Planned Parenthood Report. Veröffentlicht von: Planned Parenthood World Population. 810 Seventh Ave., New York, 10019, Vol. 1, No. 5 (Juni/Juli 1970), S. 3
7 Axline, Virginia M.: Dibs. 7. Aufl. Bern, München, Wien: Scherz 1972. S. 83 f.
8 Bach, George R., und Wyden, Peter: The Intimate Enemy. New York: William Morrow 1969. S. 302
9 Berne, Eric: Principles of Group Treatment. New York: Oxford Univ. Press 1964. S. 314–315
10 Zur Information wende man sich an: Thomas Gordon, Ph. D.; Effectiveness Training Associates, Inc., 110 Euclid Ave., Pasadena, Calif., 91101
11 Jourard, Sidney M.: Disclosing Man to Himself. New York: Van Nostrand Reinhold 1968. S. 136–151
12 Gunther, Bernard: Sense Relaxation. New York: Macmillan 1948. S. 13
13 Vgl. Berne, Eric: Social Dynamics: The Intimacy Equipment. In Transactional Analysis Bulletin 3 (Jan. 1964), S. 113; 3 (April 1964), S. 125

Kapitel 4

1 Perls, Frederick S.: Gestalt Therapy Verbatim. Lafayette, Calif.: Real People Press 1969. S. 47
2 Berne, Eric: Principles of Group Treatment. New York: Oxford Univ. Press 1964. S. 368

3 HENDIN, HERBERT: Suicide and Scandinavia. New York: Doubleday, Anchor Books Edition 1965. S. 5
4 Oakland Tribune (Oakland, Calif.), 13. Febr. 1970, S. 10
5 FLEXNER, ELEANOR: Century of Struggle. Cambridge: Belknap Press, Harvard University 1959. S. 9–12
6 HORNER, MATINA: Woman's Will to Fail. In: Psychology Today 3 (Nov. 1969), S. 36 ff.
Vgl. JONGEWARD, DOROTHY: New Directions: Changing Family Patterns. In: California State Marriage Counseling Quarterly 1 (Mai 1967)
7 SZASZ, THOMASS: Geisteskrankheit – ein moderner Mythos? Olten und Freiburg i. Br.: Walter 1972. S. 228
8 BERNE, ERIC: Principles of Group Treatment a. a. O., S. 310
9 Vgl. CAMPOS, LEONARD P.: Transactional Analysis of Witch Messages. In: Transactional Analysis Bulletin 9 (April 1970), S. 51
10 Siehe auch STEINER, CLAUDE M.: The Treatment of Alcoholism. In: Transactional Analysis Bulletin 6 (Juli 1967), S. 69–71
11 PERLS, FREDERICK S.: Gestalt Therapy Verbatim a. a. O., S. 42
12 STEINER, CLAUDE: Games Alcoholics Play. New York: Grove Press 1971. S. 49
13 PERLS, FREDERICK S.: Gestalt Therapy Verbatim a. a. O., S. 42
14 Vgl. KARPMAN, STEPHEN B.: Fairy Tales and Script Drama Analysis. In: Transactional Analysis Bulletin 7 (April 1968), S. 39–43
15 BULLFINCH, THOMAS: The Age of the Fable. New York: Heritage Press 1958. S. 11
16 Vgl. auch BRIDGES, WILLIAM: How Does a Narrative Mean? Unveröffentlichte Abhandlung, Mills College, Oakland, Calif.
17 POINDEXTER, W. R.: Hippies and the Little Lame Prince. In: Transactional Analyses Bulletin 7 (Jan. 1968), S. 18
18 AGGREY, JAMES: The Parable of the Eagle. In: RUTHERFORD, PEGGY (Ed.): African Voices. New York: The Vanguard Press 1960. S. 165 bis 166

Kapitel 5

1 Notebook of a Printer. In: Dictionary of Quotations. Reader's Digest Assoc. 1966, S. 114
2 HARLOW, HARRY: The Nature of Love. In: The American Psy-

chologist 13 (1958), S. 673–685
Siehe auch: Harlow, H. F., und Harlow, M. K., Social Deprivation in Monkeys. In: Scientific American 207 (Nov. 1962), S. 136–146
3 Quelle unbekannt
4 Fraiberg, Selma: Die magischen Jahre der Persönlichkeitsentwicklung des Vorschulkindes. Reinbek b. Hamburg: 1972. S. 99. (Zuerst ersch. u. d. T. Das verstandene Kind. Die ersten fünf Jahre. Hamburg: Hoffmann und Campe 1969.)
5 Erikson, Erik H.: Identität und Lebenszyklus. Drei Aufsätze. Frankfurt a. M.: Suhrkamp 1973 (suhrkamp taschenbuch wissenschaft 16)
6 Horney, Karen: Neurosis and Human Growth. New York: Norton 1950. S. 65
7 Perls, Frederick S.: Four Lectures. In: Fagan, Joen, und Shepherd, Irma Lee (Eds.): Gestalt Theory Now. Palo Alto: Science and Behavior Books 1970. S. 15
8 Rogers, Carl R., und Stevens, Barry: Person to Person: The Problem of Being. Walnut Creek, Calif.: Real People Press 1967. S. 9–10
9 Roosevelt, Eleanor: This is My Story. New York: Harper 1937. S. 21
10 Bronfenbrenner, Urie: The Changing American Child. In: Journal of Social Issues 17 (1961), S. 6–18
11 Ders.: Zwei Welten. Kinder in USA und UdSSR. Stuttgart: Deutsche Verlagsanstalt 1972. S. 140 f.
12 Connell, Evans, S., Jr.: Mrs. Bridge. New York: Viking Press 1958. S. 13
13 Schiff, Jacqui Lee, und Day, Beth: All My Children. New York: Evans 1971
14 James, Muriel: The Use of Structural Analyses in Pastoral Counseling. In: Pastoral Psychology 19 (Okt. 1968), S. 8–15
15 Psychologia – An International Journal of Psychology in the Orient. Ed. Koji Sato, Kyoto Univ. 8 No. 1–2 (1965)

Kapitel 6

1 Milne, A. A.: Pu der Bär. Berlin: Dressler 1973. S. 13–23
2 Fraiberg, Selma: Die magischen Jahre der Persönlichkeitsentwicklung des Vorschulkindes. Reinbek b. Hamburg: Rowohlt

1972. S. 81 (Zuerst ersch. u. d. T.: Das verstandene Kind. Die ersten fünf Jahre. Hamburg: Hoffmann und Campe 1969.)
3 McGrath, Lee Parr, und Scobey, Joan (Bearb.): What Is a Mother? New York: Simon & Schuster 1968
4 Berne, Eric: Principles of Group Treatment. New York: Oxford Univ. Press 1964. S. 283
5 Fraiberg, Selma a. a. O., S. 81
6 Berne, Eric: Spiele der Erwachsenen. Reinbek b. Hamburg: Rowohlt 1968. S. 240 f
7 Berne, Eric: Principles of Group Treatment a. a. O., S. 305
8 Oakland Tribune, 15. Okt. 1967
9 Perls, Frederick S.: Gestalt Therapy Verbatim. Lafayette, Calif.: Real People Press 1969. S. 236

Kapitel 7

1 Chandler, Billie T.: Japanese Family Life with Doll-and-Flower Arrangements. Rutland, Vt.: Charles Tuttle 1963. S. 29–30
2 Bird, Caroline: Born Female. New York: Simon & Schuster 1969. S. 183
3 Fromm, Erich: Die Kunst des Liebens. Frankfurt a. M.: Ullstein 1959. S. 37 (Ullstein Bücher 258)
4 Storr, Anthony: The Integrity of the Personality. Maryland: Penguin Books 1966. S. 43
5 Satir, Virginia: Conjoint Family Therapy. Palo Alto: Science and Behavior Books 1964. S. 29; 48–53
6 Miller, Merle: What It Means to Be a Homosexual. In: San Francisco Chronicle, 25. Jan. 1971
7 Wyden, Peter, und Wyden, Barbara: Growing Up Straight. New York: Stein and Day 1968
8 Vgl. Jongeward, Dorothy: Sex, Roles, and Identity: The Emergence of Women. In: California State Marriage Counseling Quarterly 1, No. 4 (Mai 1967)
9 Jourard, Sidney: The Transparent Self. Princeton, N. J.: D. Van Nostrand 1964. S. 46
10 Erikson, Erik H.: Identität und Lebenszyklus. Drei Aufsätze. Frankfurt a. M.: Suhrkamp 1973 (suhrkamp taschenbuch wissenschaft 16). S. 79
11 The Child Study Association of America: Chat to Tell Your Children About Sex. New York: Pocket Books 1964. S. 22

12 Siehe HARTOGS, RENATUS: Four-Letter Word Games. New York: Dell Publishing 1968
13 Siehe LOWEN, ALEXANDER: The Betrayal of the Body. London: Macmillan 1969
14 JAMES, MURIEL: Curing Impotency with Transactional Analysis. In: Transactional Analysis Journal 1 (Jan. 1971), S. 88–93

Kapitel 8

1 BERNE, ERIC: Principles of Group Treatment. New York: Oxford Univ. Press 1964. S. 286–288
2 Ebenda, S. 308
3 GINOTT, HAIM G.: Eltern und Kinder. Elternratgeber für eine verständnisvolle Erziehung. Reinbek b. Hamburg: Rowohlt 1969. S. 16 f (rororo ratgeber 6081)
4 BERNE, ERIC: Spiele der Erwachsenen. Reibek b. Hamburg: Rowohlt 1968. S. 134 f
5 Siehe DERS.: Principles of Group Treatment a. a. O., S. 278 bis 311. Siehe auch DERS.: Spiele der Erwachsenen a. a. O., S. 134 f
6 JONGEWARD, DOROTHY: Games People Play – In the Office, P. S. For Private Secretaries 13 (Juni 1970), Roterford, Conn: Bureau of Business Practices, Section 2, S. 1–8
7 BERNE, ERIC: Spiele der Erwachsenen a. a. O., S. 124
8 PERLS, FREDERICK S.: Gestalt Therapy Verbatim. Lafayette, Calif.: Real People Press 1969. S. 53
9 KARPMAN, STEPHEN: Options. In: Transactional Analysis Journal 1 (Jan. 1971), S. 79–87
10 ERNST, FRANKLIN: Activity of Listening. (Monographie, 1. Ed. März 1968, erhältlich über Golden Gate Foundation for Group Treatment, Inc., P. O. Box 1141, Vallejo, Calif.) S. 13–14
11 PERLS, FREDERICK S., HEFFERLINE, RALPH F., und GOODMAN, PAUL: Gestalt Therapy: Excitement and Growth in the Human Personality. New York: Julian Press 1951. S. 168
12 Ebenda, S. 168
13 Siehe LOWEN, ALEXANDER: The Betrayal of the Body. London: Macmillan 1969. S. 237–250
14 PERLS, FREDERICK S.: Gestalt Therapy Verbatim a. a. O., S. 127
15 Vgl. SCHIFFMAN, MURIEL: Self Therapy: Techniques for Personal Growth. Menlo Park, Calif.: Self Therapy Press 1967
16 Vgl. SCHUTZ, WILLIAM C.: Freude. Gruppentherapie, Sensiti-

vitytraining, Ich-Erweiterung. Reinbek b. Hamburg: Rowohlt 1973. S. 55 (rororo sachbuch 6811)

17 Vgl. CHENEY, W.: Hamlet: His Script Checklist. In: Transactional Analysis Bulletin 7 (Juli 1968), S. 66–68
Vgl. auch STEINER, CLAUDE: A Script Checklist. In: Transactional Analysis Bulletin 6 (April 1967), S. 38–39; 56

Kapitel 9

1 BERNE, ERIC: The Structure and Dynamics of Organizations and Groups. Philadelphia: Lippincott 1963. S. 137

2 DERS.: Transactional Analysis in Psychotherapy. New York: Grove Press 1961. S. 37

3 DERS.: Principles of Group Treatment. New York: Oxford Univ. Press. 1964. S. 220

4 DERS.: Transactional Analysis in Psychotherapy a. a. O., S. 77

5 DERS.: Spiele der Erwachsenen. Reibek b. Hamburg: Rowohlt 1968. S. 30

6 DERS.: Principles of Group Treatment a. a. O., S. 306–307

7 DERS.: Transactional Analysis in Psychotherapy a. a. O., S. 39–40

8 Ebenda, S. 51

9 Ebenda, S. 46

10 Ebenda, S. 62

11 BERNE, ERIC: Principles of Group Treatment a. a. O., S. 306

12 DERS.: Transactional Analysis in Psychotherapy a. a. O., S. 146

13 DERS.: The Structure and Dynamics of Organizations and Groups a. a. O., S. 137

14 DERS.: Principles of Group Treatment a. a. O., S. 90

15 PERLS, FREDERICK. S.: Gestalt Therapy Verbatim. Lafayette, Calif.: Real People Press 1969. S. 211–212

16 Ebenda, S. 66

17 Ebenda, S. 70

18 BERNE, ERIC: Principles of Group Treatment a. a. O., S. 311

19 Ebenda, S. 221

20 PERLS, FREDERICK S.: Gestalt Therapy Verbatim a. a. O., S. 69

Kapitel 10

1 BERNE, ERIC: Spielarten und Spielregeln der Liebe. Reinbek b. Hamburg: Rowohlt 1971. S. 202
2 DERS.: Spiele der Erwachsenen. Reinbek b. Hamburg: Rowohlt 1968. S. 248
3 PERLS, FREDERICK S.: Gestalt Therapy Verbatim. Lafayette, Calif.: Real People Press 1969. S. 44
4 BERNE, ERIC: Spiele der Erwachsenen a. a. O., S. 251–252
5 BUBER, MARTIN: Between Man and Man. New York: Macmillan 1968. S. 78
6 FRANKL, VICTOR E.: The Doctor and the Soul. New York: Alfred Knopf 1957, S. XVIII; XIX
7 MASLOW, ABRAHAM H.: Eupsychian Management. Homewood, Ill.: Richard D. Irwin and The Dorsey Press 1965. S. 161
8 BERNE, ERIC: Transactional Analysis in Psychotherapy. New York: Grove Press 1961. S. 194–195
9 Ebenda, S. 193
10 Ebenda, S. 195
11 Dr. ROBERTO KERTESZ und Dr. JORGE A. SAVORGNAN von der University of Buenos Aires, Medizinische Fakultät, benutzten den Begriff der «Methodik» zuerst, um das Erwachsenen-Ich im Erwachsenen-Ich-Zustand zu beschreiben
12 FROMM, ERICH: Die Revolution der Hoffnung. Stuttgart: Klett 1971. S. 144 ff; 162 ff
13 MASLOW, ABRAHAM H.: Motivation and Personality. New York: Harper & Row 1954. S. 211–214
14 KERTESZ et al. behaupten, daß die Einstellung des Erwachsenen-Ich: ICH BIN O.K. – DU BIST O.K. sich völlig von der manischen Einstellung des Kindheits-Ich: ICH BIN O.K. unterscheidet.
15 BERNE, ERIC: Editor's Page. In: Transactional Analysis Bulletin 8 (Jan. 1969), S. 7–8
16 CUMMINGS, EDWARD ESTLIN: A Miscellany. Ed. by GEORGE J. FIRMAGE. New York: Argophile Press 1958. (Mit Erlaubnis der Hartcourt Brace Jovanovich, Inc. Repr. Copyright 1955)

Personenregister

Aggrey, James 124
Atlas 118 f

Bach, George R. 78
Berne, Eric 15, 23, 27–29, 34, 40, 52, 55, 61, 67, 79, 105, 110, 118, 165, 167, 172, 218, 234, 253 f, 257, 269, 275, 283, 297 f, 302
Bronfenbrenner, Urie 141
Buber, Martin 17, 300
Butler, Samuel 258, 264

Camus, Albert 173

Daphne 120
Disraeli 283
Dyer, Mary 100

Echo (griech. Nymphe) 120
Eliot, T. S. 187
Epimetheus 119
Erikson, Erik H. 201
Ernst, Franklin 237
Everts, Kenneth 16

Fraiberg, Selma 135, 165
Frankl, Victor E. 297, 300
Freud, Sigmund 23
Fromm, Erich 190, 304
Frost, Robert 309

Galilei 17, 100
Ginott, Haim G. 220
Goethe, Johann Wolfgang von 191

Harlow, Harry 130
Herkules 118 f
Hera 120
Holmes, Oliver Wendell 253
Horney, Karen 22, 135
Hutchinson, Anne 100

Jourard, Sidney M. 200
Jung, C. G. 200

Kadmos 59
Karpman, Stephen B. 115

Lincoln, Abraham 299

Maslow, Abraham 301, 304
Mead, Margaret 97
Miller, Merle 197
Minerva 119
Moreno, Jacob 24
Moses 17

Narziß 120
Nietzsche, Friedrich 141

Ödipus 59

Penfield, Wilder 34
Perls, Frederick S. 15, 23–27, 33, 93, 108, 110, 113, 136, 229, 279–281, 299, 304
Plutarch 129
Poindexter, W. Ray 122 f
Prometheus 118 f
Pygmalion 120

Roosevelt, Eleanor 141

Sandburg, Carl 217
Shakespeare 93
Szasz, Thomas S. 104
Schiff, Jaqui Lee 74, 144
Steiner, Claude 51, 111
Steven, Barry 136
Storr, Anthony 190

Tennyson, Alfred 156

Wilde, Oscar 145

Zeus 118–120

Sachwortregister

Ablehnung 76
s. auch Mißachtung
Aggression 75
Aggressivität 161
Aktivierung s. Erwachsenen-Ich, Kindheits-Ich
Aktivität, Aktivitäten 83 f, 87, 169, 192, 238
Anerkennung 70, 86
–, Hunger nach 69, 89 f (EÜ*)
Angst, Urangst 20 f, 160, 166
Anpassung
–, Erziehung zur 180 f
–, heterosexuelle 198
s. auch Kindheits-Ich, angepaßtes
Anpassungsformen 204
Anpassungsmuster 167–170
Ausschluß 259
Autonomie 297–311

Berührung 67, 86, 87 f, (EÜ)
s. auch Körperkontakt
Bewußtheit 298 f, 301 f
Bildung 275 f
Brutalität 78 f
Bühne 127 f (EÜ)
–, öffentliche 93 f
–, private 93

Depression 221, 306
Deprivation, sensorische 68
Dialog, innerer 32 (als Rollenspiel; EÜ), 134, 136 f (widerstreitender), 151 f (EÜ), 194 f (mit dem Eltern-Ich), 270–272
Doppeltrübung 266

Einstellungen, psychologische 238
s. auch Lebensanschauungen
Eltern, Elternfiguren 38, 73–76, 146–152 (EÜ), 167, 264, passim
–, Imitation der 81
–, magische Kräfte der 164
– und Rollenanweisungen, Rollenbücher 94 f, 106–111
–, unzulängliche 144
s. auch Kinder, Transaktionen
Eltern-Ich, Eltern-Ich-Zustand 29, 34–39, 62 (EÜ), 72 f, 78, 86, 102, 129–155, 153 f (EÜ), 157, 175, 187, 193, 203, 217,

* EÜ = Experimente und Übungen

232, 256, 259 f, 263, 299, 302, 304, 307
–, äußere Wirkung des 131–133
–, autoritäres 278
–, Beschwichtigung des 272 f
–, fürsorgliches 138 f, 145, 262
–, Ich-Zustände innerhalb des 130 f
–, innerer Einfluß des 133–136
– Konflikte mit dem Kindheits-Ich 283
–, konstantes 260–262, 287–289 (EÜ), 301
–, nachgiebiges 279
–, Neuprogrammierung des 144, 146
–, Programmierung des 306
–, Reaktionen des 267–272
–, Trübung durch das 264 f
–, überlegenes 136
–, unvollständiges 141–145
–, voreingenommenes 139 f
–, Vorurteile des 266
s. auch Dialog, innerer, Erwachsenen-Ich, Kindheits-Ich, Komplementär-Transaktionen, Spiele, verdeckte Transaktionen
Elternmodelle 199
Elternschaft 129–155
Elternteil, Verlust eines 141, 181 f (EÜ)
Erwachsenen-Ich, Erwachsenen-Ich-Zustand 29, 34–38, 63 (EÜ), 72, 78, 81, 114, 133 f, 140, 163, 165, 175, 192, 203, 205 f, 217, 219, 253–295, 302
–, Aktivierung des 86 f, 275–282
–, Autonomie und Ethik des 297–311
– als Exekutive (ausführendes Kontrollorgan) 267–272, 276, 284
–, Gefühle des 305 f
–, getrübtes (Trübung des) 264–266, 290 f (EÜ), 298, 302
–, konstantes 260, 262, 287–289 (EÜ), 301
– innerhalb des Eltern-Ich 130 f
–, integriertes 302–305
s. auch Komplementär-Transaktionen, Transaktionen, verdeckte Transaktionen
Ethos 302 f

Familie s. Rollenbuch
Feedback, aktives 72, 298
s. auch Transaktionen
Fluch s. Rollenbuch

Ganzheit 23 f
Gebote, destruktive 108–111
Geburtstrauma 166
Gefühle
– der Depression 221
– der Schuldlosigkeit, Tugend und Selbstgerechtigkeit 223
– der Selbstwürdigung 224
– der Unzulänglichkeit 220
–, wütende und feindselige 222
Geschlechtsorgane 201–203
Gestaltpsychologie 281
Gestalttherapie 15, 23–27
Gewaltverbrechen 98
Gewinner 17–19, 20, 23, 29, 53, 61, 70 f, 86 f, 104, 110, 125, 146, 177, 207, 219, 224 f, 237 f, 266, 283, 307, 309
Gewinner/Verlierer-Kontrolliste 30 f (EÜ)
Gewinner/Verlierer-Skala 31 (EÜ)
Großfamilie 199

Größenwahn 265
Gruppe 28
Gummizellen-Phänomen 253 f

Halluzination 264
Herabsetzung, Formen der 77 f, 79
Hunger 67
– nach Anerkennung 69
– nach Streicheln 67–69
– nach strukturierter Zeit 80–86

ICH BIN O. K. – DU BIST O. K. 58, 70 f, 307
ICH BIN O. K. – DU BIST NICHT O. K. 58, 222, 235
ICH BIN NICHT O. K. – DU BIST O. K. 58, 220
ICH BIN NICHT O. K. – DU BIST NICHT O. K. 58
Ich-Grenzen
–, beschädigte 267, 284
–, durchlässige 258 f
–, starre 259–263, 284
s. auch Ich-Zustand
Ich-Zustand, Ich-Zustände 34–38, 62 f (EÜ), 81, 267–272
–, Entwicklung der 38 f
–, Grenzen der 257 f, 266
s. auch Ich-Grenzen
– innerhalb des Eltern-Ich 130 f
–, Porträt der 289 (EÜ)
–, Strukturdiagramm des 35
–, Transaktionen zwischen den 40–52
–, Veränderungen der 304
Identität 105
– und Name 187–191
–, persönliche 187–216
–, sexuelle 196–200, 212–214 (EÜ)
– durch Spiele 192–195
Identitätsbildung 59, 61
Instinkte 300
Intimität 84–87, 238, 298, 301 f, 309
–, Fähigkeit zur 91 (EÜ)
–, sexuelle 234

Karpmansches Dreieck 114
Kind, Kinder, Kleinkind 38 f, 68 f, 94 f, 191 f, passim
– und Eltern 74–76, passim
–, Gefühle des 217 f
–, Lebensanschauung beim 60
–, passives 193
–, Rollen des 55 f, 106–111
s. auch Transaktionen
Kindheit 156–185, 177 f (EÜ)
–, psychologische Spiele und Rollenidentität in der 195 f
Kindheits-Ich, Kindheits-Ich-Zustand 29, 34–38, 60, 63 (EÜ), 72 f, 78, 81, 86 f, 108, 111 f, 134, 142, 156–185, 187, 192 f, 201, 217, 225, 228, 232, 256, 259 f, 263, 278, 299, 302, 304, 307
–, Aktivierung des 173–176
–, angepaßtes 157–159, 166–172, 174, 176, 192, 195, 204 f
–, Beglückung des 273 f
–, Einbildungen des 266
–, Empfindungen des 306
–, Gefühle des 218
– innerhalb des Eltern-Ich 130 f
–, jetziges 179 (EÜ)
–, Konflikte mit dem Eltern-Ich 283
–, konstantes 260–263, 287–289 (EÜ), 301

–, natürliches 157–161, 174–176, 184 (EÜ), 192, 195, 198, 204–206, 301
–, Programmierung durch Rollenbücher 124
–, Reaktionen des 267–272
–, Rollenanweisungen im 94 f
–, Spiele des 230 f
–, Trübung durch das 265 f
–, unterlegenes 136
–, vergnügtes 262
–, Wechsel zwischen natürlichem und angepaßtem 172 f
s. auch ‹Kleiner Professor›
‹Kleiner Professor› 157–159, 162–166, 167, 174–176, 182–184 (EÜ), 195, 203, 228
s. auch Kindheits-Ich
Kleinfamilie 199
Kleinkind s. Kind
Kommunikationslinien 41, 44, 70
Körperkontakt 75, 106
–, Mangel an 75
–, Wunsch nach 80
Kreativität 163
Kultur, Kulturen 95–100
s. auch Rollenbuch

Lächeln 51 f, 167
Langeweile 80, 84
Lebensanschauungen, psychologische 57 f, 60, 64 (EÜ), 106, 111, 187
– und Sexualität 59 f

Magisches, Glaube an 164 f
Manöver 218, 306
Mißachtung 74–80, 86
Naikan-Therapie 154 f
Name
– und Identität 187–191, 206, 207 f (EÜ)
Neugeborenes
s. Säugling

OPFER, Rolle des 113–117, 119–122, 172, 196, 207, 220 f, 228, 230, 301

Pathos 302–304
Phantasiebewußtsein 179 (EÜ)
Phantasien 81 f
– des kreativen ‹Kleinen Professors› 163 f
Phantasievorstellungen
– des angepaßten Kindheits-Ich 169 f
Projektion 279 f, 291 f (EÜ)
Prügel 78
Psychodrama 24

Rabattmarken, psychologische 218–228
–, Einlösung der 225–228
Reaktion, Reaktionen 44–47, 224 f, 267–269, 306
s. auch Eltern-Ich
Reiz 36–38, 40 f, 44–47
s. auch Stimulus
RETTER(IN), Rolle des (der) 113–117, 120–122, 195, 207, 228, 230, 301
Rituale 81 f, 83 f, 87
Rolle, Rollen 22, 28, 60 f (Definition), 93–96, 124, 206, 218, 237
– Geschlechterrollen 97 (Polarisierung der), 139 f, 147 f (EÜ), 200 (traditionelle)
– Grundrollen 114 f, 120 (manipulative)

– des Kindes 55 f, passim
– Komplementärrollen 53, 260
– des Lebensdramas 111–117
–, legitime 113
–, manipulative 114
– des OPFERS 113–117
– des RETTERS 113–117
– Sexualrollen 107
– des VERFOLGERS 113–117
Rollenanweisungen 94 f
Rollenbuch, Rollenbücher 60, 114, 187, 229, 238, 297
–, destruktive 74, 129
–, Entstehung von 106–108
– der Familie 101–105, 125 (EÜ), 130, 140, 145 f
– mit einem Fluch 108–111
– Gegen – 111
–, Illusionen des 283
–, individuelles 126 (EÜ)
– in Kindergeschichten 120–123
–, komplementäre 112
–, Kontrolliste 250–252 (EÜ)
– der Kultur 95–101, 125 (EÜ), 130, 140, 145 f, 189, 199 f, 204
– des Lebens 93–128
– in der Mythologie 118–120
–, psychologisches 94 f, 105 f, 123 f, 171
– der Subkultur 100 f
–, Themen der 94 f, 117 f, 150 (EÜ)
–, unproduktive 75, 129
– von Verlierern 108, 122
s. auch Kindheits-Ich
Rollenbuch-Analyse 33
–, Einführung in die 60 f
Rollenbuch-Anweisungen 106–108
Rollenerwartungen 103
– für Mädchen 103
Rollen-Identifikation 126 f (EÜ)
Rollenidentität
– in der Kindheit 195 f
Rollenspiel(en) 24–27, 82, 124
s. auch Dialog, innerer
Rollenspieltechnik 26
Rollenverteilung 94
Rollenwechsel 97, 115–117

Sauberkeitstraining 202
Säugling, Neugeborenes 38, 67 f, 74, 86, 158 f, 166, 198
Scham 201
Schizophrene, junge 144
Schmollverhalten 168
Selbstmordquote 97 f
Sexualität 202
– und Lebensanschauungen 59 f
Sexualverhalten 202 f
Sexuelle Ausdrucksmöglichkeiten 201–206
Sexuelle Grundeinstellung 64 f (EÜ)
Sexuelle Spiele 203
Sexuelle Verhaltensweisen 214–216 (EÜ)
Sich-Zurückziehen 81 f, 169
Spiel-Analyse 28, 33
Spiele, psychologische 28, 52–55, 60, 62, 83 f, 86, 113–117, 187, 207, 212 (EÜ), 217–252, 301
–, aktive 192
–, Beendigung von 236–238
–, Definition 52
– Identität durch 192–195
– in der Kindheit 195 f, 208 f (EÜ)
– des Kindheits-Ich 230 f
–, Stadien 55
–, unstrukturierte 192

s. auch Kindheits-Ich
Einzelne Spiele:
«Armer Teufel» 196, 212 (EÜ), 231
«Blöd» 61, 220, 230
«Bärenfänger» 229, 237
«Da siehst du, was du wieder angerichtet hast» 83
«Frigide Frau» («Frigider Mann») 231
«Gerichtssaal» 234 f
«Hilfe! Vergewaltigung!» 59, 196, 212 (EÜ), 230, 237
«Holzbein» 142, 196, 212 (EÜ), 231
«Ich versuche nur, dir zu helfen» 115, 195, 212 (EÜ), 230
«Ja, aber» 232, 236
«Jetzt hab ich dich endlich, du Schweinehund» 115, 196, 212 (EÜ), 230
«Küß mich!» 59
«Lunch-Paket» 223
«Macht den Sieger unter euch aus» 233
«Makel» 230, 280
«Räuber und Gendarm» 236
«Schuldner» 83
«Selbstquälerei» 136
«Sieh bloß, was du angerichtet hast» 222, 230, 233
«Tu mir etwas an» 53, 115, 219, 230
«Tumult» 54 f, 196, 212 (EÜ), 234, 236 f
«Überlastet» 84, 221 f, 230
«Was wärst du ohne mich» 196, 212 (EÜ), 230
«Wenn sie/er nicht wäre» 212 (EÜ)
«Wenn du nicht wärst» 230, 236
«Zwickmühle» 230
Spontaneität 298–302
Stimulus 225, 258, 267–269
s. auch Reiz
Streichelmuster 79
Streicheln 67
–, Hunger nach 67–69
–, negatives 74–80
–, positives 70–73, 86, 129, 224, 237
Streßsituationen 175
Struktur-Analyse 33, 254
–, Einführung in die 33–38
– zweiten Grades 130 f, 303
Subkultur
s. Rollenbuch

Transaktion, Transaktionen 28, 62, 70, 77, 82 f, 115 f, 232
–, Analyse einer 64 (EÜ)
–, elterliche 145
– zwischen Eltern und Kind 60 f, 94 f, 135 f
– vom Eltern-Ich 131
– Feedback-Transaktion 72, 237
– Galgen-Transaktion (‹gallows transaction›) 51 f
– zwischen Ich-Zuständen 40–52
–, indirekte (‹indirect›) 48
– in der Kindheit 207
– Komplementär-Transaktionen (‹complementary transactions›) 40 f, 49, 52, 70, 82 (einfache)
–, ritualisierte 82
– beim Säugling 67 f
–, schwache (‹weak›) 48
– bei Spielen 52
– Überkreuz-Transaktionen (‹crossed transactions›) 44–

48, 49, 79, 236, 301
–, umschriebene (‹diluted›) 48
–, verdeckte (‹ulterior›) 49–52, 77, 232
Transaktions-Analyse 15, 23, 27–29, 69, 165, 218, 276
–, Einführung in die 40–52
–, Überblick über die 33–65
–, Ziel der 86, 297
Transaktions-Muster 86
Traum, Träume 26 f, 93, 280 f, 292 f (EÜ)
Trübung 263–266

Überlegener (‹topdog›) 113, 165
Unterlegener (‹underdog›) 113, 165

VERFOLGER, Rolle des 113–117, 119 f, 196, 207, 228, 230, 301
Verfolgungswahn 265
Verhalten, homosexuelles 198
Verhaltensänderungen 27 f
Verhaltensmuster 142, 170, 277, 297
– aus der Kindheit 174
–, neue 302
–, ritualisierte 82
Verlierer 17, 20–22, 29, 52 f, 59, 74, 99, 104, 123, 171, 177, 219, 309
–, Gefühle des 224
–, Rolle des 61, 86
–, Rollenbücher von 108
Verträge 276 f
Vorurteile 264 f, 266

Wahrnehmungen, verzerrte 265 f

Zaudern 170 f
Zeit 18 f, 67
–, Hunger nach strukturierter 80–86
–, Strukturierung der 81–86, 90 (EÜ)
Zeitvertreib 82 f, 84, 87
Zuhören 71 f
Zuwendung
–, Mangel an 74
–, negative 74